파수꾼 타르콥스키, 구원을 말하다

IVP(InterVarsity Press)는
캠퍼스와 세상 속의 하나님 나라 운동을 지향하는
IVF(InterVarsity Christian Fellowship)의 출판부로
생각하는 그리스도인을 위한 문서 운동을 실천합니다.

파수꾼 타르콥스키, 구원을 말하다

김용규

새로운
위기의 신학을 위한
7가지 메시지

Ivp

차례

들어가는 말 **파수꾼은 누구인가** · 7

서문 **타르콥스키를 보는 두 가지 시선** · 17
- 새로운 '위기의 신학'을 위하여
  주요 인물 해설 에두아르트 투르나이젠 · 표도르 도스토옙스키
  칼 바르트 · 월터 브루그만

1. **이반의 어린 시절**: 이 땅에 고향이 없다 · 71
   - 브르통의 '초현실'을 통해 이루어지는 마르쿠제의 '유토피아'
   주요 인물 해설 세르게이 예이젠시타인 · 장 폴 사르트르 · 앙드레 브르통
   지크문트 프로이트 · 루이스 부뉴엘 · 헤르베르트 마르쿠제

2. **안드레이 루블료프**: 믿음이란 무엇인가 · 127
   - 하르트만의 '신념'에서 키르케고르의 '믿음'으로
   주요 인물 해설 테르툴리아누스 · 니콜라이 하르트만 · 쇠렌 키르케고르

3. **솔라리스**: 양심이란 무엇인가 · 177
   - 아우구스티누스의 '시간' 속에 존재하는 하이데거의 '양심'
   주요 인물 해설 폴 틸리히 · 요한 고틀리프 피히테 · 마르틴 하이데거
   아우구스티누스 · 아리스토텔레스 · 빅터 프랭클

4. 거울: 욕망이란 무엇인가 · 225
― 헤겔의 '주인과 노예의 변증법'과 싸우는 라캉의 '거울 이미지'
주요 인물 해설 폴 리쾨르 · 자크 라캉 · 게오르크 헤겔

5. 잠입자: 도덕이란 무엇인가 · 279
― 플로티노스의 '비행'을 위한 칸트의 '도덕'
주요 인물 해설 플로티노스 · 루트비히 비트겐슈타인
안셀무스 · 이마누엘 칸트

6. 노스탤지어: 구원이란 무엇인가 · 321
― 프루스트의 '회상'을 거쳐 플라톤의 '에로스'로
주요 인물 해설 플라톤 · 위-디오니시우스
마르실리오 피치노 · 마르셀 프루스트

7. 희생: 희생이란 무엇인가 · 365
― 아우구스티누스의 '구원'을 위한 프롬의 '존재양식'
주요 인물 해설 에리히 프롬 · 마이스터 에크하르트
아타나시우스 · 오리게네스

안드레이 타르콥스키 연보 · 418
나가는 말 **인류를 위한 구원의 마지막 가능성** · 423

일러두기
- 이 책은 『타르코프스키는 이렇게 말했다』(이론과실천)를 전면 개정·증보한 것입니다.
- 본문 성경 인용은 개역개정 성경을 사용했고, 다른 번역을 사용한 경우에는 역본을 밝혔습니다.

들어가는 말 파수꾼은 누구인가

> 예루살렘아, 내가 너의 성벽 위에 파수꾼을 세웠다.
> 그들은 밤이나 낮이나 늘 잠잠하지 않을 것이다.
> _ 이사야 62:6, 새번역

파수꾼guard, watchman은 성벽이나 망대에서 적의 침입을 사전에 경계하고 감시하는 보초를 일컫는다. 그는 야간에 순찰을 돌며 주민을 보호하고 시간을 알리는 야경꾼 역할을 한다. 파수꾼은 밤잠을 자지 않는 새벽 사람이자 다가오는 위험을 파악하여 미리 알림으로써 파국을 막아 내는 사람이다. 요컨대 파수꾼은 비상경보등과 같은 인물이다.

그래서 성경은 그리스어로 '쿠스토디아'custodia라 하는 이 용어를 이스라엘 백성의 영혼을 지키고 보살피는 예언자, 선지자로서의 사명을 떠맡은 하나님의 사람을 일컫는 데 사용했다.[1] 이사야, 예레

---

[1] 구약성경에는 아브라함을 '최초의 선지자'(창세기 20:7), 모세를 '탁월한 선지자'(신명기 18:18)로 일컬었지만, 선지자 직분은 사실상 사무엘에서부터 시작된 것으로 본다. 선지자 중에는 이사야, 예레미야, 에스겔, 다니엘과 같은 대선지자와

미야, 에스겔, 다니엘과 같은 예언자들이 바로 이스라엘의 파수꾼이다. 그들은 하나님이 불러 세운 사람들이고, 하나님께 계시를 받아 불순종하는 이스라엘을 애통하며 꾸짖고, 미래에 이루어질 일에 대해 예언하는 일을 자신의 소명으로 삼았던 사람들이다. 에스겔은 파수꾼의 임무를 다음과 같이 전했다.

> 인자야, 내가 너를 이스라엘 족속의 파수꾼custodia으로 세웠으니 너는 내 입의 말을 듣고 나를 대신하여 그들을 깨우치라. 가령 내가 악인에게 말하기를 '너는 꼭 죽으리라' 할 때에 네가 깨우치지 아니하거나 말로 악인에게 일러서 그의 악한 길을 떠나 생명을 구원하게 하지 아니하면 그 악인은 그의 죄악 중에서 죽으려니와 내가 그의 피 값을 네 손에서 찾을 것이고.
>
> (에스겔 3:17-18)

그러나 탁월한 구약학자이자 설교자인 월터 브루그만Walter Brueggemann*에 의하면, 예언자는 단순히 우리가 만들어 온 잘못된 세계를 고뇌하고 애통하며 하나님의 가혹한 심판에 대해서 울부짖기만 하는 사람이 아니다. 그는 거기에서 그치지 않고 하나님 나라로 다가올 새로운 미래를 선포함으로써 개인과 공동체에 활력을 불어넣는 사람이기도 하다. 한마디로 예언자는 "저녁에는 울음이 깃들일지라도 아침에는 기쁨이 오리로다"(시편 30:5)라고 하나님의 진리를 깨우치는 자다.

브루그만은 그 이유를 예언자들의 선포에는 특출한 약속이 들

열두 명의 소선지자 등 문서로 기록을 남긴 선지자들 그리고 나단, 엘리야, 엘리사 등과 같이 기록을 남기지 않은 선지자들도 있다. 참조. 가스펠서브, 『교회용어사전』(생명의말씀사, 2013), 선지자[先知者, prophet] 항목.

어 있기 때문이라 했다. 그것에는 "칼을 쳐서 보습을 만들고…창을 쳐서 낫을" 만드는 세상(이사야 2:4), 가슴이 뛰도록 아름다운 세상, 곧 하나님 나라에 대한 상상력과 비전이 들어 있다는 것이다. 이 때문에 예언자들의 선포는 이성적 서술에 적합한 산문이 아니라 상상과 비전을 묘사하는 데 적합한 운문, 곧 시詩로만 가능하다고도 역설했다. 『마침내 시인이 온다』*Finally Comes the Poet*, 성서유니온선교회와 『예언자적 상상력』*Prophetic Imagination*, 복있는사람에서는 그들이 시인이었다는 것을 다음과 같이 설명한다.

> 고대 이스라엘 사람들이 예언자로 부른 이들을 고대 그리스 사람들은 시인으로 불렀다. 시인/예언자는 청중 속에 자리 잡은 기존의 현실을 부수고 새로운 가능성을 환기시키는 목소리다.[2]

> 예언자들은 구체적인 이미지들과 은유들을 사용하되 그것들을 계속 확대함으로써 우리로 하여금 '달궈진 화덕'(호 7:4-7), '어리석고 지혜가 없는 비둘기'(호 7:11), '뒤집지 않은 전병'(호 7:8), '들포도를 맺은 포도나무'(사 5:2, 4), '터진 웅덩이'(렘 2:13), '절박한 창녀'(렘 4:30), '통의 한 방울 물'(사 40:15), '두려움을 모르는 벌레'(사 41:14) 등이 주는 긴급한 충격을 감지하게 한다. 이 이미지들은 이 세상에서 이스라엘이 처한 실제 상황을 공감하게 해준다.[3]

그렇다. 우리가 만들어 온 잘못된 세계를 고뇌하고 애통하며

---

[2] 월터 브루그만, 『마침내 시인이 온다』, 김순현 옮김(성서유니온선교회, 2018), p. 15.
[3] 월터 브루그만, 『예언자적 설교』, 홍병룡 옮김(성서유니온선교회, 2017), p. 51.

울부짖는 자, 시적 언어Poesie를 통해 아름다운 하나님 나라의 비전을 전하는 자, 그럼으로써 기존의 현실을 부수고 새로운 가능성을 환기시키는 목소리, "아름다운 소식을 시온에 전하는 자"(이사야 40:9), 바로 이것이 이 책에서 말하는 파수꾼이다.

1

나는 이 책에서 구소련의 영화감독 안드레이 타르콥스키Andrei Tarkovsky를 이 시대의 파수꾼으로 조명해 불러내고자 한다.[4] 그가 시적 이미지들로 가득 찬 자신의 작품에서 "우리들[의]…삶을 파괴하며 구제할 길 없이 멸망으로 이끄는 삶의 메커니즘을 온 세계에 폭로하고 전향을 호소"[5]함으로써 "인류를 위한 구원의 마지막 가능성"[6]을 보여 주려고 애썼기 때문이다.

1932년 구소련 이바노보주 유리예베츠키 지구의 자브라지예에서 태어나 1986년 프랑스 파리의 한 병원에서 불과 54세의 젊은 나이로 세상을 떠난 타르콥스키는 인류가 파멸될 위기 앞에 서 있다는 것을 스스로 굳게 믿고 있었다. 하지만 그는 이에 굴하지 않고, 절망적 국면에서도 인간을 구하려는 노력과 희망을 절대 버리지 않았던 파수꾼이었다.

타르콥스키는 현대 문명의 특징으로서 오늘날 만연하고 있는

---

[4] 이 책 『파수꾼 타르콥스키, 구원을 말하다』는 타르콥스키의 영화 일곱 편을 철학적으로 해석해 2004년에 『타르코프스키는 이렇게 말했다』로 출간된 책의 내용을 기독교 신학적 관점에서 오늘날 우리가 당면한 현실에 맞춰 개작한 것이다.

[5] 안드레이 타르콥스키, 『봉인된 시간』, 김창우 옮김[분도출판사, 1997(3쇄)], p. 306.

[6] 같은 책, p. 307.

소비 물질주의와 그 안에서 독버섯처럼 자라나는 이기주의에 병든 우리들의 삶에 새로운 목표와 지향을 형성함으로써 절망적인 시대를 극복할 수 있는 희망과 믿음을 정립하려 노력한 예술가였다. 다음과 같은 말도 함께 남겼다.

> 나는 이상을 향한 동경을 품고 있으며, 이상을 추구하는 과정을 표현하는 그러한 예술의 신봉자라는 사실을 강조하고자 한다. 나는 인간에게 희망과 믿음을 주는 예술을 추종한다. 한 예술가가 이야기하는 세계가 절망적이면 절망적일수록 그는 아마도 이 희망 없는 세계와 대치되는 이상을 그만큼 더 분명하게 드러낼 수 있을 것이다. 만일 그렇지 못하다면, 산다는 것은 의미 없는 일이 아니겠는가!
> 예술은 우리 존재의 의미를 상징화한다.[7]

타르콥스키는 하늘을 어깨로 떠받치고 있는 아틀라스의 위대함이 그토록 오래 하늘을 지고 있다는 데 있는 것이 아니라, 매 순간 포기하지 않고 피곤에 지쳤을 때조차 자신이 하고 있는 일에 대해 환멸에 빠지지 않았다는 데 있다고 생각했다. 그리고 이와 같은 마음으로 혼신의 힘을 다해 일곱 편의 영화를 만들었다. 그는 오늘날 우리의 삶에 숨겨진 절망과 파국의 본질을 알아차렸고, 희망과 믿음이 없는 세계와 대치되는 이상을 보여 주려던 영상 시인이었다.

그렇다면 타르콥스키의 일곱 작품 모두를 파수꾼으로 조명해 해석하려는 이 책의 의도는 단순하고 분명하다. 그의 작품들을 통

---

7 같은 책, p. 242.

해서 오늘날 우리가 당면한 절망의 본질을 알자는 것이다. 그리고 그것을 극복하는 법을 배우자는 것이다. 희망 없는 세계에서 희망과 믿음을 갖는 마음을 본받자는 것이다. 타르콥스키의 말을 빌리자면 우선 "우리들 자신의 심오한 감정 속에서 우리 스스로를 발견하고 인식하자는 것"이다.

같은 말을 프랑스의 철학자 폴 리쾨르Paul Ricœur 식으로 표현하자면 '작품 앞에서의 자기 이해'Sich-Verstehen vor dem Text[8]를 얻자는 것이며, 그리고 가능하면 독일 철학자 마르틴 하이데거Martin Heidegger가 말하는 '실존론적 변양'existenziale Modifikation[9]을 하자는 것이다. 그럼으로써 오늘날 우리에게 다가오는 종말론적인 파국 – 여기에는 소비 물질주의를 생존 전략으로 삼아 온 자본주의의 폐해, 끝이 보이지 않는 코로나바이러스감염증-19 팬데믹, 인류의 생존마저 위협하며 다가오는 기후 변화, 러시아-우크라이나 전쟁을 통해 현실화 가능성이 언급되는 핵무기와 생화학무기의 사용 등이 속한다 – 에서 벗어나는 길을 찾자는 것이다.

2

1927년 출판된 하이데거의 『존재와 시간』Sein und Zeit 이후, 또한 리쾨르의 『철학적·신학적 해석학』Philosophische und theologische Hermeneutik 이후, 해석은 더 이상 작품의 배후에 숨어 있는 작가의 의도나 감정

---

[8] Paul Ricœur, *Philosophische und theologische Hermeneutik* (Gütersloher Verlagshaus, 1974), p. 33.
[9] Martin Heidegger, *Sein und Zeit* (1927), GA. Bd. 2. (Frankfurt am Main: Vittorio Klostermann, 1977), p. 146. 『존재와 시간』(까치 외).

이입에 의한 독자의 느낌을 밝히는 것이 아니다. 이제 해석은 작품에 의해 전개되는 자신의 존재 가능성을 추구한다.[10] 이는 곧 자신이 살 수 있는 세계의 기획을 뜻한다.[11] 다른 말로는 작품에 의한 자기 이해를 의미하며, 작품을 통한 자기 발전 가능성을 뜻하기도 한다.

영화를 해석하는 일도 이에 속한다. 그 때문에 영화 해석movie interpretation은 영화평론가들이 주로 하는 영화 분석movie analysis과는 다르다. 영화 분석이란 일반적으로 숏shot의 지속 시간과 규모, 컷 수, 표현된 시각적 요소들, 렌즈의 각도, 피사체의 심도, 배우 및 카메라의 움직임 그리고 편집 과정에서의 장면 연결 등, 영화의 형식적 구조에 의한 이해를 추구하는 객관적이고 특수한 작업이다. 이 작업의 효용은 영화 제작이나 그에 대한 평가에 있다.

그러나 영화 해석은 해석자가 인간과 세계에 대한 자신의 선이해先理解를 바탕으로 작품의 내용을 이해하고 그것을 자신의 새로운 존재 가능성으로 획득하는 다분히 주관적이고 실존론적인 작업이다. 이 때문에 영화 해석은 원칙적으로 삶에 대한 자신의 태도 변화를 궁극적 목적으로 한다.

이 말은 이 책이 타르콥스키의 작품들을 영화적으로 분석하려는 것이 아님을 뜻한다. 따라서 "영상의 시인"으로 평가되는 타르콥스키가 그의 작품들에서 구현한 영화적 기법을 설명하는 것에 대한

10 하이데거는 이 말을 "현사실적인 존재로서 현존재는 스스로의 존재 가능성(Seinkönnen)을 그때그때 이미 어떤 이해 가능성 속으로 밀어 넣고 있다"(같은 책, p. 146)라고 표현했다.
11 리쾨르는 『철학적·신학적 해석학』에서 "텍스트를 해석한다는 것은 내가 살 수 있는 '세계의 기획'(Entwurf)이다. 세계 기획은 텍스트 뒤에서 그것의 숨어 있는 의도를 드러내는 것이 아니라 텍스트 앞에서 작품을 전개하고, 발견하고 드러내는 것이다.…곧 세계 기획에 진정 합당한 적응으로서의 실존 기획을 말한다"(Paul Ricœur, 앞의 책, p. 33)라고 주장했다.

기대는 버려야 한다는 것을 미리 밝혀 두고자 한다.

나는 이 책에서 타르콥스키를 우리가 만들어 온 잘못된 세계를 고뇌하고 애통하며 울부짖는 예언자, 기존의 현실을 부수고 새로운 가능성을 환기시키는 파수꾼으로 명명하고, 그의 작품 일곱 편을 철학적·신학적으로 해석하려고 한다. 타르콥스키의 작품들을 해석함으로써 작품 뒤에 숨어 있는 작가의 의도를 드러내는 것이 아니라 작품 앞에서의 자기 이해를 통해 작품으로부터 더 넓어진 우리 자신을 얻는 것, 작품 사실에 의해 구성된 새로운 존재 가능성을 발견하려고 한다. 그리고 우리가 살 수 있는 세계를 기획하고자 한다. 곧 세계 기획에 진정 합당한 적응으로서의 실존 기획을 이루고자 한다.

그러기 위해 타르콥스키의 첫 작품인 〈이반의 어린 시절〉을 앙드레 브르통의 초현실주의 그리고 헤르베르트 마르쿠제의 유토피아주의와 연관해서 해석했다. 어린 이반의 꿈을 통해 브르통의 '초현실' 속에서 이루어지는 마르쿠제의 '유토피아'를 보며, 우리가 살 수 있는 세계를 기획할 수 있길 바랐다.

다 타 버린 재 속에서 다시 살아나 황홀히 날아오르는 불사조의 비밀을 밝힌 〈안드레이 루블료프〉는 니콜라이 하르트만의 '신념'과 쇠렌 키르케고르의 '믿음'을 연계해서 해석했다. 그럼으로써 인간에게 신념이 그리고 믿음이 무엇이며, 그것이 또 무엇을 할 수 있는지 볼 수 있길 원했다.

〈솔라리스〉는 아우구스티누스의 '시간'과 마르틴 하이데거의 '양심'을 통해 해석했다. 그것을 통해 인간에게 시간이 무엇이고, 양심이 무엇인지를 깨닫게 되길 기대했다.

자전적 작품으로 알려진 〈거울〉은 게오르크 헤겔의 '주인과 노예의 변증법'과 자크 라캉의 '거울 이미지'를 통해 해석했다. 그러면서 이기주의가 자신과 가족을 어떻게 파괴하는가를 보며, '행복하려고 욕망하는 자는 바로 그것을 위해 행복하고자 하는 그 욕망을 초극해야 한다'는 타르콥스키의 서글픈 이야기를 들을 수 있길 고대했다.

〈잠입자〉는 타르콥스키가 심취했던 러시아 정교회에 영향을 끼친 플로티노스의 신플라톤주의와 "희망은 오직 도덕에 종교가 첨가되는 경우에만 비로소 가능하다"라는 이마누엘 칸트의 '도덕적 신앙'을 연계하여 해석했다. 이 작품을 통해 '낯설고 세속적인 것들과의 이별' '단독자의 단독자로의 비행'을 위해 요구되는 도덕의 숭고성과 허무성을 동시에 볼 수 있길 또한 바랐다.

〈노스탤지어〉는 인간을 지상에서 천상으로 이끄는 플라톤의 '에로스'와 천상의 구원으로서의 마르셀 프루스트의 '회상'을 통해 해석했다. 이로써 "행복해지고 싶은가 보죠? 행복보다 더 소중한 것이 있는데…"라는 극중 대사가 우리에게 던지는 메시지를 이해할 수 있길 원했다.

마지막 작품 〈희생〉은 '구원'에 대한 아우구스티누스의 사유와 『소유냐 존재냐』에서 언급한 에리히 프롬의 '삶의 양식'에 대한 사고를 통해 해석했다. 그럼으로써 희생이란 "모든 이기주의적인 관계에 대한 전면적인 포기"이며 또한 "물질세계와 물질세계의 법칙의 굴레에서 벗어[남]"을 뜻한다는 타르콥스키의 주장을 이해할 수 있길 기대했다.

*

이토록 많은 기대와 소망을 안고, 이제 당신에게 묻는다. 혹시 당신도 미끄러운 경사길에 올라서 있는가? 그래서 어쩔 줄 모르고 미끄러져 내리고 있는가? 아니면 지금 인류가 천 길 낭떠러지에서 추락하고 있다고 생각하는가? 그래서 우리에게 시급히 날개가 필요하다고 여기는가? 만일 그렇다면, 이 책이 당신에게 한 가닥 동아줄 같은 도움이 되길 바란다. 시의적절한 시기에 출간을 허락해 준 IVP의 정모세 대표와 거친 글을 세심히 바로잡아 준 심혜인 간사에게 이 자리를 빌려 고마움을 전하고 싶다.

2023년, 가을을 앞두고
청파동에서
김용규

---

* 이 책에서 다룬 타르콥스키 작품들은 독일어판 필름을 성 베네딕트 수도원과 우일영상에서 번역하여 출시한 비디오테이프에 기초한 것이다. 이후 출시된 러시아판 DVD들과 약간의 차이가 있을 수 있다. 또한 타르콥스키의 영상 예술론에 관한 내용도 대부분 독일어판 *Die Versiegelte Zeit-Gedanken zur Kunst, zur Ästhetik und Poetik des Films*를 김창우가 번역한 『봉인된 시간』(분도출판사)을 참조했다. 이후 러시아어판을 라승도가 옮긴 『시간의 각인』(곰출판)과 표현이 다를 수 있다.

서문   타르콥스키를 보는 두 가지 시선
_ 새로운 '위기의 신학'을 위하여

> 파수꾼이 사자같이 부르짖기를
> '주여, 내가 낮에 늘 망대에 서 있었고
> 밤이 새도록 파수하는 곳에 있었더니
> 보소서. 마병대가 쌍쌍이 오나이다' 하니
> 그가 대답하여 이르시되
> '함락되었도다, 함락되었도다, 바벨론이여.
> 그들이 조각한 신상들이 다 부서져 땅에 떨어졌도다' 하시도다.
> _ 이사야 21:8-9

20세기 초, 스위스의 신학자이자 목회자였던 에두아르트 투르나이젠Eduard Thurneysen*이 러시아의 문호 도스토옙스키Fyodor Dostoevskii*를 당대의 파수꾼으로 명명하여 불러낸 사건이 있었다.

사건이라고? 그렇다. 대중에게 널리 알려지지는 않았지만, 1921년에 출간된 투르나이젠의 『도스토옙스키, 지옥으로 추락하는 이들을 위한 신학』*Dostojewski*, 포이에마은 당시 그리스도인들에게 하나의 시대적 사건이었다. 이 책이 20세기 전반, 서구 신학계에 한바

탕 소용돌이를 일으킨 변증법적 신학dialektische Theologie이라는 새로운 길을 여는 이정표가 되었기 때문이다. 투르나이젠의 오랜 친우이자 동료였던 칼 바르트Karl Barth*가 "나를 도스토옙스키로 인도한 사람은 투르나이젠이다. 그의 발견이 없었다면 나는 『로마서』의 초고를 쓸 수 없었을 것이다"¹라고 고백한 사실이 그것을 증명한다.

당시 서구 사회는 불과 20년이라는 시차를 두고 발발하여 역사상 유례 없는 사상자를 낸 제1차 세계대전1914-1918년과 제2차 세계대전1939-1945년의 사이, 죽음의 계곡과 계곡 사이, 거대한 밤과 밤 사이, 엄혹한 추위와 추위 사이를 좌우로 비틀거리며 줄타기를 하듯이 위태롭게 걸어가고 있었다. 그럼에도 대부분의 사람들은 여전히 계몽된 인간의 이성과 실천에 대한 19세기적 낙관론에 빠져 있었고, 그리스도인들 역시 19세기식 이성 중심의 자유주의 신학에서 벗어나지 못하고 있었다.² 이때 투르나이젠과 칼 바르트가 도스토

---

1 여기서 말하는 『로마서』는 바르트를 일약 세계적인 신학자로 부각시킨 『로마서 강해』 2판(*Der Römerbrief*, 1922)을 가리킨다. 이 책으로 인하여 오늘날 우리가 보통 '변증법적 신학'이라 부르는 새로운 신학의 장이 열리게 되었다. 투르나이젠은 당시 신학계에 이 책이 던진 충격을 "불난 것을 모르고 있다가 갑자기 알아채고 뛰어나간 것" 같다고 말했으며, 가톨릭 신학자 카를 아담(Karl Adam)은 "자유주의 신학자의 놀이터에 폭탄을 던졌다"라고 표현했다. 이 책이 불러일으킨 놀라운 반향에 대해 바르트 자신도 다음과 같이 회고했다. "나는 흡사 어두운 밤에 종탑을 올라가는 사람 같았다./ 나는 비틀대다가 난간 대신 종 줄을 잡아 버렸다./ 놀랍게도 커다란 종소리가 온 동네로 울려 퍼졌다."

2 자유주의 신학은 신학의 궁극적인 권위를 성경보다 이성에 두고, 초자연적인 것을 배제하며 기독교를 현실적이고 윤리적인 것으로 파악하고, 낙관적 세계관을 가졌는데, 그 부작용이 만만치 않았다. 대표적인 예가 바르트의 스승인 자유주의 신학자 아돌프 폰 하르낙(Adolf von Harnack)과 빌헬름 헤르만(Wilhelm Herrmann)을 포함한 93명의 독일 지식인이 1914년 9월에 발표한 소위 "문명화된 세계를 향한 93인의 독일 지식인 선언"이다. 이 선언에는 독일 황제 빌헬름 2세의 제1차 세계대전 참전에 동의하는 정책을 펴고 홍보하는 내용이 담겼다. 바르트는 당시에 받은 충격에 대해 종교와 학문이 "모조리 지성의 42센티미터 대포"로 둔갑하는 것을 보았을 때, "나는 이른바 신들의 황혼(Götterdämmerung)을 경험했다"라고 회상했다.

엡스키를 파수꾼으로 내세워 작품 사실에 의해 구성된 새로운 존재 가능성을 발견하는 해석 작업, 기존의 현실을 부수고 새로운 가능성을 환기시키는 새로운 신학 구축을 시작했다.

그런데 그들은 왜 하필이면 도스토옙스키를 파수꾼으로 내세웠을까? 두 사람이 보기에, 도스토옙스키는 일찍이 인간 내면의 저 밑바닥에서 울부짖는 탐욕이라는 악마의 소리를 들었고, 사슬에서 풀려난 악마가 얼마나 무시무시한 힘을 가지고 있는지를 알아차린 사람이다. 한마디로 그는 19세기 말에 유럽인들이 "자기 나름대로 시도했던 온갖 몸부림을 제 안에 모두 모아 놓고 그곳에 거울을 들이댄" 사람이다. 그럼으로써 "전쟁과 혁명의 낭떠러지를 향해 내달리고 있는 이 불행한 시대에 드리워진 이루 말할 수 없는 불안, 깊은 의심, 고통과 고집, 무엇으로도 채울 수 없는 갈망"을 미리 들여다본 사람이다.

또한 도스토옙스키는 "교회라는 제도가 되어 버린 기독교에 대한 깊은 불신을 품고" 있었던 인물이기도 하다. 그럼에도 그는 "자신의 고국인 러시아 정교회에서 기성 교회와는 다른 요소를 발견하고" 애정을 느끼고, 정교회에서 가르치는 부정 신학Negative Theology에서 희망을 발견한 사람이기도 하다. 바로 이것이 당대의 탁월한 두 신학자가 도스토옙스키를 변증법적 신학의 상징이자 시대의 파수꾼으로 내세운 이유다. 투르나이젠은 『도스토옙스키, 지옥으로 추락하는 이들을 위한 신학』의 서두에 다음과 같이 썼다.

도스토옙스키는 인간이 살아가는 세계 전체에 끔찍한 위기Krisis가 닥쳐오고 있음을 알아차렸다. 하지만 그 위기는 구원의 가능성을 가득 머금고 있기 때문에 그곳에서 이런 음성이 들려온다. "죽음에서 생명으로!"[3]

그렇다면 도스토옙스키가 발견한 희망의 정체는 무엇일까? 투르나이젠과 바르트는 그것이 인간의 이성과 실천에 대한 모든 희망과 믿음이 사라진 후에도, 아니 그 후에만 마침내 주어지는 하나님으로부터의 구원에 대한 희망이라고 생각했다. 그것은 "모든 인간적인 확실함의 대지를 박차고 허공으로 몸을 던져야만" 주어지는 하나님의 구원, "이 세상의 현실과 거기 속한 모든 가능성의 종말, 급진적인 한계"[4]가 드러나는 그곳에서만, "인간적인 것에 대한 절대적인 비판 속에서 프로메테우스적 욕망이 완전히 제압된 곳, 바로 그곳",[5] 오직 그곳에서만 비로소 시작되는 하나님의 현실에 대한 희망이다.

그렇다. 그리고 바로 이것이 "위기의 신학" "하나님 말씀의 신학"으로도 불리는 변증법적 신학의 본질이다.[6] 잘 알려져 있듯이, 제1차 세계대전이 끝나고 바르트, 투르나이젠, 루돌프 불트만Rudolf Bultmann, 에밀 브루너Emil Brunner 등이 전개한 변증법적 신학은 인간과 세계에 대한 하나님의 '아니요'Nein로부터 시작한다. 그러니 일찍이 덴마크의 철학자 쇠렌 키르케고르Søren Kierkegaard가 주장한 "하나님과 인간 사이의 절대적 상이성"이 이 신학의 먼 출발점이다. 바르트는 같은 말을 "하나님은 하늘에 있고 너는 땅 위에 있다"라고 선

---

3 에두아르트 투르나이젠, 『도스토옙스키, 지옥으로 추락하는 이들을 위한 신학』, 손성현 옮김(포이에마, 2018), p. 22.
4 같은 책, p. 120.
5 같은 책, p. 136.
6 변증법적 신학이 "위기의 신학" "하나님 말씀의 신학"으로 불리는 것은, 19세기의 자유주의 신학이 슐라이어마허(Friedrich Schleiermacher) 이래 개발된 성경 해석학을 통해 성경을 역사적 고문서인 인간의 기록으로 받아들여 하나님에 대한 '인간의 말'로 규정하는 것을 '위기'로 여기기 때문이다. 동시에 이 신학이 성경을 하나님의 계시로 받아들이는 정통 교리를 수용하여, 인간에 대한 '하나님의 말씀'으로 선포하는 전환을 촉구하기 때문이다. 교회의 전통적 교리를 새롭게 계승한다는 의미에서 서구에서는 주로 '신정통주의'(neo-orthodoxy)라고도 불린다.

포하고, 그 사이에는 도저히 건널 수 없는 "눈얼음 계곡" "극지역"極地域 "황폐지대"가 놓여 있다고 비유적으로 표현했다.[7]

키르케고르는 모든 소망이 끊어지고 온갖 희망이 사라진 인간의 궁지를 높이 평가했다. 그래서 그는 "절망하라. 그러면 그대 속에 깃들인 경솔한 마음이 그대로 하여금, 요동치는 정신처럼 그리고 망령처럼 그대를 이미 상실된 세계의 폐허 속에서 헤매게 하는 일이 다시는 없게 할 것이다"[8]라고 권했다. 이어서 이성적·도덕적 요청을 따르지 못하는 나약한 우리가 도달하게 되는 죄의식과 자기 부정을 "무한한 자기 체념"이라고 불렀다. 그리고 그것이, 오직 그것만이 인간이 종교적 단계religious stadium에 이르러 구원을 받게 되는 마지막 단계[9]라고 규정했다. 이어서 아브라함이 바로 이 무한한 자기 체념 운동을 통해 절체절명의 순간에 이삭의 생명을 구했다고 진지하게 교훈했다.[10]

마찬가지로 투르나이젠과 바르트의 변증법적 신학에서 하나님의 부정Divine Negation은 부정Nein으로 끝나지 않는다. 하나님의 부정은 예수 그리스도 안에서 긍정Ja으로 나타난다. 따라서 그리스도는 죄 속에 있는 인간과 세계의 역사와 문화, 종교, 즉 모든 인간적인 것에 대한 하나님의 부정 곧 심판이자, 동시에 하나님의 긍정 곧 구원이다. 이것이 온갖 희망이 사라진 인간의 궁지, 이미 상실된 세계의 폐허, 죽음과 절망의 계곡을 지나던 두 신학자가 도스토

---

7   Karl Barth, "Das Wort Gottes als Aufgabe der Theologie" in *Anfänge der dialektische Theologie* 1, hrsg. von J. Moltmann (München, 1962), p. 25.
8   쇠렌 키르케고르, 『이것이냐 저것이냐 제2부』, 임춘갑 옮김(다산글방, 2008), p. 425.
9   쇠렌 키르케고르, 『공포와 전율/반복』, 임춘갑 옮김(다산글방, 2007), p. 85.
10 이에 대한 보다 자세한 내용은 『신: 인문학으로 읽는 하나님과 서양문명 이야기』(IVP, 2018), 4부 '하나님은 인격적이다' 가운데 '두려움과 떨림'을 참조하라.

옙스키의 작품들에서 발견한 희망이기도 하다. 이를 투르나이젠은 "오직 무덤이 있는 곳이어야만 부활이 있다"라는 프리드리히 니체 Friedrich Nietzsche의 말을 인용하며 다음과 같이 말했다.

> 인간의 종말은 도스토옙스키가 인간과 함께 걸었던 모든 여행의 종말이다. 그러나 그의 작품은 강력하고 최종적인 종합의 빛, 그 신비롭고 초월적인 빛 속에서 점점 환해진다. 소설의 결말은 몰락이 아니다. 그 결말은 도무지 그 이유를 알 수 없는 승리의 외침, **"부활"**이다.[11]

나는, 20세기 초에 투르나이젠과 바르트가 도스토옙스키로부터 발견한 이 희망과 믿음의 본질을 당신이 이 책에서 – "나는 또한 도스토옙스키도 사랑한다"라고 고백했던 – 타르콥스키의 작품들을 통해 다시 발견하기를 바란다. 달리 말해 이 책이 21세기 초에 다시 드러난 파국적 위기를 극복할 새로운 위기의 신학, 새로운 하나님 말씀의 신학, 곧 새로운 변증법적 신학의 가능성을 당신에게 보여 주길 원한다.

오늘날 신학자들은 지금 우리가 마주하고 있는 종말론적 위기 – 후기 자본주의의 실천 이데올로기인 소비 물질주의의 폐해, 팬데믹과 기후 위기, 핵전쟁 등 – 를 다루는 내용을 보통 포스트휴먼 신학 Posthuman Theology이라는 이름 아래 탐구한다. 그러나 나는 이 책에서 이처럼 인간과 세상에 절망함으로써 인간과 세상에 희망을 구축하려는 신학, 인간과 세상을 향한 하나님의 부정을 통해 인간과

---

11   에두아르트 투르나이젠, 『도스토옙스키, 지옥으로 추락하는 이들을 위한 신학』, p. 20.

세상이 하나님의 긍정에 이르게 하려는 신학을 '예언자 신학' '파수꾼 신학'이라 부르고자 한다. 그리고 타르콥스키의 작품들을 해석함으로써 조명하고자 하는 이 새로운 위기의 신학을 통해 우리가 마주하고 있는 종말론적 위기에서 벗어나는 방법을 찾을 수 있길 바란다.

그러기 위해 나는 이 서문에서 1) 타르콥스키가 왜 인간과 세계를 부정하는가를 먼저 투르나이젠과 바르트가 전개한 변증법적 신학의 조명 아래 밝힐 것이다. 그리고 이어서 2) 그가 어떻게 인간과 세계에 대한 부정에서 긍정을 이끌어 내는가를 하이데거의 후기 철학 관점에서 조명해 보여 주고자 한다. 먼저 '타르콥스키가 인간과 세계를 왜 부정하는가'부터 살펴보자.

1. 파수꾼이여, 밤이 어떻게 되었느냐

> 사람이 세일에서 나를 부르되 '파수꾼이여, 밤이 어떻게 되었느냐? 파수꾼이여, 밤이 어떻게 되었느냐?' (이사야 21:11)

들어가는 말에서 밝혔듯이, 타르콥스키는 오늘날 인류가 파멸의 위기를 맞고 있다고 생각했다. 그리고 그 주요한 원인이 물질주의와 이기주의라고 파악했다.[12] 그 때문에 현대인들의 정신세계는 날이 갈수록 메말라 가고 있으며, 순전히 물질적인 것들이 제도적으로 탄탄히 자리 잡아 우리들 삶에 근거가 되어 버렸다는 것이다. 그는 물질적 발전이 인간에게 행복을 가져다주지 못한다는 것을 잘 알고

---

12   참조. 안드레이 타르콥스키, 『봉인된 시간』, p. 277.

있음에도 불구하고, 우리가 마치 귀신에 홀린 사람처럼 물질문명을 발전시키기에 혈안이 되었고, 모든 인간관계 및 민족, 국가들의 관계가 이기적으로 되었다 한다. 그 결과 끊임없이 전쟁이 일어나고 마침내 인류와 문명을 파국으로 몰고 갈 핵전쟁의 위험마저 대두했다는 것이다.

타르콥스키가 지닌 이 같은 위기의식에는 1984년 이탈리아로 망명한 이후 접한 서방세계의 물질문명에 대한 실망이 직접적 원인으로 작용했다. 그래서 그는 "인류와 현실을 파괴할 전쟁의 위험이 도사리고 있는 세계에서, 경악할 만한 사회적 재앙과 인간적 고통으로 울부짖는 소리가 끊이지 않는 세계"에서 "인류를 위한 구원의 마지막 가능성"을 실현할 작품을 만드는 데 관심을 갖기 시작했다. 이것이 내가 그를 이 시대의 파수꾼으로 조명해 내세우고자 하는 이유이기도 한데, 타르콥스키는 이렇게 말했다.

> 서방세계 나름의 유물론에 대해 내가 쓰디쓴 경험을 하면 할수록, 그리고 물질적 사고를 부추기는 서방세계의 교육이 그 교육으로 인한 피해 당사자들을 얼마나 심각하게 고통스럽게 만드는가를 인식하면 할수록—어째서 삶의 흥미를 상실하게 되었으며 왜 삶이 점점 더 시들어 버린 것같이 느껴지고 무의미하고 질식할 것같이 협소하게 느껴지는지 이해하지 못하는 현대인들의 모습을 잘 보여 주는 정신병자들을 우리는 도처에서 만나고 있지 않는가?—나는 더욱더 강렬하게 이 작품을 완성시켜야 할 필요성을 느꼈다. 왜냐하면 정상적이고 고매한 정신에 가득 찬 삶으로 인간이 되돌아가는 측면 중의 하나는, 자기 자신에 대한 시각이라고 나는 생각하기 때문이다.[13]

여기에서 잠깐! 그런데 정말인가? 오늘날 우리가 처한 상황이 성경에서 말하는 '묵시록적 정황'이고, 오늘날 인간은 "무엇보다도 물질적 발전 대신에 정신적 발전이 이루어지고 그렇게 됨으로써 다시 고상한 삶을 가능케 해 줄 마지막…가능성이 상실"[14]되었다는 타르콥스키의 현실 인식은 정당한가? 그것은 혹시 구소련 공산주의 사회에서 갑자기 망명해 20세기 후반 서구 자본주의 사회에 적응하지 못한 한 염세적 예술인의 히스테리적 증상이 아니었을까? 아니면 그는 진정 다가오는 파국을 알리는 예언자이자 파수꾼이었을까? 당신의 생각은 어떤가? 답하기 전에 잠시, 오늘날 우리가 사는 세상을 점검해 보자.

재앙은 닥쳐왔고, 미래는 결정되었다

2022년 11월 1일, 영국의 콜린스 사전 발행사가 해마다 연말에 발표하는 '올해의 영단어'로 'permacrisis'를 꼽았다. 이는 '영속적인 위기'라는 뜻을 가진 합성어로,[15] 단지 한 종류의 위기가 계속되는 것을 뜻하는 말이 아니라, 이 위기에서 저 위기로 끊임없이 옮겨 가며 지속되는 위기를 뜻한다. 콜린스 사전의 컨설턴트인 헬렌 뉴스테드 Helen Newstead는 "permacrisis는 이 위기에서 저 위기로 숨 돌릴 틈도 없이 비틀거리며 가는 상황을 잘 포착하고 있다"라고 평가했다. 코로나바이러스감염증-19 팬데믹, 종말론적 파국을 몰고 올 기후 변화,

---

13 같은 책, p. 293.
14 같은 책, p. 294.
15 영단어 permacrisis는 '영속'을 뜻하는 permanent와 '위기'를 의미하는 crisis의 합성어다. 1970년대에 처음 생겨난 이 단어의 사전적 정의는 '긴 기간 지속되는 불안과 불안정'이다.

러시아-우크라이나 전쟁 등이 자아내는 불안전하고 불안정한 오늘날 우리 현실을 반영하는 단어라고 할 수 있다. 그런데 이 같은 선정과 평가가 왜 나왔을까? 그리고 그것은 과연 옳은가?

2019년 12월 30일, 중국 보건당국은 우한武漢에서 원인 불명의 집단폐렴이 발생했다고 세계보건당국WHO에 보고했다. 2020년 2월 11일, WHO는 원인 불명의 이 질병에 코로나바이러스감염증-19COVID-19라고 이름 붙였고, 3월 12일에는 팬데믹을 선언했다. 2023년 1월까지 전 세계에서 6억 명 이상이 감염되었고, 사망자가 700만 명에 육박하고 있다. 3년이 채 안 되는 기간 동안 미국에서만 110만 명이 넘는 사망자가 나왔는데, 6년여에 걸친 제2차 세계대전 중 발생한 미군 사망자가 29만 1,557명인 것을 감안하면 사태의 심각성이 한눈에 드러난다. 하지만 끊임없이 변종을 만들어 공격하는 이 전염병과의 전쟁은 아직 끝이 보이지 않는다.

정작 문제의 심각성은 이번 팬데믹이 다가올 재앙의 시작에 불과할지도 모른다는 데 있다. 전염병 전문가들은 코로나바이러스 팬데믹이 끝난다 해도, 4-5년을 주기로 또 다른 바이러스들이 공격해 올 것으로 예상한다. 최근에 발표된 세계경제포럼WEF의 자료에 의하면, 바이러스 감염증은 세계화, 도시화 및 지구온난화와 손잡고 그보다 더 짧은 주기로 우리를 공격해 올 것으로 예측된다. 팬데믹 연구의 세계적 권위자인 조나 마젯Jonna Mazet 미국 UC데이비스 대학교 감염병학 교수는 "또 다른 바이러스 감염병은 그것이 오느냐 마느냐의 문제를 넘어 언제 어디서 터지느냐의 문제"라고 단언했다.

언젠가 코로나바이러스보다 치사율이 높고 감염력이 강한 바이러스가 공격해 온다면, 또는 녹아내리는 빙하 속에서 수백만 년 동안 갇혀 있어 존재도 몰랐던—그 때문에 우리의 면역 체계는 대응 방법조차 모르는—박테리아와 바이러스들이 출현한다면 세상은 그야말로 지옥문이 열린 것이나 다름없이 변할 것이다.

이미 문이 열린 지옥도 있다

> 전쟁 첫째 날 내 아이들의 팔에 이름, 생년월일, 그리고 내 전화번호를 적어 두었다.
> 아이들뿐만 아니라, 내 팔에도 적었다.
> 혹시나 사망 후 식별을 위해서.
> 무서운 사실이지만 그 생각으로 미리 적어 두었다.[16]

우크라이나의 그림책 작가 올가 그레벤니크Olga Grebennik가 쓴 『전쟁일기』이야기장수 가운데 한 구절이다. 작가는 당시 네 살 먹은 딸의 팔에 "베라 야로셴코. 2017. 7. 19. 066820"이라고 적어 넣었다. 마지막 숫자는 그녀의 전화번호다.

2022년 2월 24일 러시아 대통령 블라디미르 푸틴Vladimir Putin이 특별 군사작전 개시 명령을 선언한 이후 러시아가 우크라이나를 침공하면서 21세기 들어 처음으로 유럽 국가 간 전쟁이 발발했다. 이후 러시아군이 우크라이나인들을 성별과 나이를 가리지 않고 무차별 학살하고, 대상을 가리지 않고 성폭행했다는 뉴스가 이어졌다.

전 우크라이나 대통령 보좌관인 올렉시 아레스토비치Oleksiy Arestovych의 보고에 의하면, 러시아군이 머물렀던 민간 시설에서 소년, 소녀들을 산 채로 신체를 절단하거나 이를 뽑는 등 고문하고 학살한 흔적도 드러났다. 강간당하고 불태워진 채 버려진 여성, 살해

16　올가 그레벤니크, 『전쟁일기』, 정소은 옮김(이야기장수, 2022), p. 96.

당한 공무원들, 아이들, 노인들, 남성 등, 대다수는 손이 묶였고, 고문당한 흔적이 남아 있으며, 후두부에 총상이 나 있었다.

미국의 군사전문 싱크탱크인 전쟁연구소는 2023년 1월까지 이 전쟁에서 러시아군이 13만여 명 전사하고 우크라이나군도 10만 명 가까이 사망한 것으로 집계하고 있다. 통상 부상자가 전사자의 서너 배에 달한다는 점을 감안하면 러시아-우크라이나 전쟁의 부상자는 양측을 다 합쳐 100-200만 명이나 될 것으로 추정된다. 여기다 민간인 사상자까지 더하면 인명 피해는 기하급수적으로 늘어날 것이다.

푸틴 러시아 대통령은 공공연히 핵무기 사용을 언급하기도 했다. 만일 그럴 경우 이 전쟁은 제3차 세계대전으로 확산되어 온 세상이 지옥으로 변할 것이 분명하다. 하지만 지금으로서는 그 누구도 이 전쟁이 앞으로 어떻게 진행될 것이며 또 언제 끝날지를 전혀 모른다. 러시아-우크라이나 전쟁이 가져온 또 하나의 위기는 러시아가 유럽에 공급해 온 천연가스의 공급을 중단함으로써, 그동안 탄소중립을 실현하려 나름 노력하던 유럽 각국이 다시 석탄 연료를 사용하기 시작했다는 사실이다. 그것이 무엇을 의미하는지는 아마 당신도 이미 잘 알 것이다. 왜냐하면 다음과 같은 말들을 이미 숱하게 들어 왔기 때문이다.

"이미 재앙은 닥쳐왔고, 미래는 결정되었다." "절망할 겨를도 없다. 상황은 생각보다 훨씬 더 심각하다." "최상의 시나리오마저 참혹하고 고통스럽다." "일상 자체가 종말을 맞이할 것이다. 일상이 더 이상 존재하지 않게 될 것이다." 이것은 데이비드 월러스웰스 David Wallace-Wells가 『2050 거주불능 지구』 The Uninhabitable Earth, 추수밭에서 우리에게 이미 다가온 기후 변화에 의한 재난을 알리려고 울리는 비상경보다.[17]

혹시 호들갑이라고 생각되는가? 아니다! 잘 알려졌듯이, 지구는 이미 이산화탄소 한계치인 400ppm을 넘어섰다. 그 때문에 재앙을 피하려면, 늦어도 2050년까지 온실가스 순배출량을 0으로 만들어야 한다. 다시 말해 이산화탄소 배출량을 지구가 자연적으로 흡수할 수 있는 수준 – 이른바 '탄소중립' 내지 '순배출 제로'라고 불리는 상태 – 으로 떨어트려야 한다. 그래야만 최악의 파국을 그나마 피할 수 있다.

그리고 이것은 2015년 체결된 파리 기후 변화 협약Paris Climate Change Accord의 목표치이기도 하다. 요구되는 최소한의 목표이지만, 실현 가능한 목표라고 할 수는 없다. 왜냐하면 트럼프 행정부가 2019년 파리 기후 변화 협약에서 탈퇴했듯이, 또한 러시아-우크라이나 전쟁 이후 유럽 각국의 에너지 정책에서 보듯이, 자국의 이익과 상치하는 경우 협약은 언제든지 깨지기 때문이다.

그래서 우리는 기후 변화가 가져올 사회적 혼란과 전쟁을 피하지 못하고, 빙하가 지도를 바꿀 정도로 빨리 녹아내리는 것을 막지 못하고, 나날이 가속화되고 있는 동식물들의 멸종을 막지 못하고, 해수면이 높아져 바다가 도시들을 집어삼키는 것을 피하지 못하고, 결국에는 인류 자신이 '여섯 번째 대멸종'의 희생물이 되는 것을 막지 못할지도 모른다. 전문가들의 분석에 의하면, 만일 우리가 지금처럼 산다면 2050년이면 기후 변화로 인한 폭염, 한파, 산불, 태풍, 해일, 해수면 상승, 물 부족, 식량 고갈, 그리고 전염병 창궐로 지구는 거주불능 지역으로 변할 것이다. 그렇다면 지금 우리가 겪고 있는 코로나 팬데믹과 기상 재난은 다가오는 대재앙의 서막에

17 참조. 데이비드 월러스웰스, 『2050 거주불능 지구』, 김재경 옮김[추수밭(청림출판), 2020], p. 39.

불과할 것이다.

기후 변화로 인한 재앙들은 그저 주어진 것이 아니다. 그것은 자연에 대한 우리의 잘못된 태도에서 나왔다. 다시 말해 다가오고 있는 묵시록적 재앙들은 우리의 과도한 자원과 에너지 소비에 의한 '환경오염', 무분별한 개발에 의한 '생태계 파괴'가 불러온 것이다. 그것은 근대 이후 인류가 만들어 온 세상-특히 지난 50여 년 동안 급격히 진행된 세계화와 후기 자본주의 그리고 그것의 실천 이데올로기인 소비 물질주의가 주도해 온 탐욕적 생활방식과 착취적 경제체제-에서 기인한 것이다. 그러니 해결책도 바로 여기에서 찾아야 한다.

그러나 지금 우리가 처한 상황은 '노아의 홍수'가 이미 시작했는데도 방주는 아직 시공조차 되어 있지 않은 것과 다름없다. 전 세계를 이미 지배하고 있는 소비 물질주의가 조장하고 만들어 온 현대인의 탐욕적 생활방식과 각 나라의 착취적 경제체제를 멈출 방법이 없기 때문이다. 그래서 터져 나온 자성적 슬로건이 "우리가 홍수이고 방주다"[18]이다. 미국의 소설가 조너선 사프란 포어 Jonathan Safran Foer가 『우리가 날씨다』 *We Are the Weather*, 민음사에서 한 은유적인 표현인데, 재앙을 일으킨 원인도 우리에게 있고, 대책을 마련할 책임도 우리에게 있다는 뜻이다. 그러나 입으로만 떠들 뿐, 그 책임을 실제로 지려고 하는 개인, 기업, 국가는 찾아보기 어렵다.

그런 가운데 2015년 6월 18일에-이때는 파리 기후 변화 협약이 체결되기 5개월 전이다-프란치스코 교황이 기후 변화와 생태계 파괴를 미리 막자면서 총 6장 246항, 181쪽 분량의 회칙 『찬미받으소서』 *Laudato si*를 발표한 것은 여러모로 의미심장하다. 부제가

---

18   조너선 사프란 포어, 『우리가 날씨다』, 송은주 옮김(민음사, 2020), p. 230.

'공동의 집을 돌보는 것에 관한 회칙'인데, 회칙을 발표하며 교황은 "기후 변화가 강제 이주의 위기를 악화시키고 있다. 세상의 가난한 자들은 기후 변화에 책임이 거의 없지만 기후 변화의 영향을 가장 크게 받는다"라며 "가난한 사람과 지구의 울음소리에 동시에 귀를 기울여야 한다"라고 강조했다. 교황은 "신은 항상 용서하고 인간은 때로 용서하지만 자연은 결코 용서하지 않는다"라는 경고도 함께 던졌다.

최후의 전쟁은 이미 시작되었다

JTBC는 2023년 새해를 맞아 한 해 동안 준비해 온 글로벌 프로젝트 〈세 개의 전쟁〉을 선보였다. 이 신년 특집 프로그램은 21세기 들어 인류를 괴롭히고 있는 세 개의 전쟁, 즉 러시아-우크라이나 전쟁과 코로나 이후의 패권 전쟁, 그리고 기후 위기와의 전쟁을 차례로 〈겨울 전쟁〉, 〈투키디데스의 함정〉, 〈최후의 날, 스발바르〉라는 제목으로 3부에 걸쳐 담아냈다. 손석희 전 앵커가 11개국을 돌며 각각의 전쟁에서 일어난 '현상의 변화'를 분석하고, 이런 영속적 위기와 전쟁의 시대에 우리가 어떤 선택을 해야 할 것인가를 탐사 추적했다.

이 프로그램이 탐사한 현상의 변화는 무엇이고, 세계적인 오피니언 리더 40명과 대담을 나눈 끝에 찾아낸 해법은 과연 무엇일까? 다음에 나열한 몇 개의 자막 문구만 보아도 그 실체가 드러난다.

- 이대로 간다면 디스토피아다.
- 우리는 어쩌면 지금 판도라의 상자를 열고 있을지도 모른다.
- 멸종, 종말의 위기, 재앙은 홀로 오지 않는다.

- 이 막대한 현상변화를 우리가 감당할 수 있을까.
- 최후의 전쟁 끝에 우리가 맞이하게 될 것은 디스토피아다.
- 인류는 공범, 판도라의 상자는 이미 열렸다.
- 끝 모를 패권 전쟁이 결국 전쟁으로 이어졌다.
- 단 한 번의 조그만 실수도 확전의 방아쇠를 당길 수 있다.
- 결국 방아쇠를 당기는 것은 인간의 욕망이다.
- 팍스 아메리카 vs. 중국몽.
- 지구 반대편의 우크라이나 전쟁이 남의 일일 수 없다.
- 정말 중국과 미국이 전쟁을 한다면, 대한민국은 이미 사라지고 없다.
- 디스토피아는 이미 우리의 문 앞에 다가와 있다.

영국의 콜린스 사전 발행사가 발표한 '올해의 단어'와 JTBC가 방영한 〈세 개의 전쟁〉, 2022년 세모와 2023년 세시에 날아온 이 두 가지 보도만 보아도 전 지구적으로 영속적인 위기의 시대, 전쟁의 시대가 시작된 것은 분명하다. 위기와 전쟁이라는 말에 주목하자. 이 위기와 전쟁은 '금융 위기'나 '입시 전쟁'과 같이 예사롭고 극복할 수 있는 것이 아니다. 그것은 예측할 수도 통제할 수도 없는 것으로 어쩌면 인류를 묵시록Apocalypse적 파국으로 몰고 갈 위기이고, 인류 최후의 전쟁인 아마겟돈Armageddon일지도 모른다.

그것은 어쩌면 예수가 "민족이 민족을, 나라가 나라를 대적하여 일어나겠고 곳곳에 큰 지진과 기근과 전염병이 있겠고 또 무서운 일과 하늘로부터 큰 징조들이 있으리라"(누가복음 21:10-11)라고 가르치고, 사도 요한이 "검과 흉년과 사망과 땅의 짐승들로써 죽이더라"(요한계시록 6:8)라고 기록한 바로 그 위기이자 전쟁인지도 모른다. 또한 그것은 어쩌면 일찍이 도스토옙스키가 파악한 "인간이 살아가는 세계 전체에 끔찍한 위기"이자 "인간과 함께 걸었던 모든 여행의 종말"을 불러올 전쟁인지도 모른다.

 혹시 과장이라고 생각되는가? 그러면 당신은 아마 세상 물정을 잘 모르는 사람일 것이다. 연합뉴스에 의하면, 2023년 1월 24일, 미국 핵과학자회BSA는 지구 종말까지 남은 시간을 상징적으로 보여 주는 '지구 종말 시계'doomsday clock의 초침을 파멸의 상징인 자정 쪽으로 10초 더 이동시켰다. 이로써 지구 종말까지 남은 시간은 애초에 시작했던 7분에서 단 90초로 줄어들었다. 측정 이래 심판일에 가장 가까운 기록이다.[19] 그렇다면 이제 우리가 살펴보아야 할 것은 '이 모든 종말론적 파국의 근본적 원인은 무엇일까?', 또한 '이 같은 파국에서 벗어날 방법이 무엇일까?'임이 자명하다. 먼저 원인부터 살펴보자.

오직 무덤이 있는 곳이어야만 부활이 있다

타르콥스키는 우리가 당면한 파국의 원인을 "근대 문명의 특징으로서 오늘날 만연하고 있는 물질주의와 그 안에서 독버섯처럼 자라나는 이기주의"라고 진단했다. 그 결과 인간은 탐욕의 노예가 되었고 "무엇보다도 물질적 발전 대신에 정신적 발전이 이루어지고 그렇게 됨으로써 다시 고상한 삶을 가능케 해 줄 마지막…가능성의

---

[19] 1947년 자정 7분 전으로 시작한 '지구 종말 시계'는 미국과 소련이 경쟁적으로 핵실험을 하던 1953년에는 종말 2분 전까지 임박했다가 미소 간 전략 무기 감축 협정이 체결된 1991년 자정 17분 전으로 가장 늦춰졌다. 이후 핵무기의 존재가 사라지지 않고 기후 변화를 비롯해 신종 코로나바이러스 팬데믹 등 인류가 대비하지 못한 각종 위협이 이어지며, 2019년 시계는 자정 2분 전으로 다시 종말 코앞까지 다가섰다. 2020년 이란과 북한의 핵 프로그램 등을 이유로 자정 전 100초로 이동한 뒤에는 그 자리를 지켜 왔으나, 3년 만에 러시아의 우크라이나 침공 이후 전술핵 사용 우려가 고조되며 경고 수위를 90초로 높인 것이다.

상실"[20]이 벌어진 것이다.

일찍이 도스토옙스키가 그랬듯이, 타르콥스키는 인간 내면의 저 밑바닥에서 울부짖는 탐욕이라는 악마의 소리를 들었고, 사슬에서 풀려난 그 악마가 얼마나 무시무시한 힘을 가졌는지를 알아차렸다. 그가 보기에 이 악마의 정체는 하나님으로부터 돌아선 죄의 결과인 '물질 숭배'다. 우상 숭배라고도 불리는 그것이 인간을 '무한한 욕망의 노예'로, 사회를 '무한한 생산과 소비의 지옥'으로, 자연을 그에 의해 '강탈당하는 피해자'로 전락시켜 인간과 세계를 점차 파국적 국면으로 몰아가고 있다. 시대의 파수꾼인 타르콥스키는 이 같은 정황을 일찍이 그리고 정확히 파악하고 이렇게 말했다.

> 인간은 기계문명의 발전과 그 밖의 물질문명의 발전에 얽매이고, 가칭 진보라는 인류 발전에 맹목적으로 따르는 소비자로서의 삶을 영위하든지 아니면 자기 자신을 위해서뿐만이 아니라 남을 위한 것이기도 한, 고매한 정신적 책임감이 충만한 삶으로 회귀하는 선택의 기로에 놓여 있는 것이다.[21]

따져 보면 인간에게는 태초부터 오직 두 가지 선택지가 주어졌다. 하나님 숭배와 물질 숭배, 하나님 사랑과 물질 사랑, 하나님 나라와 세상이 그것이다. 예수께서 광야에서 악마에게 시험을 받으실 때도, 빌라도에게 재판을 받으실 때도 바로 이 선택지 앞에 서 계셨다. 그리고 악마에게는 "주 너의 하나님께 경배하고 다만 그를 섬기라 하였느니라"(마태복음 4:10)라고 외치셨고, 빌라도에게는

---

20 안드레이 타르콥스키, 『봉인된 시간』, p. 294.
21 같은 책, p. 293.

"내 나라는 이 세상에 속한 것이 아니니라"(요한복음 18:36)라고 두 번이나 반복해서 답하셨던 것이다.

그러나 유감스럽게도 실낙원 이후 인간은—예언자들의 숱한 경고와 예수님의 진실한 가르침과는 달리—하나님 숭배보다 물질 숭배, 하나님 사랑보다 물질 사랑, 하나님 나라보다 세상을 선택했다. 특히 근대 이후 인류는 사회주의, 자유주의, 공산주의, 자본주의, 과학주의, 실증주의 등 무척이나 다양한 정신적 사조들을 실험해 온 것 같지만, 그 공통된 바탕은 오직 물질 숭배의 근대적 양식인 물질주의materialism였다. 그리고 그것으로부터 일찍이 성 아우구스티누스Augustinus가 콘큐피스켄치아concupiscentia라고 이름 붙인, 세상을 향한 '무한한 탐욕'이라는 악마가 사슬을 끊고 나와 세상을 지배하는 힘을 얻게 되었다. 달리 말해 물질주의가 일찍이 성경과 예수께서 지하감옥에 묶어 놓았던 무한한 탐욕이라는 마성을 불러일으킨 것이다.

그러자 교활하고도 광폭한 그 마성은 상업성 위주의 대중문화와 대중매체 그리고 광고와 유행의 힘을 빌려 우리의 허영을 충동질하고 타인에 대한 선망과 질투를 불러일으킴으로써 물질적이고 이기적인 욕망을 즉각 실현하도록 추궁해 왔다. 그리고 만일 우리가 이에 응하지 못할 경우 한없이 불행하거나 비참하다는 생각을 갖게 했다. 소비 물질주의가 지배하는 오늘날 자본주의 사회에서 소비하지 않는 자는 존재하지도 않는다. 이 때문에 그 수많은 종교적·철학적·사회학적·생태윤리학적 성찰과 그에 따른 위협적 경고조차도 우리에게는 무력하기만 하다. 마치 미끄러운 경사길에 올라선 것처럼 우리의 삶은 이미 스스로의 통제력을 잃었다. 타르콥스키는 이렇게 진단했다.

나는, 우리들이 오늘날 또다시 문명이 파괴될 즈음에 서 있다는 것을 굳게 확신하고 있다. 왜냐하면 우리들은 역사적 과정의 정신적·영적 측면을 완전히 무시하고 있기 때문이다. 다시 말하면, 우리들의 돌이킬 수 없이 죄 많고 절망적인 물질주의가 우리 인간들에게 너무나도 많은 불행을 가져다주었다는 사실을 우리들은 고백하려 하지 않기 때문이다.[22]

알고 보면 이것이 오늘날 우리가 당면한 모든 종말론적 파국의 본질이자 타르콥스키가 파악한 인간과 세상에 대한 하나님의 '부정'이다. 그래서 그는 인류를 파국으로부터 구하기 위해, 다시 말해 하나님의 부정으로부터 긍정을 이끌어 내기 위해 혼신의 힘을 다했다. 그런데 우리가 여기에서 주목하고자 하는 것은 그의 방법이 매우 독특하다는 사실이다.

언어의 육화 — 진리가 스스로를 세상에 구현하는 방법

당신도 알다시피, 인간과 세상을 바꾸는 일은 주로 정치인이나 종교인의 몫이고, 그 방법은 혁명과 개혁 또는 교화敎化다. 그러나 타르콥스키는 인류 파멸의 절대적 위기를 극복할 수 있는 희망이 더 이상 정치인이나 종교인들에게 있지 않다고 단정했다. 왜냐하면 사상가도, 혁명가도, 심지어는 성직자들까지 "자기 자신에게는 아무것도 요구하지 않고, 모두들 자신의 윤리관에 대하여 장광설을 늘어놓게 되며, 자신들에게 할 요구를 다른 사람들에게, 소위 전체 인류에게 떠넘겨 버리는 식"[23]으로 혁명, 개혁 또는 교화를 실행했

---

22 같은 책, pp. 282-283.

기 때문이다. 타르콥스키는 다음과 같이 신랄하게 꼬집기도 했다.

> 도스토옙스키는 다른 사람들의 행복을 위해 자신들이 책임을 지겠다고 나서는 '대심문관들'에 대해 이미 경고한 바 있다. 우리는 특정 계급이나 특정 집단의 이익을 소리 높여 주장하고 더 나아가 인류의 이익과 '보편적 선'에 대한 주문을 읊조리듯 기원했던 사람들이 어떻게 사회에서 치명적으로 소외된 개인의 권리를 파렴치하게 짓밟았는지 보았다.[24]

따라서 희망은 오히려 스스로 "자신이 속한 시대와 사회"에 대한 책임과 희생을 요구하는 개인에게 있다는 것이 타르콥스키의 주장이다. 그는 또 이렇게 말했다.

> 물질적인 재화를 획득하는 것과 정신적 완성을 향한 노력이 결코 동시에 이루어지지 않는다는 사실은 오늘날 우리 모두가 주지하는 바이다. 우리들은 전 인류의 파멸을 위협하는 물질문명을 이룩해 내었다. 이처럼 지구의 멸망이라는 국면을 대한 상황에서 내게 유일하게 원칙적으로 중요한 문제는, 인간의 개인적 책임이라고 생각된다. 정신적인 것에 대한 모든 질문이 소중시되는, 정신적으로 희생할 각오가 되어 있는 자세가 문제인 것이다.
>   내가 지금 여기서 이야기하는 희생의 각오는 물론 강요된 것일 수 없으며, 반드시 자발적이고 완전히 자연스럽고 자의적

---

23   같은 책, p. 275.
24   안드레이 타르콥스키, 『시간의 각인』, 라승도 옮김(곰출판, 2021), p. 290.

으로 떠맡는 이웃에게의 봉사이어야만 한다.[25]

그렇다! 말만으로는 세상을 구할 수 없다. '언어의 육화'가 필요하다. 폴란드 출신 사회학자 지그문트 바우만Zygmunt Bauman도 『유동하는 공포』Liquid Fear, 산책자에서 강조했듯이, 말이 세상을 바꾸려면—진실이 거짓을 이기려면, 이성이 편견과 미신을 극복하려면, 악이 선의 광휘 앞에 굴복하게 하려면, 추함이 아름다움의 눈부심에 퇴각하게 하려면—자신의 말을 스스로 육화하는 행동이 반드시 요구된다. 그런데 "지식인들은 말이 육신이 되게 하는 자신들의 능력을 한 번도 신뢰한 적이 없다. 그들은 다른 누군가를 부추겨 자신들의 구상을 실천에 옮기도록 했다."[26] 그 때문에 역사상 모든 혁명과 개혁 그리고 교화가 실패했다.

언어의 육화라니, 이게 대체 무엇이던가? 성경에는 "말씀이 육신이 되어 우리 가운데 거하시매"(요한복음 1:14)라고 기록되었고, 기독교 신학에서는 이것을 '성육신'成肉身, incarnatio이라 한다. 오직 말씀만으로 천지를 창조하신 하나님도 말씀만으로는 인간과 세상을 구하려 하지 않았다. 스스로 육신을 입고 세상에 내려와 십자가에 매달리는 사랑과 희생의 '행위'를 통해 그 일을 이루셨다. 하나님도 그렇게 일하셨다면 하물며 우리들이야, 자신이 믿는 진리를 스스로 행동으로 옮기는 '언어의 육화' 말고 인간을 교화하고 세상을 개혁할 방법이 따로 있겠는가!

내가 보기에는 이것이 성육신 사건이 우리에게 주는 중요한 교훈 가운데 하나다. 이 점에서 보면, 인간이 실행해야 하는 언어의 육

---

25 안드레이 타르콥스키, 『봉인된 시간』, p. 276.
26 지그문트 바우만, 『유동하는 공포』 함규진 옮김(산책자, 2009), p. 263.

화는—하나님이 행하신 말씀의 육화가 그렇듯이—'진리의 육화', 곧 진리가 스스로를 세상에 구현하는 방법이다. 동방 정교회에서는 이 신비롭고 은혜로운 과정을 '케노시스kenosis[27]를 통한 테오시스 theosis[28]' 곧 '말씀의 세속화를 통한 인간의 신성화' 또는 '자기 비움을 통한 자기 고양' '자기 부정을 통한 자기 긍정'이라는 다양한 말로 교훈한다.[29] 알고 보면 바로 이것이 부정 신학의 핵심이고, 죽음에서 생명으로, 무덤에서 부활로, 하나님의 부정에서 하나님의 긍정으로 진행하는 변증법적 신학이 발 딛고 있는 기반이다. 또한 이 책에서 말하는 '예언자 신학' '파수꾼 신학'의 본질이다.

타르콥스키는 이 일, 다시 말해 마르크스와 엥겔스 같은 사상가가 사상을 통해, 레닌과 스탈린 같은 정치가가 혁명을 통해, 교회가 교회를 통해 이루려 했던 일, 그렇지만 모두 언어의 육화를 하지 못해 실패했던 진리의 육화를 예술가가 이룰 수 있다고 굳게 믿었다. 이유인즉, "예술은 언제나 인간의 정신을 삼켜 버리려고 위협하는 물질에 저항하는 인간 투쟁의 무기"[30]인 동시에 "삶의 본디 의미

[27] 사도 바울은 케노시스에 관해 이렇게 썼다. "그는 근본 하나님의 본체시나 하나님과 동등 됨을 취할 것으로 여기지 아니하시고 오히려 자기를 비워(kenoō) 종의 형체를 가지사 사람들과 같이 되셨고 사람의 모양으로 나타나사 자기를 낮추시고 죽기까지 복종하셨으니 곧 십자가에 죽으심이라"(빌립보서 2:6-8).
[28] 알렉산드리아의 아타나시우스(Athanasius in Alexandria)는 『말씀의 성육신에 관하여』(De Incarnatione)에서 테오시스를 "그는 우리가 신이 될 수 있도록 성육신하셨다"(Aftós gár eninthrópisen, ína imeís theopoiithómen)라는 한마디로 간단히 설파했다.
[29] 참회자 막시무스(Maximus the Confessor)는 동방 정교회의 영적 스승들의 가르침을 모은 책인 『필로칼리아』(Philokalia)에 테오시스에 대해 다음과 같이 썼다. "인간 본성의 신성화(theosis)에 대한 희망을 가지고 기대하는 확실한 근거는 하나님 자신이 사람이 되신 것(kenosis)과 같이 사람을 하나님으로 만드는 하나님의 성육신에 의해 제공됩니다.…우리는 우리 자신 안에 세속의 어떤 것도 담지 않고 유일하신 온전한 하나님의 형상이 됩시다. 그리하여 우리는 하나님과 교제하고 하나님으로부터 우리의 존재를 받아 하나님이 될 수 있습니다."
[30] 안드레이 타르콥스키, 『봉인된 시간』, p. 280.

를 표출해 주는 무의식적인 행동이며 사랑이고 희생"[31]이라고 생각했기 때문이다. 타르콥스키는 그 말을 이렇게 했다.

> 마지막으로 하고자 하는 말은 예술적 형상은 인류가 발명한 유일하게 이기적이지 않고 사욕이 없는 것이며, 인간 존재의 의미는 아마 실제로 예술작품의 창조, 아무 목적도 없고 전혀 사리사욕이 없는 예술적 행동에 있을 것이다. 그리고 이 같은 것은 우리들이 하느님의 모상에 따라 창조되었다는 바로 그 점에 나타나 있지 않을까?[32]

> 예술은 인간이 할 수 있는 최선, 그러니까 희망, 믿음, 사랑, 아름다움, 기도 또는 인간이 꿈꾸고 바라는 것들을 강화시킨다. 헤엄을 칠 줄 모르는 사람이 물에 빠지면, 그러니까 그 자신이 아니라 그의 육체가 살아나기 위한 본능적 움직임을 시작한다. 예술 역시 이처럼 물에 빠진 인간의 육체가 하는 것과 비슷한 일을 수행한다. 예술은 정신적 의미에서 인류를 익사시키지 않으려는 본능으로서 존재한다. 인류의 정신적 본능은 예술가에게서 확인되는 것이다.[33]

한마디로 예술이 인간과 세계를 구원할 수 있다는 것이 타르콥스키의 결론이다.

만일 당신이 여기에서 고개가 갸우뚱해진다면, 하나님의 말씀을 인간의 언어로 전하는 일은 "시인이 올 때, 시인이 말할 때, 설교

---

31 같은 책, p. 282.
32 같은 책, p. 284.
33 같은 책, p. 282.

자가 시인이 되어 나타날 때 가능하다"라는 월터 브루그만의 말에 잠시 귀 기울여 보면 도움이 된다. 들어가는 말에서 보았듯이, 『마침내 시인이 온다』에서 브루그만은 선지자, 예언자, 설교자, 달리 말해 "저녁에는 울음이 깃들일지라도 아침에는 기쁨이 오리로다"(시편 30:5)라고 하나님의 진리를 전해 사람들을 깨우치는 파수꾼을 시인으로 규정했다. 그리고 다음과 같이 말했다.

> 설교자는 뜻을 파악하기 어려운 진리, 무엇에도 구애받지 않는 진리를 담은 성경 본문과, 그 본문을 환원주의 형식으로 들으려 하는 회중을 예술적으로 엮어 연결하라고 부름받은 사람이다.[34]

또한 『텍스트가 설교하게 하라』Word Militant, 성서유니온선교회에서는 "확실성을 논하는 옛 방식은 더 이상 신뢰를 받지 못하기 때문에, 이 텍스트를 설교하는 일은 형이상학을 제공하는 게 아니라 회중이 청중으로 등장하는 하나의 드라마를 연출하는 일"[35]이라고도 주장했다.

그렇다. 타르콥스키와 브루그만은 같은 내용을 반복해 강조하고 있다. 그것은 진리의 육화가 오직 예술을 통해 세상에서 구현된다는 사실이다. 그런데 과연 그럴까? 만일 그렇다면 이들의 말이 의미하는 바가 무엇일까? 이 질문과 함께 우리는 파수꾼으로서 타르콥스키의 두 번째 모습을 조명할 수 있다.

---

34 월터 브루그만, 『마침내 시인이 온다』, 김순현 옮김(성서유니온선교회, 2018), p. 27.
35 월터 브루그만, 『텍스트가 설교하게 하라』, 홍병룡 옮김(성서유니온선교회, 2012), p. 70.

2. 항상 타르콥스키에 관해 궁금했지만, 감히 하이데거에게 물어보지 못한 것[36]

> 파수꾼이 이르되 '아침이 오나니 밤도 오리라. 네가 물으려거든 물으라.' (이사야 21:12)

타르콥스키는 러시아 정교회의 기반인 부정 신학에 심취한 사람이다. 2장 〈안드레이 루블료프〉에서 다시 자세히 살펴보겠지만, 성화상을 공인한 제7차 에큐메니컬 공의회787년에서 "우리는 말씀福音과 성화상으로 우리의 구원을 고백하고 선포합니다"라고 선포했듯이, 동방 정교회에서는 성화상Icon을 말씀과 마찬가지로 구원의 메커니즘으로 인정한다.

    타르콥스키의 예술관을 이해하는 데 매우 중요한 길라잡이가 되는 이 말은 그에게는 언어의 육화, 진리의 육화로서의 예술이 말씀보다 더 중요한 위치를 차지한다는 것을 뜻한다. 따라서 그에게 영화는 "인류를 위한 구원의 마지막 가능성"[37]이다. 그는 『봉인된 시간』*Die Versiegelte Zeit*, 분도출판사에서 자신의 마지막 작품인 〈희생〉에 관해 언급하며 "우리가 정보의 과잉에 빠져 질식할 듯한 가운데, 우리의 삶을 변화시킬 수 있는 아주 중요한 메시지들이 우리의 의식에 도달하지 못하고 있다"라며 다음과 같이 주장했다.

> 내가 기본적으로 바라는 것은 인간 삶의 시급한 문제들을 제기

---

[36] 우디 앨런 감독의 영화 제목을 패러디한 책 제목 『항상 라캉에 대해 알고 싶었지만 감히 히치콕에게 물어보지 못한 모든 것』[슬라보예 지젝 편저, 김소연 옮김(새물결, 2001)]의 형식을 빌려 지은 소제목이다.
[37] 안드레이 타르콥스키, 『봉인된 시간』, p. 307.

하고 드러내며, 관객들로 하여금 우리 존재의 잃어버린 원천을 찾아가도록 호소하는 것이었다. 영상과 시각 이미지들은, 특히 말이 신비하고 주술적인 힘을 잃어버리고 발화가 알렉산더의 말마따나 무언가를 의미하는 것을 중단하면서 공허한 잡담으로 변질된 바로 이때, 존재의 잃어버린 원천을 찾아가게 하는 일을 말보다 훨씬 더 잘할 수 있다.[38]

우리가 타르콥스키의 예술에 관한 이러한 독특한 주장에 동의하는 것은 그리 쉽지 않다. 그가 성화상을 숭배하는 러시아 정교회의 영향을 받아 예술이 대상의 본질을 드러내며 구원의 한 방법이 됨을 받아들인 것은 이해할 수 있다고 하더라도, 그것이 어떻게 진리가 스스로를 세상에 드러내는 언어의 육화 내지 진리의 육화인지를 구체적으로 이해할 수는 없기 때문이다. 하지만 그가 남긴 영화와 저서에는 이에 대한 자세한 언급이나 설명이 없다. 그래서 그가 어떻게 이런 생각을 하게 되었는지가 종종 궁금한데, 우리는 이와 매우 유사한 사유를 전개한 독일의 철학자 마르틴 하이데거에게 몇 가지 질문을 던짐으로써 그 답을 들을 수 있다. 첫 번째 질문은 이것이다.

예술이 진리가 발생하는 탁월한 방식이라고?

타르콥스키의 예술론에서 가장 특이한 점은 그가 예술은 미美와 관계한다는 종래의 미학적 관점을 떠나 예술을 진리眞理와 연관시켜 이해했다는 것이다. 그는『봉인된 시간』에서 다음과 같이 말했다.

---

38 안드레이 타르콥스키,『시간의 각인』, p. 286.

예술과 학문이란 그러니까 인간이 세계를 자기 것으로 소화하는 형식인 것이며, 소위 '절대 진리'를 추구하는 과정에 있는 인간의 인식 형태라고 할 수 있다.…예술적 견해와 발견은, 매번 하나의 새롭고 유일무이한 세계상으로서, 절대 진리의 한 상형문자로서 이루어진다.…이 형상의 도움으로 끝없는 진리에 대한 느낌이 제한적 수법을 통하여 표현된다: 정신적인 것은 물질적인 것을 통하여, 무한한 것은 유한한 것을 통하여 표현된다. 예술이란 실증주의적이고 실용적인 실천이 우리들에게 감추고 있는 저 완전한 정신적 진리와 함께 맺어져 있는 이 세계의 한 상징이라고 이야기할 수 있을 것이다.[39]

타르콥스키는 이 글에서 진리 추구의 방법에 있어서는 예술과 학문이 서로 다른 길을 간다는 점도 밝히고 있지만,[40] 예술이 "절대 진리를 추구하는 과정에 있는 인간의 인식 형태"라는 주장을 분명하게 펼치고 있다.

그런데 이러한 주장은 일찍이 '미학의 극복'을 외치며 예술은 "진리가 발생하는 탁월한 방식"ausgezeichneten Möglichkeit der Wahrheit[41]이라고 주장함으로써 '존재론적 예술론'을 전개했던 하이데거의 중후기 철학에 매우 근접해 있다. 비록 두 사람의 접점에 관한—즉, 타르콥스키가 하이데거의 저술을 읽거나 강의를 들었다는—기록은 찾아볼 수 없지만, 그럼에도 예술에 관한 두 사람의 독특한 사유는 마치 거울에 비치는 것처럼 닮았다. 그래서 우리는 타르콥스키

---

39 안드레이 타르콥스키, 『봉인된 시간』, pp. 46-48.
40 참조. 같은 책, pp. 47-48.
41 Martin Heidegger, "Der Ursprung des Kunstwerkes (1935/6)", im *Holzweg*, GA. Bd. 5 (Frankfurt am Main: Vittorio Klostermann, 1977), p. 50.

에게 물어보고 싶었던 것들에 대한 설명을 하이데거에게서 구하려는 것이다.

*

1936년에서 1938년 사이에 쓰인 중기 저작 『철학에의 기여』 *Beiträge zur Philosophie*, 새물결[42] 가운데 '형이상학과 예술작품의 근원'이라는 장에서 하이데거는 이미 '예술작품의 근원'을 파악하는 일은 '미학의 극복'이라는 과제와 가장 밀접한 관계에 있다고 주장했다.[43] 그 이유는 그가 '존재를 존재 자체로서' 파악하려는 새로운 존재론을 위해 종래의 형이상학을 극복할 것을 줄기차게 요구했던 것과 같은 맥락에서 찾을 수 있다.

하이데거에 의하면, 플라톤Platon에서 니체에 이르는 전통적 서구 형이상학은 존재를 '변하지 않는 어떤 것' '지속적으로 눈앞에 있는 어떤 것' 곧 '지속적인 현전성'anwesenheit으로 파악했다. 그럼으로써 형이상학은 눈앞에 나타나지는 않지만 우리의 삶에 진정 중요한 현사실적·역사적 진리와 존재의 의미 등 '존재 자체'를 사유의 대상으로 올바르게 다룰 수가 없었다. 예컨대 어떤 한 인간에 대한 우리의 생각은 그를 '지속적으로 눈앞에 나타나게 하는 어떤 것'(외모, 지위, 재산의 정도 등)에 대해서만 우리의 관심을 쏠리게 하여, 그의 진실과 존재의 의미는 망각하게 해 왔다는 말이다.

---

42 하이데거는 그의 후기 사유의 핵심 개념인 '존재사건'(Ereignis)에 대한 철학적 성찰을 "존재사건으로부터"(Vom Ereignis)라는 부제를 단 자신의 저서 『철학에의 기여』에 본격적으로 담기 시작했다. 그는 '존재사건'에 대한 숙고가 형이상학으로 전승된 서양 철학 역사의 흐름 속에서 망각된 '철학함의 진정한 본령'을 일깨우는 데 기여(寄與, Beitragen)할 것이라 확신했다. 그래서 이러한 제목과 부제를 붙였던 것이다.

43 참조. Martin Heidegger, *Beiträge zur Philosophie*, GA. Bd. 65, hrsg. F. W. von Hermann (Frankfurt am Main: Vittorio Klostermann, 1989), p. 503. 『철학에의 기여』(새물결).

보다 구체적으로 설명하자면, '철수는 키가 크다'나 '영이는 미인이다'라는 생각은 '키 큰 철수'와 '미인인 영이'만을 우리의 정신에 드러내 밝혀 준다. 그리고 그 밖에 철수와 영이 각자가 지닌 현사실적·역사적 속성 – 예컨대 철수와 영이가 지닌 정서, 감정, 인간성, 가족관계, 이력 등 – 은 어둠 속으로 은폐한다. 그럼으로써 철수와 영이에게 붙을 수 있는 다른 생각들, 예컨대 '슬프다' '착하다' '…의 아버지다' '…의 딸이다', 심지어는 '…는 인간이다'와 같은 현사실적·역사적 생각들을 망각하게 한다. 그럼으로써 모든 관심이 '키 큰 철수' '미인인 영이'의 쓸모, 곧 도구성에만 쏠리게 한다.

이렇게 일어난 존재자의 존재가 눈앞에서 사라져 은폐되는 '존재망각'Seinsvergessenheit과 존재자가 존재로부터 벗어나는 '존재일탈'Seinsverlassenheit이 삶의 황폐함을 불러왔으며 실증과학이 지배하는 기술문명과 그 돌이킬 수 없는 폐단들을 낳았다는 것이 하이데거의 주장이다. 그리고 이것이 그가 '형이상학의 극복'을 외치는 이유다. 만일 하이데거가 사용한 이런 용어들이 당신에게 생소하게 들린다면, 이렇게 한번 생각해 보자.

아마 당신도 서비스업에 종사하는 사람들의 책상 위에 "지금 마주하고 있는 직원은 누군가의 가족입니다" 또는 그와 유사한 당부가 적혀 있는 안내문이 붙은 것을 종종 보았을 것이다. 그것은 그 직원을 대하는 고객들의 생각이 서비스업 종사자인 그의 쓸모 내지 도구성에만 맞춰져 있기 때문에 – 달리 말해 '누군가의 가족이다' '감정을 지닌 인간이다'와 같은 그의 현사실적·역사적 존재를 망각했기 때문에 – 때로는 본의가 아니게, 때로는 의도적으로 가할 수 있는 언어폭력을 사전에 막기 위한 경보가 아니겠는가. 이와 같은 안내문이 우리가 일상에서 접하는 존재망각 내지 존재일탈을 경계하게 하는 좋은 사례라 할 수 있다.

그런데 하이데거가 볼 때, 형이상학뿐 아니라 서구 미학美學도 역시 존재자의 존재가 아니라, '눈앞에 지속적으로 현전하는 어떤 것' '존재자의 존재자성' 곧 그것의 어떠함에 관여해 왔다. 이는 미학이 형이상학의 영향을 받아 예술을 '존재자의 재현'으로 간주하며, 예술작품의 근원을 존재자적 진리, 사유, 언어에서 찾았기 때문이다. 그래서 예술도 더 이상 우리의 삶에 진정 중요한 현사실적·역사적 진리와 존재의 의미 등을 다루지 못했고, 그 결과 오늘날 '확대된 예술 산업'만이 있을 뿐, 존재 자체의 진리를 드러내는 예술이 소멸한 '예술 부재의 시기'가 도래했다는 것이다. 하이데거는 다음과 같이 주장했다.

예술이 무엇인지에 대한 숙고는 전적으로 그리고 결정적으로 오직 존재에 대한 물음으로부터 규정된다. 예술은 '문화수행 영역'Leistungsbezirk der Kultur으로도 '정신의 표출'Erscheinung des Geistes로서도 간주되어서는 안 된다. 오직 예술은, 거기에서부터 존재의 의미가 비로소 드러나는 그런 존재사건Ereignis 안에 속한다.[44]

우리말로 생기生起 또는 발현發顯이라고도 번역되는 하이데거의 '존재사건'[45]이란 '존재자의 존재가 탈은폐되는 것', 곧 '존재의 진리가 발생하는 사건'이다. 하이데거에 의하면 스스로 생기하는 '존재

---

44 같은 책, p. 73.
45 후기 하이데거는 『존재와 시간』에서 존재이해로서 해석된 '기획투사'(Entwurf)도 더 이상 '앞질러 달려감의 결단성' 곧 '현존재의 주체적 결단'으로 이해하지 않고, 역시 하나의 '존재에 의해 발생되는 사건'으로 풀이한다. 곧 '발생하는 (존재의) 던져 옴(投射)'에서부터 고찰하여 '기획투사'가 더 이상 그 자신에게 속하는 것이 아니라, 자기를 던져 오는 존재의 진리에 속하는 것으로 해석한다. 그래서 그의 후기 철학에서는 '기획투사'가 '발생하는 던져 옴'에 대한 '대응투사'(對應投射)로 바뀐다.

사건의 일어남'das Ereignen des Ereignisses이 인간에게 사유, 언어, 예술로서 나타나는 존재의 진리를 보내 준다. 바꾸어 말하자면, 존재사건에 대한 인간의 대응(사유, 언어, 예술)이 존재의 진리인 것이다.

이렇듯 하이데거와 타르콥스키는 예술이 추구하는 것이 '아름다움'이 아니라 '진리'라고 규정한다. 그리고 두 사람에게는 '아름다움'이 '존재의 진리'와 다른 것이 아니다. 하이데거가 앞에서 언급했듯이, 그에게 진리란 존재자의 존재가 스스로를 드러냄 곧 존재자의 비은폐성인데, 이 비은폐성의 '나타남'Erscheinen이 바로 '아름다움'Schöheit이기 때문이다. 이 말을 하이데거는 다음과 같이 했다.

> 진리는 곧 존재의 진리이다. 아름다움이란, 이러한 진리 옆에 나란히 나타나는 어떤 것이 아니다. 진리가 스스로를 작품 속으로 정립할 때, 아름다움이 나타난다. 나타남Erscheinen – 존재의 진리가 작품으로서 나타나는 – 이것이 곧 아름다움이다. 이와 같이 아름다움은 진리가 스스로 발생함에 속한다. 아름다움은 감각적 즐거움에만 관련되어 있지 않으며 감각적 즐거움의 대상만도 아니다.[46]

예술이 감각적 즐거움에만 관련되어 있지 않으며 감각적 즐거움의 대상만도 아니라는 하이데거의 주장은 상업 영화에 대한 타르콥스키의 비판에서도 강하게 나타난다. 타르콥스키는 "영화관을 오직 일상생활의 걱정들과 근심들을 잠시 잊고, 오락을 즐기는 장소로 생각하는 관객들에겐 추호의 관심도 갖고 있지 않다"라고도 밝혔다.

---

[46] 같은 책, p. 67.

우리가 반드시 지적하고 넘어가야 할 것은, 상업 영화의 일반적인 작품 형태와 우리가 밤마다 접하는 TV 영화들이 관객들을 형편없이 망쳐 놓는다는 사실이다. 왜냐하면 이런 영화들은 관객들이 진정한 영화 예술과 만날 수 있는 모든 접근 가능성을 박탈하고 있기 때문이다.

[이런 영화들에 의해서] 예술에서 지극히 중요한 아름다움이란 카테고리가 오늘날에는 이미 거의 완벽하게 상실되고 말았다. 예술이란 내게는 이상을 실현시키고자 하는 노력을 뜻한다. 모든 시대에는 진실을 추구하는 사람들이 있게 마련이다. 그 진실이 아무리 무서운 진실이라고 할지라도 진실은 전적으로 민족의 건강한 치유에 기여하게 된다.…그리고 진실에 대한 인식은 결코 도덕적인 이상과 모순에 빠질 수 없는 것이다.[47]

이 말은 아름다움이란 진실을 추구하는 데 있는 것인데, 상업 영화는 단지 오락 곧 감각적 즐거움만을 추구하기 때문에 아름다움을 거의 상실했다는 의미로 이해할 수 있다.

그런데 여기에서 주목해야 할 것은 타르콥스키가 '진리'라는 단어가 아니고 '진실'이라는 용어를 사용하고 있으며, 또 그것이 민족의 건강한 치유에 기여하며 도덕적 이상과 합일한다는 것을 언급하고 있다는 점이다. 이 말은 타르콥스키가 말하는 진리-곧 과학 기술이 도모하는 진리가 아니라 예술이 추구하는 진리, 하이데거가 이름 붙인 것에 따르면 존재자의 진리가 아니라 존재의 진리-가 무엇인지를 알 수 있는 단서가 된다. 그렇다면 하이데거와 타르콥스키에게 묻고 싶은 두 번째 질문은 이것이다.

47 안드레이 타르콥스키, 『봉인된 시간』, pp. 215-216.

진리는 어떻게 예술이 되는가?

우리는 일반적으로 '진리'라는 말을 적어도 두 가지 서로 상이한 개념으로 사용한다. 자연과학적 진리개념과 종교적 진리개념이 그것이다. 이들은 각각 하이데거가 말하는 '존재자의 진리'와 '존재의 진리'에 대응한다고 볼 수 있다. 이를 보통 '사실'과 '진실'이라는 일상용어로 구분하는데, 스위스 출신의 미카엘 란트만Michael Landmann 같은 철학자는 '그리스 전통의 진리'와 '히브리 전통의 진리'라고 이름 지어 불렀다.

란트만은 그의 저서 『근원의 형상과 창조자의 행위』 *Ursprungsbild und Schöpfertat* 에서 이를 각각 '거울'과 '반석'이라는 은유를 통해 설명했다.[48] 그는 우선 '진리란 사실의 반영'이라는 그리스 전통의 진리, 자연과학적 진리개념을 '거울'로서 묘사했다.[49] 그리고 그가 "진리란 흔들리지 않는 지속성을 신앙하는 모든 사람에게 허용하는 것이고 지속적으로 존재하는 것이며 그리고 그곳에 사람들은 집을 지을 수 있는 것이다"[50]로 표현한 히브리 전통의 진리, 종교적 진리개념을 '반석'에 비유했다.

히브리 전통의 진리는 당연히 구약성경에 기록된 야웨의 말 *dâbâr*과 신약성경에 선포된 예수의 '말씀' *logos*이다. 따라서 신구약성

---

[48] Michael Landmann, *Ursprungsbild und Schöpfertat: Zum platonish-biblischen Gespräch* (München: Nymphenburger Verlagshandlung, 1966), pp. 192 이하.
[49] '사실의 반영'이 진리라는 생각은 아리스토텔레스(Aristoteles)로부터 시작했다. 그는 "있는 것을 없다고 말하거나 없는 것을 있다고 말하는 것이 거짓이요, 있는 것을 있다고 말하거나 없는 것을 없다고 말하는 것이 참이다"[『형이상학』(*Metaphysics*) IV, 7, 1011b 26f]라고 자연과학적 진리론을 펼쳤다. 오늘날 학자들은 이 이론을 진리 대응설(correspondence theory of truth)이라 부른다.
[50] Landmann, 앞의 책, p. 219.

경의 곳곳에는 야웨의 말 또는 예수의 말씀을 반석 또는 시냇물로 비유해 그것이 존재물이 존재할 수 있는 – 사람이 사람으로 살 수 있는 – 근원임을 밝히고 있다. 예를 들자면, 다윗이 야웨의 율법을 즐거워하는 자는 "시냇가에 심은 나무가 철을 따라 열매를 맺으며 그 잎사귀가 마르지 아니함"(시편 1:3)과 같다고 노래했고, "내가 곧 길이요, 진리요, 생명"(요한복음 14:6)이라고 하신 예수께서 "그러므로 누구든지 나의 이 말을 듣고 행하는 자는 그 집을 반석 위에 지은 지혜로운 사람 같으리니"(마태복음 7:24)라고 교훈한 것이 그것이다.

이렇듯 존재물들이 존재하게끔 하는 진리, 사람이 사람으로 살 수 있게 하는 진리, 이것이 바로 란트만이 히브리 전통의 진리라고 이름 붙인 종교적 진리다. 타르콥스키가 『봉인된 시간』에서 예술에 대해 언급하면서 '진리' 또는 '절대 진리'와 '진실'을 같은 의미로 사용하는 것도, "진실이 아무리 무서운 진실이라고 할지라도 진실은 전적으로 민족의 건강한 치유에 기여하게 된다" "그리고 진실에 대한 인식은 결코 도덕적인 이상과 모순에 빠질 수 없는 것이다"라고 주장하는 것도 그가 말하는 진리가 그리스 전통의 진리, 자연과학적 진리가 아니라 히브리 전통의 진리, 종교적 진리를 뜻하기 때문이다. 하이데거의 용어를 빌려 말하자면, 존재자의 진리가 아니고 존재의 진리이기 때문이다.

그렇다면 존재의 진리는 어떻게 세상에 자신을 드러낼까? 하이데거는 '그리스 신전'과 '고흐의 농부화'를 예로 들어 이에 대해 설명했다. 그러나 그것은 이미 널리 알려져 있는 만큼, 내가 이 이야기를 할 때 자주 드는 다른 예를 하나 소개하고자 한다.

어느 겨울날, 허름한 중국집에 젊은 여인이 어린 남자아이를 하나 데리고 들어왔다. 두 사람은 난롯가에 놓인 좌석에 마주 보고 앉았다. 구공탄 난로 위에선 커다란 주전자가 수증기를 거세게 뿜어 올리고 있었다. 아이는 뭐가 그리 좋은지 연방 싱글벙글거렸고 여인은 그 아이를 그윽한 눈빛으로 바라보며 웃었다.

그때 주인이 물을 날라다 주며 무엇을 먹을 것인지 물었다.

"자장면 하나 주세요." 여인이 대답했다.

그러자 아이가 눈을 동그랗게 뜨고 물었다.

"왜 하나?…엄만, 안 먹어?"

"응. 엄만 배가 불러서 먹고 싶지 않아."

여인의 말에 아이는 잠시 고개를 갸웃거렸지만 이내 활짝 웃으며 말했다.

"응….그래?"

이 이야기에서 과연 무엇이 사실이고 무엇이 진리일까? 그때 여인은 단지 돈이 없었을 뿐이다. 그래서 자장면을 한 그릇만 시키고 '엄마는 배가 부르다'면서 아이에게 먹였던 것이다. 이것이 사실이다. 그렇다면 여인은 아이에게 거짓말을 한 것일까? 당신의 생각은 어떤가? 내 생각부터 말하자면, 그때 여인이 한 말은 '사실'은 아니었지만 '진실'이었고, 사실 여부에 따라 가려지는 진리가 아니라 사람이 사람으로 살게 하는 진리가 담긴 말이었다. 아마 당신도 기꺼이 그렇게 생각할 것이다. 그리고 그 진리가 이후 아이가 평생을 두고 하나의 인간으로 살아가는 길이자 반석이 될 것이다. 내가 보기에는 존재의 진리는 이런 방식으로 자신을 드러낸다.

존재의 진리는 이렇듯이 '사실에 관한 언급'이 아니고 '진실에 대한 언급'이며, 그것은 언제나 말뿐만 아니라 '진리를 육화하는 인간의 행위'를 통해 세상에 자기를 드러낸다. 하이데거는 이것을 존재사건이라고 표현했다. 앞에서 잠시 언급했듯이 존재사건은 스스로 자신을 드러내려는 존재의 진리와 그것을 열어 밝히려는 현존재(인간)가 만나는 사건이다.[51] 달리 표현하면, 존재사건이란 존재자의 존재가 스스로를 드러내는 현상이며, 인간이 이를 받아들여 그것들을 자신의 '사유'와 '언어', 그리고 '예술'로 표현하는 현상이다. 따라서 그것은 존재가 인간에게 스스로를 밝히 드러내 열어 주는 '줌'Geben이 일어나는 사건이자, 동시에 인간이 존재에게서 존재의 진리를 '선물'Gabe로 받는 사건이기도 하다.

존재가 주고 인간이 받는다! 좀 더 자세히 말하자면, 존재가 존재의 진리를 주고 인간이 그것을 '사유'와 '언어' 그리고 '예술'을 통해 받는다는 것이 한마디로 간추린 하이데거 후기 철학의 근본 구조다. 이런 구조에서는 당연히 존재의 진리가 담긴 '사유'와 '언어'와 '예술'은 우리가 임의로 생각하고 말하고 창작하는 것이 아니다. 그것들은 스스로 우리에게 다가오는 존재의 진리가 주는 '선물'로서, 우리는 그것을 증여받을 뿐이다. 하이데거는 『형이상학이란 무엇인가』Was ist Mataphysik?의 후기에서 이 말을 다음과 같이 했다.

> 시원적 사유는 존재의 은총에 대한 메아리Widerhall다. 이 은총 속에서 단순한 자가 자기를 밝혀 주고 자기를 발생시킨다. 즉, 존재자가 존재하도록 한다. 이 메아리는 존재의 소리 없는 음성의 말에 대한 인간의 응답이다. 사유에 의한 대답은 인간적 언어의 근원이다.…사유는 존재의 음성에 순종하여 존재에게서 말을 구한다. 그 말로부터 존재의 진리가 언어가 된다.[52]

---

51   하이데거의 표현을 빌려 설명하자면, 존재사건은 존재의 진리의 '말 걸어 옴'(Zuspurch)과 이에 대해 응답하는 현존재의 '대답함'(Antwort)의 만남이다. 존재의 '생기하는 던져 옴'(der ereignende Zuwurf)과 이에 대응하여 일어나는 현존재의 '생기되는 기획투사'(der ereignete Entwurf)의 만남이기도 하다.

요컨대 존재의 진리에 대한 사유와 언어 그리고 예술의 주도권이 인간이 아닌 존재에게 있다는 말이다. 그 때문에 참된 사유하기는 '따라-사유하기'이고, 참된 말하기는 '따라-말하기'이며, 참된 예술은 '따라-창작하기'일 뿐이다. 바로 여기에서 "시원적 사유는 존재의 은총에 대한 메아리다"라는 하이데거 후기 존재철학이 나왔고, "언어가 말한다"[53] "인간이 말하는 것은 인간이 언어에 응답하는 한에 있어서다"[54]라는 언어철학이 나왔으며, 예술의 본질이란 "진리가 작품-속으로-스스로를-정립함"Sich-ins-Werk-setzen der Wahrheit 이라는 예술철학이 나온 것이다. 그리고 여기에서 하이데거, 그리고 타르콥스키에게 던지고 싶은 세 번째 질문이 뒤따라 나온다.

예술이 신을 부르는 행위라고?

이에 대한 타르콥스키의 대답을 들어 보자. 그는 『봉인된 시간』에 이렇게 썼다.

> 한 예술가가 자신의 테마를 찾는다는 말은 틀린 말일 것이다. 테마란 예술가의 내면에서 마치 과일처럼 익어 가는 것이며, 그 형상화를 촉구하는 것이다. 이는 마치 한 생명체의 탄생과 같은 것이다. 예술가는 자랑스러워할 것이 아무것도 없다. 예술가는 상황의 주인이 아니고 하인이다. 창조성이란 예술가가 가질 수 있

---

52 Martin Heidegger, *Was ist Metaphysik?* (Frankfurt a. M.: Vittorio Klostermann, 1949), pp. 44-46.
53 Martin Heiddeger, *Unterwegs zur Sprache*, GA 12. (Frankfurt am Main: Vittorio Klostermann, 1985), p. 243.
54 같은 책, p. 30.

는 유일한 존재 형태이며, 자신의 작품 하나하나는 자신이 자유롭게 거절할 수 없는 하나의 행위를 의미한다.[55]

이 말은 예술이란 '진리가 스스로를 작품 속으로 정립함'이기 때문에 예술가는 단지 존재의 언어를 들음으로써 은폐되어 있는 존재의 진리를 감응하여 개방할 뿐이라는 하이데거의 주장을 상기하게 한다.

그런데 존재의 언어는 커다란 물리적 소리로 오는 것이 아니라, 오직 '나직한 울림'Anklang 또는 '고요의 울림'das Geläut der Stille으로 다가온다.[56] 그럼에도 이 '고요의 울림' 속에는 사물과 세계의 참모습과 그것들의 근원적 존재방식, 특히 그것들의 근원적 상호 관련인 존재의 진리가 모든 인지와 표상을 담지할 정도로 풍요롭게 담겨 있다. 이 때문에 인간은 누구나 이 고요한 울림을 경청해야 한다. 하이데거가 보기에는 이 일을 탁월하게 하는 이가 바로 시인詩人이다. 그래서 그는 존재의 진리는 시 짓기Dichtung 됨으로써 스스로를 열어 밝힌다고도 말했다.[57]

타르콥스키와 하이데거에게 창작은 근원적으로 예술가의 임의적이거나 개별적인 활동이 아니며 그래서도 안 된다. 이 때문에 하이데거는 예술적 창조를 "자립적 주관의 천재적 활동"으로 보는 것은 근대 주관주의의 오해라고 단정했으며, 같은 의미에서 타르콥스키도 "예술가는 자랑스러워할 것이 아무것도 없다. 예술가는 상

---

55 안드레이 타르콥스키, 『봉인된 시간』, p. 53.
56 Martin Heidegger, *Identität und Differenz*, 6 Aufl. (1991), pp. 26, 28; 참조. Martin Heidegger, *Beiträge zur Philosophie*, GA. Bd. 65, hrsg. F. W. von Hermann (Frankfurt a. M., 1989), pp. 107-166.
57 참조. Martin Heidegger, "Der Ursprung des Kunstwerk", pp. 49-59.

황의 주인이 아니고 하인이다"라고 주장한 것이다. 이 같은 '존재사건-사유'에서는 사유자가 그 자신에게 속하는 것이 아니라 오히려 자기에게 던져 오는 존재의 진리에 속하기 때문이다. 이러한 현상에 대한 체험을 타르콥스키는 다음과 같이 표현했다.

> 나는 어떻게 예술가들이 절대적인 창작의 자유에 관해 이야기 할 수 있는지 이해할 수 없다. 나의 견해로는 오히려 그 반대가 아닌가 한다: 창조적인 작업의 길로 들어서는 자는, 스스로를 자신의 고유한 임무와 예술가로서의 운명에 얽어매는 끝없는 억압의 사슬 속으로 빠져들게 된다.[58]

이러한 이유에서 하이데거가 "말하기Sprechen는 무엇보다도 먼저 듣기Hören다"라며 존재의 언어의 '고요의 울림'을 듣기를 요구했는데, 타르콥스키도 마찬가지로 '진실의 소리'에 귀 기울이기를 강조한다.[59]

> 그러나 예술가는 유일무이하게 자신의 창조적 의지를 결정해 줄 수 있고 제어할 수 있는 진실의 소리에 귀를 기울일 수 있어야 하며, 이를 외면해서도 안 된다. 오직 이렇게 함으로써만이 예술가는 자신의 믿음을 다른 사람에게 전달할 수 있는 능력을 얻게 된다. 이 믿음이 없는 예술가는 마치 장님으로 태어난 화가와 같다.[60]

---

58 안드레이 타르콥스키, 『봉인된 시간』, p. 230.
59 참조. 같은 책, p. 50 이하.
60 같은 책, p. 53.

그러나 이때 들리는 소리는 개인적인 것이 전혀 아니고 오히려 시대적이다. 그래서 하이데거는 "예술은 아무것이나 목적 없이 꾸며 대고 스쳐 지나가는 단순한 관념이나 상상을 통하여 허구의 영역으로 들어가는 것"[61]이 아니며, "진정한 예술 기획은 역사적 현존재가 이미 던져져 들어가 살고 있는 세계를 개방하는 것이다"[62]라고 선포했던 것인데, 타르콥스키는 같은 말을 이렇게 표현했다.

> 예술가는 궁극적으로 누군가에게 어떤 이야기를 하기 위하여 자신의 예술가로서의 직업을 수행하는 것이 아니다.…나는 예술가들이 자신들은 자유롭게 창조 작업을 하고 있다는 의견을 제시할 때마다 놀라지 않을 수 없다. 왜냐하면 예술가는 자신이 살고 있는 시대와 동시대인들의 산물이라는 사실을 반드시 파악하고 있어야만 할 것이기 때문이다.[63]

타르콥스키가 "자신이 살고 있는 시대와 동시대인들"이라고 표현한 개념이 바로 하이데거의 "역사적 현존재"das geschichtliches Dasein다. 하이데거가 말하는 시인이 그렇듯 예술가는 "자신이 살고 있는 시대와 동시대인들"의 요구에 민감하게 감응한다는 뜻인데, 이를 타르콥스키는 "예술가는 절대적인 진리에 매달리며, 그 때문에 예술가 역시 전향적으로 미래를 직시하고 보통 사람들보다 훨씬 먼저 무엇인가에 주목하게 된다"[64]라고 표현했다.

그러나 하이데거에 따르면 이러한 행위는 언제나 우리가 일상

---

61 Martin Heidegger, "Der Ursprung des Kunstwerkes (1935/6)", p. 60.
62 같은 책, p. 63.
63 안드레이 타르콥스키, 『봉인된 시간』, pp. 231-232.
64 같은 책, p. 243.

적이라고 믿는 것을 뒤집어엎는다. 그 때문에 타르콥스키는 "예술가는 예술 창작 과정에서 고통을 겪게 되며, 이는 그런 고통을 통하여 얻은 진실을 남들에게 알려 주기 위함이다. 상투적 표현으로 일축하는 정신적 무능력자들은 예술가의 이런 고통을 알지 못한다"[65]라고 호소하는 것이다. 그리고 그는 푸시킨을 예로 들어 ― 하이데거가 예술 세계는 "다가오는 인간을 향한 것"이라며 표현한 바 있는 ― 예술가의 예언자적 민감성에 대해 다음과 같이 설명한다.

> 이 점에 있어서는 푸시킨의 말이 옳다. 푸시킨은 모든 시인들, 모든 진정한 예술가들은 자신의 의사에 반하여 예언가라고 말했다. 그 자신도 이 점지된 역할 때문에 무서운 고통을 당했다. 미래를 내다보고 미래를 예언할 수 있는 능력은 그에게 인간이 가질 수 있는 능력 중에서 가장 무서운 것으로 여겨졌다.…그는 1825년 12월 폭동 당시, 모스크바로부터의 부름을 받고 가다가 토끼 한 마리가 앞을 가로질러 가는 것을 본 후 즉시 되돌아갔다고 한다. 이렇게 해서 푸시킨은 사형을 면할 수 있었다. 그의 시 중에는 예언자적 소명의 고통과, 예술가로서 또한 예언자 노릇도 해야 하는 임무에서 헤어날 수 없는 고통을 다룬 시가 한 편 있다.…내게는 1826년 시인이 이 시를 썼을 때 시인 혼자서 펜을 움직이지 않은 것으로 여겨졌다.[66]

정리하자. 들어가는 말에서 우리는 탁월한 구약학자 브루그만이 예언자는 단순히 우리가 만들어 온 잘못된 세계를 고뇌하고 애

---

65 같은 책, p. 52.
66 같은 책, p. 297.

통하며 울부짖는 자가 아니라, 시적 언어Poesie를 통해 아름다운 하나님 나라의 비전을 전하는 시인이고, 그럼으로써 기존의 현실을 부수고 새로운 가능성을 환기시키는 파수꾼이라고 규정한 것을 살펴보았다. 그래서 브루그만은 예언자/시인이라는 독특한 표기를 만들어 사용하기도 했는데, 이 글에서 우리는 타르콥스키가 바로 이 표현에 딱 맞아떨어지는 인물이라는 것을 확인했다. 그는 이런 말도 남겼다.

> 예술이란 무엇일까? 예술은 선한 것일까, 악한 것일까? 예술은 신으로부터 나올까, 악마에게서 나올까? 인간의 힘에서 나올까, 그의 나약성에서 나올까? 어쩌면 사회적 조화의 이미지가 예술 속에 들어 있지 않을까? 그리고 바로 여기에 예술의 기능이 있는 것은 아닐까?[67]

타르콥스키는 같은 의미에서 "지금 내가 여기서 말하는 시詩, Poesie란 문학의 한 장르를 의미하는 것은 아니다. '포에지'Poesie란 내겐 하나의 세계관이며 현실과 맺는 관계의 하나의 특수한 형식이다.…예술가는 자신을 인생의 탐구자로서 증명할 뿐만 아니라, 동시에 숭고한 정신적 가치의 창조자, '포에지'Poesie만이 갖고 있는 저 특별한 아름다움의 창조자로서 자신을 나타낸다"[68]라고도 주장했다.

하이데거 역시 원래는 기술과 예술이 모두 '테크네'techne – 달리 말해 "진리를 빛나는 것의 광채 안으로 끄집어내어 놓는 것"[69] – 에

---

67 안드레이 타르콥스키, 『시간의 각인』, p. 299.
68 안드레이 타르콥스키, 『봉인된 시간』, p. 25.
69 Martin Heidegger, "Der Ursprung des Kunstwerkes", p. 95.

속했는데, 그 후 기술이 기술의 본질에서 벗어났기 때문에,[70] 오늘날에는 오직 예술의 '포이에시스'*poiesis*만이 테크네에 속한다고 했다.[71] 그리고 "인간은 시인으로서 이 땅에 거주한다" "시 짓기詩作는 신들을 부르는 것이다"[72]라는 19세기 독일의 낭만주의 시인 프리드리히 횔덜린Fridrich Hölderlin의 시구를 인용하여 포이에시스에 거는 기대와 희망을 표현했다.

"진리를 빛나는 것의 광채 안으로 끄집어내어 놓는" 포이에시스는 새로운 '세계를 건립'함으로써, 사물이 사물로 세계가 세계로 존재하게 하여, 인간들을 일상의 통속성으로부터 성스러운 영역으로 불러들여 신들의 보호 아래 놓는다. 이로써 포이에시스는 신들과 인간들 사이에서 존재망각을 회복시키고 떠나간 신들을 도래하게 하며, 사물과 세계가 인간의 욕망과 실용성의 대상에서 해방되게 한다.

이것이 타르콥스키가 의미하는 "인류를 위한 구원의 마지막 가능성"이 아니겠는가! 횔덜린은 "마치 축제일에서처럼"Wie wenn am Feiertage...에서 파수꾼, 곧 브루그만이 설파한 예언자/시인의 사명에 대해 다음과 같이 노래했다.

> 그러나 우리는 신의 뇌우 밑에서도
> 그대 시인들이여! 맨머리로 서서
> 신의 빛살을 제 손으로 붙들어

70　참조. 같은 책, p. 99.
71　참조. 같은 책, p. 95.
72　Martin Heidegger, *Hölderlin und das Wesen der Dichtung—Erläuterungen zu Hölderlins Dichtung*. GA. Bd. 4 (Frankfurt am Main: Vittorio Klostermann, 1981), p. 45.

백성들에게 노래로 감싸서
천국의 증여를 건네줌이 마땅하리라.[73]

스웨덴이 낳은 거장 잉마르 베리만Ingmar Bergman 감독은 "만약 영화를 예술이라고 부를 수 있다면 그것은 타르콥스키와 같은 위대한 영상 시인이 있기 때문이다"라고 언급한 적이 있다. 그러나 우리가 만일 베리만을 따라 타르콥스키를 시인이라고 부른다면, 아니 브루그만을 따라 그를 예언자/시인이라고 칭한다면 그가 "신의 빛살을 제 손으로 붙들어, 백성들에게 노래로 감싸서, 천국의 증여를 건네[준]" 바로 그러한 시인이자, "기존의 현실을 부수고 새로운 가능성을 환기시[킨]" 파수꾼이었음을 기억해야 한다! 그리고 그가 전해 준 신의 빛살로부터, 오늘날 우리가 당면한 종말론적 위기에서 벗어날 방법을 찾아야 한다!

---

73 프리드리히 횔덜린, 『궁핍한 시대의 노래』, 장영태 옮김(혜원출판사, 1990), p. 289.

에두아르트 투르나이젠
Eduard Thurneysen, 1888-1974

변증법적 신학의 대표자 가운데 하나인 투르나이젠은 1888년 7월 10일 스위스 발렌슈타트에서 태어났다. 바젤 대학교에서 베른하르트 둠Bernhard Duhm과 파울 베른레Paul Wernle에게서 신학을 공부했다. 1913년부터 1920년까지 로이트빌에서 목사로 봉사하며, 인근 자펜빌의 목사였던 칼 바르트와 인간 이성의 위험성을 고발한 도스토옙스키의 작품을 읽으며 변증법적 신학을 탐구했다.

두 신학자가 도달한 결론은 하나님은 우리의 이성으로 파악할 수 없는 존재라는 것, 따라서 우리가 파악한 하나님은 결코 하나님이 아니라는 것이다. 이 말을 바르트는 "모든 인간적인 것에 무한한 질적 차이로 대립하고 있으며, 우리가 하나님이라고 부르고 알고 체험하고 경배하는 것과 결코 일치하지 않는 [분]"이라고 표현했는데, 다음의 글은 투르나이젠이 도스토옙스키의 『카라마조프의 형제들』에서 어떤 신학적 성찰을 얻어 냈는가를 보여 준다.

"내가 어떻게 하나님을 이해할 수 있겠어? 그건 나에게는 가당치도 않은 일이야. 나는 고작해야 이 세상의 유클리드적인 지성을 가진 거야. 어떻게 인간이 이 세상에 속하지 않은 것에 대해 판단을 내릴 수 있겠어?" 이것이 무신론자 이반의 질문이다. 참된 하나님에 대해 무언가 말한다고 할 때, 이 무신론자의 질문보다 강력하고 진실한 말이 가능할까?…이반과 같은 무신론자는 열정적으로 거짓 신을 부정하는데, 이로써 참된 하나님을 인식할 수 있는 여지가 생긴다. 그는 하나님과 그분의 영원한 세계가 인간의 유한한 생각으로 인해 "유클리드적인 지성, 이 세상의 지성"으로 파악 가능한 신으로 전락하는 것에 저항한다. 그런 신은 인간이 스스로의 힘으로 인생의 불가사의함을 풀어냈다고 착각하게 만드는 증거물 혹은 얄팍한 위안에 불과하다.•

그래서 투르나이젠은 1921년에 출간한 『도스토옙스키, 지옥으로 추락하

● 에두아르트 투르나이젠, 『도스토옙스키, 지옥으로 추락하는 이들을 위한 신학』, pp. 108-109.

는 이들을 위한 신학』에서 하나님을 믿는 사람은 "모든 인간적인 확실함의 대지를 박차고 허공으로 몸을 던져야" 한다는 것, "이 세상의 현실과 거기 속한 모든 가능성의 종말, 급진적인 한계"가 드러나는 그곳에서 비로소 하나님의 현실이 시작된다는 것, "모든 인간적인 것에 대한 절대적인 비판 속에서 프로메테우스적 욕망이 완전히 제압된 곳, 바로 그곳, 오직 그곳에서 풍요롭고 사려 깊은 문화를 만들어 가는 일이 다시 시작된다"라는 것을 강조했다.

같은 책에서 투르나이젠은 이처럼 이질적인 하나님이 그의 피조물과 어떻게 관계하시는가에 대해서는 다음과 같이 설명했다.

> 우리는 이것 하나만 기억하려고 한다. 지극히 평범한 그림들이나 널리 인정받는 그림들이나, 그림들 속의 모든 선이 정확하게 하나의 유일한 점, 곧 그림 밖에 존재하는 점과 연결될 때 제대로 된 그림이라 할 수 있다. 우리가 원근법Perspective이라 부르는 것이 바로 그 연결을 가리킨다.▲

"제대로 된 그림"에서는 그림 밖에 존재하는 소실점이 그로부터 뻗어 나가는 사선들을 통해 그림 속 사물들의 크기와 위치 그리고 관계를 조정하듯이, 세계 밖의 하나님이 세계 안의 모든 피조물들과 그것들에게 일어나는 모든 사건에 항상 관계하고 계신다는 뜻이다.

투르나이젠은 1920년부터 장크트 갈렌-브루겐 교회에서, 1927-1959년에는 바젤 민스터 교회에서 목사로 시무했다. 또 1923-1933년에는 저널 「시대 사이」Zwischen den Zeiten의 편집자였으며, 1933년부터는 바르트와 함께 「오늘의 신학적 실존」Theologische Existenz Heute의 편집자로 일했다. 1930년부터는 바젤 대학교에서 신학을 가르쳤고, 1941년에는 실천신학 부교수가 되었다. 1960-1963년에는 독일 함부르크 대학교, 부퍼탈 대학교, 베를린 자유대학교에서 초청 강연을 했다. 그리고 바르트가 사망한 지 6년 후인 1974년 8월 21일 향년 86세로 바젤에서 세상을 떠났다.

주요 저서로는 『도스토옙스키, 지옥으로 추락하는 이들을 위한 신학』Dostojewski, 1921, 『목회학』Die Lehre von der Seelsorge, 1946 등이 있다.

▲ 같은 책, p. 74.

표도르 도스토옙스키
Fyodor Dostoevskii, 1821-1881

표도르 도스토옙스키는 1821년 11월 11일 태어났다. 아버지는 귀족 가문 출신 의사였지만, 가부장적이고 매우 거친 성격이었으므로 자식들은 아버지를 두려워했다. 1837년에 온화하고 자애로운 성격으로 자녀들에게 천사 같은 존재였던 어머니가 폐결핵으로 사망하자, 아버지는 표도르와 형 미하일을 상트페테르부르크에 있는 공병학교에 입학시켰다.

소심하고 예민하며 병약했던 도스토옙스키에게 군사 훈련은 맞지 않았다. 그래서 그는 문학, 특히 낭만주의 작가인 프리드리히 실러에 빠졌다. 1839년 도스토옙스키가 열여덟 살일 때 아버지가 영지의 농노들에게 살해당했는데, 이 시기에 도스토옙스키를 평생 괴롭힌 간질 발작이 처음 일어났다. 1841년 8월에 도스토옙스키는 공병학교를 졸업하고 육군성 제도국 소위로 임관하였지만, 작가가 되기 위하여 1844년 10월 제대하였다.

그는 1846년 첫 작품 『가난한 사람들』 *Poor Folk*로 문학 비평가 비사리온 벨린스키로부터 '제2의 고골'이라는 극찬을 받으며 문단에 데뷔하였다. 그리고 "만일 혁명을 위해 수십만 명의 목을 잘라야 한다면 그 역할을 기꺼이 맡을 각오가 되어 있다"라고 외치는 벨린스키가 속해 있는 무신론적 사회주의 정치 단체인 미하일 페트라솁스키의 모임에 가담하였다. 도스토옙스키는 이 모임에서 절대 왕정의 입장을 신봉했다는 이유로 고골을 비난하는 내용을 담은 벨린스키의 "고골에게 보내는 편지"를 낭독한 것이 원인이 되어, 1849년 4월 23일에 체포되어 그해 12월에 사형 선고를 받았다. 그러나 형 집행 직전에 극적으로 사면을 받아 시베리아 옴스크 감옥에서 1854년까지 4년간 수형 생활을 했다.

성경 이외에는 일절 출판물이 허용되지 않는 수용소에서 새롭게 읽은 성경과 그곳에서 만난 죄수와 민중들의 대조적인 삶이 그를 극단적 사회주의자에서 기독교적 인도주의자로 바꿔 놓는 계기가 되었다. 수용소 안에는 다양한 사회주의 이론으로 무장한 정치범들과 그들이 '무식쟁이' '촌뜨기들'이라고 멸시하는 민중들이 함께 수용되어 있었다. 시간이 흐름에 따라 도스토옙스키는 그 두 종류의 사람들 가운데 누가 더 진실하고 지혜롭고 선한지를 차츰 경험하게 되었다.

그러자 그의 가슴속에서는 치열한 투쟁이 시작되었다. 그것은 벨린스키의 신앙인 무신론적 사회주의 이론과 민중의 신앙인 그리스도의 복음 가운데 어느 것이 진리이고, 어떤 것이 미신이냐 하는 것을 가름하는 싸움이었다. 하나는 인간 이성의 산물인 투쟁과 혁명의 이론이었고, 다른 하나는 복음서에 적힌 용서와 사랑의 교훈이었는데, 오랜 고통 끝에 도스토옙스키는 복음을 선택했다. 그는 마음으로 그리스도를 받아들이기로 결단하고 더 이상 벨린스키에게 굴복하지 않게 되었다.

시베리아 유형에서 돌아온 도스토옙스키가 죽을 때까지 쓴 다섯 편의 장편소설은 『죄와 벌』Crime and Punishment, 『백치』The Idiot, 『악령』Demons, 『미성년』The Adolescent, 『카라마조프가의 형제들』The Brothers Karamazov이다. 하나같이 불멸의 명작들이지만, 이 작품들은 모두 단 한 가지 주제만을 반복해서 다루고 있다. 그것은 이성적 인간이 왜 그리고 어떻게 악마가 되며, 그 같은 악마적 인간의 구원은 어떻게 이루어지는가 하는 것이다. 그 때문에 도스토옙스키의 소설들에는 항상 이성적이지만 동시에 악마적인 인간이 반드시 등장한다. 『죄와 벌』의 라스콜니코프, 『백치』의 이폴리트, 『악령』의 스타브로긴, 키릴로프, 쉬갈로프, 『미성년』의 아르카지, 베르실로프, 『카라마조프가의 형제들』의 이반과 대심문관 등이 그들이다.

이들의 공통된 특징은 '이성 숭배자'라는 점이다. 그들은 언제나 자신의 이성이 스스로 구축한 왜곡된 사상과 치밀한 논리로 무장하고 목적을 설정한 다음 그것을 달성하기 위해 어떠한 악행도 마다 않고 저지른다. 그 때문에 보통 '이데올로그'ideolog라고 불리는 이들은 『죄와 벌』의 라스콜니코프가 – 전당포 노파를 죽여, 나쁜 방법으로 모은 그녀의 재산을 자신이 인류를 위해 봉사하게끔 학비로 사용하거나 가난한 사람들에게 분배하는 것이 사회 정의라고 믿었듯이 – 끔찍한 악행을 저지르고도 한 점의 죄의식도 없다.

도스토옙스키는 이런 인간들을 '악령'demons이라 불렀다. 그는 '이미' 다가온 '이성 숭배의 시대'를 바라보면서 '앞으로' 다가올 악령 출몰의 시대를 고발하고 경계하기 위해 똑같은 주제를 반복하며 20년에 걸쳐 다섯 편의 장편소설을 썼던 것이다. 다시 말해 도스토옙스키는 근대성modernity이라는 인간 정신이 모습을 막 드러내기 시작한 시점에서, 훗날 아우슈비츠, 히로시마, 나가사키, 굴라크 등에 출몰한 악령이 그 안에 웅크리고 있는 것을 미리 들여다보고 경종을 울렸던 것이다. 그런데 인류는 그의 끈질기고도 지극한 경고를 이해하지 못했고 받아들이지 않았다.

칼 바르트
Karl Barth, 1886-1968

루돌프 불트만, 에밀 브루너, 폴 틸리히와 더불어 20세기 기독교 신학을 대표하는 신학자로 꼽히는 칼 바르트는 1886년에 스위스 베른에서 베른 신학대학의 신약학 교수인 프리츠 바르트의 아들로 태어났다. 당시 다른 신학자들이 그랬듯이, 그는 베른, 베를린, 튀빙겐, 마르부르크 대학교에서 아돌프 폰 하르낙, 빌헬름 헤르만 등으로부터 자유주의 신학을 배웠다.

자유주의 신학은 신학의 궁극적인 권위를 하나님의 말씀보다 인간의 이성에 두고, 초자연적인 것을 배제하고, 기독교를 현실적이고 윤리적인 것으로 파악하며, 이성에 의해 이뤄질 유토피아에 대한 낙관적 세계관을 가졌다. 그러나 제1차 세계대전을 경험하면서 바르트는 자신이 훈련받은 자유주의 신학에 점점 실망을 느꼈다. 특히 93명의 독일 지식인이 1914년 9월에 독일 황제 빌헬름 2세의 제1차 세계대전 참전에 동의하고 홍보하기 위해 발표한 소위 "문명화된 세계를 향한 93인의 독일 지식인 선언"에 스승인 하르낙과 헤르만이 포함된 사실을 알고 절망했다.

이 시기 바르트는 오랜 친구인 에두아르트 투르나이젠과 함께 도스토옙스키의 작품들을 연구하면서, 인간의 이성에 기반한 자유주의 신학에는 하나님의 메시지를 전파하는 능력이 없다는 사실에 괴로워했다. 그리고 하나님 말씀에 기반한 완전히 다른 신학적 토대를 찾기 위한 집중적인 탐구를 했다. 그 결과 탄생한 것이 투르나이젠의 『도스토옙스키, 지옥으로 추락하는 이들을 위한 신학』과 바르트의 『로마서 강해』 2판인데, 두 저서의 공통점은 자유주의 신학과 결별하고 '위기의 신학' '하나님 말씀의 신학'으로도 불리는 변증법적 신학 dialektische Theologie의 기반을 닦았다는 것이다.

변증법적 신학은 하나님과 인간의 확연한 구분과 대립으로부터 시작하는데, 바르트는 그것을 "하나님은 하늘에 있고 너는 땅 위에 있다"라고 선포하고, 그 사이에는 도저히 건널 수 없는 "눈얼음 계곡" "극지역" "황폐지대"가 놓여 있다고 비유했다. 같은 맥락에서 그는 하나님을 다음과 같이 묘사했다.

모든 인간적인 것에 무한한 질적 차이로 대립하고 있으며 우리가 신이라고 부르고 알고 체험하고 경배하는 것과 결코 일치하지 않는 [분], 모든 인간적 불안정에 대한 무조건적 정지! 모든 인간적 안정에 대한 무조건적 정지! 우리의 부정 속의 긍정! 우리의 긍정 속의 부정! 처음 그리고 나중, 그 자체로서 알려지지 않은 분, 결코 우리에게 알려진 여러 것 가운데 큰 것이 아닌 분, 주, 창조자, 구원자 하나님 – 살아 계시는 하나님이다.

이와 같이 바르트는 하나님과 인간의 철저한 분리를 통해 기독교 신학에서 낭만주의나 계몽주의적 요소를 말끔히 제거하고 오직 하나님 말씀에 의한 신학을 추구했다.

학자들이 '후기 바르트'라고 부르는 시기의 바르트는 『교회 교의학』을 집필하며 더 이상 하나님의 초월성만을 내세우지 않고, 하나님의 내재성, 곧 인간 안에서, 인간과 더불어, 인간을 통해 역사하시는 인간의 하나님을 강조했다. 이 때부터 바르트 신학의 중심이 '하나님의 말씀'에서 '예수 그리스도'로 옮겨 갔는데, 이와 같은 전환을 에밀 브루너는 "새 바르트"Neue Barth라는 말로 평가했다.

바르트는 독일의 괴팅겐 대학교1921-1925년, 뮌스터 대학교1925-1930년, 본 대학교1930-1935년에서 신학 교수로 재직했다. 하지만 1933년 히틀러가 등장하자 나치즘 운동에 반대하는 "바르멘 선언"1934년을 발표하고, 고백교회Confessing Church의 중심인물로 활동하였다. 결국 1935년에 나치에 의해 독일에서 영구 추방되자, 스위스로 돌아가 1962년 은퇴할 때까지 바젤 대학교에서 오늘날 '신정통주의'라고 불리는 신학을 가르쳤다.

1968년 12월 9일 늦은 밤, 오랜 친구였던 투르나이젠과의 전화 통화에서 프랑스의 68혁명과 중국에서 일어난 문화혁명과 같은 당시 세계정세에 대해서 서로 염려하다가 블룸하르트의 "그(예수)가 다스릴 것이다!"라는 말을 인용하며 너무 걱정하지 말라면서 통화를 끝냈다 한다. 그날 밤 원고를 쓰다가 잠자리에 든 후, 10일 새벽에 82세의 나이로 세상을 떠났다.

주요 저서로는 바르트를 세계적인 신학자로 알린 『로마서 강해』Der Römerbrief 2판 외에 20세기 최고의 신학 고전으로 인정받는 『교회 교의학』Kirchliche Dogmatik (전 13권) 등이 있다.

월터 브루그만
Walter Brueggeman, 1933-

월터 브루그만은 미국 개신교 신학자로서 오늘날 가장 영향력 있는 구약학자 중 한 명으로 널리 알려져 있다. 1933년에 네브래스카주 틸든에서 북미 독일 복음주의 총회 목사의 아들로 태어난 그는 미국 유니온 신학교에서 신학박사 학위를, 세인트루이스 대학교에서 철학박사 학위를 받았다. 1962년부터 이든 신학교에서 구약학 교수로 근무하며 학장을 역임했고, 1986년부터 25년간 컬럼비아신학교에서 구약학을 가르쳤다. 2000년에 은퇴한 후 컬럼비아 신학교의 구약학 명예 교수이자 미국연합그리스도교회United Church of Christ 교단의 목회자로 활동하고 있다.

"설교자의 과제는 성경 자체가 복종을 어떻게 해석하는지 보여 주고, 그런 다음 회중에게 그 제한 없는 해석 작업에 참여하도록 권유하는 것이라고 할 수 있다"라고 주장한 브루그만은 성경 해석에 프랑스 철학자 폴 리쾨르의 '텍스트 해석학'과 '이야기 해석학'을 접목한 수사학 비평의 옹호자이자 실천가로 평가할 수 있다. 저서에서 나타나는 그의 작업은 주로 교회의 히브리 예언 전통과 사회 정치적 상상력에 초점을 맞추고 있는데, 다음과 같은 주장에 잘 나타나 있다.

> 내가 사용하는 '상상력'이라는 단어는 우리 앞에 놓인 세계에 뿌리박지 않은 현실의 이미지들을 창조하고 말하는 능력을 뜻한다. 그러므로 상상력은 기정사실 밖에서, 당연시되는 상자 밖에서 작동한다. 폴 리쾨르가 살폈듯, 예수의 비유들이야말로 그런 상상의 행위를 보여 주는 고전적 본보기다. 예수의 비유들을 보면 청중이 당연시하던 세계와는 전혀 다른 세계를 그분이 생각하고 계셨음을 알 수 있다.●

이런 관점에서 브루그만은, 설교자란 '예언자'여야 하고, 설교는 1) "청중 속에 자리 잡은 기존의 현실을 부수고 새로운 가능성을 환기시키는 목소리"여야 하며, 2) "세계 너머의 세계에 대한 해석"이어야 한다고 한다. 또 교회가 소비

● 월터 브루그만, 『예언자적 설교』, pp. 50-51.

주의, 군국주의, 민족주의라는 지배적인 세력에 대항하는 내러티브를 제공해야 한다고 주장한다. 그 이유를 브루그만은 다음과 같이 설명했다.

> 구약성경은 끊임없이 이어지는 제국 한가운데서 옛 이스라엘을 위한 '대항 텍스트'countertext가 되었다. 제국의 내러티브는 일상 속에 있는 상상력을 통제하지만 구약은 이에 맞서는 대안이 되었다.…회당과 교회가 '복음'이라고 믿고 끌어안은 본문들의 궤적을 보라. 그곳에는 해방의 하나님을 향한 증언이 아우성치고 있다. 이 하나님이 제국의 종교가 하달한 신화적 요구를 물리치시고 제국의 종교와 맞서신다. 출애굽 내러티브, 신명기 언약 전승, 예언자들의 문서를 통해 입증되신 그분이 제국의 이데올로기와 맞서고 계신 것이다.▲

그 때문에 브루그만은 우리에게 다음과 같은 결단을 요구한다.

> 결국 핵심은 내러티브에 있다. 제국의 신들이 합법화한 착취, 상품화, 폭력 이데올로기의 내러티브에 가담할 것인가, 아니면 이스라엘 전승 가운데 계신 분, 곧 해방과 언약의 하나님이 옳다 하시는 현실을 이웃을 위해 성실히 만들어 나가는 내러티브에 참여할 것인가?◆

주요 저서로는 『다시 춤추기 시작할 때까지』Virus as a Summons to Faith, 『마침내 시인이 온다』Finally Comes the Poet, 『예언자적 상상력』The Prophetic Imagination, 『예언자적 설교』The Practice of Prophetic Imagination, 『안식일은 저항이다』Sabbath as Resistance, 『구약신학』Old Testament Theology 등이 있다.

▲ 월터 브루그만, 『하나님, 이웃, 제국』, 윤상필 옮김(성서유니온선교회, 2020), pp. 19-20.
◆ 같은 책, pp. 22-23.

Иваново детство

이반의 어린 시절

이 땅에 고향이 없다
브르통의 '초현실'을 통해 이루어지는 마르쿠제의 '유토피아'

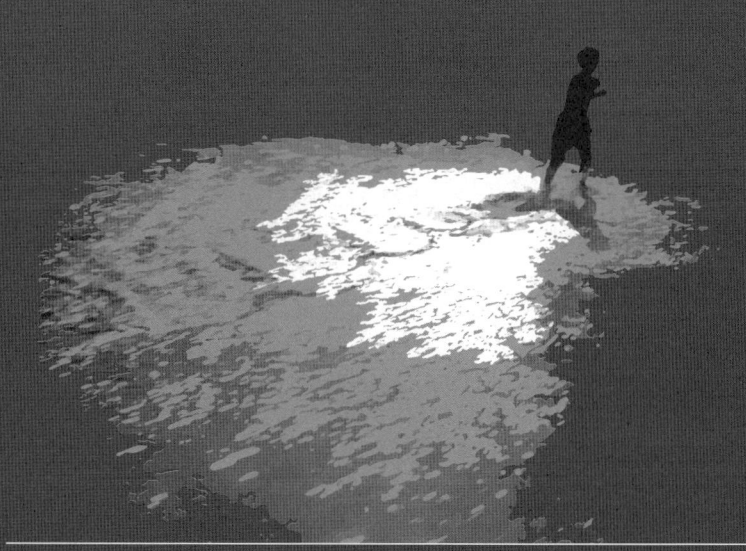

장 폴 사르트르는 이 작품을
사회주의적 초현실주의 작품으로 평가했다.
하지만 그 정당성은 단지
1929년 앙드레 브르통이 발표한
"초현실주의 제2선언"에 입각해서 말해질 때에만
그리고 동시에 헤르베르트 마르쿠제가 주장한
유토피아론과의 연관 속에서만 보장된다.
우리는 이 작품을 해석하며
브르통의 '초현실'을 통해 이루어지는
마르쿠제의 '유토피아'를 본다.

원작	블라디미르 보고몰로프
주연	니콜라이 부를랴예프, 예브게니 자리코프, 발렌틴 줍코프, 발렌티나 말랴비나
제작	모스필름 스튜디오(러시아, 1962), 흑백
상영시간	95분
수상	1962년 베니스 영화제 '황금사자상', 1962년 샌프란시스코 국제영화제 '최우수감독상' 등

역사는 시작되었다

타르콥스키의 모든 작품들을 순서대로 해석하려는 입장에서 보면, 〈이반의 어린 시절〉Ivanovo detstvo은 매우 특별한 의미를 갖고 있다. 하지만 그것은 이 작품의 수준이나 완성도가 특출하다는 점에 있는 것이 아니다. 또한 이 작품이 단순히 그의 첫 번째 장편 영화라는 데 있는 것도 아니다. 모두 합해 일곱 편뿐인 타르콥스키 작품들 가운데 이 작품이 지니는 특별한 의미는 그가 영화를 통해 이루었던 예술적 성과들이 모두 여기에서 출발했다는 데 있다.

〈이반의 어린 시절〉을 완성했을 때, 타르콥스키는 서른 살에 불과했다. 하지만 그는 예술 영화 작가로서의 독특하고도 뚜렷한 관점과 기법을 대부분 이미 확정하고 있었고, 또한 작업 도중 획득했다. 그리고 그것을 평생 한결같이 추구하고 견지했다. 그 결과 24년에 걸쳐 만들어진 일곱 편의 작품들은 외면상 서로 아무런 연관이 없어 보이지만, 내면적으로는 모두를 하나의 통일체로 묶을 수 있는 공통성을 지니고 있다.

다시 말하자면 타르콥스키가 남긴 일곱 편의 작품들은 각각 전혀 다른 시간적·공간적 배경과 상황에서 전혀 다른 주인공들에 의해 전개되는 이야기들이지만, 그럼에도 그것들은 모두 동일한 관점과 기법을 통해 만들어졌기 때문에 마치 한 작가가 같은 주제를 다양한 시공간과 상황 아래에서 다른 일곱 편으로 된 옴니버스 영화에서나 발견할 수 있을 법한 통일성을 보이고 있다.

예를 들어 타르콥스키 작품 주인공들의 성격이 그렇다. 그들은 나이와 이름만 다를 뿐 그 본질에 있어서 모두 '같은 종류의 인간'들이다. 이제 차례로 살펴보게 되겠지만, 그들은 각각 다른 시공간과 상황 아래 놓여 있을 뿐, 모두 한결같이 현실세계에 절망하고 그것을 기피하며, 이상세계를 동경하고 추구하는 특성을 공통으로 갖고 있다. 이러한 성격이 타르콥스키 작품에 나오는 모든 주인공들의 본질이다. 따라서 이들은 사실상 하나의 인간으로 볼 수 있다. 하나의 '타르콥스키적 인간'이 각각 다른 시공간과 상황 아래에서 다른 이름으로 나타나고 있는 것이며, 〈이반의 어린 시절〉의 주인공 소년 이반이 그 첫 출발인 셈이다.[1]

이러한 시각에서 보면, 첫 작품인 〈이반의 어린 시절〉의 소년 이반에서 마지막 작품인 〈희생〉의 노인 알렉산더에 이르기까지, 타르콥스키 작품의 일곱 주인공들이 마치 한 사람인 것처럼 작품이 만들어진 순서에 따라 점점 나이를 먹어 가고 있다는 사실조차도 — 참으로 우연한 일이지만 — 결코 놀랄 만한 일은 아니다.

그렇다면 〈이반의 어린 시절〉을 해석한다는 것은 타르콥스키의 작품 전체를 해석하는 데 있어 첫 단추를 끼우는 일과 같다. 다시 말해 〈이반의 어린 시절〉을 이해하는 것은 '타르콥스키적 인간' '타르콥스키적 세계' '타르콥스키적 문제와 그 해결법'을 이해하는 시작이다. 동시에 이러한 것들을 영화 언어로 다루는 '타르콥스키적 화법話法'을 이해하는 첫걸음이 된다. 요컨대 〈이반의 어린 시절〉은 일곱 편으로 구성된 타르콥스키 작품 전체를 소개하는 서문인 셈이다.

이런 경우, 첫 단추가 올바로 끼워져야 한다! 그러기 위해서 이 일은 언제나 전체를 살펴보고 그 전체 구조 안에서 이루어져야 한다. 다시 말해 〈이반의 어린 시절〉을 해석하는 작업은 이 작품만을

---

[1] 타르콥스키가 러시아 국립 영화학교(VGIK) 졸업 작품으로 1960년에 만든 영화 〈증기기관차와 바이올린〉(Katok I Skripka)의 어린 주인공 사샤도 역시 같은 성격을 갖고 있다. 만약 타르콥스키의 작품 목록에 〈증기기관차와 바이올린〉까지를 포함한다면 사샤를 첫 인물로 꼽아야 한다.

떼어 단독으로 해석하는 것보다 다른 작품들과의 전체적 연관성 안에서 살펴보는 방식이 바람직하다. 그래야만 타르콥스키의 작품세계로 들어가는 은밀한 '비밀의 문'을 발견할 수 있기 때문이다.

이상과 현실 – 타르콥스키적 세계

영화는 전쟁으로 인해 고아가 된 12세 소년 이반의 어린 시절에 대한 꿈으로부터 시작한다. 화창하고 평화로운 산속 어느 공간, 하지만 여기저기를 두리번거리는 이반의 모습은 그곳이 그에게 낯선 공간임을 말해 준다. 그곳에는 염소가 있고 나비 한 마리가 햇빛 사이로 신비롭게 날아다닌다. 나비를 좇던 어린 이반의 눈에 건조한 흙벼랑이 보이고, 나무들 사이로 쏟아져 내리는 따뜻한 햇살이 소년의 미소와 함께 눈부시다. 그는 이윽고 저 멀리 물동이를 들고 가는 어머니를 보고 달려간다. 젊고 아름다운 어머니의 밝은 미소에 어린 이반은 마냥 행복하다.

그때 난데없이 터지는 커다란 총성과 함께 이반의 꿈은 산산이 부서지고, 소년 이반은 참혹한 현실세계로 돌아온다. 지금 그는 전장 한복판에 있다. 어리기 때문에 비교적 손쉽게 독일군 점령지에서 활동할 수 있어 척후병으로 투입되었었다. 적군의 동태를 염탐하고 돌아오던 중, 어느 빈 풍차 헛간에 숨어 잠시 잠이 들었다가 꿈을 꾼 것이다.

밖으로 나서자, 풍차는 멈추어 있고 해가 서산에 걸려 마냥 적막하다. 쓸쓸한 저녁 하늘 속으로 간간이 조명탄이 솟아오르다가 맥없이 추락한다. 조명탄이 떨어져 내리는 곳은 꿈속에서 보았던 평화롭고 탄탄한 대지와는 대조되는, 앙상한 나뭇가지 사이로 자작

나무 숲이 우거진 강가의 늪지대다.

*

타르콥스키는 이처럼 행복한 어린 시절에 대한 소년의 꿈과 전쟁 속에 버려진 고아의 참혹한 현실을 대비시킴으로써 영화를 시작한다. 여름과 겨울, 따뜻함과 차가움, 나비와 조명탄, 대지와 늪, 평화와 전쟁, 행복과 참혹, 사랑과 증오, 자유와 억압, 유희와 노동 등이 그것이다. 이러한 두 세계 사이의 대조는 이후에도 세 차례나 더 반복되며 작품 전체의 골격을 구성한다. 다시 말해, 영화 〈이반의 어린 시절〉은 현실세계의 어둠을 통해 이상세계의 밝음을 드러내 보이고, 이상세계의 밝음을 통해 현실세계의 어둠을 드러내 보이는 식으로 전개된다.

그런데 이러한 대립구조는 그가 〈이반의 어린 시절〉을 만들기 전인 1960년에 영화학교 졸업 작품으로 만든 단편영화 〈증기기관차와 바이올린〉에도 이미 나타나 있다.

1961년 뉴욕 학생영화제에서 1등을 수상한 이 작품의 주인공 사샤에게는—비록 그가 어린아이임에도 불구하고—현실과 상상, 어둠과 빛, 노동과 예술이라는 두 가지의 세계가 주어져 있다. 무엇보다도 바이올린 학원으로 가는 길에 그를 '예술가'라 놀리면서 괴롭히는 아이들, 모처럼 사귄 증기기관차 운전사인 세르게이와 함께 영화 관람을 가기로 한 약속을 무자비하게 저지한 어머니가 어린 사샤를 좌절하게 하는 어두운 세계이고, 예술과 인간적 유대는 그가 바라고 상상하는 밝은 세계다.

모든 인간에게 있어 현실적 좌절은 '절망' 또는 '이상을 향한 동경'으로 이어지기 마련이다. 절망으로 이어질 때 그 인간은 파멸하게 되며, 이상을 향한 동경으로 이어질 때 그는 사회적으로든 도덕적으로든 아니면 종교적으로든 어떤 형태로든지 하나의 이상주의理想主義, idealism² 신봉자가 되기 마련이다. 타르콥스키의 주인공들은 언제나 현실세계에 좌절하고 이상세계를 동경한다는 의미에서 하나같이 이상주의자들이다.

영화의 제목이기도 한 '이반의 어린 시절'은 여름, 따뜻함, 나비, 대지, 평화, 행복, 사랑, 자유, 유희 등이 꿈으로 나타나는 이반의 '이상을 향한 동경'을 의미한다.

⟨증기기관차와 바이올린⟩에서 증기기관차와 바이올린은 각각 노동과 예술이라는 전혀 다른 계급적 성격을 상징함에도 불구하고 그것들 모두 이상세계를 추구한다는 점에서 일치한다. 따라서 영화 ⟨증기기관차와 바이올린⟩에서의 이상주의적 요소는 어린 사샤가 불량소년들에게 매를 맞고 난 후 노동자 세르게이를 앞에 두고 바이올린을 연주하는 장면에 집약되어 있다. 이 장면은 노동과 예술, 현실세계와 이상세계, 어둠과 빛이라는 이질적 대립을 하나로 통합하려는, 그럼으로써 현실세계의 어둠을 극복하려는 사샤의 바람을 잘 나타내 보인다. 이렇듯 타르콥스키 작품의 주인공들은 언제나 현실과 이상이라는 대립하는 두 세계 가운데 놓여 있으며, 어떤 식

---

2   이상주의란 궁극적 가치나 절대적 목적의 실현 가능성과 인격 내지 인류의 그 어떤 완성 가능성에 대한 신념을 갖고, 이에 입각하여 모든 실천을 이 이념적 목적에 따라서 규제하고 방향 짓는 인생관 내지 세계관을 말한다. 현실을 초월한 가치를 추구하고, 현실적 악과 추를 지양한다는 점에서 사실주의 내지 자연주의에 대립하고, 유일한 궁극적 가치를 추구한다는 점에서 상대주의 내지 회의주의에 대립하며, 인간의 자력에 의한 노력을 중시하고 범신론을 비롯한 결정론들을 배척한다는 점에서 각종 신비주의와 대립한다. 또한 완전한 것, 절대적인 것은 비현실적이며 관념으로만 표상될 수 있다는 데서 감각적인 것, 육체적인 것을 경시하고 정신적 가치에 우위를 두기 때문에, 유물론이나 공리주의와도 대립하고, 주지주의적이라는 면에서는 낭만주의와도 구분된다. 고대에는 플라톤의 철학이, 중세에는 아우구스티누스를 비롯한 플라톤주의 신학자들의 신학이, 16-17세기에는 토머스 모어(Thomas More), 톰마소 캄파넬라(Tommaso Campanella) 등 르네상스 유토피아주의자들의 사상이, 그리고 근대에는 칸트에서 헤겔에 이르는 독일의 이상주의 사상 등이 이에 속한다.

으로든 이 대립을 극복하려는 시도에 스스로 몰두하는 인물들이다.

여기에서 우리는 서문에서 이미 밝힌 바 있는 예언자 또는 파수꾼으로서의 타르콥스키의 모습을 찾아볼 수 있다. 월터 브루그만에 의하면, 파수꾼은 – 구약성경에 등장하는 예언자들이 그랬듯이 – 단순히 우리가 만들어 온 잘못된 세계를 고뇌하고 애통하며 하나님의 가혹한 심판에 대해서만 울부짖는 사람이 아니다. 그는 거기서 그치지 않고 하나님 나라로 다가올 새로운 미래를 선포하는 사람이다. "저녁에는 울음이 깃들일지라도 아침에는 기쁨이 오리로다"(시편 30:5)라고 외치는 자다. 한마디로 그는 하나님의 부정을 통해 하나님의 긍정을 이끌어 내는 사람이다. 그럼으로써 위기의 신학, 하나님 말씀의 신학, 변증법적 신학을 구현하는 자다. 타르콥스키가 바로 그렇다.

앞으로 살펴보게 되겠지만, 타르콥스키는 〈안드레이 루블료프〉에서는 '자기 자신을 보증하는 인간의 도덕적인 힘'으로서의 신념信念을 통해서, 〈솔라리스〉에서는 부단히 자신을 탓하는 양심良心과의 화해를 통해서, 〈거울〉에서는 서로서로를 반영하며 강화되는 이기주의를 극복함으로써, 〈잠입자〉에서는 도덕이 뒷받침된 믿음을 통해서, 〈노스탤지어〉에서는 자신의 삶을 좀먹도록 방치하지 않는 항상 깨어 있는 불안을 통해서, 그리고 마지막 작품인 〈희생〉에서는 자신이 속한 시대와 사회에 대한 책임과 희생을 통해서, 각기 그들이 처한 현실세계의 어둠을 극복하려는 '진실로 위대한 인간들'을 창조해 냈다. 알고 보면, 바로 이것이 영화 작가로서 타르콥스키가 가진 위대성이자 그의 작품들이 지닌 굳건한 힘이다.

*

그러나 〈증기기관차와 바이올린〉에서, 떠나는 세르게이를 향해 편지를 써서 종이비행기를 날려 보내지만 결코 닿지 못하기 때문에 단지 상상 속에서 그를 향해 달려가는 사샤의 모습처럼, 타르콥스키 주인공들의 '이상을 향한 동경'은 대부분 실패, 죽음, 낙망 등 무용한 자기희생으로 끝난다. 그래서 이들은 그들이 바라는 이상세계를 오직 상상, 꿈, 환상, 아니면 광기 속에서만 만나게 된다.

이들은 결코 "실용적인 현실에 적응할 수 없는 인간"[3]들이다. 하지만 언제나 "보다 더 가치 있고 고상한 일에 종사하고자 하는 자세와, 속물적인 소시민적 도덕성과의 타협을 거부하는 속성, 아니 타협할 줄 모르는 천성"[4]을 갖고 "사악한 것들과의 투쟁 속에 삶의 의미를 부여하는 인간이며, 삶의 여정 속에서 최소한 정신적으로 조금이나마 고상한 차원으로 상승하는 인간"[5]들이다. 타르콥스키는 매번 이들을 통해 물질주의와 이기주의로 멸망해 가는 현대인들에게 인간적 삶의 새로운 가능성을 제시하고자 노력했는데, 〈이반의 어린 시절〉에서 이반도 바로 이러한 길을 간다.

이반 – 타르콥스키적 인물

부대로 귀환한 이반은 갈체프 중위에게 자신의 책임 장교인 그랴즈노프 대령과의 면담을 요청한 다음, 중위의 배려로 더운물로 목욕을 하고 식사를 한 후 피로에 지쳐 다시 잠에 빠져든다. 이때 두 번째 꿈이 시작한다.

어느 우물 속 어둠 가운데 침대가 있고 거기 이반이 누워 위를 올려다보고 있다. 우물 밖에는 또 다른 이반이 어머니와 함께 밝은

---

3 안드레이 타르콥스키, 『봉인된 시간』, p. 264.
4 같은 책, p. 266.
5 같은 책, p. 266.

빛 속에서 우물 안을 내려다보고 있다. 우물이 "깊은가요?"라고 묻는 이반에게 어머니는 "우물이 깊으면 낮에도 별이 보인다"라고 말한다. 그러자 우물 속을 들여다보고 이내 반짝이는 별을 찾아낸 이반이 다시 "왜 반짝이나요?"라고 묻자, 어머니는 "우리에게는 낮이지만 별에게는 밤이잖아!"라고 대답한다. 마치 밤이 깊으면 별이 더욱 빛난다는, 현실이 어두우면 이상을 향한 동경이 더욱 분명해진다는 말로 들린다.

꿈에서마저 두 세계, 곧 낮과 밤, 빛과 어둠, 대지와 물, 우물 밖에서 내려다보기와 우물 안에서 올려다보기 등이 대조된다. 그런데 그때 갑자기 날카로운 총성이 울리고 밝은 빛 가운데서 어머니가 쓰러지며 그 위에 뿌려지는 물이 지금까지의 명백한 대조를 일순간에 혼란에 빠트리면서, 이반은 다시 현실세계로 돌아온다.

잠에서 깨어난 이반은 그랴즈노프 대령이 있는 후방부대로 보내진다. 그랴즈노프 대령은 마치 아들을 대하듯 이반을 반갑게 맞이하고, 이반은 대령에게 자랑스럽게 자기가 수집한 적의 동태를 알린다. 하지만 그랴즈노프 대령은 도덕적 책임감 때문에 이반을 더 이상 적진으로 보내지 않고 후방에 있는 군사학교로 보내려 한다. 그런데 이반은 이를 완강하게 거절하고, 결국은 적진으로 가기 위해 부대를 빠져나와 홀로 길을 떠난다. 혼자서라도 다시 척후병 임무를 수행하겠다는 것이다.

그러나 여기에서는 이반이 상대적으로 안전하고 편안한 군사학교로 가는 것을 왜 그토록 완강하게 거부하는지 그리고 참혹하기 그지없고 목숨마저 위협받는 적진으로 되돌아가려 하는지, 그 이유가 분명히 나타나 있지 않다. 물론 짐작은 할 수 있다. 자신을 전쟁고아로 만든 독일군에 대한 강렬한 증오심 때문일 수도 있고, 아니면 전쟁에서 특별한 공훈을 세우려는 소년다운 영웅심 때문일 수도 있다. 어쩌면 둘 다 작용했을지도 모른다. 그렇게 생각할 만한 장면들은 이후 곳곳에서 발견된다. 그래서 그 정도로 이해하고 넘어가도 아무런 문제가 없다.

하지만 만일 누군가 여기에서 '그의 어린 나이를 생각해 볼 때 단지 이런 이유들 때문에 그렇게 행동했다고 이해하는 데는 무리가 있다'라는 생각을 한 번쯤 해 본다면, 그는 이반을 비롯한 타르콥스키 작품에 나오는 주인공들이 지닌 공통적 성격 곧 '타르콥스키적 인물'의 본질을 파악할 수 있는 첫걸음을 뗀 것이다.

*

타르콥스키는 "필름의 시학에 관한, 미학에 관한, 예술에 관한 사유들"Gedanken zur Kunst, zur Ästhetik und Poetik des Films이라는 비교적 긴 부제가 붙은 그의 영화 예술론 저서 『봉인된 시간』에서 다음과 같이 말했다.

> 〈이반의 어린 시절〉의 이반을 제외하고 아마도 내 작품에는 영웅이 없다고 할 수 있다. 그러나 이들은 영웅은 아니지만 언제나 정신적 확신감으로부터 그들의 [내적] 강인함을 견인해 내고, 타인에 대한 책임감을 스스로 짊어진다라는 사실에서 – 물론 이반의 경우도 이에 해당한다 – 스스로에게 강인해지는 인간들이다.[6]

이 말은 적진의 위험 속으로 자신을 던지는 이반의 행동에는 분명 영웅심이 작용하고 있다는 것을 증거하고 있다. 하지만 그보다 더 중요한 사실은, 이반을 포함한 타르콥스키 작품에 나오는 주인공들은 '어떤 정신적 확신감에 의한 내적 강인함과 타인에 대한 책임감

6   같은 책, p. 264.

으로 인해 스스로에게 강인해지는 인간들'이라는 점이다.

그러나 이들의 강인함은 어디까지나 내적인 강인함이기 때문에, 그들은 외적으로는 오히려 연약한 사색가다. 특히 〈안드레이 루블료프〉에서의 루블료프, 〈노스탤지어〉에서의 고르차코프가 그렇다.[7] 동시에 타인에 대한 책임감을 스스로 짊어진 까닭에 자기 자신에 대해서는 오히려 무책임한 희생자다. 〈잠입자〉에서의 잠입자, 〈희생〉에서의 알렉산더가 특히 그렇다. 그 때문에 이들은 "안락한 생활 속에 자신의 삶을 좀먹도록 방치하지 않는, 항상 깨어 있는 불안한 양심"[8]을 가진 자들이다.

바로 이것이 첫 작품인 〈이반의 어린 시절〉에서 마지막 작품인 〈희생〉에 이르기까지 한결같이 등장하는 '타르콥스키적 인물'들의 전형적인 성격인데, 이러한 인물들을 타르콥스키는 '도스토옙스키적'이라 보았다. 자신의 작품에 등장하는 주인공들이 도스토옙스키 작품에 등장하는 인물과 같은 유형이라는 뜻이다. 타르콥스키가 인정했듯이, 이러한 모든 점에서 이반은 타르콥스키 작품의 다른 주인공들과 그리고 도스토옙스키 작품의 인물들 – 그중에서도 특히 『죄와 벌』의 라스콜니코프 – 과 전혀 구분되지 않는다. 타르콥스키는 이반에 대해 이렇게 말했다.

이 인물이 나를 사로잡은 것은 첨예한 갈등의 상황과, 원칙적이

---

[7] "〈향수〉[〈노스탤지어〉]에서 내가 하고자 한 것은 '연약한' 인간이라는 나의 주제를 계속해서 파고드는 작업이었다. 외적으로는 전혀 투사적인 면모가 없는 연약한 인간, 그럼에도 불구하고 내게는 삶의 승리자라고 생각되는 인간의 탐구, 그것이 나의 주제였다. 이미 작품 〈안내인〉에서도 안내인은 독백을 통해서 연약함이야말로 삶의 유일하고 진정한 가치이며 희망이라고 변호하고 있다"(같은 책, p. 264).
[8] 같은 책, p. 265.

면서도 인간적인 대결 속에서 점진적인 변화 과정을 거치는 그런 성격이 아니라 바로 그 인물이 갖고 있는 내적인 극적 요소 때문이었다.

변화하지 않고 또한 정적인 성격 속에서 격정은 극도로 압축되며 따라서 점진적인 변화의 경우보다 훨씬 더 분명해지고 설득력이 있게 된다. 비로 이러한 종류의 격정성 때문에 나는 또한 도스토옙스키도 사랑한다. 나의 흥미를 끄는 것은 바로 이렇게 성격을 지배하는 격정 때문에 내적인 긴장감으로 충만되어 있으며, 외적으로는 정적인 성격인 것이다.

이 소설의 주인공 이반은 바로 이런 성격의 소유자이다.[9]

이러한 이유에서 이반에게는 다른 작품에 나오는 주인공들과 구분되는 점이 하나 있다. 그의 성격이 지닌 실천적·영웅적인 측면이 그것이다. 이반의 이러한 면은 도스토옙스키의 라스콜니코프에는 더욱 가깝지만, 타르콥스키 작품의 주인공으로는 매우 특이한 것이다. 유사한 성격을 가진 인물이—비록 주인공으로는 아니지만—타르콥스키의 여섯 번째 영화인 〈노스탤지어〉에 단 한 번 다시 등장한다. 로마 성당 앞 광장에 서 있는 마르쿠스 아우렐리우스 동상 위에 올라 현대 문명의 위기와 그를 저지하기 위한 인류의 단결을 외치고 자신의 몸을 불사르는 도메니코가 바로 그다. 〈희생〉에 나오는 알렉산더도 같은 유형의 실천적 성격을 갖고 있지만, 그의 실천은 영웅적인 것은 아니다.

타르콥스키는 도메니코를 "스스로를 자신이 속한 시대와 사회를 위해 희생시킬 자유"[10]를 가진 인물, 자신의 이상을 위해 "단호

---

9   같은 책, p. 20.

하게 행동할 권리를 사용한"[11] 인물로 규정했다. 이반도 역시 이 같은 이유에서 위험을 자처하고 다시 적진으로 향한 것이라고 보아야 한다.

이반은 이런 의미에서 영웅 곧 '타르콥스키적 영웅'이다. 영화 속에서 사실상 별다른 공훈을 세우지 않았기 때문에 일반적 의미에서는 영웅이라 부르기 힘든 이반을 타르콥스키는 단지 이 같은 이유에서 자기 작품 속 주인공들 중 유일한 영웅[12]으로 규정한 것이다.

여기에서 잠시 생각해 보자, 오늘날에도 '타르콥스키적 영웅'이 존재하는가를! "스스로를 자신이 속한 시대와 사회를 위해 희생시킬 자유"를 가진 인물이 있는가를! 자신의 이상을 위해 "단호하게 행동할 권리를 사용"하는 사람이 존재하는가를! 당신 생각은 어떤가? 나는 그런 타르콥스키적 영웅, 타인에 대한 책임감을 스스로 짊어진 까닭에 자기 자신에 대해서는 오히려 무책임한 사람들이 지금도 존재한다고 본다.

그들은 지금 이 시간에도 세계 곳곳에서 벌목을 막기 위해 나무에 자기 몸들을 묶고, 숲을 가로지르는 고속도로 건설을 저지하고, 핵폐기물 수송 열차를 막기 위해 선로 위에 드러눕고, 유전자조작 작물GMO들을 뽑아 버리고, 소비자 불매운동을 벌이고, 토지에 대한 농민의 권리를 주장하며 땅을 점유하고, 군 기지를 침입하거나 국경 통제와 이주자 정책에 항의하며 강에 보트를 이어 다리를 놓고, 전장과 재난지역에서 상처 입은 사람들을 치료하고 있지 않은가!

10 같은 책, p. 231.
11 같은 책, p. 263.
12 참조. 같은 책, p. 265.

포에지 – 타르콥스키적 화법

그랴즈노프 대령의 부대를 떠나 홀로 적진으로 향하는 도중에, 이반은 황량한 벌판 한가운데 있는 불타 버린 농장과 미친 노인을 만난다. 노인은 전쟁으로 농장과 가족 모두를 잃고 홀로 남아 결국 미쳐 버렸다. 영화는 이 노인과 이반이 똑같은 처지에 놓인 인간들이라는 것을 부각함으로써, 아무 데도 의지할 데 없이 온통 두려움과 외로움으로만 둘러싸인 이반의 정서를 여실히 드러내 보여 주고 있다.

타르콥스키는 이후에도 홀린 대위와 잠시 사랑을 나누는 간호장교 마샤를 통해 같은 효과를 냈다. 이 작품을 통해 단 한 번 나오는 매우 특이한 키스 장면에서 홀린 대위가 마샤에게 입을 맞출 때, 허공에 떠 있는 마샤의 두 다리가 바로 의지할 데 없는 그녀의 처지를 나타내 준다.[13] 타르콥스키는 마샤의 역할에 대해 이렇게 말했다.

> 마샤-말랴비나는 전혀 의지할 데 없이 전쟁에 내던져졌으며 전쟁과는 하나도 닮은 점이 없다. 그녀의 성격과 그녀 또래의 격정은 바로 의지할 데 없다는 심정이었다. 삶에 대한 그녀의 자세를 결정해 주어야 할 그녀의 적극적인 것들은 아직 태아 상태에 머무르고 있었다. 바로 그 점이 그녀와 홀린 대위의 관계를 가능케 해 주는 것이었다. 홀린 대위는 그녀의 의지할 바 없다는 측면 때문에 그녀에게 끌리고 있었기 때문이다.[14]

---

13 영화에 보면, 홀린 대위는 폭이 1미터쯤 되는 숲속에 난 도랑(적의 대포공격을 대비해 파 놓은 참호로 보인다)의 양쪽에 발을 걸치고, 마샤를 건네주기 위해 그녀를 안는다. 그리고 키스를 한다. 그래서 홀린 대위의 품에 안긴 마샤의 두 다리는 도랑 위 허공에 둥둥 떠 있다.

이반, 노인, 마샤, 이들 세 사람은 모두 전쟁과는 전혀 어울리지 않는 사람들임에도 불구하고 전쟁 속에 내던져졌으며, 그리하여 모든 것을 잃었고 아무 데도 의지할 곳이 없게 된 진정 외롭고 쓸쓸한 사람들이다.[15]

서문에서 우리는 전쟁이 나자 네 살 먹은 딸의 팔에 이름, 생년월일, 그리고 전화번호를 적는 한 여인의 서글픈 이야기를 통해, 지금 이 시간 전쟁을 치르고 있는 우크라이나에는 이반과 같은 어린 아이가, 미쳐 버린 노인이, 그리고 아무 데도 의지할 데 없게 된 여인이 숱하다는 것을 확인했다. 역사는 반복된다. 아무 연고 없이 전쟁이라는 파국 속에 내던져져 두려움과 외로움에 떨어야 하는 사람들은 과거에도, 지금도, 그리고 미래에도 있기 마련이다.

그래서, 바로 이런 이유에서 타르콥스키는 이반이 미친 노인을 만나는 장면들은 그 내용과 주변 환경의 조형적 표현력에 있어 모두 실패했다고 스스로 평가했다.[16] 더욱 비참하고 외로운 감정이 넘쳐흘러야만 했다는 것이다. 타르콥스키는 다음과 같이 말했다.

애초에 이 장면은 달리 계획되어 있었다. 우리들은 진흙투성이의 도랑이 파인 길이 가로지르는 황폐하고 빗물에 패인 들판을 상상했었다. 이 길은 가지를 짧게 쳐 버린 가을 버드나무들이 늘어서 있어야 했고 타 버린 농장은 전혀 등장하지 않았었다.

단지 멀리 지평선에서 외롭게 굴뚝이 하나 솟아 있었다. 외로운 감정이 넘쳐흘러야만 했다. 미쳐 버린 노인과 이반이 타고 가는 건초 마차는 한 마리의 비썩 마른 암소가 끌고 있고…,

14   같은 책, p. 41.
15   참조. 같은 책, p. 41.
16   참조. 같은 책, pp. 38-39.

건초 마차 위에는 닭이 한 마리 쪼그리고 앉아 있다.…대령의 자동차가 눈에 들어오자 이반은 들판 멀리 지평선까지 뛰어간다. 홀린 대위는 한참 만에 소년을 붙잡고 그의 무거운 장화를 힘겹게 진흙창 속에서 꺼낸다. 그러고 나서 자동차는 다시 떠나고 노인은 혼자 남는다. 바람이 부대를 들썩이면 그 밑의 녹슨은 쟁기가 보인다.

이 장면은 카메라의 변경 없이 천천히 길게 촬영되었어야 했다. 그러니까 완전히 종전과 다른 리듬을 가져야 했다.[17]

그런데 이렇게 계획된 장면들이 실현되지 못한 것은 그가 "배우와 관객을 위한 인식의 순간"을 갖지 못했었기 때문이라고 타르콥스키는 고백했다. 그뿐 아니다. 그는 이어지는 장면, 즉 이반이 다시 잡혀 와 그랴즈노프 대령과 이야기하는 장면도 역시 정서적 감흥을 불러일으키지 못하고 "담담하고 중립적"이었기 때문에 실패했다고 평가했다.

한 작가가 대외적으로 성공한 자신의 작품에 대하여—비록 부분적일지라도—이처럼 혹평을 하는 분명 쉬운 일이 아닐 것이다. 그런데도 타르콥스키가 그렇게 하는 데는 특별한 이유가 있다.

영화 작가로서 타르콥스키가 문제 삼았던 것은 언제나 서정성 곧 '시적 감흥'詩的感興이다. '시적 감흥'은 화면 구성Mise-en-scéne, 미장센[18]

---

17 같은 책, p. 39.
18 미장센이란 원래 연극용어로서 '무대 위에 배치한다'라는 뜻이다. 즉 무대라는 주어진 공간 안에 제작의도에 합당하도록 모든 시각적 요소를 배치하는 것을 말하며, 따라서 영화에서는 '화면을 구성하기 위한 연출'을 의미한다. '미장센 이론'은—미국의 평론가 앤드루 새리스(Andrew Sarris)에 의하면—세르게이 예이젠시테인(Sergei Eisenstein)이나 푸돕킨(Pudovkin) 등이 제창한 러시아의 '몽타주 이론'에 대한 반작용으로 발전되었다. 프랑스의 영화학자로 '미장센 이론'의 창시자인 앙드레 바쟁(André Bazin)은 러시아 감독들이 채용한 역동적인 편집기법

과 장면 연결Montage, 몽타주에 있어서 그가 추구하는 가장 중요한 요소였다. 그는 화면 구성 연출에 대해 다음과 같이 말했다.

> 영화에서 화면 구성 연출이 이룩해 내야 하는 것은, 밑바닥에 깔려 있는 의미를 억지로 삽화식 도해라는 방법을 통해서가 아니라 관객들 앞에서 펼쳐 보인 행동들의 진실성과 화면의 아름다움과 깊이를 통해서 관객들을 경악케 하고 감동시키는 일이다.[19]

화면 구성 연출의 목표는 진실성과 서정성을 통해 감동을 불러일으키는 데 두어야 한다는 것이다. 그런데 앞에서 언급한 장면들은 바로 이것이 이루어지지 않았기 때문에 관객들에게 시적 감흥을 전혀 불러일으키지 못했다고 타르콥스키는 생각했다. 이것이 그가 이 장면들을 실패작으로 평하는 이유다.

또한 타르콥스키는 〈이반의 어린 시절〉의 원작자인 보고몰로프가 소설에서 사건의 배경을 직접 목격한 사람만이 묘사할 수 있을 만큼 "부러울 정도로" 정확하게 묘사해 놓았지만, 그러나 그것은 그에게 아무런 시적 연상작용을 일으키지 못했기 때문에 스스로 시나리오를 고쳐 화면을 재구성할 수밖에 없었다고도 회상했다.[20]

어떤 경우든 타르콥스키에게 중요한 것은 오직 시적 감흥뿐이었다. 이러한 이유에서, 그는 특히 이성적·논리적·인위적 화면 구성에 대해서는 극구 반대했다. 이성적 논리에 의해서 이루어지는

들은 사건을 완전히 보여 주는 방식이 아니라 암시하는 방식이라는 것을 깨닫고, 이를 대신하는 숏과 카메라의 움직임에 의한 새로운 기법을 개발하였던 것이다. 사실주의 감독들이 주로 사용하는 미장센 기법을 보여 주는 전범으로 오슨 웰스(Orson Welles)의 대표작 〈시민 케인〉(Citizen Kane)이 꼽힌다.

19   같은 책, p. 30.
20   참조. 같은 책, pp. 34-35.

학문과는 달리, 영화는 마치 하나의 시처럼 오직 서정적 논리에 의해 정서적으로 만들어져야 한다는 것이 그의 생각이었다.

> 복잡한 생각이나 서정적인 세계관은 어떤 경우에도 결코 지나치게 분명하고 공공연한 틀 속에 짜 맞추어져서는 안 될 것이다. 직접적이고 일반적이며 진부한 결론 도출의 논리는 기하학적 공식의 증명을 연상시키는 쓸데없는 의심을 살 뿐이다.[21]

영화에 있어서 시적 감흥을 일으키는 요소는 사건의 논리와 주인공의 행위 양식 내지 행동 양식의 논리가 정연한 데 있지 않고, 오히려 그것들이 외적으로 혼돈되는 데서 발생한다고 타르콥스키는 주장했다.[22] 삶은 복합적이고 비밀스러운 것이기 때문에 직선적 논리의 한계를 벗어나야 오히려 그 진실한 모습이 드러난다는 이유에서였다. 그래서 그는 작가가 이런 것들을 담지 못하고 단지 "삶을 리얼하게 빚어낼 때, 삶은 오히려 단조롭고 판에 박은 듯이 나타나게 된다"[23]라고 주장했다. 이것이 그가 사실주의realism 내지 자연주의naturalism[24]에 반대하는 이유다. 그는 이렇게도 말했다.

---

21 같은 책, p. 24.
22 참조. 같은 책, p. 36.
23 같은 책, p. 26.
24 사실주의는 고전주의, 낭만주의, 예술지상주의, 형식주의 등 예술 창작상의 이상주의적 여러 경향에 대립하여 현실의 재현 묘사에 중심을 두는 경향을 총칭한다. 한편 자연주의는 근대적 사실주의의 한 분파로서, 자연과학적 세계관에 서서 물질을 유일한 실존으로 보는 실재론을 기반으로 인간과 가족, 계급이나 사회문제를 다루는 경향을 말한다. 영화에서도 사실주의와 자연주의는 자연과 현실을 그대로 형상화하려는 의도에서, 인간의 생활 주변에 산재한 객관적 사실을 묘사하려는 경향을 보였다. 하지만 타르콥스키가 특히 겨냥하는 사실주의 내지 자연주의는 1934년 소비에트작가동맹 규약인 〈소비에트의 예술 문학 및 문학비평의 기본 설정〉에 의해 규정된 '사회주의적 사실주의'로서 그 내용은, 현실을 프롤레타리아 혁명의 발전에 맞추어 올바르게 역사적·구체적으로 묘사할 것, 근로인민

이상스럽게도, 의심할 여지 없이 우리들의 가장 보편적이고 일상적인 인지에 속하는 것들이 예술에서는 판에 박은 듯이 인위적으로 변모된다. 그것은 삶을 꼭 외부적인 그대로 묘사하려고 하는 자연주의의 절대 신봉자들이 상상하는 것보다, 때때로 삶은 훨씬 더 정서적으로 조직되어 있기 때문인 것이다.[25]

타르콥스키는 길을 건너다 두 사람이 서로 마주 오는 장면을 촬영할 경우를 들어 설명했다. 이런 경우 마주 오는 두 사람은 당연히 서로 눈길을 마주치게 되는데, 이때 "그 눈빛은 사람에게 영적인 영향을 미치며, 어떤 특정한 분위기를 조장한다."[26] 그런데 이러한 상황을 단지 사실적으로 자세히 재구성하면, 즉 "배우에게 기록에 충실하게 옷을 입히고 촬영 현장 역시 정확하게 결정하여 촬영한다면, 이러한 만남에서 스스로 느꼈던 예의 그 감정을 나타낼 수 없다라는 것은 분명한 일"[27]이라는 것이다. 그 때문에 그는 이 장면을 촬영하는 데 있어서 무엇보다도 중요한 것은 "모르는 사람의 눈빛이 자신의 눈빛과 만났었던 때" 느꼈던 정서적 분위기 곧 '시적 감흥'을 표현하는 것이라고 주장했다.

한마디로, 타르콥스키에게는 '시적 감흥'이 화면 구성의 핵심 원칙인 것이다. 이러한 관점은 장면 연결[28]에 있어서도 마찬가지다.

들이 사회주의를 지향하도록 사상적으로 개조하고 교육하는 과제에 충실할 것, 이 두 가지로 요약된다. 따라서 작가에게는 프롤레타리아 혁명의 발전 가운데서, 옛것에 대한 새로운 것의 승리를 이끄는 영웅의 창조가 요구되었다.

25 같은 책, p. 26.
26 같은 책, p. 28.
27 같은 책, p. 29.
28 몽타주란 원래 '모으다'라는 뜻을 가진 프랑스어 'monter'에서 유래했기 때문에, 영화 연출기법으로서는 표현 의도에 합당하게 장면과 장면들을 연결시키는 것을 말한다. 따라서 표현주의 감독들이 주로 사용하는 몽타주는 넓은 의미로는 편집

타르콥스키는 다음과 같이 말했다.

영화에서 나를 매혹시키는 것은 정서적 연결, 그 시적 서정성의 논리이다. 나의 견해로는 바로 이 점이 영화가 모든 예술 중에서 가장 진실적이고 서정적일 수 있는 가능성을 내포하고 있다.

　이 시적 정서의 연결이야말로 어떠한 경우에도, 각 장면들을 직선적이며 논리적으로 시종일관되는 주제 전개를 통해서 연결하는 전통적인 드라마투르기보다, 진실적·서정적 예술에 보다 더 접근해 있는 것이다.…정서적 연결은 커다란 감정적 반응을 불러일으키고, 관객들을 활동적으로 움직이게 한다. 바로 이 정서적 연결이 관객들을 삶의 인식 과정에 참여시킨다.…정서적 연결이야말로 영상을 빚어내는 원료들이 그 찬란한 제빛을 낼 수 있게 하는 내적인 힘을 머금고 있는 것이다.[29]

을 지칭한다. 하지만 몽타주는 아무런 의미 없이 장면들을 하나로 묶는 것을 말하는 것이 아니라, 표현하고자 하는 특별한 의미에 합당하게 장면들을 배치하는 것을 말하기 때문에 '영화 언어의 화법'이라고도 부른다. 장면 하나하나가 영화의 단어라고 한다면, 이것들을 모아 하나의 의미를 가진 문장을 만들어 내는 문법이기 때문이다. 연출기법으로서 '몽타주 이론'은 1920년대 세르게이 예이젠시테인이나 푸돕킨 등 소련의 영화감독들에 의해 발전되었다. 예이젠시테인은 그의 저서에서 다음과 같은 예를 들어 몽타주 기법의 의미를 설명한다. 일본어에서 개를 의미하는 '犬'과 입을 의미하는 '口'가 모이면 '개의 입'이라는 의미가 아니고 '짖는다'라는 뜻이 된다는 것이다. 실제적인 예를 영화에서 들어 보면, 웃는 얼굴 장면 다음에 김이 나는 스프 장면이 연결되면 '이 사람은 배가 고프다'라는 의미가 발생하지만, 웃는 얼굴 장면 다음에 아이들이 뛰어노는 장면이 연결되면 '이 사람은 흐뭇하다'라는 의미가 발생한다(쿨레쇼프의 스프 실험). 또 웃는 얼굴 장면 다음에 권총을 쥔 손 장면이 나오고 다시 놀라는 얼굴 장면이 연결되면 '이 사람이 위기에 처했다'라는 의미이지만, 순서를 바꾸어 놀라는 얼굴 장면 다음에 권총을 쥔 손 장면이 나오고 다시 웃는 얼굴 장면이 연결되면 '이 사람은 죽음을 초월한 사람이다'와 같은 새로운 의미가 발생한다(푸돕킨의 권총 실험).

29　같은 책, pp. 23-24.

이 말에는 적어도 두 가지 중요한 내용이 함축되어 있다. 영화의 연출기법으로서 '정서적 연결'의 중요성과 그것의 '논리적 연결'에 대한 우수성이 그것들이다. 다시 말하자면, 타르콥스키의 화법은 시인이 시를 쓸 때 사용하는 포에지Poesie(시작법)이지, 극작가가 극을 쓰는 데 사용하는 드라마투르기Dramaturgie(극작법)가 아니라는 것이다. 그리고 포에지가 드라마투르기보다 더 뛰어난 연출기법이라는 뜻이다.

포에지 vs. 드라마투르기

타르콥스키에 의하면, 장면들의 '정서적 연결'은 관객들에게 커다란 감정적 반응을 불러일으킬 뿐 아니라, 그들을 작품 이해에 능동적으로 참여하게 한다. "왜냐하면 정서적 연결은 주제로부터 미리 짜여진 결론 도출에 의존하거나, 작가의 경직된 지시에 의존하지도 않기 때문이다."[30] 바로 이 점이 그가 "직선적이며 논리적으로 시종일관되는 주제 전개를 통해서 연결하는 전통적인 드라마투르기"라고 말하는 '논리적 연결'과 다른 점이다.

타르콥스키가 보기에, '논리적 연결'은 감독의 의도나 주제에 의해 미리 짜여진 결론을 도출하기 위한 "지독히도 정확한 사건의 연결"에 불과하다. 그래서 이것은 단지 인간의 정서와는 동떨어진 "차가운 계산과 사변적 사고의 강력한 영향 속에서 태어난다."[31]

예컨대 세르게이 예이젠시테인Sergei Eisensten*은 〈전함 포템킨〉

---

30 같은 책, p. 24.
31 같은 책, p. 23.

에서, 러시아 시민들에게 행해진 박해를 표현하기 위해 카자크 병사들이 쿵쿵거리며 힘차게 진군하는 발들을 클로즈업한 장면과 처참한 희생자들의 모습을 연결했다. 이와 같이 감독은 조기 군사훈련이 군국주의를 조장하게 된다는 사실을 보여 주기 위해서라면 소년들의 병정놀이 다음에 참혹한 전투 장면을 연결할 수 있다.[32]

하지만 이러한 지독히도 정확한 '개념적 장면 연결'[33]은 "전체적인 삶의 현실을 진부하게 평범화하는 것"[34]이라는 것이 타르콥스키의 주장이다.

몽타주 영화 옹호론자들의 주장, 즉 몽타주가 두 개의 개념을 제시하여 소위 새로운 세 번째 생각을 유발시킨다는 주장은 영화의 본질에 현저히 어긋난다고 생각된다. 개념들과의 유희는 궁극적으로 한 예술의 목적이 될 수 없으며, 예술의 본질은 결코 임의로운 개념 연결에 있지 않다.…다시 말하면 몽타주는 관객들이 스크린 위에서 본 것을 자기 자신의 경험과 연결하여 소화해 내도록 허락하지 않기 때문이다. 몽타주 영화는 관객들에게 수수께끼를 제공한다. 관객들로 하여금 관객이 제시한 상징물이 무엇을 상징하였는지 해독하도록 하고 감독의 비유성에 대

---

32 참조. 랄프 스티븐슨·장 데브릭스, 『예술로서의 영화』, 송도익 옮김(열화당, 1982), p. 140.
33 '개념적 장면 연결'은 타르콥스키가 말하는 '전통적인 드라마투르기' 내지 '논리적 연결'의 전형이라 할 수 있다. 예이젠시테인이나 푸돕킨을 위시한 1920년대 러시아 영화감독들이 주로 사용했다. 이들은 개념 몽타주가 영화 예술의 핵심이라고 믿었다. 〈전함 포템킨〉에서, 카자크 병사들이 쿵쿵거리며 진군하는 발들을 클로즈업한 장면과 희생자들의 모습을 연결하여 러시아 시민에게 행해진 박해를 표현한 것이나, 유모차 안의 아기를 베려고 장총의 검을 빼어 드는 카자크 병사의 숏 다음에 눈에 총탄을 맞고 비명을 지르는 여인의 모습을 연결함으로써 아기가 당할 처참함을 표현하는 것 등이 '개념적 장면 연결'의 예다.
34 안드레이 타르콥스키, 『봉인된 시간』, p. 23.

하여 감탄하도록 만들며 관객들의 지적 체험에 호소한다.…따라서 나의 견해로는, 예이젠시테인은 관객들이 스크린에서 본 것을 자기 나름대로 받아들일 수 있는 가능성을 앗아 가 버리는 것이다.[35]

이에 반해, 정서적 연결은 오히려 모든 것을 다 말하지 않고 많은 것을 남겨 둠으로써, 외면적으로는 논리적 혼란을 야기함으로써, 그래서 관객들이 더 많은 생각을 하게 유도함으로써, "관객으로 하여금 영화의 통일성을 스스로 영화의 부분들로부터 구성해 나가도록" 함으로써, "동시에 자신의 생각을 덧붙이도록" 함으로써, "관객을 작품 수용 과정에서 작가와 동일한 위치로 끌어올리는 유일한 방법"이라는 것이다.[36]

그래서 타르콥스키는 〈이반의 어린 시절〉을 촬영할 때, 주제의 연결을 '논리적 연결'이 아닌 '정서적 연결'로 대신했다고 한다. 예를 들어, 교회의 지하실 장면에서 그대로 베를린 전투의 승리의 날로 바뀌는 〈이반의 어린 시절〉의 마지막 장면처럼 "앞뒤 맥락의 연결 없이 꿈에서 현실로, 현실에서 꿈으로 불쑥 바뀌는 모든 연결 부분"[37]이 그렇다는 것이다.

그런데 그가 이러한 시도를 할 때마다 "관객은 반드시 중단 없이 전개되는 줄거리를 필요로 하고 주제가 약한 영화는 이해하지 못한다"라는 관계 당국의 '무조건적 항의'에 부딪쳤다고 한다. "그러나 기쁘게도 관객들은 결코 그렇게 생각하지 않았다는 것을 나는 추후 확인할 수 있었다"[38]라고 그는 회상했다.

35 같은 책, pp. 144-148.
36 같은 책, p. 24.
37 같은 책, p. 37.

한마디로, "관객으로 하여금 영화의 통일성을 스스로 영화의 부분들로부터 구성해 나가도록"[39] 하는 정서적 연결이, 관객들이 "결론을 아무런 고민 없이 제공받기 때문에…이 결론을 가지고 어떤 일도 시작할 수 없게"[40] 되는 논리적 연결보다 더 우수하다는 것이다.

그래서 타르콥스키는 자신 있게 다음과 같이 묻는다. "작가가 관객과 함께 한 장면을 창조하는 과정에서의 고민과 즐거움을 나눠 갖지 않는다면, 작가가 과연 관객에게 무엇인가를 이야기할 수 있는 것이 가능할 수 있을 것인가?"[41]

이어서 그는 논리적 연결이 아니라 정서적 연결을 통해 시적 감흥을 불러일으킬 수 있는, 그래서 관객들이 더 많은 생각을 하게 유도할 수 있는 두 개의 에피소드를 예로 들었다.

한 무리의 사람들이 사형 집행 명령 위반으로 총살을 당하게 되었다. 그들은 어느 병원의 담벼락 앞, 더러운 물구덩이 한가운데서 기다리고 있었다. 때는 마침 가을이었다. 사형수들에게 외투와 구두를 벗으라는 명령이 내려졌다. 무리 중의 한 명이 무리에서 벗어나 구멍투성이의 양말을 신은 채 한참을 물구덩이 속을 걸어 나가고 있었다. 그는 일 분이 지나면 전혀 필요가 없게 될 자기 외투와 장화를 내려놓을 마른땅을 찾고 있었던 것이다.

또 다른 에피소드: 어떤 사람이 전차에 치여 한쪽 다리를 다쳤다. 사람들은 그를 어느 집의 벽에 등을 기대어 앉혀 놓아서

---

38 같은 책, p. 37.
39 같은 책, p. 24.
40 같은 책, p. 24.
41 같은 책, p. 24.

그는 호기심으로 모여든 구경꾼들의 염치없는 눈총을 받으며 구급차가 오기를 기다리고 있었다. 그는 급기야는 이 상황을 더 이상 견뎌 내지 못하고 바지에서 손수건을 꺼내어 자신의 흉측하게 잘려 나간 다리를 덮어 가렸다.[42]

이 두 이야기들에서 나오는 인물들의 행동은 대단히 비논리적이다. 하지만 타르콥스키는 "얼마나 강렬한 표현인가!"라고 감탄해 마지않았다.

이렇게 영화의 성공 여부를 '그 영화가 관객에게 시적 감흥을 불러일으키는지 아닌지'에 두는[43] 타르콥스키는 자신의 영화 연출 기법을 한마디로 요약해 '포에지'라고 규정했다. 그는 오직 '시적 감흥을 불러일으키는 기법' 곧 '포에지'에 의해 사건, 장소, 배경 등을 설정했으며 또한 장면들을 연결했다. 즉 타르콥스키에게 있어서 '포에지'는 그가 '영화를 만드는 탁월한 방식'이자, 그것을 통해 '세상을 보는 눈'인 것이다. 그래서 그는 다음과 같이 말했다.

지금 내가 여기서 말하는 시詩, Poesie란 문학의 한 장르를 의미하는 것은 아니다. '포에지'Poesie란 내겐 하나의 세계관이며 현실과 맺는 관계의 하나의 특수한 형식이다.[44]

여기에서 우리가 브루그만이 『마침내 시인이 온다』에서 예언자를 어떻게 규정했는지를 다시 한번 떠올리면, 타르콥스키의 이 같은 주장들을 더 깊게 이해할 수 있다. 브루그만은 예언자를 시적

42 같은 책, p. 32.
43 참조. 같은 책, p. 35.
44 같은 책, p. 25.

언어Poesie를 통해 하나님 나라의 비전을 전하는 자, 그럼으로써 기존의 현실을 부수고 새로운 가능성을 환기시키는 자라고 규정했다. 그리고 이어서 그는 '예언자가 왜 논리적 언어인 산문散文이 아니라 시적 언어로 전하는가'에 대해 설명했다. 예언자들의 전언에는 "칼을 쳐서 보습을 만들고 창을 쳐서 낫을 만[드는]" 세상(이사야 2:4), 가슴이 뛰도록 아름다운 세상, 곧 하나님의 나라에 대한 상상력과 비전 – 브루그만은 이것을 '예언자적 상상력'Prophetic Imagination이라 불렀다 – 이 들어 있기 때문이라는 것이다.

그렇다면 우리가 이제부터 살펴보아야 할 것은 분명하다. 바로 이 가슴 뛰도록 아름다운 하나님의 나라에 대한 예언자적 상상력과 비전을 타르콥스키는 그의 작품 속에 어떤 방식으로 구현했는가 하는 것이다.

초현실 – 타르콥스키적 이상세계

이반의 완강한 고집을 꺾지 못한 그랴즈노프 대령은 어쩔 수 없이 이반을 다시 적진으로 보내 정탐업무를 계속 수행하도록 한다. 정탐을 위해 다시 적진으로 떠나기 직전, 갈체프 중위 막사에 있는 회의 책상에서 이반이 잠시 잠이 들면서 세 번째 꿈이 시작한다.

비가 내리는데도 싱그러운 나뭇잎 사이로 햇빛이 쏟아져 생기가 가득한 숲길로, 신선한 사과들을 넘칠 정도로 가득 실은 자동차가 달려온다. 그 위에는 이반이 어느 소녀와 함께 앉아 있다. 젖은 초원에는 콧김을 뿜고 있는 말 한 마리가 보여 한없이 아름답고 행복한 풍경이다.

이때 갑자기 번개가 번쩍인다. 그러자 이반과 소녀가 탄 자동차를 제외한 배경들이 네거티브(음화)로 바뀌며 신비로운 느낌을 자아낸다. 이때 소녀의 얼굴이 세 번에 걸쳐 한참씩 클로즈업된다. 그때마다 활짝 웃으며 행복해하는 표정과 무심한 표정, 그리고 다시 무엇인가 불안해하는 표정으로 바뀐다. 이어 자동차는 어느 강변을 달리고 자동차에서 쏟아져 내린 사과들이 강변 백사장에 가득한데, 몇 마리 말들이 자유롭게 그것을 먹는다.

여기에서 타르콥스키는 네거티브 기법을 사용하여, 검은 태양과 하얀 비를 연출함으로써 꿈이라는 '초현실적 공간'이 주는 신비로운 분위기를 성공적으로 창조했다. 『봉인된 시간』에 의하면, 이때 "번개가 번쩍이는 것은 포지티브 필름(양화)이 네거티브 필름(음화)으로 변하는 몽타주 과정을 기술적으로 가능하게 해 주는 구실"을 하였고, 매번 표정이 바뀌는 소녀의 얼굴을 세 번 나타나도록 한 것은 "피할 수 없는 비극에 대한 이 소녀의 예감"을 표현하였다고 한다. 그리고 어느 강변으로 이어지는 마지막 장면은 "이반의 마지막 꿈 장면과 연결을 맺을 수 있도록 하기 위함이었다"라고 한다.[45]

꿈에서 깨어난 이반은 갈체프 중위와 홀린 대위의 도움을 받아 다시 적진으로 잠입한다. 그리고 전쟁이 끝났다. 되찾은 도시에 있는, 독일군이 사무실로 사용했던 건물 안에 갈체프 중위가 서 있다. 그는 독일군이 남기고 간 서류더미를 뒤지다가 사형당한 이반의 서류를 발견한다. 교수형에 처해지기 직전, 독일군에 의해 촬영된 이반의 얼굴 사진이 클로즈업되면서 이반의 네 번째 꿈이 시작된다.

드넓은 강가, 백사장에서 이반은 다시 어머니를 만나고 여러 아이들과 함께 노는데, 이때 사과가 실린 차 위에 함께 앉아 있던

---

45 같은 책, p. 38.

소녀가 나타난다. 두 아이는 마냥 웃으며 힘껏 강변을 달린다. 먼저 달리는 소녀를 뒤쫓던 이반이 소녀를 앞질러 어디론지 마냥 질주한다. 이윽고 이반은 손을 내미는데, 그의 손이 향한 곳은 한 그루 죽은 나무다.

*

영화 〈이반의 어린 시절〉은 1962년 베니스 영화제에서 '황금사자상'을 받았고 같은 해 샌프란시스코 국제영화제에서 '최우수 감독상'을 받았다. 일부에서는 흐루쇼프Khrushchev 시대의 소련 영화정책을 홍보하기 위한 영화라는 비판도 일었지만, 세 살 때부터 영화를 보기 시작했다고 하며 그해 베니스 영화제 심사위원장이기도 했던 프랑스의 실존주의 철학자 장 폴 사르트르Jean Paul Sartre*는 이 작품을 '사회주의적 초현실주의'의 걸작으로 평가했다.

사르트르가 한 이 평가는 비단 〈이반의 어린 시절〉뿐만 아니라 타르콥스키의 다른 작품들을 이해하는 데 있어서 매우 의미심장하다. 하지만 그 평가의 정당성은 단지 1929년 앙드레 브르통André Breton*이 발표한 "초현실주의 제2선언"에 입각해서 말해질 때에만 보장된다.

1920년경부터 브르통과 필리프 수포Philippe Soupault, 루이 아라공Louis Aragon, 폴 엘뤼아르Paul Éluard 등을 중심으로 시작되었고 1924년 브르통이 "초현실주의 제1선언"을 발표함으로써 본격화된 초현실주의surréalisme는 초기에는 주로 이성과 논리로 억압된 무의식의 세계를 가능한 한 그대로 표현하는 데 주력했다. 그럼으로써 잠재된 비이성적·비논리적 세계와 이성적·논리적 현실세계를 결합한 통합된 현실 곧 그들이 말하는 '초현실'을 창출하려는 목표를 갖고 있었다. 그들은 이러한 목표의 실현을 위해서 상상력, 꿈, 무의식, 광기, 초자연적 현상, '자동기술'에 의한 언어해방 등을 도구로 삼았는데, 물론 여기에는 지크문트 프로이트Sigmund Freud*의 정신분석학이 끼친 영향이 컸다.

그러나 초현실주의가 말하는 '초현실'이란 단순히 인간의 무의식 세계가 아니었고, 또한 현실을 초월한 그 어떤 꿈의 세계나 피안彼岸도 아니었으며, 오히려 현실 부정이 매개가 되어 발견되는 '참되고 진정한 현실'이었다. 이런 이유에서 초현실주의는 개인 변혁과 세계 변혁이라는 목표를 함께 갖고 있었고, 바로 이 때문에 꿈을 통해 개인의 무의식을 분석한 프로이트의 정신분석학뿐만 아니라 당시 사회개혁의 실질적 세력이었던 마르크스주의와의 접촉이 불가피했다.

그 결과 대부분의 초현실주의 예술가들이 마르크스주의에 열광하였고 상당수는 현실 정치에까지 참여했다. 이에 마르크스주의의 유물사관과 초현실주의 이론의 조화로운 융합을 시도한 "초현실주의 제2선언"이 발표되었고, 기관지 「혁명에 봉사하는 초현실주의」가 발간되었다.

하지만 브르통은 "초현실주의 제2선언"에서 공산주의 강령과 조직운동에는 반대하고 정신의 절대적 자유와 내면세계의 우위성을 강조하였다. 결국에는 초현실주의 내에 내분이 일어났고, 브르통은 현실 참여를 외치며 공산당에 가입한 수포, 아라공, 앙토냉 아르토Antonin Artaud 같은 동료들과 결별했다. 그 후 제2차 세계대전이 일어나자 브르통은 미국으로 건너가 "초현실주의 제3선언"을 발표했는데, 이때부터 초현실주의는 사회문제보다는 주로 마술魔術, 비교秘敎, 신화 같은 영역들과 관계를 맺게 되었다.

그렇기 때문에 사르트르가 타르콥스키의 〈이반의 어린 시절〉을 '사회주의적 초현실주의'라고 평한 것은 프로이트주의와 마르크스주의를 동시에 지향했던 "초현실주의 제2선언"에 입각한 입장에서라는 데는 의심의 여지가 없다. 타르콥스키가 "나하고 특히 유사한 입장을 취하고 있는 영화 예술가"⁴⁶라고 부른 영화감독 루이스 부뉴엘Luis Buñuel*을 비롯한 당시 초현실주의 예술가들이 대부분 프로이트주의자이고 동시에 마르크스주의자인 것은 이러한 사실을 입증한다.⁴⁷

*

당시 서구에는 두 종류의 마르크스주의가 있었다. 그중 하나는 레닌, 스탈린이 확정한 소련 공산주의의 강령을 따르는 소위 '정통 마르크스주의'이고, 다른 하나는 주로 사르트르, 장 이폴리트Jean Hyppolite, 모리스 메를로퐁티Maurice Merleau-Ponty, 죄르지 루카치György Lukács, 헤르베르트 마르쿠제Herbert Marcuse,* 카를 코르슈Karl Korsch 등 서구 지식인들이 추구했던 이른바 '서구 마르크스주의'였다.

서구 마르크스주의자들은 예컨대 『헤겔 법철학 비판 서문』Zur Kritik der Hegelschen Rechtsphilosophie, Einleitung이나 『경제학 철학 수고』Oekonomisch-philosophische Manuskripte와 같은 마르크스의 초기 저술들에서 마르크스주의의 핵심을 발견했다. 청년기의 카를 마르크스Karl Marx는 자본주의 사회에서는 인간 소외로 인해 인간다운 삶이 보장되지 않는다고 비판하면서, 인간의 본질이 실제적으로 회복되어 인간이 인간다운 모습으로 살 수 있는 "완성된 휴머니즘" 또는 "완성

---

46 같은 책, p. 63.
47 그렇다고 해서 타르콥스키의 작품 모두가 '사회주의적 초현실주의'라고 규정할 수는 없다. 설사 그러한 경향이 여전히 남아 있다고 하더라도, 〈이반의 어린 시절〉을 제외한 다른 작품들의 주인공들은 이반과 같이 수포, 아라공, 엘뤼아르 등이 지지했던 입장, 곧 실천적이고 참여적인 입장을 취하지는 않는다. 부뉴엘이 그랬듯이, 타르콥스키는 그의 작품들을 통해 물질주의와 이기주의에 물든 부르주아들의 경박성에 저항했지만, 그의 작품들에 나타난 인물들의 저항은—이반과는 달리—현실에 적극 참여하는 식으로가 아니라 오히려 현실로부터 도피하는 식으로, 사회적·정치적 행동보다는 오히려 윤리적·종교적 결단으로 전개되기 때문이다.

된 자연주의"로서의 공산주의를 추구했다.⁴⁸ 바로 이러한 관점을 지지하며, 서구 마르크스주의자들은 마르크스주의를 일종의 '휴머니즘'으로서 이해했다. (이러한 점에서 보면, "실존주의는 휴머니즘이다"라고 외친 사르트르가 마르크스주의자이기도 한 것은 당연하다.)

하지만 대개 1840년대 초반을 기점으로,⁴⁹ 마르크스는 과학주의적 사회과학의 영향을 받아 실증주의적·역사주의적 태도로 돌아서서, 이제는 철학이 아니라 정치경제학에 관심을 두고 『공산당 선언』*Manifest der Kommunistischen Partei*이나 『자본』*Das Kapital* 등을 집필하며, 자신의 이상을 '계급투쟁' 곧 사회제도 변혁과 정치적 조직운동을 통해 이루려 했다. 바로 이러한 관점을 체계화시킨 것이 레닌, 스탈린에 의한 '정통 마르크스주의'다.

그런데 우리가 서문에서 이미 살펴보았듯이, 타르콥스키는 인류의 이상은 사회적·정치적 행동에 의해 이룰 수 있는 것이 아니라, 오직 진정한 예술 곧 "이상을 향한 동경으로서의 예술"을 통해서만 이룰 수 있다고 확신했다. (비록 당국과의 끊임없는 마찰을 견뎌야 했지만

---

48 카를 마르크스는 그의 초기 저작인 『경제학 철학 수고』에서 다음과 같이 말했다. "인간의 자기 소외인 사적 소유의 실증적 지양으로서의 공산주의, 따라서 인간에 의한 인간을 위한 인간적 본질의 현실적 전유로서의 공산주의, 따라서 이제까지 이룩한 발전의 전체적인 성과물 내부에서 사회적 인간 즉 인간적 인간으로의 의식적이고 완전한 복귀로서의 공산주의, 이러한 공산주의는 완성된 자연주의=휴머니즘, 완성된 휴머니즘=자연주의로서 존재하며, 인간과 자연 그리고 인간과 인간 사이에 일어나는 모순의 진정한 해결이요, 실존과 본질, 대상화와 자기 확인, 자유와 필연성, 개체와 유(類) 사이에 일어나는 투쟁의 진정한 해결이다"[Karl Marx, Ökonomisch-philosophische Manuskripte, MEW 40 (1844), p. 536].

49 러시아의 철학자 테오도르 일리치 오이저만(Teodor Ilyich Oizerman)은 그의 『마르크스주의 철학 성립사』(*The Making of the Marxist Philosophy*)에서, 마르크스는 대개 1842-1843년 사이에 철학적으로는 헤겔적 관념론자에서 포이어바흐적 유물론자로, 정치적으로는 혁명적 민주주의자에서 사회주의자로 바뀌었다고 본다. 하지만 프랑스의 구조주의 철학자 루이 알튀세르(Louis Althusser)는 1845년을 기점으로 마르크스가 '이데올로기적 문제틀'로부터 '과학적 문제틀'로 자신의 문제틀(problématique)을 바꾸었다고 본다.

그가 이 같은 예술관을 갖고 그렇게라도 작품 활동을 계속할 수 있었던 것은, 그 당시 흐루쇼프가 스탈린 시대의 종지부를 찍기 위해 예술을 계급투쟁의 홍보 수단으로 취급하는 소위 '사회주의적 리얼리즘'이라는 문예노선을 포기했기 때문이다.)

타르콥스키가 보기에, 인류의 이상은 사상가들에 의해서도, 혁명가들에 의해서도 심지어는 교회에 의해서마저도 성공적으로 성취되지 못했다. 이유인즉, 그들은 "누구도 자기 자신에게는 아무 것도 요구하지 않고, 모두들 자신의 윤리관에 대하여 장광설을 늘어놓게 되며, 자신들에게 할 요구를 다른 사람들에게, 소위 전체 인류에게 떠넘겨 버리는 식"[50]으로 행동했기 때문이다.

그러나 이렇게 마르크스와 엥겔스가 사상으로, 레닌이나 스탈린이 혁명으로, 교회가 교화로써 이루려 했던 일, 하지만 모두 실패했던 이 일을, 예술가만이 진정한 예술 곧 "이상을 향한 동경으로서의 예술"로써 이룰 수 있으리라고 타르콥스키는 굳게 믿었다. 그에게 있어, "예술은 언제나 인간의 정신을 삼켜 버리려고 위협하는 물질에 저항하는 인간 투쟁의 무기"[51]이면서도 "인류가 발명한 유일하게 이기적이지 않고 사욕이 없는 것"[52]이며, 동시에 "인류를 위한 구원의 마지막 가능성"[53]이기 때문이다.[54]

50 안드레이 타르콥스키, 『봉인된 시간』, p. 275.
51 같은 책, p. 280.
52 같은 책, p. 284.
53 같은 책, p. 307.
54 서문에서 밝혔듯이, 타르콥스키에게 예술은 인간과 세계를 구원할 수 있는 유일한 길이다. 그는 다음과 같이 말했다. "그리고 마지막으로 하고자 하는 말은 예술적 형상은 인류가 발명한 유일하게 이기적이지 않고 사욕이 없는 것이며, 인간 존재의 의미는 아마 실제로 예술작품의 창조, 아무 목적도 없고 전혀 사리사욕이 없는 예술적 행동에 있을 것이다. 그리고 이 같은 것은 우리들이 하느님의 모상에 따라 창조되었다는 바로 그 점에 나타나 있지 않을까?"(같은 책, p. 284)

바로 이러한 점에서, 공산주의 강령과 조직운동에는 반대하고 정신의 절대적 자유와 내면세계의 우위성을 강조했던 "초현실주의 제2선언" 시기의 브르통과 부뉴엘 그리고 타르콥스키가 통하는 것이며, 사르트르가 〈이반의 어린 시절〉을 '사회주의적 초현실주의' 작품으로 평가하는 것이다.

*

타르콥스키 작품에서 초현실주의적 성격은 무엇보다도 그가 표현양식으로 자주 사용하는 꿈이나 환상들이 단순히 개인의 어두운 내면이나 무의식적 욕망을 묘사하기 위한 것이 아니라, 그야말로 '현실 부정이 매개가 되어 발견되는 참되고 진정한 현실' 곧 '초현실'을 표현하기 위한 것이라는 데서 찾을 수 있다.

〈이반의 어린 시절〉에서 이반이 꿈으로 꾸는 어린 시절 곧 '이반의 어린 시절'은 그의 어린 시절에 대한 단순한 기억이나 회상이 아니다. 그것은 하나의 '초현실' 곧 그가 꿈꾸고 바라는 참되고 진정한 현실에 대한 표현이다. 〈안드레이 루블료프〉에서 루블료프가 이미 고인이 된 스승 테오파네스의 혼령과 만나는 환상도 역시 그렇다. 〈솔라리스〉에서 자신의 양심과 화해를 이룬 주인공 크리스가 무겁던 죄의식으로부터 해방되어, 급기야는 자신의 죄의식의 화신인 아내 하리와 서로 끌어안고 서서히 하늘로 떠오르는 장면 또한 마찬가지다. 〈거울〉에서는 자기중심적 여자에 대한 혐오감을 통해 비로소 자신을 버리고 떠난 남편을 이해할 수 있게 된 마루샤가 공중으로 떠오르면서 남편과 화해하는 환상이나, 이들 부부가 서로에게 전이하는 이기주의로부터 해방되었음을 알리는 마지막 장면의 환상이 역시 그렇다. 〈잠입자〉에서는 다리가 불구인 잠입자의 딸이 걸어가는 장면이 타르콥스키가 의미하는 참되고 진정한 현실에 대한 표현이다. 〈노스탤지어〉에서 타르콥스키가 구성한 '인물의 병치#置'와 '공간의 병치', 곧 이탈리아인 여성 유제니아와 고르챠코프의 아내 마리아의 병치, 이탈리아 토스카나 성당과 러시아 시골 고향 집의 병치가 또한 그렇다. 마지막 작품인 〈희생〉에서는 알렉산더가 역시 공중에 떠올라 하녀와 나누는 정사 장면이 바로 하나의 '초현실' 곧 참되고 진정한 현실에 대한 표현인 것이다.

이 모든 장면들은 단순히 개인의 상상, 꿈, 무의식, 광기 내지 초자연적 현상 등을 묘사한 것이 아니다. 그것은 이성적·논리적 현실에 대한 강한 부정에 의해 형성된 '타르콥스키적 이상세계'인 것이다.

그의 작품들을 해석하면서 차츰 밝혀지겠지만, 타르콥스키에게 있어서 '타르콥스키적 이상세계'란 "모든 이기주의적인 관계에 대한 전면적인 포기"[55] 또는 "물질세계와 물질세계의 법칙의 굴레에서 벗어[남]"[56]에 의해서만 비로소 드러나는 "세계 저편에 있는 또 다른 세계"[57]다. 그러나 이러한 세계의 현실적 구현을 — 비록 그의 작품들을 통해서지만 — 언제나 꿈꾸어 왔다는 점에서는 타르콥스키를 일종의 유토피아주의자로도 볼 수 있다.

예술 – 타르콥스키적 유토피아로 가는 길

타르콥스키를 유토피아주의자로 간주하는 일은 매우 위험하기도 하지만, 또한 그만큼 유용하기도 하다. 위험한 이유는 유토피아주의[58]

---

55 같은 책, p. 291.
56 같은 책, p. 291.
57 같은 책, p. 303.
58 유토피아(Utopia)란 어원적으로는 그리스어 'u'와 장소를 뜻하는 'topos'의 합성

의 종류가 그것을 언급한 학자들의 수만큼이나 다양하기 때문이고, 유용한 이유는 타르콥스키를 어떤 종류의 유토피아주의자로 규정할 경우 그의 작품들의 성격을 분명히 할 수 있기 때문이다.

따라서 우리가 타르콥스키를 유토피아주의자로 규정한다면, 그것은 헤르베르트 마르쿠제가 주장했던 관점에서라고 한정해야 한다. 이는 마치 앞에서 사르트르를 따라 타르콥스키를 '사회주의적 초현실주의자'로 규정할 경우, 공산주의 강령과 조직운동에는 반대하고 정신의 절대적 자유와 내면세계의 우위성을 강조하였던 브르통의 "초현실주의 제2선언"에 입각해서라고 한정할 때 가졌던 조심성과 맥을 같이한다.

하이데거의 제자이자 막스 호르크하이머Max Horkheimer, 테오도어 아도르노Theodor Adorno와 함께 프랑크푸르트학파를 이끌었던 마르쿠제는 그의 다른 동료들이 소극적 유토피아론을 펼친 데 반해, 마르크스의 초기 인간론과 프로이트의 이론을 수용하고 또한 변형하여 적극적 유토피아론을 전개하였다.[59] 바로 이 점이 사회주

어다. 'u'는 '없다'(ou)라는 뜻과 '좋다'(eu)라는 뜻을 함께 갖고 있어서 결국 유토피아란 세상에 '없는 곳'(outopia)을 뜻하지만 동시에 '좋은 곳'(eutopia)을 의미하기도 한다. 세상에 없기에 좋은 곳인지, 좋기에 세상에는 없는 것인지는 모르나 아무튼 유토피아는 토머스 모어의 말처럼 지리적·역사적으로 존재하지 않지만 (numquam; nowhere) '좋은 곳'이다. 독일 철학자 에른스트 블로흐(Ernst Bloch)는 『유토피아의 정신』(Geist der Utopie)에서 유토피아란 '아직 없는 것', 즉 아직은 실현되지 않은—그러나 언젠가는 실현될—미완성의 현실태라고 규정했다.

59 실존이란 사물의 존재와 같이 그 본질이 한 번 정해지면 더 이상 변할 수 없는 '존재양식'을 뜻하는 것이 아니라 자신의 존재를 자기 스스로 이루어 갈 수 있는 '존재 가능'이라고 해석한 하이데거에게 현존재가 그의 존재를 스스로 규정하는 기획투사(Entwurf)에 의해 그의 실존에 대해 서술될 수 있게 한 것 곧 실존의 술어가 될 수 있는 것들이 실존범주들이다. 이것을 마르쿠제는 역사를 이끄는 힘인 마르크스의 실천과 같이 보고 자신의 용어로는 '급진적 행위'라고 표현했다. 이러한 관점에서 보면 자본주의 사회에서의 노동이란—하이데거의 용어로 표현하자면 '본래적 실존방식'이 아니라 '비본래적 실존방식'으로서—인간을 소외시키는 적대적 힘이다. 그러나 그는 이후 프로이트 정신분석학을 도입하여 기존 문명

의적 초현실주의자로서의 타르콥스키와 마르쿠제가 연결되는 고리다.

유토피아는 현실 사회에 대한 불만과 비판의 산물이라는 점에서는 부정의 원리를 따르지만, 새로운 규범과 사회의 제시라는 점에서는 긍정의 원리를 내포하고 있다. 부정의 원리는 현실의 부조리를 고발하여 개혁과 진보의 바탕을 이루고, 긍정의 원리는 개혁과 진보를 이루는 힘이 된다. 이 점에서 유토피아 역시 부정을 통해 긍정에 이르는 변증법적 개념이라 할 수 있다.

타르콥스키와 마르쿠제, 두 사람은 부정의 원리와 긍정의 원리 두 가지 모두에서 유사한 길을 간다. 우선 부정의 원리로서 현실 세계에 대한 불만과 비판을 가진다는 점에서 같다.

타르콥스키는 오늘날 인류가 파멸의 위기를 맞고 있다고 판단했다. 그리고 그 주요 원인으로 '물질 숭배주의'와 '이기주의'를 들었다. 그래서 그는 특히 〈솔라리스〉 이후의 모든 작품에서 바로 이 문제를 다각적 측면에서 심도 있게 다루었다. 현대 문명에 대한 그의 위기의식은 다음과 같은 글에 나타나 있다.

> 나는, 우리들이 오늘날 또다시 문명이 파괴될 즈음에 서 있다는 것을 굳게 확신하고 있다. 왜냐하면 우리들은 역사적 과정의 정신적·영적 측면을 완전히 무시하고 있기 때문이다. 다시 말하면, 우리들의 돌이킬 수 없이 죄 많고 절망적인 물질주의가 우리 인

에 대한 고발과 함께 그로부터의 해방을 제시하고자 『에로스와 문명』(*Eros and Civilization*)을 저술하였다. "문명은 인간의 본능에 대한 영원한 억압에 기초하고 있다"라는 말이 상징하듯이 그의 이론은 문명 특히 자본주의 물질문명을 신랄하게 비판하고 성과 여성해방을 주장하였기 때문에, '68혁명'을 계기로 크게 각광받았다.

간들에게 너무도 많은 불행을 가져다주었다는 사실을 우리들은 고백하려 하지 않기 때문이다.[60]

타르콥스키가 볼 때, 현대인들의 정신세계는 날이 갈수록 메말라 가고 있으며, 순전히 물질적인 것들이 제도적으로 탄탄히 자리 잡아 우리들 삶에 근거가 되어 버렸다. 그 결과 물질적 발전이 인간에게 행복을 가져다주지 못한다는 것을 잘 알고 있음에도 불구하고 우리는 마치 무엇에 홀린 사람처럼 물질문명을 발전시키기에 혈안이 되었고,[61] 모든 인간관계 및 민족, 국가 간 관계가 이기적으로 되었다. 그리고 "물질적 발전 대신에 정신적 발전이 이루어지고 그렇게 됨으로써 다시 고상한 삶을 가능케 해 줄 마지막 남아 있는 가능성"을 상실했다.[62]

그는 『봉인된 시간』에서 이렇게 말했다.

우리 시대의 가장 슬픈 특징 중의 하나는 오늘날 평범한 보통 사람이 아름다운 것과 영원한 것에 대한 반응과 관계되는 모든 것들로부터 완전히 차단되어 있다는 사실이라고 생각된다. 소비를 목적으로 하는 현대의 대중문화-의수, 의족, 의안의 문명-는 영혼을 기형화시키며, 인간들이 자신의 존재에 관한 근본 문제에 대하여 생각하는 것을 점점 더 차단하고, 정신력을 소유하는 존재의 하나로서 자신을 인식하는 것도 점점 더 가로막는다.[63]

---

60 안드레이 타르콥스키, 『봉인된 시간』, pp. 282-283.
61 참조. 같은 책, p. 277.
62 같은 책, p. 294.
63 같은 책, pp. 52-53.

인간은 기계문명의 발전과 그 밖의 물질문명의 발전에 얽매이고, 가칭 진보라는 인류 발전에 맹목적으로 따르는 소비자로서의 삶을 영위하든지 아니면 자기 자신을 위해서뿐만이 아니라 남을 위한 것이기도 한, 고매한 정신적 책임감이 충만한 삶으로 회귀하는 선택의 기로에 놓여 있는 것이다.[64]

현대 문명에 대한 타르콥스키의 이러한 위기의식은 마르쿠제가 『일차원적 인간』One-Dimensional Man을 쓸 때 가졌던 문제의식과 크게 다르지 않다. 마르쿠제는 기술적·도구적 합리성이 지배하는 자본주의 사회에서는 오직 목적의 달성을 위한 효율성의 논리와 계산적 사고만이 중시되는데, 이러한 사고가 곧 '일차원적 사고'라고 했다. 이러한 사고를 가진 '일차원적 인간'에게는 비판의식이란 없다.

게다가 현대 자본주의 사회는 고도의 관료적 제도 및 매스컴과 같은 다양한 통제 수단을 통해 개인의 비판의식을 더욱 마비시켜, 일차원성은 더욱 심화된다. 관료적 제도는 개인을 단편적인 일에 종사하게 하여 창의성과 자율성을 억압하고, 매스컴은 광고, 유행과 같은 다양한 이미지 조작을 통해서 개인을 조종한다. 광고와 유행은 소비자로 하여금 갈망을 충동하고 선망과 질투를 불러일으킴으로써 이기적인 욕망을 즉각 실현하도록 추동한다. 만일 그렇지 못할 경우 불행하다거나 비참하다는 생각을 갖게 하여 인간을 소비물질주의의 길로 몰아가고 있다.

그 결과 개인은 사회의 주체적 구성원으로서 요구되는 비판정신 내지 사회적 책임의식을 점점 더 상실하게 된다. 또한 이러한 획

---

64 같은 책, p. 293.

일성, 무비판성은 현대인을 새로운 전체주의적·선동적 경향으로 이끌 우려가 있다. 호르크하이머와 아도르노가 비관주의에 빠진 것도 이러한 상황에서 기인한다.

하지만 마르쿠제는 프로이트의 정신분석학을 수용하고 재해석하여, 무의식 속에 내재해 있는 과거의 행복했던 기억이나 환상 또는 상상력을 통해 그가 말하는 '억압 없는 문명'non-repressive civilization[65] 곧 유토피아를 건립할 수 있다는 가능성을 보았다.

> 무의식은 완전한 만족이 획득되었던 개인의 과거의 발전단계에 대한 기억을 보존하고 있다. 그리고 그 과거는 계속해서 미래를 요구한다. 즉 과거는 문명의 성과에 기초하여 낙원이 다시 창조되어야 한다는 소망을 불러일으킨다.[66]

이 말은 마르쿠제가 '무의식적 기억'을 프로이트처럼 단순히 치료

---

[65] 『에로스와 문명』에서 마르쿠제는 프로이트를 따라, 인간은 본능적 에너지로서의 성욕 등을 포함하는 원초적 욕구인 '이드'(id)의 '쾌락의 원칙'(Pleasure Principle)을 따라 행동한다고 한다. 그러나 곧 외부 현실을 고려하고 적응하기 위해서 '현실의 원칙'(Reality Principle)의 지배를 받게 된다. 그렇다고 '이드'가 완전히 사라져버리는 것은 아니고 무의식으로 잠재하기 때문에, 인간의 정신은 쾌락의 원칙에 의해 지배되는 '무의식'과 현실의 원칙에 의해 지배되는 '자아'라는 두 가지 측면을 함께 갖고 있다. 프로이트는 이러한 현상이 개인적인 것이 아니라 인류의 역사를 통해 반복되어 생긴 것으로 본다. 그러나 마르쿠제는 현실의 원칙에 의한 이드의 억압에는 인간의 생존을 위해 요구되는 '기본 억압'(Basic Repression)과 사회적인 지배를 위해 부과되는 '과잉 억압'(Surplus Repression)이 있다고 보았다. 이러한 억압들을 내포한 현실의 원칙이 역사를 통해 지배의 형태로 나타난 것이 '수행 원칙'(Performance Principle)이다. 프로이트에 의하면 '수행 원칙'을 따르는 '과잉 억압'은 에로스를 죽음의 본능인 타나토스에 굴복시켜 결국 개인과 자연의 파멸을 가져온다. 그러나 마르쿠제는 '억압 없는 문명 사회'란 있을 수 없다는 프로이트와 달리 비억압적 문명 사회 구현을 꿈꾸었다.
[66] Herbert Marcuse, *Eros and Civilization: A Philosophical Inquiry into Freud* (1955) (Beacon Press, 1968), p. 18. 『에로스와 문명』(나남출판).

의 수단으로 생각하는 것이 아니라, 유토피아적 의식과 소망의 근원으로서 파악하고 있다는 것을 알려 준다. '무의식적 기억'의 해방은 개인의 합리성을 파괴하고 문명에 의해 억압된 유년 시절의 심상과 충동들을 떠올리게 하여 이성에 의해 거부당한 진실, 곧 초현실주의자들이 '초현실'이라 불렀던 '참되고 진정한 현실'을 찾아 준다.

그리고 이러한 진실은 시간을 초월한다. 현재의 억압에 저항하는 과거로의 방향 설정은 동시에 미래로도 향한다. 그래서 유토피아적 의식으로 연결되는 것이다. 이처럼 마르쿠제에게 있어 유토피아적 의식의 근거는 '무의식에 보존되어 있는 과거의 행복했던 기억'이다. 마르쿠제는 "진정한 유토피아는 회상recollection에 근거하고 있다"[67]라고도 했다. 회상은 창조적 힘으로서 과거의 행복과 슬픔에 대한 기억일 뿐만 아니라, '구체적 유토피아'를 실현시키려고 하는 충동이자 미래의 실천 이념으로서의 기억이다.

이미 살펴본 대로, 〈이반의 어린 시절〉에서 이반의 유년 시절에 관한 꿈들이 바로 이러한 성격을 갖고 있다. 이뿐 아니다. 우리는 앞으로 타르콥스키의 영화 특히 〈솔라리스〉[68]와 〈거울〉[69] 그리고 〈노스탤지어〉[70]를 살펴보면서, 이러한 '무의식적 기억'이 인간의 자기 정체성과 유토피아적 의식 내지 소망을 찾아 주는 것임을 매번 다시 확인하게 될 것이다.

67　Herbert Marcuse, *The Aesthetic Dimension: Toward a Critique of Marxist Aesthetics* (Beacon Press, 1978), p. 73. 『예술의 미학적 차원』(영학출판사).
68　참조. 3장 〈솔라리스〉, '양심과 시간의 구조.'
69　참조. 4장 〈거울〉, '회상이란 허무로부터 인간을 구출하기 위해서 찾아온 천상의 구원이다.'
70　참조. 6장 〈노스탤지어〉, '공간의 병치—인간과 인간의 자연적이고 유기적인 통일.'

그리고 이러한 확인 과정을 통해 마르쿠제가 뜻하는 '무의식적 기억'이 마르셀 프루스트Marcel Proust의 '무의지적involontaire 기억' 곧 '회상' 그리고 더 나아가 아우구스티누스가 언급한 '상기의 힘' Vis memoriae 내지 플라톤의 '상기'想起, anamnesis와도 연관되어 있음을 알게 될 것이다. 이것들은 각각 약간씩 다른 색깔을 갖고 있음에도 불구하고, 모두가 한결같이 각자의 잃어버린 '행복했던 낙원에 대한 기억'과 '유토피아에 대한 소망'을 찾아 준다는 점에서 동일하다.

*

그런데 마르쿠제는 이러한 '행복했던 낙원에 대한 기억'을 '유토피아에 대한 소망'으로 고양시키는 데는 미학적 상상력과 환상의 역할이 크다는 것을 강조하였다.

이성적 현실과 현재의 현실 사이의 커다란 간격은 개념적 사유에 의해서 메워질 수 없다. 현재 안에 아직 현재가 아닌 것을 목표로 삼기 위해서는 환상phantasy이 요구된다. 환상과 철학의 본질적 연관은 철학자, 특히 아리스토텔레스와 칸트에 의해서 '상상력'imagination이라는 이름으로 환상에 부여된 기능에서 분명히 나타난다. 현존하는 것을 초월함으로써 상상력은 미래를 선취할 수 있다.[71]

이 때문에 마르쿠제는 유토피아적 의식을 고양시키는 영역이 바로 예술이라고 보고, 환상과 상상력을 유토피아의 원천이라고 간주했다. 환상과 상상력은 무의식의 가장 깊은 층과 의식의 가장 높

---

[71] Herbert Marcuse, *Negations: Essays in Critical Theory*, trans. J. J. Shapiro (Beacon Press, 1968), p. 154. 『일차원적 인간』(육문사 외).

은 생산물인 예술을 연결시키며 꿈과 현실을 연결시킨다.⁷² 그런데 이것은 시적 언어로 표현되는 '예언자적 상상력'만이 "이 나라와 저 나라가 다시는 칼을 들고 서로 치지 아니하며 다시는 전쟁을 연습하지 아니하리라"(이사야 2:4)라는 하나님 나라의 진리를 전할 수 있다는 브루그만의 생각과도 다르지 않다고 할 수 있다.

마르쿠제는 실증주의와 기술적·도구적 합리성이 지배함으로써 개인의 비판정신 내지 사회적 책임의식이 상실된 '일차원적' 자본주의 사회에서는, 예술만이 기존 사회를 비판하면서 기존의 질서와는 다른 사회의 모습을 드러낼 수 있기에 정치적·해방적 힘을 가질 수 있다고 파악했다. 예술은 불가피하게 현존하는 것의 일부분이면서도 언제나 현존하는 것에 대항한다.⁷³ 예술의 이러한 자체 모순성과 사회에 대한 자율성이 마르쿠제가 말하는 예술의 '미적 형식'이다. 기존 질서에 반대하고 저항하는 미적 형식에 의해서 "예술은 정치적인 내용이 없이 정치적인 것"⁷⁴이 될 수 있으며, 궁극적으로 '억압 없는 문명' 곧 유토피아가 이루어지리라는 것이 마르쿠제의 전망이다.

이러한 관점에서 그는 소위 '사회주의적 리얼리즘'으로 대표되는 마르크스주의 미학에도 비판적이다. 마르크스주의 미학은 예술작품이 역사적·혁명적 발전에 발맞추어 근로인민을 사회주의 목표에 맞도록 개조하려는 목적과 내용을 추구하기 때문이다.⁷⁵ 마르쿠제가 보기에 예술작품의 사회적·정치적 잠재력은 오히려 행복했

---

72 참조. Herbert Marcuse, *Eros and Civilization*, pp. 140-141.
73 참조. Herbert Marcuse, *The Aesthetic Dimension*, pp. 40-41.
74 Herbert Marcuse, *Counterrevolution and Revolt* (Beacon Press, 1972), p. 118. 『반혁명과 반역』(풀빛).
75 참조. Herbert Marcuse, *The Aesthetic Dimension*, pp. 1-2.

던 과거에 대한 '무의식적 기억'과 미학적 상상력에 근거한 예술의 허구성 자체 속에 즉 기존 질서에 저항하는 미적 형식 속에 있다. 바로 이 허구성과 자율성이 기존 사회 질서에 대한 비판적·해방적 힘을 부여한다는 것이다.

마르쿠제의 이러한 관점과 주장은 '사회주의적 리얼리즘'에 부합하는 논리적·개념적 장면 연결을 주로 사용하는 예이젠시테인의 몽타주 기법을 비판하며 시적·정서적 장면 연결을 주장했던 타르콥스키의 입장과 동일하다.[76] 마찬가지로 그것은 기존의 현실을 부수고 새로운 가능성을 환기시키는 예언자가 시인이어야 한다는 브루그만의 주장과도 맥을 같이한다고 볼 수 있다. 마르쿠제는 다음과 같이 주장했다.

> 무슨 이유로 어떤 예술가는 이 사회가 지향하는 안정성을 파괴하려 하는가?…예술가는 이상을 추구한다는 이름하에 사회의 안정성을 파괴하려 시도한다. 사회는 안정을 추구하고 예술가는 그에 반해 영원함을 추구한다. 예술가는 절대적인 진리에 매달리며, 그 때문에 예술가 역시 전향적으로 미래를 직시하고 보통 사람들보다 훨씬 먼저 무엇인가에 주목하게 된다.[77]

또한 타르콥스키는 같은 관점에서 자신의 작품이 소련에서

---

[76] 타르콥스키는 다음과 같이 말했다. "예를 들면 나는 세르게이 예이젠시테인의 지적 작업방식, 숏 속에 암호식으로 표현하는 작업방식에 원칙적으로 동의하지 않는다. 관객들에게 자신의 체험을 전달하는 데 있어서 나의 방식은 예이젠시테인의 방식과 근본적으로 다르다.…그의 몽타주 수법은 문학이나 철학과는 달리 영화 특유의 수용방법을 근거로 하여 영화가 관객에게 제공할 수 있는 가장 큰 특권을 관객에게서 빼앗아 가 버린다.…예이젠시테인의 생각은 전제주의적이다"(안드레이 타르콥스키, 『봉인된 시간』, p. 235).
[77] 같은 책, pp. 242-243.

"민중의 가장 본질적 관심사를 외면하고 있다"라든지 "현실과 거리가 멀다"라고 비난받았던 것을 이해할 수 없다고 주장했던 것이다.[78]

타르콥스키가 말하는 "세계 저편에 있는 또 다른 세계"에 대한 이론과 마르쿠제의 유토피아에 대한 이론의 공통점은 무엇보다도 유토피아적 미래를 기대하는 역할을 담당하는 것이 사회제도 변혁이나 정치적 조직운동이 아니라 예술이라는 데 있다.

서문에서 살펴본 바와 같이, 타르콥스키는 인류의 이상은 사상가들에 의해서도, 혁명가들에 의해서도, 심지어는 교회에 의해서마저도 성공적으로 성취되지 못한다고 보았다. 그는 예술가만이 진정한 예술 곧 "이상을 향한 동경으로서의 예술"로써 이 일을 이룰 수 있으리라고 믿었다.

> 예술은 인간이 할 수 있는 최선, 그러니까 희망, 믿음, 사랑, 아름다움, 기도 또는 인간이 꿈꾸고 바라는 것들을 강화시킨다. 헤엄을 칠 줄 모르는 사람이 물에 빠지면, 그러니까 그 자신이 아니라 그의 육체가 살아나기 위한 본능적 움직임을 시작한다. 예술역시 이처럼 물에 빠진 인간의 육체가 하는 것과 비슷한 일을 수행한다. 예술은 정신적 의미에서 인류를 익사시키지 않으려는 본능으로서 존재한다. 인류의 정신적 본능은 예술가에게서 확인되는 것이다.[79]

타르콥스키에게 있어서, 예술은 예술을 넘어, 정치를 넘어, 종교를 넘어 "인류를 위한 구원의 마지막 가능성"[80]인 것이다.

78　같은 책, pp. 212-213.
79　같은 책, p. 282.
80　같은 책, p. 307.

역사적 유물론의 관점에서 접근했던 마르크스는 경제적 토대에서 행한 사회적 생산관계에 대한 분석을 통해, 프롤레타리아의 의식에서 유토피아적 변혁 가능성을 찾았다. 하지만 마르쿠제와 타르콥스키는 과거의 행복했던 기억이나 미학적 상상력에 의한 환상이 바탕이 된 예술에서 그것을 찾았던 것이다.

위대한 질문

전쟁이라는 가혹한 현실 속에서 이상향을 동경했던 소년 이반은 죽었다. 그리고 마지막 꿈에서 마침내 그는 "세계 저편에 있는 또 다른 세계"에 있다. 그곳에서 다시 어머니를 만나고, 헤어졌던 여러 아이들과 함께 뛰어놀고, 사과가 실린 차 위에 함께 앉아 있던 소녀를 만나 마냥 웃으며 힘껏 강변을 달린다. 하지만 이상하게도 소녀를 뒤쫓던 이반은 그 소녀를 붙잡지 않고 그냥 지나쳐 어디론지 질주한다. 그러고는 이내 한 그루 죽은 나무를 붙잡는다.

    왜일까? 무엇 때문에 그는 소녀를 붙잡지 못하고 한갓 죽은 고목을 잡을 수밖에 없었을까? 혹시 소녀와 이반은 달려가 나무에 먼저 손을 대는 사람이 이기는 게임이라도 했던 것일까? 아니면 이상 세계를 향한 이반의 꿈이 결국 부질없었다는 뜻인가? 더 나아가 모든 이상을 향한 인간의 동경이란 단지 헛되다는 뜻인가? 그렇다면 타르콥스키가 말하고자 하는 것은 결국 허무주의였던가? 그래서 이반을 아무 보람 없이 죽게 했는가? 그래서 꿈에서마저 그는 죽은 고목만을 붙잡을 수밖에 없는가? 진정 그런 것인가? 아니라면, 만일 그게 아니라면 절망과 허무주의를 극복하고 유토피아를 이룰 수 있는 그 어떤 방법이 그의 작품 안에 있는가?

이러한 질문들에 대한 타르콥스키의 대답은 영화 〈이반의 어린 시절〉 안에는 없다. 따라서 어떻게 해석해도 그만이다. 하지만 한 가지 분명한 것은, 타르콥스키는 이러한 질문들에 대한 대답을 결코 회피하지 않았다는 것이다. 그 대답은 일단 그의 다음 작품인 〈안드레이 루블료프〉로 미루어졌다. 그리고 마침내는 그의 마지막 작품인 〈희생〉에까지 이어졌다. 〈안드레이 루블료프〉에서 루블료프가, 〈솔라리스〉에서 크리스가, 〈거울〉에서 마루샤가, 〈잠입자〉에서 잠입자가, 〈노스탤지어〉에서 고르챠코프가, 〈희생〉에서는 알렉산더가 각각 어떻게 자신들과 그들이 속한 세계의 절망을 극복해 나가는가를, 이제 보라!

타르콥스키는 〈이반의 어린 시절〉의 마지막에서 스스로 던진 질문을 평생 가슴에 새겼고, 이후 24년 동안 오직 그 질문에 대해서 답변했다. 즉 타르콥스키는 그의 나머지 작품들을 통해 현실세계의 절망을 극복하고 "인간이 할 수 있는 최선, 그러니까 희망, 믿음, 사랑, 아름다움, 기도 또는 인간이 꿈꾸고 바라는 것들을 강화"[81]시키는 일들을 자신이 던진 질문에 대한 답변으로 차례차례 해 나갔다.

그럼으로써 영화 〈이반의 어린 시절〉은 결국 하나의 '위대한 질문'이 되었다.

"진정한 유토피아는 회상recollection에 근거하고 있다."
— 헤르베르트 마르쿠제

---

81 같은 책, p. 282.

세르게이 예이젠시타인
Sergei Eisenstein, 1898-1948

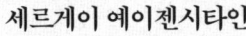

예이젠시타인은 건축가인 아버지를 따라 건축을 전공한 후 러시아 혁명 시기 적군赤軍에 참전해, 선전반의 미술을 담당했다. 혁명 후에는 무대 연출가가 되었다가 1923년 영화에 뛰어들었고, 1925년 최초의 작품 〈파업〉을 발표했다. 1926년 나온 〈전함 포템킨〉은 뛰어난 몽타주 기법과 혁명적 내용으로 러시아의 새로운 영화 예술을 제시함으로써 불후의 명작이 되었다.

그는 탁월한 초기 영화 이론가 가운데 하나이기도 하다. 그는 이미지의 "연결"이 장면이나 순간을 설명하는 것 이상으로 사용될 수 있다고 믿었다. 두 개의 독립적인 숏을 병치하여 콜라주 요소를 영화에 도입함으로써 아이디어가 도출되어야 한다고 생각했다. 숏의 "충돌"이 관객의 감정을 조작하고 영화의 은유를 만드는 데 사용될 수 있다고 믿었던 것이다. 그는 이것을 "몽타주 기법"이라고 불렀다.

타르콥스키와 마찬가지로 단 일곱 편의 영화만을 남겼고 50세라는 짧은 나이로 세상을 떴지만, 예이젠시타인은 러시아에서 레오나르도 다빈치 이래 가장 르네상스적인 지식인으로 불린다. 그는 영화뿐 아니라 연극, 회화, 심리학, 문학 등에 두루 통달했으며 '몽타주 이론'이라는 고전영화 이론의 창시자 가운데 하나다. 그는 〈파업〉, 〈전함 포템킨〉으로 삽시간에 인민 감독으로 떠올랐고, 그가 여기에서 보인 몽타주 기법은 러시아 영화의 지배적 양식이 되었다.

그에 걸맞은 영예도 주어졌다. 예이젠시타인은 1935년에 러시아 소비에트 연방 사회주의 공화국RSFSR의 명예 예술가로 선정되었고, 1939년에 영화 〈알렉산더 네프스키〉로 레닌 훈장을 받았으며, 1941년에는 다시 영화 〈알렉산더 네프스키〉로, 1946년에는 시리즈 〈이반 3부작〉의 첫 번째 영화 〈끔찍한 이반〉으로 두 개의 스탈린상을 받았고, 이후 명예 훈장도 받았다.

장 폴 사르트르
Jean Paul Sartre, 1905-1980

사르트르는 해군 장교였던 장 폴 바티스트 사르트르와 안네 마리 슈바이처 사이에서 태어났다. 그의 어머니의 삼촌이 노벨상을 받은 알베르트 슈바이처 박사다. 그는 에콜 노르마르 고등사범학교에서 공부했고, 최우수 학생으로 졸업한 후 철학 교수 자격을 획득했다. 이후 로운과 르아브르에 있는 고등학교에서 교사로 일했고, 1934년 정부 장학금으로 베를린 대학교에 유학하여 에드문트 후설과 마르틴 하이데거 철학의 영향을 받았다.

귀국 후 콩도르세 고등학교 등에서 철학 교사를 하면서, 1938년에 실존주의 소설 『구토』를, 1943년에는 대표작인 철학서 『존재와 무』를 출간했다. 1944년 저술 활동에 전념하기 위해 사직하고, 알베르 카뮈 등과 함께 지하운동 신문인 「투쟁」을 위해 일했고, 1946년 미국으로 건너가 하버드, 컬럼비아, 예일, 프린스턴 대학교 등에서 강의했다.

사르트르는 공산주의자는 아니었지만 마르크스주의에 동감했고, 행동적 지식인이었던 그는 미국에 대항하여 쿠바와 베트남을 지지했다. 소련의 공산주의에도 날카로운 비판을 가했는데, 『유물론과 혁명』, 『변증법적 이성비판』은 이런 맥락에서 쓰였다. 사르트르는 철학, 정치, 비평, 소설, 희곡 등에 걸쳐 폭넓은 저술 활동을 했는데, 프랑스의 인명사전은 사르트르를 철학자가 아니라 문학가로 분류하고 있다.

철학에서든 문학에서든 사르트르의 관심사는 '실존'existence이었다. 그가 말하는 실존이 무엇인지는 그의 첫 소설인 『구토』에서부터 잘 나타난다.

자신의 일상적 삶의 무의미성과 부조리성에 놀라 현기증을 느끼고 구토하던 주인공 로캉탱은 "무슨 방법으로 우연과 부조리라는 실존의 원죄를 씻을 수 있단 말인가"라고 한탄한다. 그리고 마치 삶을 하직하듯 자신이 살던 도시를 떠나려 한다. 그때, 어느 카페에서 "머지않아 어느 날, 당신은 나를 그리워하리!"라고 흘러나오는 재즈 음악을 듣는다. 순간 그는 덧없이 사라져 가는 '음향' 뒤에, '음악'은 언제나 여일하게 남아 있다는 사실을 깨닫는다. 그리고 하나의 현재에서 다른 현재로 부단히 추락하는 삶의 우연성과 부조리 뒤에, '실존'은 언제나 젊고 생생한 가능성으로 여일하게 남아 있음을 함께 깨닫는다.

로캉탱은 이윽고 음향이 죽어 있던 레코드에서 음악이 되살아나듯이, 무의미한 삶에서도 '실존'이 의미를 되살릴 수 있다는 것을 알게 된다. 그리고 그 방법까지 깨닫는다. 즉 레코드가 전축 위에서 작동함으로써 음악이 살아나듯, '행위함'의 힘을 빌린다면 삶의 의미도 드러나게 할 수 있다는 것을 알아차린 것이다. 생각이 여기에 미치자 그는 자신이 전혀 기대하지 못했던 일종의 희열을 느낀다.

삶의 무의미성과 부조리성에 절망하는 일상적 인간에게 사르트르가 내린 처방은 '행위함' 곧 앙가주망engagement이다. 프랑스어 앙가주망은 본래 '구속' '계약' 등을 뜻하는 말이지만, 사르트르에게 그것은 자신의 선택에 적극적으로 참여하는 행위를 의미한다. 의식하는 존재인 인간은 '스스로의 선택에 의해서' 과거를 뛰어넘어 자기 자신을 부정하고 아직 존재하지 않은 존재로 자신을 만들어 가야만 한다. 이러한 의미에서 실존은 적극적인 '자기 해방'인 동시에 자발적인 '자기 구속'인 것이다.

사르트르는 또한 1944년에 초연된 그의 희곡 『닫힌 방』에서 지옥을 서로가 서로에게 영원한 제3자이자, 서로를 지켜보는 시선視線이어서, 서로를 판단만 할 뿐 사랑할 수 없는 타인으로 묘사하기도 했다.

이것이 지옥이지. 전에는 전혀 생각을 하지 못했어. 당신들도 기억하겠지. 유황, 장작더미, 쇠꼬챙이. 아! 다 쓸데없는 얘기야. 쇠꼬챙이 같은 것은 필요 없어. 지옥, 그것은 타인들이야.

1945년에는 레종 도뇌에르 훈장을 거절했고, 1964년에는 노벨상을 사양했다. 그의 주요 저서로는 철학 서적인 『존재와 무』*L'être et le néant*, 1943, 『변증법적 이성에 대한 비판』*Critique de la raison dialectique*, 1960, 소설인 『구토』*La nausée*, 1938, 『자유의 길』*Les chemins de la liberté*, 1945-1949, 희곡인 『파리 떼』*Les mouches*, 1943, 『닫힌 방』*Huis clos*, 1944, 『더러운 손』*Les mains sales*, 1948 등이 있다.

앙드레 브르통
André Breton, 1896-1966

프랑스의 시인이자 초현실주의 작가인 브르통은 파리에서 의학을 공부하면서 상징파에 속하는 신인으로 시를 발표했는데, 당시 프랑스의 상징주의를 대표하는 시인인 폴 발레리의 호평을 받았다. 1916년 처음으로 랭보의 시를 읽고 새로운 문학과 예술의 가능성에 눈을 뜨기 시작하여, 1919년에는 초현실주의 시인이자 소설가인 루이 아라공, 문학인이자 언론인이기도 했던 필리프 수포와 함께 「문학」이라는 잡지를 창간했다.

브르통은 특히 수포와 더불어 '자동기록'에 의한 언어해방이라는 실험을 시행하여, 1920년에 시집 『자장』 Les Champs magnétiques 을 출간했는데, 이것이 초현실주의의 시발이 되었다. 한때 다다이즘 운동에도 참가했지만 곧 이탈하고, 1924년에 「초현실주의 선-녹아 버리는 물고기」를 간행하여 초현실주의 운동을 본격적으로 시작했다.

1927년에는 공산당에도 입당했지만 곧 탈퇴하고, 1928년에는 『나자』 Nadja, 『초현실주의와 회화』 Le Surréalisme et la peinture 등을 출간하며 문학과 예술뿐만 아니라 인생의 여러 문제에 '초현실'의 이념을 구현하려 했다. 1929년 "초현실주의 제2선언"을 발표하고 이 운동을 새로운 방향으로 이끌었으며, 1930년에는 트로츠키와 협조를 추진하였고, 시집 『백발의 권총』 Le Revolver à cheveux blancs, 1932, 산문집 『통저기』 Les Vases communicants, 1932, 『광적 사랑』 L'Amour fou, 1937 등을 발표했다.

제2차 세계대전 중 미국으로 망명했다가 1944년 산문 『비법 17』 Arcane 17, 1947년 장편 시 『샤를 푸리에에 대한 오드』 Ode à Charles Fourier 등을 발표하고, 귀국하여 70세에 파리에서 세상을 떠났다. 그는 체계적 사상가는 아니었지만, 문학, 심리학, 민속학, 물리학, 주술적 은비학隱秘學 등을 아울러 이성 중심 합리주의적 제약을 초월한 인생관과 세계관을 구축하려 노력했다.

지크문트 프로이트
Sigmund Freud, 1856-1939

오스트리아 프라이베르크(현재 체코의 프로시보르)에서 태어나 빈 대학교에서 의학을 전공한 프로이트는 1885년 파리 사르베토리에르 정신병원의 샤르코 교수 밑에서 일하며 최면술로 히스테리 환자의 경련과 마비를 조정할 수 있다는 것을 알았다. 1886년부터 빈에 정신병원을 연 후 많은 임상실험을 통해 인간의 마음에 본인이 의식하지 못하는 무의식이 존재한다는 가정하에 최면술 대신 자유연상법을 임상 치료에 적용하였고, 이 치료법을 '정신분석'이라 이름 붙임으로써 정신분석학이라는 새로운 분야의 문을 열었다.

1900년 이후에는 꿈, 착각, 해학과 같은 정상 심리에도 연구를 확대하여 심층심리학을 확립하였고, 1905년에는 소아성욕론을 주장하였다. 그 결과 1908년에는 제1회 국제 정신분석학회가 열렸고, 1920년에는 모교인 빈 대학교의 교수가 되었다. 이후 프로이트는 자신의 이론 체계 정립에 주력하여 인격을 이드$_{id}$, 자아$_{ego}$, 초자아$_{superego}$ 셋으로 나누고, 부모의 금지나 사회적 도덕에 의해 형성되는 초자아가 성욕 또는 성적 충동인 리비도를 억압함으로써 잠재의식이 생긴다고 주장하였다. 꿈은 이러한 잠재의식의 발산이며, 예술, 종교 등 문화 활동도 역시 이것이 치환되어 나타나는 것이라고 주장하였다.

주요 저서로는 『히스테리 연구』Studien über Hysterie, 1895, 『꿈의 해석』Die Traumdeutung, 1899, 『일상생활의 정신병리』Zur Psychopathologie des Alltagslebens, 1904, 『성 이론에 관한 세 가지 평론』Drei Abhandlungen zur Sexualtheorie, 1905, 『토템과 터부』Totem und Tabu, 1913, 『정신분석학 입문』Einführung in die Psychoanalyse, 1916-1917, 『쾌락 원리를 넘어서』Jenseits des Lustprinzips, 1920, 『자아와 이드』Das Ich und das Es, 1923 등이 있다.

루이스 부뉴엘
Luis Buñuel Portolés, 1900-1983

앨프리드 히치콕 감독도 그의 생전에 "세계에서 가장 뛰어난 감독"이라고 칭송했다는 거장이자, 마르크스주의자, 프로이트주의자, 초현실주의자, 무정부주의자, 물신숭배자로 불리는 부뉴엘은 스페인이 낳은 초현실주의 영화의 창시자이자 풍자 영화의 대가다.

25세 때 파리로 가서, 당시 프랑스의 유명한 감독이던 장 엡스탱 밑에서 조감독으로 일하다가, 1928년에 친구이자 초현실주의 화가인 살바도르 달리와 어머니가 보내 준 돈으로 데뷔작인 〈안달루시아의 개〉를 찍었다. 그 후 한동안 내전과 파시즘 정권의 집권 등으로 혼란했던 스페인을 떠나 1946년 멕시코로 이주해서, 1964년까지 〈잊혀진 사람들〉, 〈이상한 정열〉, 〈나자린〉, 〈절멸의 천사〉 등 20여 편의 저예산 상업 영화를 만들었다.

그러나 그의 영화는 일관성 있게 가톨릭교회와 부르주아, 파시즘을 비꼬고 공격하는 성향을 유지했는데, 특히 1961년에 스페인 정부의 초청으로 만든 〈비리디아나〉는 갓 수녀가 된 비리디아나의 타락을 통해 교회가 인간의 영혼을 어떻게 망치는가를 맹렬히 공격하여, 스페인 정부는 상영금지 조치를 내렸지만, 칸 국제영화제는 '황금종려상'을 수여했다.

보통 은퇴할 나이인 60세를 훌쩍 넘겨 1964년 〈하녀의 일기〉부터 프랑스 자본으로 영화를 만들기 시작하여, 〈세브린느〉, 〈은하수〉, 〈트리스타나〉, 〈부르주아의 은밀한 매력〉, 〈자유의 환영〉, 〈욕망의 모호한 대상〉 등 오히려 걸작들을 쏟아 낸 부뉴엘은 '앞으로 영화사가 또 100년이 흘러도 나오기 힘든 대가'라는 평을 받았다.

헤르베르트 마르쿠제
Herbert Marcuse, 1898-1979

프랑크푸르트학파를 대표하는 사상가 가운데 한 사람인 마르쿠제는 1898년에 베를린에서 태어났다. 베를린 대학교에서 철학과 사회학을 연구하고, 한때 프라이부르크 대학교에서 하이데거의 조교를 했으며, 1927년에 『헤겔의 존재론과 역사이론』이라는 논문으로 박사 학위를 받았다. 초기에는 마르틴 하이데거의 '실존범주'Existenzial와 카를 마르크스의 '실천'Praxis 개념과 유사한 '급진적 행위'die radikale Tat라는 개념으로 현실 문제에 접근하여 인간 현존과 현실 문제를 해석하고자 했다.

하이데거에 따르면, 실존Existenz이란 사물의 존재와 같이 그 본질이 한 번 정해지면 더 이상 변할 수 없는 '존재양식'을 뜻하는 것이 아니라 자신의 존재를 자기 스스로 이루어 갈 수 있는 현존재Da-sein의 '존재 가능성'이다. 그리고 현존재가 그의 존재를 스스로 규정하는 기획투사Entwurf에 의해 그의 실존에 대해 서술될 수 있게 한 것, 곧 실존의 술어가 될 수 있는 것들이 실존범주들 Existenzialien이다. 이것을 마르쿠제는 역사를 이끄는 힘인 마르크스의 '실천'과 같이 보고 자신의 용어로는 '급진적 행위'die radikale Tat라고 표현했다.

이러한 관점에서 보면 자본주의 사회에서의 노동이란 – 하이데거의 용어로 표현하자면 – '본래적 실존방식'이 아니라 '비본래적 실존방식'으로서 인간을 소외시키는 적대적 힘이다. 마르쿠제는 이 같은 내용의 신좌파 사상의 핵심 이론을 제공하여 '신좌파의 아버지'라 불리며 아도르노, 호르크하이머와 같이 프랑크푸르트학파에서 활동했다.

1934년에 나치의 박해를 피해 미국으로 망명하면서 마르쿠제는 프로이트 정신분석학을 도입하여 인간의 본능을 억압하는 기존 문명에 대한 고발과 함께 그로부터의 해방을 제시하고자 했다. 그 결과물이 『에로스와 문명』인데, 1955년에 출간한 이 책을 그는 4년 전 암으로 죽은 첫 번째 아내 소피 베르트하임에게 헌정했다. "문명은 인간의 본능에 대한 영원한 억압에 기초하고 있다"라는 그의 말이 상징하듯이, 그의 이론은 문명 특히 자본주의 물질문명을 신랄하게 비판하고 성과 여성해방을 주장하였다.

1964년에는 『일차원적 인간』을 출간하고, 캘리포니아 대학교의 정치학 교수가 되었다. 그러나 신우파의 강력한 반발로 인해 1965년에 베를린 자유대학교로 교수직을 옮겼다. 3년 후 68혁명이 벌어지자, 마르쿠제는 아도르노의 『부정 변증법』이 대변하는 기존의 비판 정신과 강단을 지키려는 프랑크푸르트학파를 비판하면서 갈라져 나왔다.

마르쿠제는 프로이트 이론의 수용과 변형을 통해, 긍정적 유토피아 이론을 전개했다. 그는 비판 이론은 단순한 비판이나 부정에만 그쳐서는 안 되며 현실 초월적인 이상적 목표를 제시해야 한다고 주장했다. 즉 유토피아의 제시는 정치적 이론과 실천을 위해서라도 꼭 필요하다는 것이다. 그래서 그는 사회주의 운동 노선을 적극적으로 지지하고 68혁명의 정신적 지주가 되었다.

유토피아에 관한 마르쿠제의 이 같은 주장은 프랑크푸르트학파 3세대 사회철학자로 불리는 악셀 호네트가 구상한 '사회주의 재발명', 미국의 인류학자이자 무정부주의 운동가인 데이비드 그레이버가 주장한 '예시적 정치' prefigurative politics로 이어졌다고 볼 수 있다. 그들이 급진적 정치의 목표인 유토피아는 혁명 이후가 아니라 혁명적 실천 과정에서부터 미리 보여져야 prefigure 한다고 주장했다는 점에서 그렇다.

68혁명과 함께 마르쿠제는 갑자기 록스타와 같은 환호를 받는 유명인사가 되었는데, 파리의 학생운동에서 수많은 학생들이 이른바 "3M", 곧 "Marx, Mao, Marcuse"라는 구호가 적힌 팻말을 들고 거리를 뛰어다닐 정도였다. 그는 1979년 7월 29일에 프랑크푸르트학파 2세대 이론가인 위르겐 하버마스의 초청으로 막스 플랑크 과학기술계 연구소로 가던 중, 뇌졸중으로 세상을 떠났다. 주요 저서로는 『이성과 혁명』 Reason and Revolution, 1941, 『에로스와 문명』 Eros and Civilization, 1955, 『소비에트 마르크스주의』 Soviet Marxism, 1958, 『일차원적 인간』 One-Dimensional Man, 1964 등이 있다.

Андрей Рублёв

안드레이 루블료프

믿음이란 무엇인가

하르트만의 '신념'에서 키르케고르의 '믿음'으로

니콜라이 하르트만은
"충분한 근거, 또는 객관적인 확실성을 가진
눈뜬 믿음은 진정한 믿음이 아니다.
거기에는 자기 인격의 모험이 없다.
'보지 않고도 믿는다.'
이것이 바로 문제의 관건이다"라고 했다.
같은 말을 쇠렌 키르케고르는
"부조리의 힘으로 믿었다"라고 했다.
우리는 15세기 러시아 성화상 화가인
안드레이 루블료프의 생애를 다룬 이 작품에서
인간에게 신념이 무엇이고 믿음이 무엇이며,
또 그것이 무엇을 할 수 있는가를 본다.

각본	안드레이 타르콥스키, 안드레이 콘찰롭스키
주연	아나톨리 솔로니친, 이반 라피코프, 니콜라이 그린코
제작	모스필름 스튜디오(러시아, 1966), 흑백/부분 컬러
상영시간	185분
수상	1969년 칸 국제영화제 'FIPRESCI상', '최우수 해외영화 필트르상', 1973년 헬싱키 국제영화제 '최우수작품상', 1973년 이탈리아 아솔로 예술영화제 '대상', 1973년 베오그라드 국제영화제 '최고작품상' 등

추락과 파국으로 곤두박질치는 서막

타르콥스키는 1970년 9월 1일자 그의 일기에 "〈루블료프〉를 솔제니친에게 보여 주고 싶다. 쇼스타코비치에게 한번 이야기해 보는 것이 어떨까?"라고 쓰고 있다. 그는 솔제니친에게 〈루블료프〉를 보여 줄 수 있었을까? 타르콥스키는 〈루블료프〉를 통해 솔제니친에게 과연 무엇을 보여 주고 싶었던 것일까?

*

영화 〈안드레이 루블료프〉Andrei Rublev는 먼저 추락과 파국에서 시작한다. 한 사나이가 쪽배를 서둘러 저어 강을 건너와서 피륙으로 짜 만든 기구氣球를 조립하여 그것을 타고 하늘로 오른다. 그리고 그는 끝없는 벌판과 그곳을 가로질러 반짝이며 굽이쳐 흐르는 강물들, 그 위를 지나는 작은 배들, 돌로 지은 성당, 작지만 아름다운 그 땅의 마을들을 굽어보고, 뛰노는 말과 바람의 자유, 해탈, 행복을 맛본다. 그러나 그것도 잠시, 강을 건넌 기구가 강기슭에 처박히며 모든 것이 끝난다.

18세기까지는 기구가 아직 발명되지 않았었다.[2] 그럼에도 불구하고 타르콥스키는 15세기 러시아 성화상聖畵像, Icon 화가인 안드레이 루블료프Andrei Rublev, 1370?-1430의 생애를 다루는 영화의 서막

---

1 안드레이 타르콥스키, 『타르코프스키의 순교일기』, 김창우 옮김(두레, 1997), p. 32. 명시되어 있지는 않지만, 솔제니친은 1970년에 노벨문학상을 받은 소설가 알렉산드르 솔제니친(Aleksandr Solzhenitsyn), 쇼스타코비치는 작곡가 드미트리 쇼스타코비치(Dmitrii Shostakovich)로 추정된다.

2 최초의 기구는 1783년 프랑스의 몽골피에(Montgolfier) 형제가 만들어 6월 5일 무인으로 고도 2,000미터까지 올려 약 2.4킬로미터를 날게 한 것이며, 유인 기구로는 같은 해 11월 21일, 장 프랑수아 드 로지에(Jean-François de Rozier)와 달랑드(d'Arlandes) 후작이 몽골피에 형제의 기구를 타고 25분간 약 8킬로미터를 비행한 것이 최초다.

을 이렇게 터무니없이 시작한다. 왜일까? 무엇 때문에 그는 역사적 상식을 깨뜨린 것일까? 도대체 그는 당시에는 있지도 않았던 기구를 통해 무엇을 보여 주려는 것일까? 그리고 하늘에서 땅으로, 자유, 해탈, 행복에서 그 모든 것이 파국으로 곤두박질치는 서막을 통해 무엇을 표현하고 싶었을까? 대부분 어두운 흑백 영상으로 2시간 54분이나 계속되는 이 영화를 이해하기 위해, 우리는 먼저 이것을 알아야 한다.

알고 보면, 그것은 실낙원에서의 추방과 파국! 그리고 그 사건 이후 다시 낙원으로 돌아가려는 인간의 꿈들과 더불어 일어난, 알려지지 않거나 잊혀진 수많은 인간적 파국과 절망을 타르콥스키가 이렇게 극화했던 것이다. 그리고 이것이 이 영화의 전체─특히 전반부─를 지배하는 은유metaphor다. 이 은유를 놓치면 영화 〈안드레이 루블료프〉는 통일성 없는 잡다한 에피소드들의 모음으로 그저 지루하고 혼란하게 보일 뿐이다.

원래 시나리오에는 한 남자가 기구를 타고 하늘로 올라간 것이 아니고 날개를 달고 날다가 추락한 것으로 되어 있었다고 한다. 그런데 타르콥스키는 그것을 기구로 수정했다. 그가 날개를 달고 하늘로 올라가도록 할 경우, 자신의 의도와는 달리 하늘을 날아 보고 싶은 "이카로스 콤플렉스"[3]적 요소가 도입될 수 있기 때문에,

---

[3] 그리스 신화에 나오는 뛰어난 장인(匠人) 다이달로스는 미노스왕을 위해 미로를 만들었다. 그것은 수없이 구불거리는 복도와 굴곡을 가진 건물로서 서로 통하지만 시작도 끝도 없는 것 같아서, 마치 마이안드로스강이 바다로 가는 도중에 굴곡하여, 때로는 앞으로 흐르다가 때로는 뒤로 역류하는 것 같았다고 한다. 이 때문에 영웅 테세우스도 아리아드네의 실을 힘입어서야 그곳에서 빠져나올 수 있었다. 그러나 훗날 다이달로스가 왕의 총애를 잃어 탑에 갇히게 되었을 때, 그는 아들 이카로스와 함께 새털들을 밀랍으로 붙여 날개를 만들어 그곳에서 탈출한다. 탈출하기 전에 그는 아들에게 "너무 낮게 날면 습기로 날개가 무거워질 것이고, 너무 높이 날면 태양열이 날개를 녹여 버릴 테니까 내 곁으로만 따라오면 안전할 것이

"별로 눈에 띄지 않는" 기구로 대치함으로써 그것에서 벗어나려 했다는 것이다.[4] 그가 표현하고 싶었던 것은 더 높은 곳으로 오르고 싶은 인간의 야망과 오만이 아니라 오직 추락과 파국이었다. "그의 추락, 땅 위의 박살, 그리고 죽음, 이것이 구체적인 사건이다. 하나의 인간적인 파국이다."[5] 여기에 그 어떤 다른 조그만 의미라도 끼어들어 그것을 희석시키면 안 되었다! 바로 이것이 그가 역사적 사실을 어기면서까지 날개 대신 기구를 소도구로 사용한 이유다.

여기에서 우리는 '예술은 사실의 반영이 아니고 진실의 창조'라는 타르콥스키가 가진 예술론의 한 단면을 볼 수 있다. 그는 '예술적 현실'을 창조하기 위해 '사실적 현실'을 깨뜨린 것이다. 그의 표현을 빌리자면, "박물관적인 복원을 지속적으로 파괴해 줄 무엇을 삽입하도록" 했던 것이다. 타르콥스키는 『봉인된 시간』에서 다음과 같이 말했다.

우리들은 지금 20세기에 살고 있고 따라서 우리들은 지금부터

다"라며 눈물로써 당부했다. 그러나 하늘을 나는 그들을 보고 사람들이 신으로 알고 놀라자 우쭐해진 이카로스는 아버지의 말을 듣지 않고 너무 높이 날아오르는 바람에 밀랍이 녹아서 결국 바다로 추락하여 죽었다.

4 "시나리오에는 다음과 같은 에피소드가 있었다: 어떤 농부가 날개를 만들고서 성당 위로 기어 올라가 땅으로 뛰어내려 박살이 난다. 우리들은 이 이야기의 심리적 핵심을 현대화시킴으로써 이 이야기를 재구성하였다.…스크린에는 그냥 평범하고 더러운[누추한] 농부가 나타날 수밖에 없고 그 후엔 그의 추락, 땅 위의 박살, 그리고 죽음, 이것이 구체적인 사건이다. 하나의 인간적인 파국이다.…우리들은 오랫동안 이 이야기의 바탕이 되고 있는 조형적 상징을 없앨 가능성을 모색하고 있었다. 우리들은 드디어 문제가 바로 날개에 있었다는 것을 알게 되었다. 그래서 이 이야기의 이카로스 콤플렉스(하늘을 날아 보고 싶은 콤플렉스)를 벗어나기 위하여 우리들은 가죽과 천 조각과 실 조각으로 만들어진, 별로 눈에 띄지 않는 기구(氣球)를 생각해 냈다. 우리들 견해로는 이 기구가 이 이야기의 잘못된 열정을 부숴 버렸으며 그 대신 아주 인상적인 깊은 사건을 만들어 주었다"(안드레이 타르콥스키, 『봉인된 시간』, pp. 100-101).

5 같은 책, p. 101.

600년 전의 현실에서 한 영화를 직접 촬영할 수 있는 가능성은 갖고 있지 않다.···우리들이 아무리 집중적으로 자료 공부를 한다고 하더라도, 우리들은 15세기를 글자 그대로 재현할 수는 없다. 결국 우리들은 그 당시에 살았던 사람들과는 전혀 다르게 느끼는 것이다.···우리들은 이 그림 "삼위일체"를 그저 단순하고 평범한 하나의 성화로 간주할 수도 있다.···그러나 이 역사적인 작품을 다르게 수용할 수 있는 가능성 또한 확실히 존재한다: 우리들 20세기 후반의 인간들에게도 이해가 가능하고 생생하게 느껴지는 인간적·정신적인 내용을 우리는 어떻게 받아들일 것인가? 우리는 바로 이 점에 근거를 두고 이 그림이 제시했던 예의 그 현실 속으로 접근하는 것이다. 이 같은 작업방식은 특정한 화면 속에 이국적 정서와 박물관적인 복원을 지속적으로 파괴해 줄 무엇을 삽입하도록 요청하게 된다.[6]

결국 타르콥스키는 오늘날 우리가 당면한 추락과 파국을 나타내는 서막의 사건을 명백하게 드러나게 하기 위해 박물관적 복원 곧 사실적 복원을 파괴했다는 것이다. 이것이 그의 파수꾼으로서의 면모를 또렷이 나타내는 말이다. 그리고 이 말은, 하늘에서 땅으로 추락하는 서막이 함유한 메타포는 그가 창조한 하나의 '예술적 현실'이라는 것과 그것의 중요성을 나타낸다. 사실인즉, 이 메타포는 그 이후 전개되는 에피소드들 안에 모자이크된 다양한 사건들을 하나로 통일하는 역할을 담당한다.

즉 주인공 루블료프가 등장하지 않는 이 짤막한 서막의 추락과 파국은, 후일 "삼위일체"Troitsa 성화상을 그리게 되는 한 위대한

---

6   같은 책, p. 100.

화가가 성스러움과 평온이 깃든 수도원을 빠져나와 전쟁과 약탈, 이교도들의 축제와 예술의 박해, 끔찍한 살인과 비참한 삶 등으로 이루어진 세계로 전락하는 것을 앞질러 예고하고 있는 것이다. 이뿐만이 아니다. 이 서막은 마지막 에피소드 곧 '종鐘 만드는 소년'에 대한 이야기와 짝을 이루면서 작품 전체의 통일성을 구성하는 역할을 담당한다. 하늘에서 땅으로 곤두박질치는 추락과 파국을 보여줌으로써, 수도원에서 속세로, 관념의 세계에서 현실의 세계로 나아가는 것을 상징하는 이 서막은, 마치 종소리가 흙에서 나와 바람품에 안기듯이 삶의 비참함에서 예술의 숭고함으로, 현실에서 구원으로 다시금 상승하는 마지막 에피소드의 기반이자 짝이다. 추락해야 다시금 상승하지 않겠는가!

타르콥스키는 이렇게 서막과 에필로그를 추락과 상승이라는 상징으로 짝지어 그 사이에 있는 나머지 일곱 개의 에피소드들을 하나의 이야기로 묶는 솜씨를 보였다. 그리고 다음과 같이 덧붙였다.

무엇보다도 우선 우리들은 사건을 묘사하지 않으면 안 된다. 그러고 난 연후에 그 사건과 자신의 관계를 묘사해야 한다. 그 사건에 대한 관계가 전체 형상을 결정해 주어야 하며, 한 사건에 대한 관계는 통일성을 통해서 명백하게 드러나야 한다. 이는 마치 모자이크와 같다: 모든 조각조각의 돌들은 각각 자신의 색깔을 가지고 있다. 파란색, 흰색, 붉은색 등등. 제가끔 색깔들이 다르다. 완성된 모자이크를 보고 나서야 우리들은 작가가 의도한 것이 무엇인지를 알 수 있게 된다.[7]

---

7 같은 책, pp. 101-102.

영원한 것들은 세속의 것들을 통해서 와야 한다

타르콥스키가 파악한 성상화가 루블료프의 생애는 "잿더미 속에서 부활할 수 있기 위하여 실제의 삶의 현실의 분위기 속에서 우선 일단 불태워질 수밖에 없었던" 불사조不死鳥의 "미리 주어진" 그것이었다.[8] 그는 천상으로 돌아오기 위해 우선 지상으로 내려가야만 했고, 숭고함에 이르기 위하여 속세의 비천함을 먼저 보아야 했으며, 불후의 명작 "삼위일체"를 그리기 위해 일단 그림을 버려야만 했다. 그래서 타르콥스키는 영화 〈안드레이 루블료프〉를 추락과 파국이라는 서막으로 시작했던 것이다.

극히 단편적인 기록밖에 남아 있지 않아 루블료프의 생애 대부분을 각색해야 했던 타르콥스키가 그의 삶을 이렇게 파악한 까닭은 무엇이었을까? 그것을 알기 위해서는 무엇보다도 성화상에 대한 이해와, 특히 루블료프의 말년작이자 후일 러시아 성상화의 표준이 된 성화상 "삼위일체"에 대한 이해가 필요하다. 왜냐하면 타르콥스키가 보기에 루블료프의 모든 삶은 오직 이 위대한 작품을 그리는 데 맞추어져 있었고 또한 바쳐졌기 때문이다.

성화상을 올바로 이해하는 일은 우선 그것이 하나의 '종교미술'이라는 생각으로부터 탈피하는 것을 전제로 한다. 러시아 정교회를 비롯한 동방 교회에서 성화상은 그 자체가 곧 종교의 본질이자 대상이다. 이 점이 레오나르도 다빈치, 미켈란젤로, 라파엘로를 비롯하여 르네상스 시기의 화가들에 의해 많이 그려졌던 서방의 성화들과는 크게 다른 점이다.

성상 파괴 논쟁이 있은 후 공포된 제7차 에큐메니컬 공의회의

---

8   같은 책, p. 112.

결정에 따라 성화상이 공인되었을 즈음,⁹ 니케아 총대주교였던 테오파니스Theophanes the Marked가 지은 카논canon(이론을 대표하는 책)에 보면, 동방 교회에서 성화상이 지닌 의미가 잘 나타나 있다.

> 아무도 아버지의 말씀을 묘사할 수 없습니다. 그러나 오, 테오토코스여! 그가 당신으로부터 육체를 취하셨을 때 그는 자신에 대해 묘사하는 것을 허락하셨습니다. 그리고 타락한 형상을 신적 아름다움과 연합함으로써 이전의 상태를 회복시키셨습니다. 우리는 말씀福音과 성화상으로 우리의 구원을 고백하고 선포합니다.

이 카논에는 말씀으로서의 신은 그 어떤 식으로도 묘사할 수 없다는 것, 그러나 신이 육체를 취했기 때문에 그의 형상을 그릴 수 있게 되었다는 것, 그 때문에 인간의 육체와 신적 아름다움과 연합한 성화상은 신성하다는 것, 그리고 그것을 통해 구원받을 수 있다는

---

9   717년에 동로마 제국의 황제로 등극한 레오 3세는 그해 이슬람 세력의 콘스탄티노폴리스 침공을 성공적으로 격퇴하고 영토를 정비한 다음, 법률을 재편하고 콘스탄티노폴리스에 대학을 세우는 등 학문을 증진하는 데도 힘을 기울였다. 이때 시행된 종교정책 중 하나가 '성상 파괴 운동'(iconoclasm)이다. 한편으로는 정치적 이유에서 다른 한편으로는 신학적 이유에서 황제는 그리스도뿐 아니라 마리아와 모든 성경적 인물의 종교적 화상(ikon, religious image)들을 우상 숭배라 하여 배척했다. 이후 레오 3세의 아들 콘스탄티노스 5세 역시 성상 파괴 운동에 앞장섬으로써 100년이 넘도록 성상 파괴론자들과 옹호자들 간의 대립은 계속되었지만, 세월이 흐름에 따라 점점 교리적인 이유에서라기보다 정치적인 이유에서 분쟁이 계속되었다. 그러나 842년 1월 20일, 동로마 제국의 황제 테오필로스가 세상을 떠나자 그의 황후가 843년에 제7차 세계공의회를 소집하여 성상 파괴론자들을 파문하고 성상 공경을 공식적으로 확정지었다. 843년 3월 11일 성상 숭배는 드디어 동방 정교회에서 공인되었다. 이것을 정통주의의 승리로 파악한 동방 정교회는 지금까지도 이날을 '정통주의의 축제'(Feast of Orthodoxy)로서 지켜 오고 있다.

것 등 성화상에 대한 동방 정교회의 교리를 모두 함축하고 있다.

"우리는 말씀福音과 성화상으로 우리의 구원을 고백하고 선포합니다"라는 말이 증거하듯이, 동방 정교회에서 성화상은 말씀과 대등한 위치를 갖고 있다. 귀가 있어 말씀을 듣듯이 눈이 있어 성스러운 모습을 볼 수 있다는 것이다. 즉 동방 정교회에 성화상은 말씀과 마찬가지로 일종의 계시이며, 따라서 말씀과 동등한 위치에 있다. 서방 종교화를 그리는 화가들과는 달리, 성화상을 그리는 화가들이 전통적으로 수도사인 것도 이런 이유에서다.

언젠가 하버드 대학교의 신학자 하비 콕스Harvey Cox가 러시아 정교회 사제에게 왜 러시아 정교회에는 교리적 가르침이 많지 않느냐고 묻자, 사제는 "성화상이 우리가 알아야 할 모든 것을 가르쳐 줍니다"라고 답했다는 일화가 이러한 사실들을 웅변적으로 대변해 준다.[10] 물론 성화상을 통한 계시로서의 가르침을 받기 위해서는 금욕과 명상이 요구되지만, 성화상은 '거룩함의 모범'으로서, '다가올 세상의 거룩함의 예시'로서 성찬예배와 금욕, 명상과 함께 동방 교회 신앙생활의 핵심인 것이다.

*

그리스도론이라 불리는 기독교 교리에 의하면, 그리스도는 신일 뿐 아니라 예수 곧 역사적 인간이다.[11] 그는 신성을 변화시키지

---

10 참조. 오우스펜스키, 「성상의 의미와 내용」, 대니얼 B. 클린데닌, 『동방정교회 신학』, 주승민 옮김(도서출판 은성, 1997), p. 47.
11 그리스도론은 예수가 온전한 인간으로서 우리를 위해 고난받았고, 온전한 신으로서 우리를 구원했다는 것을 주장하는 교리다. 이 교리는 신앙으로 받아들이는 데는 문제가 없었지만, 이성으로 이해하는 데는 문제가 많아서 처음부터 커다란 논쟁거리가 되었다. 그리스도론 논쟁의 발단은 428년 콘스탄티노폴리스 대주교로 부임한 네스토리우스(Nestorius)가 마리아를 '그리스도의 임신자'(Bearer of Christ)라고 부를 수는 있어도, '신의 어머니'(Bearer of God)라고 부를 수는 없다고 주장함으로써 시작되었다. 결국 그는 431년 알렉산드리아의 대주교 키릴로스

않고, 또 신성神性과 인성人性이 혼합되지도 않고 인성을 지녔다. 즉 완전한 신이면서 동시에 완전한 인간인 존재God-Man다. 여기에서 동방 정교회에서 특히 강조하는 기독교 교리의 핵심이 발생하는데, 그것은 "케노시스kenosis에 의한 테오시스theosis", 곧 '신의 세속화secularization에 의한 인간의 신성화sanctification'라는 구원의 교리다.

설명하자면, 신이 인간과 연합함으로써 인간이 신과 연합하게 한다는 것이다. 이 일을 가능케 하는 존재가 신인神人, God-Man 곧 그리스도다. 그 때문에 동방 정교회에서 말하는 구원이란 신과 인간, 신성한 것과 속된 것, 영원한 것과 유한한 것의 연결이자 융합이다.

그러나 그것은 어디까지나 '신의 세속화'에 의해 이루어지는 것으로서, 먼저 신성한 것이 그 신성함을 버리고 속된 것이 되고, 영원한 것이 그 영원성을 버리고 우선 유한한 것 안으로 들어감으로

(Kýrillos)가 주도한 에베소 공의회에서 그리스도와 신을 두 개의 본체로 구분한다는 이유에서 정죄받았다. 그러나 이 판결에는 알렉산드리아학파와 안디옥학파 간의 정통성과 주도권 싸움이라는 정치적 요인이 더 크게 작용하였다. 네스토리우스가 진정 주장하고 싶었던 것은 예수의 신성과 인성의 구분이었지, 키릴로스가 비난했듯이 그리스도 안에 신이 거주한다는 주장 즉 사모사타의 바울이 주장한 '양자 그리스도론'이 아니었다. 네스토리우스에게 잘못이 있다면, 단지 예수의 신성과 인성이 어떻게 연합되어 있는지를 밝히지 못한 점이었다. 이 때문에 논란은 계속되었고 논란의 핵심은 예수 안에 있는 두 본성의 문제였다. 키릴로스는 "하나님의 말씀은 성육화하신 하나의 본성"이라는 말을 좋아했기 때문에, 예수가 신성과 인성 두 본성에서 왔지만(of two natures), 두 본성으로 되어 있다(in two natures)고는 말하고 싶어 하질 않았다. 그러나 콘스탄티노폴리스의 새로운 감독이 된 레오(Leo)는 이러한 주장에 반대하여, 예수 안에는 신성과 인성 두 본성이 있어 둘을 구분할 수 있다고 주장하였다. 우여곡절 끝에 결국 451년 이 교리는 '칼케돈 신경'에서 "신성에 있어서는 아버지와 동일본질이고 인성에 있어서는 우리와 동일본질이시다"라는 말로 확정되었다. 그리고 "신성에 있어서는 시간 이전부터 아버지로부터 나시고 동일한 분이 마지막 날에 우리와 우리의 구원을 위해서 동정녀 마리아에게서 나셨으니, 그의 인성에 대해서는 동정녀 마리아가 '신의 어머니'(Theotokos)다"라고 밝혔다. 이 말이 그리스도론 논쟁을 처음 일으킨 네스토리우스의 입장에 대한 칼케돈 공의회의 답변인 셈이다.

써만 이루어진다.

아우구스티누스도 "이 영원한 것들은 세속의 것들을 통해서 와야 한다. 우리는 벌써 세속적인 것들과 섞여 있고 또 세속적인 것들을 꽉 붙들고 있기 때문이다"[12]라고 했다. 신성한 것의 세속화가 먼저 이루어져야 세속적인 것의 신성화가 이루어진다는 것이 그의 요점이다.

동방 교회의 금욕자 마르쿠스Marcus Eremita는 이것을 "육신으로 하여금 말씀이 되게 하기 위하여 말씀이 육신이 되게 하셨다"[13]라고 표현했으며, 동방 교회의 영향을 받은 현대 종교학자 미르체아 엘리아데Mircea Eliade는 이에 대해 다음과 같이 주장했다.

> 참으로 동방 정교회 신학의 중심교리라고 할 수 있을 만한 것, 즉 '테오시스'theosis(인간의 신성화)라는 관념은, 일면 그것이 사도 바울이나 요한복음 등의 성서적 원천에 의존하는 측면이 있기도 하지만, 실은 대단히 독창적인 사상이다. 신성화가 곧 구원이라는 이 개념은 성육신에서 비롯된 것이다.…다시 말하면 말씀logos의 성육신으로 말미암아 테오시스가 가능할 수 있었다. 하지만 이는 항상 신의 은총에 의해 수행된다. 이러한 사실은 동방 정교회에서 내면적 기도(후에는 '방해받지 않는 기도'가 강조됨)와 명상 및 금욕생활이 중요시되는 까닭을 잘 설명해 준다. 테오시스는 신비적 빛에 대한 경험을 수반하거나 또는 그 뒤에 뒤따라 일어난다.[14]

---

12 Augustinus, *De Trinitate*, IV, 18, 24.
13 Mark the Ascetic, *Epistle to the Monk Nicolas*, in the Russian Philokalia, vols. 5 (1876-1890), 1 : 420.
14 미르체아 엘리아데, 『세계종교사상사 3』, 박규태 옮김(이학사, 2005), p. 57.

동방 교회가 그리스도가 신인神人이라는 그리스도론과 '케노시스에 의한 테오시스'라는 구원의 교리를 통해서 특히 강조하는 것은 바로 이 교리들 안에 성화상을 그릴 수 있는 근거와 정당성이 있다는 사실이다.

그리스도가 신이기만 하거나 인간이기만 하다면, 신은 형상이 없고 인간은 신성하지 않기 때문에, 성화상을 그릴 이유가 없다. 하지만 그리스도는 신이자 동시에 인간이기 때문에 성화상을 그리는 것이다. 이것이 성화상을 그릴 수 있는 교리적 근거다. 따라서 성화상을 그리는 행위는 그리스도가 신이면서 동시에 인간이라는 바로 이 '기적 중에 기적'인 사실을 인정하는 행위로서 곧 예배이며, 그리스도에 의한 구원을 증거하는 행위가 된다. 이것이 성화상을 그리는 교리적 정당성이다.

"우리는 성화상 안에 주님의 거룩한 육체를 표현한다"[15]라고 퀴니섹스트 공의회692년 법규에 표현되었듯이, 성화상은 한낱 초상화가 아니다. 초상화는 '세속화된 인간'을 묘사하고 성화는 '신성화된 인간'을 묘사한다. 이것은 성화가 그리스도뿐만 아니라, 마리아 또는 그 어떤 성인들을 묘사하고 있든 마찬가지다. 이 때문에 제7차 에큐메니컬 공의회의 교부들도 성화상과 초상화를 세심히 구분하였던 것이다.

*

한 가지 더 밝혀져야 할 것은, 성聖 세르게이 라도네시스키Sergei Radonezhskii를 위해 세워진 삼위일체 성당을 위해 루블툐프가 1425년에 그린 "삼위일체" 성화상이 지닌 특별한 의미다.

신학적으로 삼위일체설三位一體說, trinitas이란 삼위 곧 성부, 성자,

---

15   Epistolae 2, PG 98, 157 BD.

성령은 그 본질(사고, 의지, 행동)에 있어서는 하나이지만, 인간과 세계를 다스리고 구원하기 위해 밖으로 나타난 바가 셋이라는 교리다. 이 교리의 핵심은 신의 사랑과 보살핌이다. 즉 신은 성자로 세상에 와 말씀을 전하고 성령으로 항상 그의 가정처럼 보살피고 이끌어 갈 만큼 인간과 세상을 지극히 사랑한다는 것이다.[16]

여기에서 동방 정교회에서 삼위일체라는 이름이 붙은 모든 성물聖物 예컨대 '삼위일체 성당' 내지 '삼위일체 성화상'이 가진 특별한 의미가 발생하는데, 그것은 '신의 사랑'이자 '손수 보살핌'이 그 성물들과 함께한다는 것이다. 즉 삼위일체라는 말이 붙은 성물들은 그 어떤 악한 세력이나 증오와 폭력이 더 이상 우리를 파멸시킬 수 없는 장소에 대한 상징이다.

전능한 신이 그의 백성들을 지극히 사랑하여 스스로 세속화하면서까지 세상의 어둠과 악에서 지키고 손수 보살핀다는데, 그 어떤 악한 세력이 그 백성들을 침범하고 해할 수 있겠는가!

예수가 하늘에 계신 아버지聖父께 "내가 비옵는 것은 그들을 세상에서 데려가시기를 위함이 아니요 다만 악에 빠지지 않게 보전하시기를 위함이니이다. 내가 세상에 속하지 아니함같이 그들도 세상에 속하지 아니하였사옵나이다"(요한복음 17:15-16)라고 기도했듯이,

---

16 '라틴 신학의 아버지'라 불리는 테르툴리아누스(Tertullianus)*는 하나님을 "세 위격(*persona*)으로 존재하는 하나의 본질(*substantia*)"이라고 정의하여, 하나님은 '밖으로 나타난바 셋이지만 사고, 의지, 행동에 있어서는 하나'라는 교리를 세웠다. 또한 그는 "우리는 신적 경륜(*oekonomia*)의 새로운 뜻을 간직하자. 이 신비로운 뜻은 일성(一性)이 성부, 성자, 성령 삼일성(三一性)으로 나타난다"[Tertullianus, *Adversus Praxeas*, 2 (*ANF*, 3:598)]라면서 삼위일체론을 사도 교부 이그나티우스(Ignatius)의 '신적 경륜'이라는 개념과 연결시켜 설명하였다. 경륜이란 그리스어 '*oikos*' 곧 '집'에서 나온 말로, '신적 경륜'이란 '신이 인간과 세계를 그의 가정처럼 다스린다'는 것을 의미한다. 이 때문에 삼위일체론과 신적 경륜을 연결시키면, 인간과 세계를 다스리기 위해 본질적으로 하나인 신은 자신 안의 세 위격(성부, 성자, 성령)으로 일하신다는 뜻이 된다.

더 이상 악의 세력이 침범할 수 없는 영역, 피난처, '사랑의 집'에 대한 상징이 '삼위일체'라는 이름을 붙인 성물들 안에 언제나 함께 있는 것이다.

이러한 이유에서 성화상의 영성적 역할에 큰 비중을 두는 러시아 정교회에서는 "삼위일체" 성화상을 증오와 폭력 그리고 불안과 공포로 가득 찬 이 세상과 그 속에서의 비참한 삶에 대한 신의 위로와 평안 그리고 사랑의 상징으로 파악하였다.

하버드 신학자이자, 캐나다의 발달장애인 공동체 라르쉬 데이브레이크 L'Arche Daybreak에 살면서 '예수 그리스도를 따르는 삶'을 몸소 보여 주었던 헨리 나우웬 Henri Nouwen도 이 같은 의미에서 다음과 같이 고백했다.

> 나는 안드레이 루블툐프가 위대한 러시아 성인聖人 세르게이를 추모하기 위해 1425년 그린 "삼위일체" 아이콘만큼 '사랑의 집'을 아름답게 표현한 그림은 아직 보지 못했다. 이 아이콘을 묵상하는 것이 나에게는 미움과 공포가 충만한 우리 세상에서 계속 몸 바쳐 투쟁하면서도 저 신적인 삶의 신비 속으로 점점 더 깊이 들어가게 해 주는 길이었다.[17]

진리란 체험을 통해 사는 것, 그러므로 싸울 준비를 하라

타르콥스키는 영화 〈안드레이 루블툐프〉를 만들면서 — 무엇보다도

---

17   헨리 나우웬, 『주님의 아름다우심을 우러러』, 이미림 옮김[분도출판사, 1996(4쇄)], p. 20.

루블료프가 "삼위일체" 성화상을 그린 화가라는 점에서 – 그의 생애에 세속화secularize 과정이 필수적이라고 생각했다. 신의 세속화가 인간의 신성화의 전제이듯, 루블료프의 세속화는 그의 예술의 신성화의 전제라고 파악한 것이다. 이는 타르콥스키의 매우 독특한 예술관과도 합일하고 있다. 그는 『봉인된 시간』에서 다음과 같이 말했다.

> 아름다움을 향한 노력에 대해 말한다면, 즉 이상을 향한 동경으로부터 태어난 예술의 목적이 또한 바로 이 이상이라고 해서, 나는 결코 예술은 속세의 추한 것들을 피해 가야 한다고 주장할 생각은 없다. 오히려 그 반대로 예술적인 형상이란 항상 한 가지를 다른 것을 통해서 대신하는, 보다 큰 것은 보다 작은 것을 통해서 대신하는 일종의 상징인 것이다. 활력에 넘치는 것에 관해 이야기하기 위해서 예술가는 사멸한 것을 끄집어내고, 무한한 것에 관해 이야기할 수 있기 위하여 유한한 것을 소개한다. 하나의 대용물! 무한한 것은 구체화할 수 없다. 우리는 무한한 것의 상상적 환영, 그 형상만을 창조할 수 있는 것이다.
>
> 아름다운 것이 추한 것 속에 덮여 있듯이, 추한 것은 똑같이 아름다운 것 속에 덮인 채로 들어 있다.[18]

예술은 어떤 것을 직접적으로 구체화시킬 수 없고 오직 상징을 통해서 드러나게 하기 때문에, 활력에 넘치는 것, 무한한 것, 아름다운 것 등 모든 이상적인 것들은 사멸한 것, 유한한 것, 추한 것 등 모든 세속적인 것들을 통해 구체화될 수밖에 없다는 말이다. 바

18 안드레이 타르콥스키, 『봉인된 시간』, pp. 48-49.

꾸어 말하면, 예술의 세계에서도 세속적인 것이 없이는 이상적인 것도 없다는 것이다.[19] 이것이 루블료프가 수도원을 떠나 속세로 들어가야 하는 이유다.

"진리란 체험을 통해 얻어지는 것이지 배움을 통해 얻어지는 것이 아니다. 그러므로 전투태세를 갖추도록 하라!" 헤르만 헤세Hermann Hesse의 『유리알 유희』Das Glasperlenspiel, 민음사에 나오는 이 말이 루블료프의 비명碑銘이 되어야 한다고 타르콥스키는 생각했다.[20] 한마디로 그는 '체험을 통한 진리의 획득'을 위해 루블료프를 속세로 내몰았던 것이다. 타르콥스키는 다음과 같이 말했다.

> 안드레이 루블료프가 세르게이 라도네시스키의 보호를 받으며 트로이체 세르기옙스카야 수도원에서 평안한 상태로 공부할 수 있었을 때, 그의 삶의 기본 지표인 '사랑, 조화, 박애'라는 개념이 형성되었던 것이다.…젊은 안드레이는 이 같은 이념들을 우선 순전히 지성적으로 받아들였다: 이 같은 이념들은 그에게 교육되었고, '주입된' 것이었다.
>
> 그러나 안드레이가 삼위일체 수도원을 떠나 속세로 돌아왔을 때, 그는 예기치 못했고 전에 알지 못했으며 정말로 엄청나게 잔혹한 현실과 직면하게 되었다. 그는 변혁의 필연성이 무르익은 시대의 비극과 직면하게 된 것이었다.
>
> 수도원의 두꺼운 벽이, 수도원 밖 저 멀리에서 벌어지는 현실의 전망을 왜곡시키고 담장 밖의 삶으로부터 안드레이를 차

---

[19] 이 말을 타르콥스키는 "예술적 형상은…일방적일 수 없다: 스스로 진실하기 위하여 예술은 현상들의 변증법적 모순성을 작품 속에서 통합하여야 하기 때문이다"(같은 책, p. 66)라고도 표현했다.

[20] 참조. 같은 책, p. 112.

단시켰던 그러한 상황에서 벗어나, 안드레이가 현실적 삶과 부딪치면서 얼마나 속수무책이었을 것인가를 상상하기는 그리 어려운 일이 아니다. 그러므로 이제 그는 '민족의 운명에 동참하기 위하여' 지옥 같은 고통의 길을 가지 않으면 안 되었던 것이다. 그 과정에서 안드레이는 우선 한때나마 선이라는 이념이 구체적 현실과 일치할 수 있다는 믿음을 상실했던 것이다. 그러나 그는 결국 자신의 첫 출발점이었던 사랑과 자비 그리고 박애의 이념으로 되돌아온 것이었다.[21]

이 글을 보면, 타르콥스키는 또한 루블료프의 "삼위일체" 성화상이 가진 사회적 또는 역사적 의미에도 주목했다는 것을 알 수 있다. 즉 그는 "삼위일체" 성화상이 '증오와 폭력이 더 이상 우리를 파멸시킬 수 없는 장소'에 대한 상징이라는 점에서, 이 작품이 그 당시 사람들에게 전해 주었을 무한한 위안과 평안에도 지대한 관심을 가졌던 것이다.

그래서 그는 "이 영화는 형제 살육이 벌어지고 타타르족이 러시아를 침략했던 시대에 안드레이 루블료프로 하여금 '삼위일체'라는, 즉 형제애, 사랑, 화해하는 믿음의 이상을 담은 천재적 작품을 낳게 한, 형제애를 갈구하는 민족적 동경이 어떻게 일어나게 되었던가를 다루는 작품이다. 바로 이 점이 시나리오의 사상적·미학적 구상의 근거를 이루고 있었다"[22]라고 분명하게 밝힌 바 있다.

이런 발상이 어떻게 가능했을까? 우선 루블료프의 성화상 "삼위일체"를 보자.

---

21 같은 책, pp. 112-113.
22 같은 책, p. 43.

안드레이 루블료프, "삼위일체"(1425년?)

루블료프는 성부, 성자, 성령을 날개가 달린 세 존재로 형상화했다. 도상학자들에 의하면, 식탁을 가운데 두고 왼쪽 푸른색 옷에 황금색 겉옷을 걸친 이가 성부다. 중앙에 붉은색 옷에 푸른색 겉옷을 입은 이가 성자이고, 오른쪽 푸른색 옷에 녹색 겉옷을 걸친 이가 성령이다. 그리고 성자가 식탁 위에 두 손가락을 펼쳐 보이는 것은 자신의 신성과 인성을 나타내며, 성자 쪽을 향해 있는 성부의 손 모양은 성자를 격려하고 축복하는 것을 표현한 것이고, 성령의 손이 식탁의 하단 중앙에 그려진 조그만 사각형 통로를 가리키는 것은 천국으로 가는 길이 좁다는 것을 의미한다.

여기에서 우리가 주목해야 할 것은 이 성화상에 그려진 삼위가 모두 나이나 성별을 알아볼 수 없는 동일한 젊은이의 얼굴 모습을 하고 있다는 것이다. 그래서 이에 대한 도상학적 지식이 없이는 누가 성부고 성자며 성령인지조차 알아볼 수 없다. 루블료프의 이러한 표현방식은 서방 가톨릭교회의 성화뿐 아니라 그리스 정교회의 성화상에서도, 성부는 흰머리에 흰 수염을 기른 노인의 모습으로 묘사하고, 성자는 짙은 갈색 머리에 갈색 수염을 기른 장년의 남성이나 경우에 따라서는 어린 소년으로 표현하며, 성령은 보통 비둘기로 나타낸 것과는 전혀 다르다. 왜 그랬을까?

알고 보면 이것은 루블료프가－성부, 성자, 성령을 어쩔 수 없이 세 개체로 나누어 형상화할 수밖에 없는 한계를 극복하고－삼위의 동등성과 통일성을 강조하기 위해 취한 천재적인 장치였다. 그뿐 아니다. 삼위가 각자 다른 색깔의 옷을 입거나 걸쳤지만, 셋 모두 신성을 뜻하는 청색의 옷을 부가적으로 입거나 걸친 것, 왼손에 똑같이 '권위의 지팡이'를 하나씩 쥐고 있는 것도 역시 그래서다. 성부, 성자, 성령은 서로 다르지만, 똑같이 신성하고 똑같은 권위를 가진다는 뜻이다.

이 같은 기발한 착상으로 루블료프는 셋이면서 하나인 신의 본성을 어김없이 표현했고, 그것을 통해 "삼위일체" 성화상을 보는 사람들에게, 신이 그렇듯이 인간도 각자가 서로 다르지만 모두 하나가 되어 사랑하며 살아야 한다는 기독교의 진리를 또렷이 드러내 보인 것이다. 이 숭고한 정신에 따라 1551년 러시아 정교회는 스토슬라브 교회회의에서 이 같은 방식을 '루블료프의 유형'이라 이름 짓고, 누구든 삼위일체를 그릴 때는 이 유형을 따르도록 규정해, 이후 수백 년 동안 러시아 성화상 화가들이 지켜야 할 준칙이 되도록 했다.

*

러시아는 1240년 이후부터 몽골 제국의 일부로 편입되어 있었다. 그러던 중 1380년 돈강 부근의 쿨리코보 벌판에서 벌어진 전투에서 러시아가 타타르족의 '황금 기병대'를 격파하고 승리함으로써, 루블료프가 살았던 15세기에 러시아는 몽골의 지배로부터 벗어나기 위한 소용돌이에 휩싸였다. 그 때문에 이 기간은 한편으로는 그 어느 때와도 비교할 수 없을 정도로 폭력과 전쟁 그리고 사회적 불안이 가득했던 암울한 시기였으며, 다른 한편으로는 러시아 재통일과 민족 재기의 기운이 일어나고 있던 여명의 시기이기도 했다.

여기에서 루블료프의 "삼위일체" 성화상이 가진 사회적 의미와 함께 역사적 의미가 드러난다. 그의 성화상은 사회적으로는 불안과 공포에 시달리던 당시 사람들에게 더할 수 없는 위로와 평안을 주는 신적 사랑의 상징이었고, 역사적으로는 그리스풍의 성화상 기법을 탈피하여 러시아 고유의 기법을 개발하였다는 점에서 러시아 부흥의 문화적 상징이었던 것이다. 이러한 맥락에서 타르콥스키는 원래 〈안드레이 루블료프〉의 서두에 러시아가 쿨리코보 벌판의 전투에서 타타르족의 '황금 기병대'를 격파하는 장면을 넣을 예정이었으나 비용 문제로 좌절되었다고 한다. 그는 이 영화에서 단순히 한 예술가의 내적 고뇌뿐만 아니라 그 고뇌의 사회적·역사적 성격도 함께 조명하려고 했던 것이다.

타르콥스키에게 있어서 예술가란 시대의 산물이며, 민중의 대변자다. "나는 예술가들이 자신들은 자유롭게 창조 작업을 하고 있다는 의견을 제시할 때마다 놀라지 않을 수 없다. 왜냐하면 예술가는 자신이 살고 있는 시대와 동시대인들의 산물이라는 사실을 반드시 파악하고 있어야만 할 것이기 때문이다"[23]라고 주장하는 타르콥스키가 위대한 예술가로 남은 루블료프의 삶을 조명하면서 그의 "삼위일체" 성화상을 당시 시대와 민중의 염원이 낳은 산물로서 인식하는 것은 지극히 당연한 일인 것이다.

이 때문에 그는 영화 곳곳에 이러한 상징들을 담아 놓았다. 예컨대 다섯 번째 에피소드에서 유리가 타타르족과 내통하여, 형 바실리 대공이 잠시 비운 성을 점령하고 벌이는 살육의 장면 사이에 대주교가 축복했던 두 형제간의 화해 의식을 끼워 넣음으로써 반목과 투쟁 대신 화해와 형제애를 플래시백으로 보여 주는 것이나, 일곱 번째 에피소드에서 루블료프가 배제되고 루블료프의 시선을 대신한 카메라가 하늘과 땅을 모두 네 차례나 수직 이동하며[24] 종鐘을 만드는 노동 과정 전체를 조명함으로써 그것이 하늘과 땅 사이에서 이루어지는 일이라는 점과 인간 세계에서 만들어진 종이 하늘로 올라가는 수직 공간을 보여 줌으로써 후일 "삼위일체" 성화상도 하늘과 땅 사이를 연결하는 염원으로서의 회화임을 알리는 것 등이 그것이다.

23　같은 책, p. 232.
24　참조. 정성일, 「안드레이 따르코프스끼」, 전양준 엮음, 『세계영화작가론 2』(이론과 실천, 1994), p. 115.

그러나 "삼위일체" 성화상에 담긴 이 두 상징, 곧 하늘과 땅의 연결 그리고 그것에서 오는 위로와 평안은 서로 분리된 것이 아니고 '삼위일체'라는 교설 안에 하나로 내재해 있는 것이다. 따라서 정리하자면, 삼위일체가 신과 세계와의 화해의 상징이듯, "삼위일체" 성화상은 신성과 세속성의 조화의 상징이어야 하기에 — 마치 하나님이 육신을 입고 세상에 내려왔듯이 — 루블료프가 수도원을 떠나 '지옥과 같은' 속세에 머물러야 했다는 것이 영화〈안드레이 루블료프〉를 만든 타르콥스키의 주된 시각이었던 것이다.

만일 당신이 앞서 투르나이젠이 "오직 무덤이 있는 곳이어야만 부활이 있다"라는 니체의 말을 인용하며 한 말을 기억한다면, 타르콥스키의 연출 의도를 가늠하기가 더 쉬워질 것이다. 그 말은 이랬다. "인간의 종말은 도스토옙스키가 인간과 함께 걸었던 모든 여행의 종말이다. 그러나 그의 작품은 강력하고 최종적인 종합의 빛, 그 신비롭고 초월적인 빛 속에서 점점 환해진다. 소설의 결말은 몰락이 아니다. 그 결말은 도무지 그 이유를 알 수 없는 승리의 외침, **'부활'**이다."[25]

타르콥스키는 이 같은 변증법적 신학의 메커니즘을 그가 심취했던 동방 정교회 신학에서 익혔음이 분명하다. 서문에서 밝혔듯이, 동방 정교회에서는 이 신비롭고 위태하고 은혜로운 프로세스를 '케노시스$_{kenosis}$에 의한 테오시스$_{theosis}$' '말씀의 세속화를 통한 인간의 신성화' 또는 '자기 비움을 통한 자기 고양' '자기 부정을 통한 자기 긍정'이라는 다양한 말로 교훈한다. 알고 보면 바로 이것이 부정 신학의 핵심이고, 죽음에서 생명으로, 무덤에서 부활로, 하나님의

---

25   에두아르트 투르나이젠, 『도스토옙스키, 지옥으로 추락하는 이들을 위한 신학』, p. 20.

부정에서 하나님의 긍정으로 진행하는 변증법적 신학이 발 딛고 있는 기반이다. 또한 이 책에서 말하는 '예언자 신학' '파수꾼 신학'의 본질이다.

이러한 이유에서 영화는 이후부터 루블료프가 속세에 머무는 동안1400-1423년의 이야기를 통해, 그가 어떻게 세속화되어 어떻게 신성화되는가, 그의 예술이 신성과 세속성을 어떻게 화해시키며 조화시켜 나가는가만을 보여 준다. 그것이 전부인가? 그렇다, 그것이 전부다!

"신의 용서와 자네 자신의 고뇌 속에서 살아가게"

첫 번째 에피소드 '광대'1400년는 루블료프가 동료 수도사이자 화가인 다닐, 키릴 등과 함께 모스크바로 향해 가다, 비를 피해 어느 오두막에 들어가면서 시작한다. 그곳에서는 한 떠돌이 어릿광대가 음탕하고도 지도층을 비꼬는 풍자적 노래를 불러 농부들을 웃기고 있었다. 경건과 신성의 예술인 고급문화의 세계에서 살던 루블료프가 처음으로 욕지거리와 악담, 방언과 음담, 해학이라는 민중 예술의 세계를 만나게 된 것이다.

이것은 성스러운 것과 속된 것 사이의 갈등을 표현하는 에피소드로서, 후일 이 둘의 조화와 화해의 상징인 "삼위일체" 성화상을 그려야 하는 루블료프에게 이 둘의 조화와 화해가 어떻게 가능할 것인가라는 물음을 갖게 하는 첫 번째 계기가 된다. 민중 예술과의 이 같은 만남은 세 번째 에피소드에서 루블료프가 이교도들의 축제를 접할 때 다시 이루어진다. 그러나 한창 무르익던 어릿광대의 노래는 곧이어 달려온 관리들이 어릿광대를 폭행하고 체포해 감으로써 일단 끝이 난다. 키릴이 밀고한 것이다. 천상의 숭고함을 추구하는 루블료프와 대조적으로, 키릴은 지상의 부귀영화를 추구하는 속물근성을 가진 보통 인간의 전형으로 나타나 있다.

두 번째 에피소드 '희랍인 테오파네스'1405-1406년는 어느 성당 안에서 당대 최고의 성상화가인 그리스인 테오파네스와 키릴이 나누는 대화로 시작된다. 테오파네스는 처음에는 키릴을 루블료프로 오인했다가 이내 아닌 것을 알게 되지만, 키릴의 박식함에 깊은 인상을 받아 그와 함께 일해 보려고 한다.

그러나 공명심이 강한 키릴은 일의 대가로 아무것도 바라지 않는 대신에 단 한 가지 조건을 내세운다. 그것은 테오파네스가 몸소 수도원으로 찾아와 모든 수도사 앞에서-특히 그의 경쟁자인 루블료프 앞에서-자기를 초대해야 한다는 것이었다. 하지만 이를 통해 키릴의 사람됨을 간파한 테오파네스는 오히려 루블료프를 제자로 삼는다. 이에 키릴은 불같은 질투심에 사로잡혀 수도원을 비난하고 떠난다.

세 번째 에피소드 '안드레이의 수난'1406년과 네 번째 에피소드 '이교도 축제'1408년, 다섯 번째 에피소드 '최후의 심판'1408년은 신성과 세속성을 조화시킨 위대한 예술가로 태어나려는 루블료프의 내적 번민과 고뇌를 담고 있다.

비관적 세계관을 가진 테오파네스와의 대화, 설경에서 나타나는 갈보리의 환시, 이교도들의 음란한 축제 등을 경험하면서 루블료프는 바실리 대공이 주문했던 블라디미르 대성당 내부의 성상을 더 이상 그릴 수 없게 된다. 그의 내면에 그동안 그를 지탱해 왔던 모든 신성한 가치들에 대한 신념이 점점 흔들리기 시작한 것이다.

그것은 그 시대의 정치상황과도 무관하지 않았다. 쿨리코보 전투에서 타타르족의 '황금 기병대'를 격파하고 승리함으로써 "돈강의 승리자"로 불리던 드미트리 돈스코이Dmitrii Donskoi에게는 바실리와 유리라는 두 아들이 있었는데, 이들은 서로 반목하는 관계였다. 바실리 대공은 자기의 저택을 짓는 일을 끝낸 석공들이 동생 유리의 저택도 지으러 간다는 것을 알고 자기보다 더 아름다운 저택을 지을까 봐, 숲에 군사를 매복시켰다가 석공들의 눈을 칼로 도려내게 한다. 그러자 동생 유리는 타타르족과 내통하여, 형이 잠시 비운 블라디미르성을 점령한다.

　이러한 일들을 통해 루블료프는 인간의 더러운 탐욕, 끔찍한 살상, 예술품을 파괴하는 잔인성 등을 보면서 신과 그의 선함에 대한 믿음을 완전히 잃게 된다. 그의 내면에 있었던-일찍이 수도사로서 스승 성 세르게이로부터 받았던-모든 신성한 것들은 철저히 파괴되어 갔다. 그리고 그는 한 백치 소녀를 강간하려는 타타르 병사를 죽이게 된다.

　수도사이자 성화상을 그리는 화가로서 살인을 하게 된 루블료프는 스스로 완전히 황폐화된 자신을 바라보게 된다. 이제 그를 지탱해 오던 모든 것은 무너졌다. 신, 인간, 예술, 이 모든 것에 대한 그의 믿음이 사라진 것이다. 이때 루블료프는 환상 속에서 이미 고인이 된 스승 테오파네스의 혼령과 만나 신념의 본질과 예술에 대해 격론을 벌인다. 그리고 스승의 입을 통해 자기 내면의 목소리를 듣는다.

　"우리들의 죄를 통해 악은 인간의 형태를 띠고 왔다네. 악과 싸운다는 것은 인간성과 싸운다는 것을 뜻하지. 신은 용서할 걸세. 그러나 스스로는 용서하지 말게나! 앞으로는 신의 용서와 자네 자신의 고뇌 속에서 살아가게."

　이때부터 루블료프는 묵언黙言에 들어간다. 이후 15년간이나 지속되는 그의 침묵은 그가 이제 더 이상 신성한 것들에 대해 믿지 않는다는 것, 그 때문에 다시는 신성한 성화상을 그릴 수 없다는 것, 그러한 자신은 무의미하다는 것, 따라서 스스로를 용서하지 않는다는 것, 그리고 고뇌 속에 살아간다는 것을 뜻한다. 여기에서 우리는 '믿음'과 '예술'을 연결시켜 생각하는 타르콥스키 예술관의 독특한 일면을 다시 발견하게 된다.

> 예술가는 유일무이하게 자신의 창조적 의지를 결정해 줄 수 있고 제어할 수 있는 진실의 소리에 귀를 기울일 수 있어야 하며, 이를 외면해서도 안 된다. 오직 이렇게 함으로써만이 예술가는 자신의 믿음을 다른 사람에게 전달할 수 있는 능력을 얻게 된다. 이 믿음이 없는 예술가는 마치 장님으로 태어난 화가와 같다.[26]

이 말은 루블료프가 왜 그림을 그릴 수 없게 되었는지를 단적으로 설명해 주고 있다. 한마디로 그는 '장님'이 된 것이다. 그는 성스러운 것에 대한 믿음을 잃었고 그의 눈에는 더 이상 성스러운 것이 보이지 않게 된 것이다.

타르콥스키는 이어서 다음과 같이 말했다.

> 한 예술가가 자신의 테마를 찾는다는 말은 틀린 말일 것이다. 테마란 예술가의 내면에서 마치 과일처럼 익어 가는 것이며, 그 형상화를 촉구하는 것이다. 이는 마치 한 생명체의 탄생과 같은 것이다. 예술가는 자랑스러워할 것이 아무것도 없다. 예술가는 상황의 주인이 아니고 하인이다. 창조성이란 예술가가 가질 수 있

---

[26] 안드레이 타르콥스키, 『봉인된 시간』, p. 53.

는 유일한 존재 형태이며, 자신의 작품 하나하나는 자신이 자유
롭게 거절할 수 없는 하나의 행위를 의미한다. 논리에 맞는 특정
한 조치의 필연성과 그 규칙성에 대한 감각은 이상을 향한 믿음
이 있을 때에만 생기는 법이다. 오직 이 믿음만이 예술 형상들을
조직적으로 뒷받침하여 준다.[27]

이 말은 예술가로서 루블료프가 처한 상황을 더욱 구체적으로 드러
내 보여 준다. 그가 처음 잃은 것은 "이상을 향한 믿음"이었다. 그러
자 그에게는 작품 제작을 위한 "특정한 조치의 필연성과 그 규칙성
에 대한 감각"이 사라졌다. 한마디로 그에게는 작품을 위한 예술적
테마가 – 설사 그가 아무리 간절히 찾았다 하더라도 – 결코 주어지
지 않았던 것이다.

"이상을 향한 믿음"만이 모든 예술적 작업의 근간이다. 적어도
타르콥스키에게는 그렇다. 그 때문에 그는 '예술이란 보편적인 것
을 추구하는 것이 아니라 독자적·창조적인 어떤 것을 추구하는 행
위다'라고 주장하는 현대예술도 비판한다.

> 예술이 태어나고 발전되는 곳은 다름 아닌 정신적인 것과 이상
> 을 향한 저 영원하고 쉴 새 없는 동경이 가득 찬 곳이며, 예술의
> 주변으로 인간들이 모이도록 만드는 곳이다. 단지 독자성이라
> 는 이름 아래 삶의 의미를 찾는 맹세를 파기한 현대 예술이 제시
> 한 길은 올바른 길이 아니다. 그래서 소위 창조적 행위라는 것은
> 단지 그들의 자기중심적인 행위의 일회적인 가치의 정당성만을
> 추구하는 기이한 사람들의 이상한 짓거리가 되어 버렸다. 그러

27 같은 책, p. 53.

나 예술에 있어서는 개성이 진실임을 판명해 주는 것이 아니다. 예술은 좀 더 보편적이고 좀 더 높은 이념에 이바지하는 것이다. 예술가란 자기 자신에게 마치 기적과 같이 부여된 재능에 대해 소위 관세를 물어야만 하는 하인이다. 진정한 개성이란 오로지 희생을 통해 얻어질 수 있음에도 불구하고 현대인은 자신을 희생하려 하지 않는다.[28]

진정한 예술을 위한 자기희생![29] 바로 이것이 영화 〈안드레이 루블료프〉에서 타르콥스키가 루블료프에게 주문한 것이다. 그래서 그는 무한한 자기 체념, 침묵의 격한 괴로움, 보이지 않는 번민, 숨막힐 듯한 슬픈 생각 속에서, 어떤 과일도 익어 갈 수 없는 그 자신의 황무지만을 15년간이나 응시하고 있었던 것이다.

재가 된 불사조가 부활하는 법

여섯 번째 에피소드 '침입'1412년에서, 기근이 전국을 휩쓸자 키릴은 다시 수도원으로 돌아오고, 루블료프는 비참한 삶을 이어 간다. 루

---

28 같은 책, p. 48.
29 타르콥스키가 영화 〈안드레이 루블료프〉에서 루블료프에게 주문한 '예술을 위한 자기희생'은, 그의 마지막 영화 〈희생〉에서는 '자신이 속한 시대와 사회를 위한 자기희생'으로 바뀐다. 이것은 타르콥스키의 관심사가 후기로 갈수록 '개인 구원'에서 '세계 구원' 쪽으로 기울었다는 것을 보여 준다(참조. 7장 〈희생〉, '교만으로 죄가 들어오고, 희생으로 죄가 사해졌다'). 하지만 타르콥스키에게 "예술은 언제나 인간의 정신을 삼켜 버리려고 위협하는 물질에 저항하는 인간 투쟁의 무기"(『봉인된 시간』, p. 280)이며, 동시에 "인류를 위한 구원의 마지막 가능성"같은 책, p. 307)이라는 점을 감안하면, '예술을 위한 자기희생'과 '자신이 속한 시대와 사회를 위한 자기희생'은 서로 전혀 다르지 않다.

블료프는 백치 소녀를 데려다가 그녀를 보호하며 살아간다. 그러던 어느 날 타타르 기마대가 지나가다 소녀에게 개밥으로 쓸 고기를 먹이는 등 그녀를 농락하다가 이내 데려가 버린다. 하지만 이제 모든 신념을 잃어버린 루블료프는 그 모든 광경을 그저 처참하게 바라만 볼 뿐 속수무책이다.

여기서 우리는 '인간에게 있어 신념信念이란 무엇인가?' 바꾸어 말하자면 '신념을 잃은 인간이란 어떤 인간인가?'라는 보다 보편적인 문제에 부딪치게 된다. 왜냐하면 루블료프는 이제 단지 그림을 그릴 수 없게 된 것만이 아니라 인간으로서 행위할 수 있는 최소한의 어떤 것마저도 할 수 없는 인간으로 묘사되고 있기 때문이다.

신념이란 믿음의 일종이다. 그러나 그것은 '자기 자신에 근거한 믿음'이다. 개인적 신념이든 정치적 신념이든, 도덕적 신념이든 종교적 신념이든 그것의 일차적 근거는 '자신'이다. 이 점에서 신념은 신앙과 다르다. 신앙도 같은 믿음이지만 그것은 '신에 근거한 믿음'이다. 이 때문에 신앙은 일종의 '이상을 향한 믿음'이다. 반면에 신념은 자기 자신에 대한 신뢰 곧 자신감自信感과 오히려 유사하다. 허나 자신감과도 또한 구분된다. 자신감이 과거의 경험과 연관된 자기 신뢰라면, 신념은 미래의 기대와 연관된 자기 신뢰라고 할 수 있다.

그래서 독일의 철학자 니콜라이 하르트만Nicolai Hartmann*은 『윤리학』Ethik에서 다음과 같이 언급하고 있다.

> 신념이란 미래의 행위, 실현, 또는 미래적인 존재 일반의 확실성에 매이는 것이다.···그러므로 신념이라는 것은 종국 자기 자신을 보증하며 자기가 장래에 취할 태도를 예정하며, 자기의 힘으로 능히 좌우할 수 있는 미래의 존재를 보증하며, 따라서 필경

주어진 순간을 넘어서 자기 자신을 보증하는 인간의 도덕적인 힘을 말한다.…그러나 이와 같은 의지의 동일성의 배후에는 종국 인격 그 자체의 동일성이 있다. 신념이 있는 자의 의사意思는 현재나 장래나 동일하다. 그가 그럴 수 있는 이유는 장래의 자기가 현재의 자기와 동일하다고 확신하는 데 있다. 신념을 저버리는 것은 자기 자신과의 관계를 단절하는 것이며 신념을 지탱하는 것은 자기 자신을 견지하고 자기 자신에게 충실을 다하는 것이다. 이러한 인격의 동일성 중에는 모든 자연적·경험적 변화와 대립하는 도덕적 불변성, 말하자면 인격의 윤리적 실체성이 있다. 인간이 이러한 동일성, 바꾸어 말해서 실체성을 가지고 있다는 것은 인간에게 있어서 도덕적인 것이 자연적인 것보다 근본적으로 우월하다는 것을 말하는 것이다. 이리하여 도덕적 생활에 있어서 신념의 에토스가 결정적이며 지배적인 지위를 차지하게 된다.[30]

하르트만에 따르면, "신념이란 미래의 행위, 실현, 또는 미래적인 존재 일반의 확실성에 매이는 것"이며 자기 자신을 보증하는 도덕적 힘이다. 그러므로 신념을 잃은 인간이란 자기 자신과 또한 그의 미래와의 모든 관계를 단절한 인간이다.

타르콥스키는 첫 번째에서 여섯 번째에 이르는 에피소드들에서 루블료프의 생애를 그리면서 바로 이러한 인간을 형상화했다. 루블료프는 철저히 세속화됨으로써 신념을 잃었고, 그 결과 자기 자신과의 모든 관계를 단절하게 된 인간이다. 심지어는 자신의 생

---

30 Nicolai Hartmann, *Ethik*, 4 Aufl. (Berlin: Walter de Gruyter & Co., 1962), pp. 465-467.

명과 같은 예술도 단절했고 인간의 마지막 보루인 언어마저도 스스로 단절해 버렸다. 이로써 서막에서 드러난 '추락과 파국', 또는 타르콥스키가 말하는 다시 살기 위한 '불사조의 죽음'이 루블료프의 삶으로 철두철미하게 완성된 것이다!

이제 타르콥스키에게 남은 단 한 가지 문제는 어떻게 하면 루블료프의 모든 단절을 깨뜨리느냐, 어떻게 그의 예술혼을 다시 일으켜 세우느냐, 어떻게 그의 침묵을 깨뜨릴 수 있느냐, 도대체 무슨 방법으로 재가 되어 버린 불사조를 다시 부활시킬 수 있느냐다. 타르콥스키는 이 난제를 매우 특별한 그러나 가히 천재적이라 할 수 있는 방법으로 해결하는데, 일곱 번째 에피소드 '종'1423-1424년에 나오는 '종 만드는 어린 소년의 이야기'가 바로 그것이다.

이 이야기가 작품에서 차지하는 비중을 말해 주듯 장장 40분간이나 계속되는 마지막 에피소드는, 한 무리의 병사들이 종을 만드는 장인 니콜라이를 찾아 시골을 뒤지는 것으로 시작한다. 그러나 마을에 전염병이 돌아 니콜라이를 비롯한 다른 장인들은 이미 죽고, 니콜라이의 어린 아들인 보리스카만 살아남았다. 홀로 먹고 살 길이 막막한 이 소년은 오직 살기 위해서, 자신이 아버지의 종 만드는 비법을 전수받았다고 거짓말을 한다.

이리하여 소년은 대공의 허락을 받아 어린 나이에도 불구하고 1년여에 걸쳐 종을 만드는 대역사大役事를 진두지휘하게 된다. 그러나 종을 만드는 비법을 알 리가 없는 소년은 하루하루 날이 가고 종 만드는 작업이 진행되어 감에 따라 아무에게도 말하지 못하는 두려움에 밤낮으로 떨게 된다. 왜냐하면 종이 완성되어 타종을 하게 되면 종소리가 제대로 울려 퍼질 리가 없고, 그러면 자신의 거짓말이 탄로 나 곧바로 사형에 처해질 것이기 때문이다. 마치 안전장치조차 전혀 없이 허공으로 몸을 던지는 번지점프를 하게 된 것이다.

루블됴프는 이 고독한 소년의 공포와 전율을 처음부터 끝까지 조용히 지켜보았다. 소년의 번지점프가 어떻게 끝날지, 허공을 향해 던진 소년의 몸이 ─ 마치 영화의 서막에서 기구를 탄 사람이 그랬듯이 ─ 땅으로 처박히며 박살이 날지, 아니면 그의 추락하던 몸에서 홀연히 날개가 돋아나 하늘로 날아오를지를 루블됴프는 잠시도 한눈팔지 않고 주시했다.

이때 소년이 부둥켜안은 두려움과 떨림을 우리가 상상이나 할 수 있을까? 아마 어려울 것이다. 그럼에도 알고 보면 그것은 우리들의 삶에 언제나 깔려 있는 것이기도 하다. 그래서 나는 이 소년의 두려움을 쇠렌 키르케고르*가 그의 저서 『공포와 전율』*Frygt og Bæven*에서 생생히 묘사한 아브라함의 두려움과 떨림을 빌려다 설명하고자 한다.

*

아브라함은 젊어서(그래도 그의 나이 75세였고 그의 이름도 아직은 '아브람'이었다) 신으로부터 약속을 받았다. 그에게 아들을 하나 주고 그 아들을 통해 큰 민족을 이루어 이름을 떨치게 하겠으며 세상 모든 사람이 복을 받게 하겠다는 것이었다. 그는 결국 약속의 성취를 받아 아들을 낳았다. 이때 그의 나이가 100살이었다. 노인은 아들을 사랑했다. 100살이 넘어 얻은 아들이었기에 더욱 사랑했다. 하지만 그보다 이 아이가 약속을 이룰 바로 그 아들이기 때문에 더더욱 사랑하지 않을 수 없었다. 그래서 신도 그 아들을 일컬을 때 "네 아들, 네 사랑하는 독자, 이삭"이라 했다.

아마 그것이 화근이었는지도 모른다. "네 하나님[은]…질투하는 하나님"(출애굽기 20:5)이시라 하였던가? 아무튼 그래서였는지, 얼마 후 그 아들이 얼마만큼 자라자, 신은 사랑하는 아들, 약속으로 준 바로 그 아들을 어느 지정된 장소로 데리고 가서 번제(동물을 태워 드리는 제사)로 드리라고 명한다. 거기에는 아무런 설명도 해명도 없었다. 왜 아들을 바치라고 하는지, 이 아들을 죽이고야 어찌 약속이 이뤄질 수 있는지에 대한 단 한 마디의 언질도 없었다. 성경은 단지 다음과 같이 기록하고 있다. "여호와께서 이르시되 '네 아들, 네 사랑하는 독자, 이삭을 데리고 모리아 땅으로 가서 내가 네게 일러 준 한 산 거기서 그를 번제로 드리라'"(창세기 22:2).

그래서 노인은 어린 아들을 나귀에 싣고 그를 바칠 모리아산을 향해 길을 떠났다. 역사상 유례를 찾기 힘든 이 기구한 길 떠남에 대해 성경은 단순히 "아브라함이 아침에 일찍이 일어나 나귀에 안장을 지우고 두 종과 그의 아들 이삭을 데리고 번제에 쓸 나무를 쪼개어 가지고 떠나 하나님이 자기에게 알려 주신 곳으로 가더니"(창세기 22:3)라고 기록하고 있다.

그러나 생각해 보면, 이 여정은 결코 평범한 '길 떠남'이 아니다. 발걸음 하나를 옮길 때마다 노인에게는 만감이 교차했을 것이다. 하룻밤에도 만리성을 쌓는다지만, 노인은 발걸음 하나하나에 백만 리, 천만 리 성도 더 쌓았을 것이다. 그의 고뇌는 내리쬐는 태양 아래서 들끓었고 빛나는 별빛 아래서 얼어붙었을 것이다. 한편으로는 평생을 의지하고 믿어 온 신을 원망하기도 하고, 또 한편으로는 그토록 오래 살아온 질기고 모진 자신의 목숨을 증오하기도 했을 것이다. 그러나 무엇보다도 두려움에 온몸과 온 영혼이 송두리째 떨렸을 것이다.

내 생각에는, 발걸음을 옮길 때마다 이 노인을 짓눌렀을 공포와 전율이야말로 종이 점점 완성되어 갈수록 그만큼 죽음이 가까이 다가오고 있다는 것을 아는 소년의 그것과 다를 바 전혀 없다.

*

마침내 종이 완성되고 그 타종을 위해 대공을 비롯한 모든 사람들이 모인다. 이때 소년의 공포와 전율은 정점에 다다랐고, 그는 탈진해 거의 실신할 지경에 이른다. 하지만 그 순간 종소리가 맑고 우렁차게 울려 퍼지며 군중들이 환호한다. 기적이 일어난 것이다.

신명 난 군중들이 물러난 후, 소년은 진흙땅에 주저앉아 그제야 온몸으로 전율하며 운다. 그의 곁으로 다가간 루블료프가 아무 말 없이 바라보자 소년이 입을 연다.

"나는 아버지에게 아무것도 배운 것이 없어요. 그 늙은이는 비밀을 안고 무덤으로 들어갔어요."

루블료프가 조용히 다가가 소년을 감싸 안는다. 그리고 15년이나 지켜 온 기나긴 침묵을 드디어 깨뜨린다.

"가자. 가서 나는 그림을 그리고, 너는 종을 만들자."

불 속으로 추락해 재가 된 새가 마침내 다시 날아오르기 시작한 것이다!

*

하르트만은 『윤리학』에서 신념과 믿음의 차이에 대해 다음과 같이 썼다.

신념은 정신력이며 일종의 독특한 도덕적 능력이다. 그 근거는 시험해 본 경험이 아니다. 왜냐하면 신념은 언제나 미래를 향하고 있기 때문에 신념이 경험에 앞서는 것이다. 따라서 신념을 정당화하는 것은 오직 인격의 도덕적 가치에 대한 감정뿐이다. 이 감정은 틀릴 수가 있다. 그렇기 때문에 믿는다는 것은 어디까지나 일종의 모험이다. 감정은 필경 언제든지 '눈먼' 믿음이다. 여기에 바로 신념의 본질적인 점이 있다. 충분한 근거, 또는 객관적인 확실성을 가진 '눈뜬' 믿음은 진정한 믿음이 아니다. 거기에는 자기 인격의 모험이 없다.

"보지 않고도 믿는다."Nicht sehen und doch glauben. 이것이 바로 문제의 관건이다.…증거와 기적을 필요로 하는 믿음은 진실된 믿음이 아니다. 아니 여기서 덧붙여 말할 수 있는 것은 자기 눈으로 보고 아는 자는 벌써 믿을 수 없는 자라는 점이다. 왜냐하면 그가 이미 알고 있기 때문이다. 지知가 신信에 앞서서 신信을 무용하게 하는 것이다. 그러므로 진정한 '눈먼' 믿음盲信, 예를 들면 모든 사실이 반증하는데도 불구하고 어떤 사람의 솔직한 말을 덮어놓고 믿는 것은 불가사의에 가까운 독특한 현상이다. 하지만 눈먼 믿음(또는 눈먼 신념)은 그 나름대로 도덕적 능력을 시험하기 위한 최고의 시금석이며, 인간의 심정의 깊이를 가늠하는 참다운 기준이다.[31]

보지 않고도 믿는다! 여기에 '신념의 신비'가 있다. 그리고 루블료프가 종 장인 소년으로부터 배운 것은 바로 이것이다.

소년은 그의 아버지로부터 종 만드는 비법에 대해 들은 것이 전혀 없었다. 그러나 그는 신념을 가졌다. 아니 바로 그렇기에 눈먼 신념을 가졌다. '나는 종 만드는 법을 모르지만, 나는 종을 만들 수 있을 것이라고' 그는 믿었다. 비록 그것이 상황에 의해 강요된 것이었지만, 그래서 목숨을 건 모험이었지만, 실로 죽을 것 같은 공포와 전율이 있었지만, 소년은 오직 그가 스스로 만든 신념 하나에 그의 모든 것을 맡겼다. 이런 의미에서의 신념, 곧 '보지 않고 믿는' 신념은 그 자체로 일종의 신앙이자 예배다.[32]

예수가 무덤에서 부활했을 때, '의심 많은 도마'는 "내가 그 손

---

[31] Nicolai Hartmann, *Ethik*, pp. 470-471.
[32] 신념과 신앙은 뿌리가 같다. 신념을 뜻하는 히브리어 'emunah'는 확실성이라는 말이며, 'amen'(아멘)은 '틀림없이'라는 뜻이다.

의 못 자국을 보며 내 손가락을 그 못 자국에 넣으며 내 손을 그 옆구리에 넣어 보지 않고는 믿지 아니하겠노라"(요한복음 20:25)라고 말했다. 이런 도마에게 예수는 "너는 나를 본 고로 믿느냐? 보지 못하고 믿는 자들은 복되도다"(요한복음 20:29)라고 교훈했다. 바로 이 말을 하르트만은 "충분한 근거, 또는 객관적인 확실성을 가진 '눈뜬' 믿음은 진정한 믿음이 아니다. 거기에는 자기 인격의 모험이 없다. '보지 않고도 믿는다.' 이것이 바로 문제의 관건이다"라고 표현한 것이다.

*

구약성경에서 아브라함이 그의 아들 이삭을 데리고 신이 지시한 곳에 이르러, 그곳에 단을 쌓고 나무를 벌여 놓고 아들을 결박하여 단의 나무 위에 올려놓은 채 손을 내밀어 칼을 잡고 그를 잡으려 했을 때, 아브라함이 품었던 심경에 대해 키르케고르는 다음과 같이 묘사했다.

> 만약 하나님께서 이삭을 요구하신다면 그는 언제든지 이삭을 기꺼이 바칠 생각이었지만, 하나님께서는 이삭을 요구하시지 않으시리라는 것을 그는 믿었다. 그는 부조리의 힘으로 믿었다. 왜냐하면 거기에는 인간적 타산이 문제 될 여지가 없었고, 그에게 그 요구를 하신 하나님이 다음 순간에 그 요구를 철회하신다면, 그것이 바로 부조리이기 때문이다. 그는 산에 올랐다. 그리고 칼이 번쩍인 순간에까지도 그는 믿었다 — 하나님이 이삭을 요구하시지 않을 것이다라고.[33]

아브라함의 믿음대로, 바로 이때, 이 절체절명의 순간에 신은

---

33 쇠렌 키르케고르, 『공포와 전율』, 임춘갑 옮김(종로서적, 1981), pp. 56-57.

사자使者를 시켜 아들을 찌르려는 그를 중단시킨다. 아브라함이 눈을 돌려 보니, 한 마리 숫양이 수풀에 뿔이 걸려 있어 그것을 잡아 번제를 드리는 것으로 성경에는 나와 있다.

이 기묘한 이야기는 삶에 절망할 수밖에 없는 모든 인간에게 절체절명의 순간에 그것을 극복하는 방법을 선명하게 제시하고 있다. 살다가 재가 된 불사조가 다시 날아오르는 방법을 여실히 보여 주고 있다.

번지점프를 해 본 일이 있는가

당신은 번지점프를 해 본 일이 있는가? 이때 당신은 무엇을 믿는가? 자기 자신인가? 안전장치인가? 그럼, 만일 당신이 삶의 나락으로 추락하게 된다면, 이때 당신은 무엇을 믿을 것인가? 가족인가? 친구인가? 아니면 이런저런 보험인가?

아브라함은 하나님을 끝까지 믿었다. 자신의 손으로 사랑하는 아들을 죽여야만 하는 순간까지 믿었고, 자신의 숨이 끊어질 그 마지막 순간에까지 믿을 작정이었다. 그가 하나님을 믿은 것은 그것이 그에게 가능해서가 아니었다. 그에게는 스스로 아들을 죽여야 한다는 자신이 처한 상황의 '터무니없음'을 이해할 능력이 없었고, 그것을 견딜 만한 힘이 전혀 없었다. 그럼에도 불구하고 그는 믿었다. 투명한 모순과 불투명한 불안 속에서도, 온몸이 죄어드는 두려움과 이가 마주치는 떨림 속에서도 노인은 "믿었고 의심하지 않았다. 그는 부조리한 것을 믿었다."[34] 그는 도저히 믿을 수 없는 것을 믿었다.

34 같은 책, p. 33.

만약 '아브라함'이 모리아산 꼭대기에 섰을 때 의심하였더라면, 만약 그가 결단을 내리지 못하고 주위를 살펴보았더라면, 만약 그가 칼을 뽑기 전에 뜻하지 않게 어린양을 발견했다고 한다면, 만약 하나님께서 이 어린양을 '이삭' 대신으로 바칠 것을 그에게 허락하였다면 - 그래도 그는 집으로 돌아왔을 것이다. 일체가 이전과 다름없었을 것이다. 그는 '사라'를 가졌을 것이다. 그는 '이삭'을 보유하였을 것이다. 그렇지만 사태는 완전히 달라졌을 것이다! 왜냐하면 그때 그가 집으로 돌아온 일은 도망逃亡이고, 그의 (절망에서의) 탈출은 우연이고, 그의 보상은 수치이고, 그의 장래는 아마도 파멸이었을 것이기 때문이다. 그랬더라면 그의 믿음에 관해서나 하나님의 은총에 관해서도 증거하지 못했을 것이고 단지 모리아산 가는 길이 얼마나 무서운 일인가를 증언하였을 뿐이다.…왜냐하면 '아브라함'이 거기에서 의심하였기 때문이다.[35]

35 같은 책, pp. 36-37. 키르케고르는 『공포와 전율』 서두 '조율'에, 모리아산 정상에서 아브라함이 취할 수 있는 행동의 네 가지 가능성과 그 결과를 다음과 같이 묘사했다(참조. 같은 책, pp. 15-23).
1) 아브라함이 칼을 들고 갑자기 험한 얼굴로 변해 이삭에게 외친다. "어리석은 자야! 너는 내가 너의 아버지라고 생각하고 있느냐? 나는 우상 숭배자다. 너는 이것이 하나님의 명령이라고 믿고 있느냐? 아니다! 이것은 나의 욕망이다." 그때 이삭은 벌벌 떨며 하나님께 부르짖었다. "하늘에 계신 하나님이시여, 나를 불쌍히 여기소서.…저는 땅 위의 아버지가 없습니다. 그러므로 당신께서 나의 아버지가 되어 주십시오!" 그러나 이때, 아브라함은 조용히 혼자서 중얼거렸다. "하늘에 계신 주시여, 저는 감사드립니다. 이삭이 당신에 대한 신앙을 잃는 것보다 오히려 그가 나를 비인간이라고 믿는 편이 좋습니다." 키르케고르는 이때 아브라함의 입장을 젖을 떼기 위해 유방을 검게 물들인 어머니에 비유하면서 "자식의 젖을 떼기 위해 이런 무서운 수단을 쓸 필요가 없는 자는 복 있을지어다!"라고 말했다. 왜냐하면 이 경우에조차 아브라함은 이삭의 신앙을 지켰을지언정 자신의 신앙은 이미 잃은 것이 되기 때문이다.
2) 아브라함은 모리아산 꼭대기에서 아직도 결단을 내리지 못하고 주위를 살펴보았다. 그리고 한 마리 어린양을 발견했다. 그래서 이 양을 제물로 드리고 집으로 돌아왔다. 이날부터 아브라함은 노인이 되었고 더 이상 기쁨을 맛볼 수 없었다.

그러나 노인은 믿었다. 끝까지 믿었다. 그래서 칼을 뽑기 전에 주위를 둘러보지도 않았고, 제물이 될 이삭을 위해, 아니면 자식을 죽인 아비가 될 자신을 위해서 기도하지도 않았다. 그리고 칼을 뽑았다. 키르케고르의 표현대로 "그는 부조리의 힘으로 믿었다." 모든 믿음이란 믿을 만하기 때문에 믿는 것이 아니라 믿을 수 없음에도 불구하고 믿는 것이다. 그것은 불가능성의 가능성, 부조리의 조리를 믿는 것이다.

*

땅에서 만들어져 하늘로 올라가는 소년의 종은 '근거 없는 신념' 또는 '눈먼 믿음'이 이루어 낸 위대한 기적이었다. 루블료프는 이 기적을 자신의 눈으로 지켜보았다. 세속적인 것들의 처참함 때문에 성스러운 것을 더 이상 볼 수 없었던 그의 눈으로 보았다. 처음부터 끝까지 지켜보았다.

그리고 그는 알았다. 그 마법의 비밀을! 눈먼 믿음이 인간과 세

또한 이삭은 더 이상 아버지를 갖지 못했다. 왜냐하면 그는 의심했기 때문이다. 키르케고르는 이때 아브라함의 입장을 젖을 떼기 위해 유방을 감춘 여인에 비유하며 "이와는 다른 방법으로 자신의 어머니를 잃지 않는 자식에게는 복이 있을지어다"라고 했다.
3) 아브라함은 혼자서 모리아산에 갔다. 그리고 자식을 죽여야 하는 아버지, 신을 거역해야 하는 인간 사이에 놓인 자신의 처지를 이해하지 못해 괴로워하며 기도했다. 그래도 이해하지 못해 그는 여러 차례 혼자 나귀를 타고 외로운 길을 다녀왔다. 하지만 믿음이 없었기에 그는 영영 이해할 수 없었다. 키르케고르는 이때 아브라함의 입장을 두고 "어린애를 그렇게 가까이 두고 보다 큰 슬픔을 겪을 필요가 없는 자에게 복이 있으라"라고 했다.
4) 아브라함은 모리아산에서 이삭을 찌르려 칼을 들었다. 그때 이삭은 보았다, 아브라함이 손에 절망을 움켜쥐고 그의 몸이 두려움에 떨고 있는 것을. 그리고 그들은 돌아왔다. 사라가 달려와 그들을 맞이했고 그들은 아무 일도 없었던 것처럼 살았다. 하지만 이삭은 아브라함과 마찬가지로 믿음을 잃었고, 사람들은 아무도 이 일을 기억하지 않았다. 키르케고르는 이때 아브라함을 두고 "어린애의 젖을 뗴야만 할 때, 어린애가 굶주리지 않도록 하기 위하여 어머니는 영양분 많은 음식물을 준비한다. 보다 영양분 많은 음식물을 준비한 자에게 복이 있으라"라고 했다.

계에 무엇을 할 수 있는가를 그는 알았다. '무형의 것'이 어떻게 '유형의 것'으로 되는가를, '거짓된 것'이 어떻게 '참된 것'으로 되는가를, '세속적인 것'이 어떻게 '천상의 것'으로 되는가를 그는 분명히 보고 알았다. 또 그것을 통해 황무지가 된 자신의 내면에서 어떻게 다시 숭고함과 아름다움이 꽃필 수 있는지를 깨달았고, 증오와 폭력으로 황폐한 이 세계에서 어떻게 다시 형제애, 사랑, 화해가 이루어질 수 있는지 알았으며, 궁극적으로 신과 세계가 어떻게 다시 화해할 수 있는가를 그는 분명 깨달았다.

그렇다! 그는 마침내 알았다. 믿음으로, 오직 믿음 *sola fide* 만으로 이 모든 일이 이루어질 수 있음을 루블료프는 드디어 깨달았던 것이다!

여기에서 다시 한번 묻겠다! 당신은 아무런 안전장치 없이 번지점프를 해 본 적이 있는가? 분명 없을 것이다. 그럼 삶의 벼랑에서 안전장치 없이 추락하고 있다고 느껴 본 일은 있는가? 그래서 몸서리치게 하는 공포와 치아가 맞부딪치는 전율을 느껴 본 적이 있는가? 아마 적어도 한두 번은 있을 것이다.

그래서 하는 말인데, 혹시 당신은 아는가? 하나님은 천 길 벼랑으로 추락하는 어깨에만 날개를 달아 주신다는 것, 출구가 없는 막다른 골목에서야 길을 터 주신다는 것, 소망이 끊어진 곳에만 소망을 이어 주시고, 희망이 사라진 곳에서야 희망을 열어 주신다는 것을? 무한한 자기 체념이 있는 곳에만 구원이 있다는 것을?

이삭을 바치려고 칼을 뽑은 다음에야 아브라함에게 수풀에 뿔이 걸려 있는 한 마리 숫양을 보여 주셨다는 것, 하나님의 백성들에게는 언제나 예상치 못한 반전이 일어난다는 것, 그것이 "내가 반드시 너와 함께 있으리라"(출애굽기 3:12)라고 약속하신 하나님의 언약 수행 방식이라는 것, 그것이 우리가 기대할 수 있는 하나님의 은혜,

곧 불가능성의 가능성이라는 것을 당신은 아는가?

그래서 진정으로 하나님을 믿는 사람은 매번 허공을 향해 발을 내딛지만, 그럼에도 그는 실제로 그곳을 걸어간다는 것, 바로 그래서 투르나이젠이『도스토옙스키, 지옥으로 추락하는 이들을 위한 신학』에서 하나님을 믿는 사람은 "모든 인간적인 확실함의 대지를 박차고 허공으로 몸을 던져야" 한다고 주장한 것, "이 세상의 현실과 거기 속한 모든 가능성의 종말, 급진적인 한계"가 드러나는 그곳에서 비로소 하나님의 현실이 시작된다고 갈파한 것을 당신도 이제는 또렷이 알게 되었을 것이다.

에필로그

타르콥스키는 분명 그것을 알고 있었다. 그는 인간이 하나님의 백성으로 거듭나는 방법, 세상이 하나님 나라로 바뀌는 방식, 그 변증법적 메커니즘을 알고 있었다. 그리고 그것은 오직 믿음을 통해서만 이뤄질 수 있다는 것도 그는 알고 있었다.

〈안드레이 루블료프〉의 에필로그가 시작하자, 서막과 일곱 개의 에피소드가 진행되는 160분 내내 칙칙하고 어둡던 흑백의 세계가 순간 색채로 변하며 벌건 숯덩이들 속에서 타다 남은 성화상 조각이 보이기 시작한다. "잿더미 속에서 부활할 수 있기 위하여 실제적 현실의 삶 속에서 우선 일단 불태워질 수밖에 없었던" 한 불사조의 '신비롭고도 아름다운 비상'이 마침내 시작된 것이다.

성당, 당나귀, 그리스도 환시, 제자들이 뜰에 모여 있는 장면, 땅바닥에 엎드린 막달레나, 하늘로 날아오르는 비둘기들, 마리아와 동물들이 함께 있는 구유, 그리고 아, 마침내 떠오르는 파랑과 노랑과 연홍의 위대한 "삼위일체" 성화상! 그것이 전부인가? 아니다! 뒤이어 떠오르는 – 타르콥스키가 그리도 사랑하던 – 초원에서 빗속을 거침없이 달리는 말들의 영상, 곧 자유, 평화 그리고 삶의 기쁨!…

타르콥스키는 솔제니친에게 이것을 보여 주고 싶었을까? 그래서 솔제니친은 그것을 보았을까? 이 기적 같은 영상들을 보았을까? 우리로서는 알 수가 없다. 그러나 우리는 분명 보았다. 무엇이 인간을 거짓과 악함과 추함 그리고 억압과 전쟁, 또한 삶의 고통에서 벗어나게 하는가를! 무엇이 우리를 참됨과 선함과 아름다움 그리고 자유와 평화 또한 삶의 기쁨으로 이끌고 가는가를! 우리는 분명 보았다.

> "'눈뜬' 믿음은 진정한 믿음이 아니다.
> 거기에는 자기 인격의 모험이 없다.
> '보지 않고도 믿는다.' 이것이 바로 문제의 관건이다."
> – 니콜라이 하르트만

테르툴리아누스
Tertullianus, 160-230

'라틴 신학의 아버지'라 불리는 테르툴리아누스는 북아프리카의 카르타고에서 태어나 변론술과 법률학을 공부한 후에 로마로 가서 법률가로 일했는데, 195년경 회심해서 귀국한 뒤로는 교회를 위해서 평생을 바쳤다. 그는 그리스 철학을 "이단의 아버지"라고 부르고, 오로지 성경에 따라 삼위일체론, 그리스도론, 구원론 등을 정립하려고 애썼다.

그는 저서『그리스도의 육신론』De carne Christi에서 "불합리하기 때문에 더욱 확실하다"라고 했고, "아테네와 예루살렘이 무슨 상관이 있느냐? 아카데미와 교회가 무슨 상관이 있느냐? 이단들과 그리스도인들 사이에 무슨 일치가 있느냐?"(Tertullianus, De Praescriptione Haereticorum, vii)라는 말도 남겼다. 이 말들이 뜻하는 바는 그가 '신앙의 비합리성을 주장했다'라기보다 '믿음이 이성에 우선한다'라는 것이라고 받아들여야 한다.

초기 기독교 신학에 그가 남긴 가장 두드러진 업적은 한때 법률가였던 덕에 '페르소나'와 '수브스탄티아'와 같은 법률 용어를 빌려다가 하나님을 "세 위격persona으로 존재하는 하나의 본질substantia"이라고 처음으로 삼위일체 교리를 세웠다는 것이다. 내용인즉 하나님은 '밖으로 나타나신바 셋이지만, 그것을 그것이게 하는 것(사고, 의지, 행동)에 있어서는 하나'라는 뜻이다.

테르툴리아누스는 또한 "우리는 신적 경륜oekonomia의 새로운 뜻을 간직하자. 이 신비로운 뜻은 일성一性이 성부, 성자, 성령 삼일성三一性으로 나타난다"[Tertullianus, Adversus Praxeas, 2(ANF, 3:598)]라면서 삼위일체론을 사도 교부 이그나티우스의 '신적 경륜'oekonomia이라는 개념과 연결시켜 설명하였다.

경륜이란 '집'을 의미하는 그리스어 '오이코스'oikos에서 나온 말로, '신적 경륜'이란 '신이 인간과 세계를 그의 가정처럼 다스린다'라는 것을 의미한다. 그 때문에 삼위일체론과 신적 경륜을 연결시키면, 인간과 세계를 다스리기 위해 본질적으로 하나인 신은 자신 안의 세 위격(성부, 성자, 성령)으로 일하신다는 뜻이 된다. 이 외에도 그의 주요 이론으로 그리스도론, 구원론, 죄 유전론을 들 수 있다.

테르툴리아누스의 그리스도론은 영지주의의 가현설에 대립하여 예수의 '신성'과 '인성'을 동시에 인정한다는 점에서 요한, 이그나티우스를 잇는 정통 그리스도론을 따른다. 그러나 그리스도를 로고스의 변화로 보며 그의 기능을 하나님과 세계 사이의 중간자로 파악한 유스티노스의 '변화 그리스도론'과는 다르다. 테르툴리아누스는 성육신이란 "육신으로 변화되셨는가? 아니면 육체를 옷 입으셨는가?"라는 질문에서 후자의 입장을 취한다.

테르툴리아누스에 의하면, 로고스가 육체로 변화되었다면 이는 참다운 신도 아니고 참다운 인간도 아닌 '제3의 어떤 것' $teritium\ quid$ 즉 중간자일 뿐이다. 따라서 그리스도는 인간 안에 로고스가 수용$_{acceptance}$된 것으로, 예수 그리스도 안에는 두 본질 곧 신성과 인성이 따로 있다는 것이다. 이로써 예수는 진정한 신도 되며, 진정한 인간도 된다. 그러나 이 이론은 신이 예수를 양자로 삼았다는 '양자 그리스도론'으로 빠질 우려를 갖고 있다.

테르툴리아누스의 구원론은 율법주의적 성격을 띤다. 사도 교부 시대부터 구원에 대한 이론은 크게 두 가지로 구분되었다. 하나는 소아시아 지방을 중심으로 이그나티우스, 폴리카르포스 등의 교부들이 주장한 '세례와 성찬을 통한 그리스도와의 연합'이라는 신비주의적 경향이다. 다른 하나는 로마와 알렉산드리아를 중심으로 클레멘스, 헤르메스 등이 주장한 '경건한 도덕적·종교적 삶에 대한 하나님의 보상'이라는 율법주의적 경향이다.

이 두 경향은 고대 가톨릭의 주된 두 기둥이다. 이레나이우스가 '신비주의적 입장'을 취하는 반면, 법률가적 성격과 몬타누스주의의 영향으로 테르툴리아누스는 '율법주의적 입장'을 취했다. 그에게 복음이란 새로운 율법에 불과한 셈이다.

니콜라이 하르트만
Nicolai Hartmann, 1882-1950

독일 리가에서 태어난 하르트만은 마르부르크 대학교에서 교수 생활을 시작하여 쾰른 대학교와 베를린 대학교에서 철학을 강의했다. 초기에는 신칸트학파의 코헨Cohen과 함께 마르부르크학파에 속했으나, 그 학파를 떠나 독자적인 존재론을 개척하여 비판적 현실주의의 대표자이자 20세기의 중요한 형이상학자 가운데 하나로 평가된다.

특히 인식 문제에서 마르부르크학파는 칸트의 구성주의 인식론을 따라, 인식은 대상에 대한 생산적 구성Konstruktion 활동이라는 입장을 견지하였지만, 하르트만은 에드문트 후설의 입장을 따라 인식이란 대상의 포착Erfassung이라고 생각했다. 인식 이전에 존재하는 사물의 존재 자체를 먼저 문제 삼은 것이다. 종전의 독일 철학이 인식론을 기초로 하여 존재론을 구성한 것과는 달리, 하르트만은 마치 마르틴 하이데거가 그런 것처럼 존재론을 바탕으로 인식론을 논하는 '현상학적 존재론'을 발전시켰다. 그의 윤리학도 역시 존재론을 기반으로 하고 있다는 점에서는 마찬가지다.

하르트만의 저서 『윤리학』의 중심 개념은 '가치'다. 그는 도덕적 현상을 물질적인 것과 구별되는 존재의 영역, 즉 가치의 영역에 대한 경험으로 이해했다. 이 영역에 존재하는 가치는 변하지 않고 초시간적이며 초역사적이라면서, 그는 이렇게 말했다. "인간의 비극은 풍성한 식탁에 앉아 있으면서도 자기 앞에 있는 것을 볼 수 없어서 손을 내밀지 않아 배고픈 사람의 비극이다. 삶은 의미와 풍요로 가득 차 있다. 우리가 그것을 이해할 때에는 기적과 영광이 가득하다."•

주요 저서로는 『플라톤의 존재의 논리』Platons Logik der Sein, 1909, 『인식의 형이상학』Grundzüge einer Metaphysik der Erkenntnis, 1921, 『윤리학』Ethik, 1926, 『존재의 기초』Zur Grundlegung der Ontologie, 1935, 『실재적 세계의 구조』Der Aufbau der realen Welt, 1940, 『미학』Ästhetik, 1953 등 다수가 있다.

• Nicolai Hartmann, *Ethik*, p. 11.

쇠렌 키르케고르
Søren Kierkegaard, 1813-1855

덴마크 코펜하겐에서 태어나 그곳에서 살다 죽은 키르케고르는 엄격하고 음울한 성격의 아버지 밑에서 철학과 기독교에 대해 "광기에 가까운 교육"(키르케고르 자신의 말)을 받으면서 자랐다. 1830년 코펜하겐 대학교의 신학부에 진학했지만, 그는 이곳에서 헤겔, 셸링, 슐라이어마허 등의 철학과 슐레겔, 티크 등의 낭만주의 미학에 더욱 열중했다.

이 시절 키르케고르는 낭만주의에 심취한 젊은이로서 한때 방탕하기도 했고, 아버지에 관한 어떤 비밀을 앎으로써 커다란 충격을 받아 혼란스러워하기도 했다. 하지만 1841년, 이러한 시기에 종지부를 찍고 소크라테스에 관한 논문으로 학위를 받았으며 열 살 연하의 여성 레기네 올센과 약혼도 하였다. 그러나 지나칠 정도로 죄와 죽음에 대한 의식에 사로잡혀 있었던 '종교적 인간'으로서의 키르케고르는 "나는 종교적 인간이다. 그러나 레기네는 나를 이해하지 못한다"라면서 그토록 자신을 사랑하던 레기네와의 약혼을 파기한다.

그 후 코펜하겐 시민들의 비난 속에서 창작에 몰두했는데, 1842년부터 1846년까지 4년 사이에 『이것이냐 저것이냐』를 비롯한 방대한 양의 저서를 출판하였다. 은퇴하여 시골 목사로 살고 싶어 했던 키르케고르는 그의 저술에 대한 비평이 동기가 되어 신문사 「콜사르」와 논쟁을 벌임으로써 또다시 많은 조소와 비난을 받게 된다. 그러나 이 사건은 그의 창작열을 다시 자극하여 『죽음에 이르는 병』 등 많은 후기 저술을 낳게 하였다. 그가 주로 공격한 것은, 이성에 의해 삶은 점점 더 안락해질 것이며 요식적 신앙생활에 의해 사후가 보장되리라고 믿었던 19세기식 계몽주의에 젖어 있던 소시민들의 수평화된 삶에 대한 태도였다.

키르케고르가 보기에 수평화는 인간을 '여론이라는 환영' '집단주의라는 악마'에 사로잡히게 하여 남들이 생각하는 대로 생각하고, 남들이 말하는 대로 말하고, 남들이 행동하는 대로 행동하게 할 뿐, 평생 단 한 번도 자기 자신으로 살지 못하게 한다. 그것은 삶을 끌어내리기만 할 뿐 끌어올리지는 않기 때문에 삶의 질적 파괴이며, 인간의 자기 소외이고, 개인의 소멸을 불러올 뿐이다.

그는 이상하리만큼 예리한 눈으로 70년도 더 지난 훗날 하이데거가 '세상 사람'Das Man과 '잡담'das Gerede이라는 용어로 비판한 '비본래적' 삶, 야스퍼스가 경고한 '실존 없는 현존재'의 삶, 프랑크푸르트학파가 고발한 '대중적' 삶, 한마디로 오늘날 우리 모두가 경험하고 있는 일상적 삶을 미리 간파하고 이에 대해 날카롭게 경고했던 것이다.

키르케고르에게 진정한 인간은 '수평화된 대중'이 아니라, '신 앞에 홀로 서는 단독자單獨者, Enkelte'다. 그래서 그는 자신의 저술들을 통해, 시민들의 수평화를 조장하는 코펜하겐의 풍자적 신문사「콜사르」와 격렬하게 싸웠다. 그리고 신도들을 세속적이고 요식적 신앙으로 이끌던 당시 덴마크의 국교인 루터교회와도, 사재를 털어『순간』이라는 간행물을 발행해 가며(9호까지 발간되고 10호는 원고 상태로 남았다) 힘겹게 투쟁했다.

'신 앞에 홀로 서는 단독자'는 그의 사상의 핵심 개념이다. 그의 모든 저술 활동의 목적은 수평화된 대중이 신 앞에 홀로 서는 단독자가 되도록 일깨우는 것이었다. 그는 "대중과의 싸움, 수평화라는 폭정과의 싸움, 피상성, 넌센스, 저열성, 야수성이라는 악동과의 싸움에 비하면 왕이나 교황과의 싸움은 오히려 쉽다"라고 토로하기도 했다.

키르케고르는 1855년 10월 2일 길거리에서 쓰러져, 다음 달 1일 마흔넷의 나이로 병원에서 쓸쓸히 세상을 떠났다. 그는 죽을 때 "폭탄은 터져서 그 주위를 불사른다"는 말을 남겼는데, 20세기 전반에 그 폭탄이 마침내 터져 오늘날 우리가 실존주의existentialism라고 부르는 거대한 문학적·철학적 사조에 불을 질렀다.

하이데거, 야스퍼스, 사르트르, 카뮈, 마르셀, 베르댜예프 등에 의해 독자적으로 전개된 20세기 실존주의를 한마디로 요약하면 '사람이 어떻게 하면 의미 있게 살 수 있는가'에 대한 탐구이지만, 각자가 사용하는 용어와 주장하는 내용에는 차이가 있다. 그럼에도 그들의 주장에 '수평화를 야기하는 집단주의에 대한 혐오' '대중 및 대중화된 삶에 대한 저항' '자기 자신으로 존재하려는 용기' '인간 존재의 의미에 대한 탐구'라는 공통성이 들어 있다는 점에서, 실존주의에는 키르케고르의 화인火印이 깊게 박혀 있다. 오늘날 우리가 그를 실존주의 철학의 선구로 평가하는 것이 그래서다.

그러나 키르케고르 자신은 스스로를 조금 달리 생각했다. "나의 저작자로서 활동에 대한 관점"이라는 글에 "나는 종교적 저술가이며 또 언제나 그러하였다"라고 썼듯이, 그는 자신을 철학자라고 생각하지 않았다. 그는 거의 모든 글을 기독교와 연관해 썼고 스스로를 종교적 저술가로 여겼다.『일지』에는 "나의 저작 활동의 사상 전체는 어떻게 사람은 그리스도인이 되는가 하는 것이다"라는 글도 남겼다. 그럼으로써 그는 사실상 근대 기독교 신학에 기여한 바가 크다. 그렇다고 해서 우리는 그를 단순한 기독교 신학자로만 평가할 수도 없다. 그에게는 그리스도인이란 곧 진정한 인간이기 때문이다. 따라서 "어떻게 사람은 그리스도인이 되는가?"라는 그의 화두는 '어떻게 사람은 진정한 인간이 되는가?'라는 실존적 물음의 특수한 표현이었다.

그렇다면 그가 말하는 실존實存, Existenz이란 과연 무엇일까? "나는 생각한다, 고로 존재한다"가 아니라 "나는 행위한다, 고로 존재한다"라고 선언한 키르케고르에게 인간이 된다는 것은 인간으로 행위하는 것이다. '그리스도인'이 된다는 것은 '그리스도인'으로 행위하는 것이다. 단순히 인간으로 태어났다는 사실, 그래서 스스로를 인간으로 생각한다는 사실이 그가 인간임을 의미하지 않고, 단순히 세례를 받았다는 사실, 그래서 스스로를 '그리스도인'으로 생각한다는 사실이 그가 '그리스도인'임을 의미하지 않다는 뜻이다. 그는 '겉치레로 살지 말라'고 했다. 인간이 되려면 인간답게 행동하고, 그리스도인이 되려면 그리스도인답게 행동하라는 것이다. 바로 이 같은 삶의 태도를 그는 '실존'이라 했다.

주요 저서로는 『이것이냐, 저것이냐』Enten-Eller, 1843, 『반복』Gjentagelsen, 1843, 『공포와 전율』Frygt og Bæven, 1843, 『불안의 개념』Begrebet Angest, 1844, 『철학적 단편』Philosophiske Smuler, 1844, 『인생행로의 여러 단계』Stadier paa Livets Vei, 1845, 『철학적 단편을 위한 결말의 비학문적 후서』Afsluttende uvidenskabelig Efterskrift, 1846, 『죽음에 이르는 병』Sygdommen til Døden, 1849, 『그리스도교의 수련』Indøvelse i Christendom, 1850 등이 있다.

Солярис

솔라리스

양심이란 무엇인가

아우구스티누스의 '시간' 속에 존재하는 하이데거의 '양심'

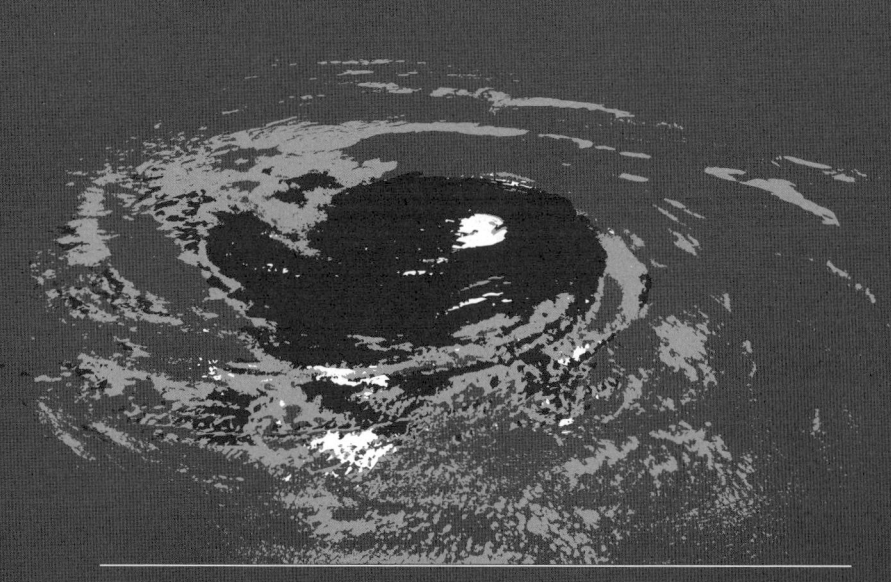

마르틴 하이데거는 양심을
불안 속에서 불안해하는 우리에게
자신의 본래적 자기에로 돌아가라고
'탓하는 부름'이라 했다.
그러나 이러한 부름의 소리는
오직 과거와 현재 그리고 미래가 하나의 통일체로 존재하는
아우구스티누스의 시간 안에서만 들을 수 있다.
우리는 〈솔라리스〉를 해석하면서
인간에게 시간이 무엇이고, 양심이 무엇인지를 본다.
나아가 스스로
이러한 양심의 부름을 듣길 원한다.

원작	스타니스와프 렘
각색	안드레이 타르콥스키, 프리드리히 고렌시테인
주연	나탈리야 본다르추크, 도나타스 바니오니스, 유리 아르베트, 블라디슬라프 드보르체츠크, 니콜라이 그린코, 아나톨리 솔로니친
제작	모스필름 스튜디오(러시아, 1972), 컬러
상영시간	167분
수상	1972년 칸 국제영화제 '심사위원 그랑프리', 'FIPRESCI상', 1972년 런던 영화제 '최우수작품상', 1973년 스트랫퍼드 국제영화제 '명예 디플로마상' 등

양심 – 그 사라지지 않는 실체

스타니스와프 렘Stanisław Lem의 동명 공상과학 소설을 영화화한 〈솔라리스〉Solaris는 타르콥스키의 유일한 SF 영화로서, 스탠리 큐브릭Stanley Kubrick 감독의 〈2001: 스페이스 오디세이〉2001: A Space Odyssey와 자주 비견되며, 이 장르의 영화사에 남는 걸작으로 손꼽히는 작품이다. 그러나 이 영화는 사실상 SF 영화가 전혀 아니다. 이에 대해서 타르콥스키 자신도 분명히 밝힌 바 있다.

> 〈안내인〉[〈잠입자〉]과 〈혹성 솔라리스〉에서 내게 중요했던 것은 결단코 공상과학Science-Fiction 영화가 아니었다. 그럼에도 불구하고 〈혹성 솔라리스〉에는 본질적인 문제로부터 관객을 오도하는 공상과학 영화적 속성들이 유감스럽게 많이 있었다. 원작자인 스타니스와프 렘의 소설에 나오는 우주선들과 우주 정거장들은 확실히 매우 흥미로웠다. 그러나 오늘날 생각해 보면, 만일 이 우주선과 우주 정거장 같은 공상과학 영화적 속성들을 모조리 포기하였더라면 이 영화에서 이야기하고자 했던 것이 훨씬 더 분명해졌을 것이 틀림없을 것으로 여겨진다.[1]

이 말은 우리가 영화 〈솔라리스〉를 볼 때, 무엇에 초점을 맞추고 무엇에 그리 신경을 쓰지 말아야 하는가를 지시하고 있다.

사실상 SF 영화로서 〈솔라리스〉가 보여 준 우주선과 우주 정거장 같은 공상과학 영화적 요소들이 담긴 화면들은 작품의 제작 연대가 1972년임을 감안하더라도 조악하기만 하다. 특히 1977년

---

1 안드레이 타르콥스키, 『봉인된 시간』, p. 253.

제작된 조지 루카스George Lucas 감독의 〈스타워즈〉Star Wars와 비교해 보면 더욱 그렇다.

그러나 예술 영화로서 〈솔라리스〉가 지닌 철학적 심각성과 예술적 탁월함은 그것과는 비교도 되지 않는다. 다른 작품들과 마찬가지로, 영화 〈솔라리스〉를 만듦에 있어 타르콥스키가 관심을 두었던 것은 단지 인간의 내면세계를 작품 안에 담는 것이었다. 그는 다음과 같이 말했다.

외적인 사건의 흐름, 음모, 사건의 연관성 등에 관해 나는 관심을 갖고 있지 않다. 영화 제작을 거듭할수록 점점 더 이 같은 것들에 대한 나의 흥미는 감소되었다. 내가 가장 관심을 갖고 매달린 것은 인간의 내면세계였다.[2]

영화 〈솔라리스〉는 타르콥스키가 평생을 두고 집요하게 추구하던 인간의 내면에 관한 작품이다. 즉 그의 다른 작품인 〈안드레이 루블료프〉가 인간의 '신념'에 대한 진지한 고찰이었고, 〈잠입자〉가 인간의 '희망'에 대한 혜지慧智였다면, 〈솔라리스〉는 인간의 '양심'에 대한 심각한 통찰이라고 볼 수 있다.

*

이야기는 심리학자 크리스 켈빈의 집으로 은하계 저편에 있는 혹성 솔라리스의 우주 정거장에서 일어난 '이상한 일'을 담은 비디오테이프가 전달되면서 시작한다. '이상한 일'이란 우주 정거장에서 솔라리스의 바다에 방사선을 투사한 이래로 일어나기 시작했는데, 인간의 정신 안에 있는 기억이나 상상 곧 정신적인 것들이

---

2 같은 책, p. 260.

물질화되어 우주 정거장 안에 현실로 나타난다는 것이다. 이러한 현상이 최초로 발견된 것은 솔라리스 연구를 나간 탐사팀이 돌아오지 않자 그들을 구조하러 나갔던 헬기 조종사 헨리 버튼에 의해서였다.

그는 솔라리스 바다에서 생긴 거품 같은 물질이 변화되어 만들어진 어떤 거대하고 낯선 소년의 모습을 보았다고 했다. 그런데 그 모습은 나중에 밝혀진 것이지만 그곳에서 실종된 탐사팀의 일원인 페히니의 아들 모습과 꼭 같았다. 헨리 버튼은 지구로 돌아온 후 페히니의 집에 들러서 그 아들의 모습을 보았을 때에야 그것을 알 수 있었다.

이 문제를 해결하기 위해 크리스는 솔라리스의 우주 정거장으로 파견된다. 이 '이상한 일'이 우주에 장기간 머물고 있는 연구자들에게 일어날 수 있는 '환상' 같은 일종의 심리적 현상이라고 파악한 연구소는 크리스를 보내 그곳 현황을 점검하고, 경우에 따라 솔라리스에 있는 우주 정거장을 철수하려는 계획을 세웠다.

사건 이후, 85명이 정원인 우주 정거장에는 우주생물학자 사르토리우스, 인공두뇌학자 스나우트, 생리학자 기바리안 세 명만이 머물고 있었다. 그런데 크리스가 도착했을 때는 그의 친구이기도 한 생리학자 기바리안은 자살했고, 스나우트와 사르토리우스 둘만이 남은 상황이었다. 그러나 이상하게도 그들은 자신들을 위해 기나긴 우주여행을 한 크리스를 반기기는커녕 오히려 경계의 눈빛을 보낸다. 이뿐 아니라 기바리안이 왜 자살했으며, 그곳에서 발생한 문제가 무엇인지에 대해 자세히 설명하려 하지도 않는다. 오히려 대답을 회피하고 무엇인가를 숨기려는 듯한 인상을 풍긴다.

나중에야 밝혀지지만, 사실인즉 스나우트와 사르토리우스에게는 우주 정거장에서 일어났으며 또한 지금도 일어나고 있는 일은 도저히 설명할 수도 없고, 설명해도 믿을 수 없는 것이어서, 설명할 필요가 없는 것으로 생각되었던 것이다. 그것은 오직 크리스 자신이 스스로 체험하는 수밖에 없는 일인 것이다. 그리고 그리 오래 지나지 않아 그 일은 크리스에게도 어김없이 다가왔다. 오랜 우주여행에 지쳐 잠시 잠들었다가 깨어난 크리스의 앞에 몇 년 전 자살한 아내 하리가 나타난 것이다.

몇 년 전 어느 날, 하리와 다투고 집을 나온 크리스는 그가 얼마 전 연구소에서 가져다 놓은 독극물이 집 냉장고 안에 있다는 생각이 나자 그것이 어쩌면 하리를 해칠지도 모른다는 막연한 불안을 느꼈었다. 하지만 그 당시 어떤 조치도 취하지 않았다. 그런데 사흘 후 그가 집에 돌아갔을 때 하리는 팔에 독극물을 주사하여 이미 죽어 있었다. 그렇게 크리스에게서 떠나갔고 또한 잊혀졌던 하리가 물리적 실체實體로서 그의 앞에 다시 나타난 것이다. 크리스는 하리를 보고, 특히 그녀의 팔에 아직도 선명하게 남아 있는 주삿바늘 흔적을 보고 경악한다.

우주 정거장 사람들이 '손님'이라고 부르는 이 실체는 원자로 구성된 인체와는 달리 중성미자中性微子로 구성되어 있어 철판으로 된 문을 뚫고 나갈 수도 있고, 얼마든지 다시 복제되기도 한다. 그 때문에 죽어도 부활하는 존재라고 스나우트와 사르토리우스는 설명한다. 그러나 나중에 드러난 사실에 의하면, 그것은 자살한 기바리안이 죽기 전에 크리스에게 남긴 비디오테이프에서 언급했듯이 그들의 내면에 존재하는 양심良心이었다.

원작에 "바다가 강력한 방사선에 반응을 보여 우리의 두뇌를 조사하여 기억의 섬 같은 것을 끌어낸 것"이라고 표현된 이 '가상적 실체'를 인간의 '양심'으로 규정한 이는 타르콥스키였다. 소설 〈솔라리스〉를 영화화하면서 그가 새롭게 해석하고 설정하여 덧붙인 것이다. 원작자 스타니스와프 렘은 타르콥스키의 이러한 각색에 대해 불만을 표시했다고 한다. 하지만 이렇게 각색됨으로써 영화 〈솔라리스〉는 전 생애를 통해 인간 내면의 문제와 구원의 문제에 천착했던 타르콥스키다운 영화가 되었고, 단순한 공상과학 영화에서 순수 예술 영화로 탈바꿈한 것이다.

타르콥스키의 영화 〈솔라리스〉에서 '괴물' '이상한 종자' 또는 '손님' 등으로 불리며 우주 정거장에 나타나는 존재들은 다름 아닌 그곳에 있는 인간들의 '양심'이다. 가족을 떠나 우주 공간에 장기간 체류하고 있는 연구자들로서는 그들의 가족 특히 자신들의 어린아이를 돌보지 못하는 데서 오는 죄의식을 면할 길이 없었다. 그 죄의식이 그들의 양심을 불러일으켰던 것이다.

솔라리스 바다가 동요하기 시작한 후, 실종된 탐사팀의 페히니가 지닌 그러한 죄의식이 그 아들의 모습으로 물질화되었고, 구조 헬기의 조종사 헨리 버튼은 그것을 본 것이다. 크리스가 처음 우주 정거장에 도착했을 때 스나우트가 누군가와 함께 공을 가지고 놀고 있었던 것이나, 사르토리우스의 방에서 잠시 나왔던 꼬마도 같은 관점에서 이해할 수 있다.

마찬가지로 크리스 앞에 다시 나타난 하리는 그의 내면에 잠재해 있던 죽은 아내에 대한 그의 죄의식이 불러낸 자신의 양심인 것이다. 크리스는 영화의 서두에서 그의 아버지가 꾸짖었듯이 무정한 사람이고, 비디오를 전달하러 온 헨리 버튼이 비난했듯이 '경리사원'처럼 사무적인 인간이었다. 그러한 성격 때문에 그는 주변 사람들을 배려할 줄 모르고, 본의든 아니든 그들에게 상처를 주는 이기적인 삶을 살았다. 그의 아내 하리도 그것을 견디지 못해 자살을 했던 것이다.

크리스의 아버지가 "세상은 온갖 희생을 치르며 너 같은 사람에게 적응해 왔지"라는 말로 질책했듯이, 크리스를 위해 세상이 치러야 할 희생 중 하나가 바로 하리의 죽음이었다. 그런데 세월이 흐르면서 그의 내면에서 그를 꾸짖던 양심이 마침내 혹성 솔라리스에서 하리로 물질화되어 나타난 것이다.

여기에서 우리에게 우선 흥미로운 것은 '양심이 어떻게 실체로서 나타날 수 있는가?' 하는 것이다. 우리는 일상생활에서 이 같은 현상을 체험할 수 없는 까닭에 타르콥스키가 극적 장치로 설정한 이 일이 일단 무척 기이하게 생각된다.

그러나 잠시만 다시 생각해 보면 이것은 '정신적인 것의 물질화'를 의미하는 것으로서, 단순한 극적 장치가 아니며 전혀 새로운 것도 아니다. '정신적인 것의 물질화'는 기독교에서 성육신, 곧 말씀 *logos*의 육화가 그렇듯이[3] 서구 사상과 문학에 고대로부터 암암리에 스며들어 있는 요소다. 예컨대, 영국의 도덕학파 작가인 섀프츠베리Shaftesbury는 인간 정신이 우주질서와 조화를 이룬다는 사실에 입각하여, 인간 정신 또는 양심의 물질화가 가능하다고 생각했다. 비록 SF적 형식을 빌렸지만 영화 〈솔라리스〉에서 나타나는 일이 바로 그런 것이다.

---

3   초기 기독교에 영향을 미쳤던 영지주의(靈知主義, Gnosticism)에서는 신(神)인 '그리스도'는 물질인 육체를 입을 수가 없다는 입장에서 예수가 입은 육체는 진정한 육체가 아니고 육체처럼 보였을 뿐이며, 따라서 그의 죽음도 죽은 것처럼 보였을 뿐 참된 것이 아니기에 부활할 수 있었다고 주장했다. 이것이 바로 그리스도의 인성(人性)을 부인하는 소위 가현설주의(Docetism)다. '가현설'은 그리스어 '…처럼 보인다' 또는 '가상하다'라는 뜻의 '*dokéō*'에서 유래한 말로서 말씀의 진정한 육화를 부인했다는 점에서 후일 이단으로 정죄되었다. 하지만 가현설주의자들의 주장을 영화 〈솔라리스〉에 나오는 '손님'과 연결하여 생각해 보면 매우 흥미롭다. 무엇보다도 '손님'들의 몸이 중성미자로 되어 있어서 인간의 육체처럼 보일 뿐 육체가 아니라는 점, 따라서 죽어도 다시 부활한다는 점에서 그렇다.

양심의 구현이 삶의 목적이다

철학적으로 보면, 일찍이 스토아 철학자들은 '양심'을 신이 인간에게 심어 준 이성의 법칙lex rationis 곧 로고스logos로 생각했다. 이들이 말하는 로고스는 자연의 법칙이자 동시에 신의 창조 원리였다.

그러나 로고스는 단순한 정신적 법칙이 아니라 물질적인 어떤 것이었다.[4] 따라서 스토아 철학에서 정신적인 모든 것(로고스, 이성 그리고 양심)은 그것이 무엇이든 심지어는 신까지도 물질적 성격을 띤다. 물론 그것들은 구체적인 사물이 아니라 공기나 호흡처럼 계속 움직이는 미묘한 능동적 물질이다. 그것은 정제된 재료 또는 에테르와 같은 것으로서, 스토아 철학자들은 그것을 프네우마pneuma[5] 곧 영靈이라고 불렀다. 그리고 이 프네우마가 모든 사물 안에 들어 있어서 그들에게 생명력을 불어넣어 준다고 생각했다.

예를 들어 스토아 철학의 창시자인 키프로스의 제논Zēnōn ho Kyprios을 비롯한 많은 스토아 철학자는 로고스를 정신이 구현된 최

---

4 스토아 철학자들에 의하면 우주는 일종의 숨 쉬는 기식(氣息)인 로고스(logos)로 되어 있다. 로고스는 가장 근본이 되는 물질이고, 자기 자신은 증감이 없으며, 만물은 여기에서 나와 여기로 돌아간다. 즉 로고스는 우주 만물이 있게 하는 '창조적 능력'이고, 그것들을 움직이는 원리다. 동시에 인간의 삶에 본래적으로 존재하는 '도덕적 질서'이기도 하다. 스토아 철학자들은 인간은 자신들이 '자연법(自然法, natural law)이라고 부르던 이 로고스에 순응함으로써만 덕스럽게 될 수 있다고 주장했다. 자연법은 금욕적이며 검소한 생활을 요구하였기에 초기 그리스도인들은 이것이 기독교 윤리의 기초가 될 수 있다고 생각하고 받아들였다. 스토아 철학자들에게 로고스는 또한 '인간의 이성'이기도 했다. 인간이 로고스를 자기 안에 지니고 있기 때문에 우주와 역사 안에 있는 로고스를 인식할 수 있다는 것이다.
5 고대 그리스어로 '불다' '숨 쉬다'라는 뜻의 동사인 프네오(pneō)에서 나온 프네우마는 물리적 '바람' '숨결'과 같은 의미로 사용되었다. 하지만 신약성경에서는 이 단어를 하나님과 연관해서 "하나님은 영이시니"(요한복음 4:24)와 같이 영이라는 뜻으로 사용했다. 참조. 월프 힐데브란트, 『구약의 성령신학입문』, 김진섭 옮김 (이레서원, 2005), pp. 33-34.

고의 신이라 여겼지만, 그것은 어디까지나 물질적 성격을 지녔으며, 이것에 의해 물리적 세상이 형성되었고,[6] 또한 그로부터 모든 것이 다스려진다고 생각했다.[7]

이러한 스토아 철학의 사변을 '양심'이 물질화되어 실재하는 영화 〈솔라리스〉와 연관시켜 보면 매우 흥미롭다. 그것이 지각되든 아니든—다시 말해 영화 〈솔라리스〉에서처럼 사물화되었든 아니든—양심은 물질적인 어떤 것이다. 또한 스토아 철학에서나 영화 〈솔라리스〉에서나, 인간에게 '양심'이란 인간을 인간답게 한다는 점에서 그리고 인간을 다스려 간다는 점에서 인간성humanity 그 자체다. 따라서 스토아 철학에서는 인간이 자신의 양심을 따른다는 것은 자연의 법칙을 따르는 것이며, 궁극적으로는 신과 합일하는 것이고, 그렇기에 그것은 단순히 윤리적인 차원이 아니라 종교적 차원의 문제다.

여기서 우리가 주목해야 할 것은 스토아 철학자들이 인간이 양심을 따르는 것이 마땅하다고 찬양할 때, 그것을 통해 단순히 인간의 사회적 본성을 순화시키고자 하는 것이 아니었다는 것이다. 그들은 인간이 이성의 법칙인 양심에 따라 욕망과 쾌락을 극복함으

---

[6] 로고스인 신은 존재하게 될 모든 사물의 능동적 형상을 자신의 안에 포함하고 있는데, 그리스어로 'logoi spermatikoi', 라틴어로 'rationes seminales'라고 표기된다. 이 형상들은 우리말로는 보통 '종자적 형상', 곧 '씨앗들'로 번역되는데, 이것들의 운동에 의해 사물들이 발전해 간다. 신플라톤주의와 아우구스티누스의 저술에서 발견되는 '종자적 형상'은 신이 만물을 창조했다는 창조론과 새로운 것이 끊임없이 발전하고 있다는 진화론을 조화시키는 역할을 한다.

[7] 후기 스토아 철학자 세네카는 『섭리에 대하여』에서 로고스가 가진 강제성에 대해 이렇게 설명했다. "선한 사람이 할 일이 무엇이겠소? 자신을 운명에 맡기는 것이오. 우리가 우주와 함께 휩쓸려 간다는 것은 그나마 큰 위안이오. 우리더러 그렇게 살라고, 그렇게 죽으라고 명령한 것이 무엇이든 간에 그것은 똑같은 필연성으로 신들도 옭아매고 있소. 신도 인간과 마찬가지로 돌이킬 수 없는 길로 나아가기 때문이오. 만물의 창시자이자, 조종자, 운명의 법을 만들어 정하신 그분도 그것을 따르고 있소. 그분은 단 한 번 명령하고는 늘 복종하지요"(Seneca, De Providentia, 5).

로써 프네우마에 의해 이뤄지는 '존재론적 승화'가 가능하다고 생각했다. 예컨대 세네카Seneca는 『섭리에 대하여』De Providentia에서, 자신의 본성상 고통을 아예 모르는 신은 고통의 '저쪽'beyond에 있지만 인간으로서 고통 속에 태어나 이성과 용기로 고통을 극복한 스토아 철학자들은 고통의 '위쪽'above에 있다고 주장했다.

자, 여기서 주목하자! '저쪽'과 '위쪽'이라는 구별에 가치판단이 들어 있다. 요컨대 스토아 철학자들은 스스로 고통을 극복했기 때문에 고통을 아예 모르는 신보다 더 우월하다는 뜻이다. 바로 이런 논리에서 세네카는 참된 스토아 철학자를 '신들 위의 신'God above gods이라고도 불렀다.[8]

이 얼마나 엉뚱하고 대담한 생각인가! 하지만 이러한 이유에서 스토아 철학은—로마 황제 마르쿠스 아우렐리우스Marcus Aurelius가 보여 주었듯이—인간으로 하여금 삶에서의 모든 욕망과 쾌락 그리고 죽음에서 오는 공포와 불안을 동시에 극복할 수 있게 했던 것이다. 그뿐 아니라 서구에서 기독교와 오랜 세월 동안 경쟁하며 또한 적지 않은 영향을 끼칠 만큼 강력한 힘을 지닐 수 있었던 것이다.

독일 출신 현대 신학자 폴 틸리히Paul Tillich*는 『존재에의 용기』 The Courage to Be, 전망사에서 스토아 철학자들이 이러한 사유와 용기를 갖고 있었기 때문에 오직 스토아 철학적 정신만이 구원의 종교인 기독교 정신과 오랫동안 당당하게 대립할 수 있었다고 주장하며, 이렇게 말했다.

로마 제국도 기독교의 적수는 아니었다. 여기서 놀라운 것은 기독교에 중대한 위기를 초래한 것은 네로처럼 제멋대로인 폭군도,

---

8   참조. 같은 책, 6.

율리아누스Julian 같은 광신적 반동주의자도 아닌, 도리어 마르쿠스 아우렐리우스M. Aurelius 같은 점잖은 스토아주의자였다는 사실이다.⁹

정리하자면, 인간에게 양심이란 자신의 인간성을 구현하게 하는 것인 동시에, 자신을 신적 존재로 승화시킬 수 있는 실제적인 힘인 프네우마다. 따라서 양심은 후천적으로 발생하는 것이 아니며, 또한 개인적인 것이 아니다. 타르콥스키도 같은 의미에서 다음과 같이 말했다.

> 사회적 의식에서 발전되어 나온 모든 개념들이 진화론적인 데 반해 양심이라는 개념은 인간 사회의 역사적 발전 과정과 연관되지 않는다. 양심은 인간에게 내재하는 것이며, 인간은 양심을 선험적으로 갖고 있다. 양심은 우리들의 완전히 잘못된 물질문명의 산물인 사회의 근본을 파헤친다. 생물학적·진화론적 의미에서 양심이라는 카테고리는 불합리한 것이다. 그럼에도 불구하고 양심은 존재하며, 인류의 발전을 고스란히 동반한다.¹⁰

양심이 '선험적'*a priori*이며 마땅히 따라야 할 규범이라는 생각은 앞에서 보았듯이 스토아 철학에서 기원했지만, 근대에 와서는 이마누엘 칸트Immanuel Kant를 비롯한 독일 관념론자들에 의해 지지받아 더욱 강화되었다.

일찍이 칸트는 "오랫동안 그리고 거듭해서 생각하면 생각할

---

9   폴 틸리히, 『존재에의 용기』, 현영학 옮김(전망사, 1986), p. 17.
10 안드레이 타르콥스키, 『봉인된 시간』, p. 276.

수록 더욱 새롭고 더욱 커다란 감탄과 경외로 내 마음을 가득 채우는 것이 두 가지가 있다. 내 머리 위에 총총히 빛나는 별들과 내 가슴 속에 도덕법이 그것이다"[11]라고 도덕의 선험성을 시詩적으로 표현했다.

이 말에는 양심은 일체의 경험적인 것, 즉 타르콥스키가 언급한 생물학적·진화론적인 것들을 거부한다는 의미가 들어 있다. 그것은 존엄한 것이고 '최상의 실천 원리'로서 마땅히 따라야 할 의무를 인간의 어깨에 지워 주는 어떤 것이다. 칸트는 『도덕형이상학 정초』Grundlegung zur Metaphysik der Sitten에서 이에 대해 다음과 같이 설명했다.

> 모든 도덕적 개념들은 철두철미하게 선험적으로 이성 안에 자신의 자리와 원천을 갖고 있다.…도덕적 개념은 경험적이고 우연적인 지식으로부터 도출될 수 없다. 도덕적 개념의 존엄성은 바로 그 원천의 순수성에 기인하며, 바로 그 때문에 우리는 그것을 최상의 실천 원리로서 사용하는 것이다. 이것들에 경험적인 것이 부과되면 그만큼 행위에 대한 도덕적 개념의 영향력이 감소하며, 행위의 무제한적 가치도 감소한다.…이러한 것들은 사변이 문제시되는 이론적 목적을 위해 꼭 필요할 뿐만 아니라 참으로 커다란 실천적 중요성을 가지기도 한다.[12]

그뿐 아니다. 칸트의 뒤를 이은 독일의 관념론 철학자 요한 고틀리프 피히테Johann Gottlieb Fichte는 『인간의 사명』Die Bestimmung des

---

11 Immanuel Kant, *Kritik der praktischen Vernunft*, A 288. 이 글귀는 칸트의 묘비명이기도 하다.
12 Immanuel Kant, *Grundlegung zur Metaphysik der Sitten*, A 34-35.

Menschen, 서광사에서 한발 더 나아가 다음과 같이 주장했다.

> 양심에 귀 기울이는 것 그리고 정직하고 사심 없이 어떠한 공포나 궤변도 없이 양심에 복종하는 것이 나의 유일한 사명이며 나의 현존의 전체 목적이다. 이제 나의 생은 공허한 진리나 의미 없는 유희이기를 중단한다. 이러한 상황에 있는 나에게 양심이 요구하는 것은 단지 그것이 발생해야 하기 때문에 그저 발생해야 하는 것이다. 그리고 그것이 발생하도록 하기 위해, 오로지 그것만을 위해 내가 여기 존재하는 것이다. 그것을 인식하기 위해 나에게 오성이 있고, 그것을 실현하기 위해 나에게 체력이 있는 것이다.[13]

피히테의 이 같은 말은 오직 한 가지 의미 즉 인간이 자신의 양심을 따르는 것이 '자기실현의 길'이자 '구원에의 길'이라는 의미에서만 이해가 가능하다.

그렇다! '양심'은 궁극적으로 그런 것이고, 또 그런 일을 한다. 그러나 '양심'은 일반적으로 긍정적 형태보다 우선 부정적 형태로 모습을 드러낸다는 특성을 지녔다. 영화 〈솔라리스〉의 우주 정거장에 있는 사람들에게 그랬듯이, 양심이란 언제나 '염려'나 '죄책감'과 함께 그 모습을 드러낸다. 따라서 양심은 본디 '꾸짖는 양심'이다.

'꾸짖는 양심'은 누구에게나 그 자신의 안에서 모습을 나타내지만, 자신에 의해 수행되는 것은 아니다. '양심'은 그 무엇이 자신을 부르는 하나의 '부름'으로 다가온다. 이 '부름'이 부정적 형태로 나타날 때는 '꾸짖는 부름'인 것이다. 같은 의미에서 하이데거도 양

---

[13] 요한 고틀리프 피히테, 『인간의 사명』, 한자경 옮김(서광사, 1996), p. 131.

심의 부름은 '탓하는 부름'이라고 일컬었다. 그렇다면 양심은 우리를 왜 꾸짖으며, 또 무엇을 하라고 꾸짖는 것일까?

'본래적 자신'에로 돌아가라고 '탓하는 부름'

독일의 철학자 마르틴 하이데거*는 그의 저서 『존재와 시간』에서 양심을 현존재의 '염려의 부름'Ruf der Sorge이라고 존재론적으로 규정하고 다음과 같이 말했다.

> 양심Gewissen은 스스로를 염려의 부름으로 드러낸다. 부르는 자는 내던져져 있음 속에서 자신의 존재 가능성Seinskönnen 때문에 불안에 떨고 있는 존재이다. 부름받은 자는 자신의 가장 고유한 존재 가능성에로 불러 세워진 바로 그 현존재Dasein이다.[14]

하이데거의 이 말은 설명이 필요하다. 그의 사고 자체가 특별히 난해해서라기보다 그가 만들어 사용하는 용어가 매우 독특하기 때문이다. 누군가는 그가 왜 알아듣기 쉽게 일상용어를 사용하지 않고 난해한 용어를 일부러 만들어 쓰느냐고 물을 수 있는데, 그에 대한 답은 이렇다. 일상용어는 여러 가지 복합적인 의미를 지니고 있다. 그런데 철학자들은 자기 생각을 적확하게 표현하고 싶어 하기 때문에 스스로 용어를 만들어 사용하는 경우가 잦다. 하이데거의 경우가 특히 그렇다. 그래서 잠시 그가 사용하는 용어의 의미를 설명하면서 이야기를 이어 가고자 한다.

---

14 Martin Heidegger, *Sein und Zeit*, p. 277.

우선 '현존재'Dasein라는 말부터 보자. 이것은 하이데거가 인간을 다른 존재자들과 구분하여 일컫는 용어다. 독일어 'Dasein'은 원래 '거기'da에 '있음'sein이라는 뜻이다. 그렇다면 인간은 다른 존재자들과 구분되어 대체 어디에 있다는 말인가? 하이데거는 현존재로서 인간은 언제나 자신의 삶을 선택해야 하는 두 갈래 갈림길 앞에 서 있다고 했다. 하나는 그가 마땅히 가야 할 '본래적 자신'의 길이고, 다른 하나는 그저 남들을 따라가는 '비본래적 자신'의 길이다.[15] 하이데거의 용어를 빌려 말하면, 인간에게는 '본래성'과 '비본래성'이라는 두 가지의 존재 가능성이 주어져 있다는 것이다.

그 이유는 인간은 누구나 아무런 특별한 의미 없이 예컨대 신의 예정이나 소명 없이 세계로 우연히 '내던져진 존재'Geworfensein이기 때문이다. "인간은 피투성被投性(내던져져 있음)이다"라는 유명한 실존주의 경구가 여기에서 나왔다. 따라서 인간이 두 가지의 존재 가능성 가운데 어떤 것을 선택할지는 오직 자신에게 맡겨져 있다.

하이데거는 인간의 이 같은 존재론적 선택과 결단을 '기획투사'Entwurf라고 이름 붙였다. 따라서 기획투사는 막연히 자신의 미래에 대한 계획을 세운다는 말은 아니다. 그것은 자신의 존재 의미가 드러나도록 하는 것이 무엇인가를 이해하는 사람이 그 이해에 따라 자기 자신을 새롭게 기획하고 그것을 향해 자신을 내던지는 행위다. 이러한 삶의 태도를 하이데거는 실존Existenz이라고 했다.

15　하이데거는 "그(현존재)의 본질은 그 존재자가 각기 자신의 존재를 자기 것으로 존재해야 하는 거기에(da) 있기에, 현존재(Dasein)라는 칭호는 순전히 이 존재자를 지칭하기 위한 순수한 존재표현으로 선택된 것이다"(같은 책, p. 12)라고 했다. 물론 이러한 현존재의 존재 이해를 바탕으로 모든 존재자의 존재 곧 '존재-일반'(Sein-überhaupt)에 대한 이해가 생기기 때문에, 현존재는 모든 존재자의 존재의 의미를 밝히는 거기에 서 있기도 하다. 하이데거는 존재-일반이 개시하는 현존재의 의미를 강조하기 위해 현-존재(Da-sein)라는 표현도 쓰는데, 더러는 그냥 '현'(Da)이라고도 한다.

그러니 하이데거에 의하면, 인간이란 아무 의미 없이 세상으로 내던져져, 모든 것을 자기 스스로 기획하고 투사해야 하는 – 달리 말해 실존해야 하는 – 바로 '거기'da에 서 있는 존재다.

그런데 현존재로서 인간은 자신의 '내던져져 있음'과 매 순간 기획투사해야 하는 자신의 '존재 가능성' 때문에 – 마치 모태에서 분리되어 모든 것이 불확실한 세상으로 축출된 아이처럼, 또는 죄를 짓고 낙원에서 추방된 아담과 하와처럼 – 오히려 '섬뜩함'을 경험하고 불안해한다. 이 불안은 심리적인 것이 아니라 존재론적인 것이다. 하이데거의 용어를 빌려 표현하자면, 그것은 세계를 향해 아무런 의미도 없이 그저 내던져진 세계-내-존재In-der-Welt-Sein로서 현존재가 가진 '근원적 존재양식'이다. 요컨대 누구도 피할 수 없다는 뜻이다.

피하려야 피할 수 없는 이 불안 때문에 대다수의 인간은 하이데거가 '오인된 자유'라고 칭한 – 본래적 자신을 잊어버림으로써 얻는 – '편안함' 속으로 서둘러 도피한다. 자신의 삶을 스스로 기획투사하지 않고, 다른 사람에게 휩쓸려 그들이 생각하고 말하고 행동하는 대로 따라 살면서 그들과의 일체감을 형성한다. 그리고 그 일체감을 통해 하이데거가 말하는 불안을 잊으려고 한다.

이것이 일상적 우리, 곧 하이데거가 이름 붙인 '세인'世人, das Man이 사는 방식이다. "세인은 특정한 사람이 아니며, (사람들의) 총계라는 의미에서 모든 사람이 아니다."[16] 즉 세인은 '모든 사람이지만 개별적 어느 누군가가 아닌 사람'이며, 말하자면 당신과 나 같은 일상적 인간이다.

하이데거에 의하면, 세인들은 스스로 자신을 선택할 수 있는

---

16 같은 책, p. 169.

실존의 순간에는 언제나 그 자리를 피한다. 그리고 잡담, 호기심, 애매성 속에서 자기 자신을 잊어버릴 수 있는 것을 찾아 스스로 몰입하며, 그런 행위가 마치 실존적 결단인 양 위장하고 자기 자신을 위안하지만, 그 결과 그는 본래적 자신으로부터 더욱더 소외되어 간다. 하이데거는 일상적 현존재의 이러한 행위를 전락Absturz이라 했다.

그러나 전락하여 일상적 현존재로서 살아간다고 해서 불안Angst이 해소되는 것은 아니다. 불안에 처해 있는 현존재의 불안은 세인으로의 도피를 통해 오히려 의식화되어 '불안해하는 불안'이 된다. 그리고 이러한 불안은 곧바로 죄책으로 이어진다. 따라서 세인, 곧 일상적 현존재는 언제나 '본래적 자신'으로서 살지 않았다는 '탓이 있음', 곧 죄책罪責을 갖고 있다.

이때 불안 속에서 불안해하는 일상적 현존재에게 자신의 '본래적 존재 가능성'에로 돌아가라고 외치는 소리가 바로 '양심의 부름'Gewissensruf이다. 하이데거는 다음과 같이 말했다.

> 양심을 좀 더 파고 들어가 분석해 보면 양심은 곧 '부름'Ruf이라는 것이 드러난다. 부름은 '말'의 한 형태이다. 양심의 부름은 현존재를 그의 가장 독자적 존재 가능으로 '불러냄'Anrufs이라는 성격을 갖고 있는데, 그것도 독자적인 '탓이 있음'Schuldigsein을 불러일으키는 방식을 취한다.[17]

한마디로 '양심의 부름'은 현존재가 '세인들' 속에서 잃어버린 '본래적 자기'를 되찾아 와야 한다는 것, 즉 '본래적 자기로 있지 않음'의

---

17 같은 책, p. 269.

탓이 자기 자신에게 '있다'는 것을 일깨워 주는 것이다.[18]

*

영화 〈솔라리스〉에서 우주 정거장에 있는 사람들은 모두 이러한 '탓이 있음' 즉 죄책감을 가지고 있었다. 그들은 모두 진리를 탐구하는 과학자라는 긍지와 열정으로 혹성 솔라리스의 우주 정거장에 와 있지만, 따지고 보면 그것은 '비본래적'인 것이었다. 그 때문에 그들 '양심의 부름'은 그들이 잃어버린 '자신'을 되찾아 와야 한다는 것을 일깨워 주는 '손님'으로 나타난 것이다. 다시 말해 이 '탓하는 양심' 때문에 크리스의 친구 기바리안이 자살한 것이고, 남아 있는 스나우트와 사르토리우스 그리고 크리스가 괴로워하는 것이다.

"현존재는 양심 속에서 자기 자신을 부른다."[19] 양심 속에서 '부르는 자'도 현존재이고, '부름을 듣는 자'도 현존재다. '부르는 자'는 세계의 무의미성 속에 '내던져져 있음'에 대해 불안해하는 현존재이고, '부름을 듣는 자'는 일상이라는 '오인된 자유'의 편안함 속으로 도피한 현존재다. 이러한 폐쇄적 구조에서 양심은 세계와 관련된 모든 것과 무관하고 오직 자기 자신과 관계한다. 그럼으로써 '양심의 부름'은 재산이나 명예, 지위 같은 공공적 명망에 집착하는 세인을 무의미성 속으로 밀어붙인다.

그래서 양심은 현존재에게 세계에 대해서뿐 아니라, 자기 자신에 대해서도 침묵하도록 강요한다. "양심은 한결같이 오직 침묵

---

18 하이데거는 다음과 같이 표현했다. "불안감은 일상적으로는 은폐되어 있지만 '세계-내-존재'의 근본 양식이다. 현존재 자신이 양심으로서 '세계-내-존재'라는 이 존재의 근거로부터 부르는 것이다.…불안에 의해 기본적으로 규정된 부름의 소리가 현존재에게 그 가장 고유한 존재 가능성을 향해 자기 자신을 기획투사(Entwurf)하는 것을 비로소 가능케 한다"(같은 책, p. 277).
19 "현존재는 부르는 자이면서 동시에 부름받는 자이다"(같은 책, p. 275).

의 양상으로만 말한다."[20] 이 침묵이 '세인'이 회피해 온 자신의 '본래적 존재 가능성'에로 되돌아가게 하는 것이다.[21] 이 말을 하이데거는 현존재의 '본래성'이 '양심'에 의해 확보된다[22]고 했다.

우리는 여기에서 영화 〈솔라리스〉의 무대가 은하계 저편 우주 정거장이라는 점과 '괴물' '이상한 종자' 또는 '손님' 등으로 불리며 우주 정거장에 나타나는 존재들이 다름 아닌 그곳에 있는 인간들의 '양심'이라는 점을 다시 상기할 필요가 있다.

우주 정거장이 세계와 단절되어 있다는 점, 곧 일상이라는 '오인된 자유'의 편안함 속으로 도피한 현존재에게 '세인'과의 '잡담'을 단절시켜 자신들의 '본래적 자신'으로 되돌아가게 하기에 이상적이라는 점에서 이곳은 – 타르콥스키 감독이 의도했든 안 했든 – '양심'이 스스로를 드러내기에 이상적인 장소임에 분명하다.

하이데거는 '양심'의 문제를 취급하는 데 있어서 제기되는 존재론적 문제는 "존재하는 것, 바꾸어 말하면 '부름의 소리'처럼 '사실적으로 존재하는 것'은 '사물적으로 존재'해야 하는데, '사물적으로 존재'해 있는 것으로서 객관적으로 증명되지 못하는 것은 애당초 존재하지 않는다는 테제"[23]라고 했다.

그러나 타르콥스키는 양심을 '괴물' '이상한 종자' 또는 '손님' 등으로 불리는 실체로서 등장시키는 극적 장치를 마련함으로써 하이데거가 제기한 존재론적 문제를 성공적으로 해결한 셈이다.

---

20 같은 책, p. 273.
21 참조. 같은 책, p. 273.
22 "본래적 실존이라는 것이 현존재에게 억지로 떠맡겨져 있는 것도 아니고 존재론적으로 날조된 것도 아니라면, 현존재 자신이 자신의 존재 속에서 자기의 본래의 실존의 가능성과 방식을 제시해야 함은 말할 것도 없다. 그런데 본래적 가능을 증거하는 것은 양심이다"(같은 책, p. 234).
23 같은 책, p. 275.

양심과 시간의 구조

우리는 여기에서 '양심과 시간'이라는 양심의 또 다른 측면을 살펴보려고 하는데, 이유인즉 – 영화 〈솔라리스〉에서 '탓하는 양심'으로 나타나는 '손님'들이 모두 그들의 과거이듯이 – '양심'은 '시간'과 관계하고 있기 때문이다.

'양심'과 관계하는 시간은 우리가 일반적으로 말하는 '자연적 시간' '물리적 시간'이 아니다. '자연적 시간'은 운동과 관계되어 과거, 현재, 미래로 나뉘어 흘러가는 물리적 사물들의 시간이다. 그러나 양심과 관계하는 시간은 과거와 현재가 또는 미래와 현재가 함께 공존하는 '심리적 시간'이자 '인간적 시간'이다. 영화 〈솔라리스〉에서 '손님'들이 현재에 나타나듯이, 이 시간에는 과거와 미래가 언제나 현재로서 자신을 드러낸다.

일찍이 이러한 '인간의 시간'에 대해 깊은 통찰을 가졌던 이가 아우구스티누스*다. 그는 아리스토텔레스*가 파악했던 것처럼[24] 시간을 과거, 현재, 미래로 분산_distentio_되어 무한히 흘러가는 '물리적인 것'으로 파악하지 않고,[25] 하나의 총체적 통합체로 파악했다. 그 안에 과거와 현재와 미래가 각각 기억記憶과 직관直觀과 기대企待로 존재하고 있는 '심리적인 것'으로 인식했다.

요컨대 마음靈魂 안에 시간이 있다는 것이다. 즉 과거는 '기억'

---

[24] 아리스토텔레스는 공간은 유한한 것으로 보았으나 시간은 순환하는 무한한 크로노스(_chronos_)로서 보았는데, 플라톤에서 아우구스티누스로 이어지는 시간론에서는 시간이란 오로지 과거, 현재, 미래가 언제나 현전하는 카이로스(_kairos_)로서 그것이 아무리 길다 해도 시작과 끝이 있으며 일회적이다.

[25] "어떤 학자가 해와 달과 별의 운행이 시간이라고 했습니다만 저로서는 납득이 가지 않습니다.…당신께서는 어떠한 물체든 시간 안에서 움직인다고 말씀하셨지만, 물체의 운동 자체가 시간이라고는 말씀하시지 않았습니다"(Augustinus, _Confessiones_, XI, 23-24).

으로서 현전하고, 현재는 '직관'으로서 현전하며, 미래는 '기대'로서 현전한다.[26] 이것은 아우구스티누스가 시간을 '영원의 영상影像' 또는 '영원의 움직이는 모형'으로 정의한 플라톤[27]과, '마음魂이 시간을 잰다. 우리의 마음 안에 신의 영원성 곧 지속성이 들어 있기에, 우리는 시간을 인식할 수 있다'라고 보는 플로티노스Plotinos[28] 전통에 서 있음을 의미한다. 아우구스티누스는 다음과 같이 말했다.

> 내 마음아, 결국 네 안에서 내가 시간을 재는구나! 사실이 그럴진대 너는 결코 이를 부인해서는 안 된다. 거듭 말하거니와 나는 네 안에서 시간을 잰다. 지나가는 사물들이 네 안에 이루어 놓은 인상들을 – 그것들은 지나가도 남아 있다 – 나는 현재처럼 재고 있는 것이다.[29]

영화 〈솔라리스〉에서 우주 정거장에 나타나는 '손님'들은 아우구스티누스가 말하는 '지나가도 남아 있는 것' 곧 '현전하는 과거'다. 그렇다면 타르콥스키도 역시 이러한 시간관을 갖고 있었다는 것인데, 이것은 전혀 놀랄 만한 일이 아니다. 타르콥스키는 플로티

---

26 Augustinus, *Confessiones*, XI, 20.
27 플라톤은 "본성상 영원한 신은 그 영원성을 피조물에게 부여할 수 없어서, 영원의 움직이는 모형(ein bewegtes Bild der Ewigkeit)을 만들어 그것을 세계에 자신의 내적 질서와 동시에 부여하였다. 그럼으로써 통일성을 견지하는 영원을 우리가 시간이라고 부르는 '수에 의해 움직이는 영원의 모형'으로 창조하였다"(Platon, *Timaios*, 37d)라고 시간을 정의했다.
28 플로티노스는 『엔네아데스』(*Enneades*)에서 태양의 회전운동이 시간을 생성하는 것이 아니고 그의 고유한 운동량에 의해 시간을 인식시켜 줄 뿐이라며, 시간을 파악하는 것은 마음[靈魂]이라고 했다(Plotinos, *Enneades*, III, 7). '마음 없이는' 지속과 운동은 있을지라도 시간은 없다. 시간은 '마음[靈魂] 밖에서'(en dehors de l'ame) 파악할 수 없다. 시간은 마음 안에서만 드러나며, 마음 안에 있고, 마음과 하나인 것이다.
29 Augustinus, *Confessiones*, XI, 27.

노스의 영향을 깊이 받은 동방 정교회에 심취해 있었기 때문이다. 그는 『봉인된 시간』에서 다음과 같이 말했다.

> 다시 말하지만 시간은 되돌릴 수 없다고들 말한다. 이 주장은 우리들이 흔히 말하듯이 지나간 것은 도로 가져올 수 없다라는 측면에서는 옳다. 그러나 지나간 것 속에는 우리 모두를 위한 현재적인 것과 모든 흘러가는 순간의 현실성이 잠재되어 있다고 한다면 도대체 '지나간 것'이란 무엇을 의미하는가? 특정한 의미에서 볼 때 지나간 것은 현재적인 것보다 훨씬 현실적이고 최소한 훨씬 더 견고하고 훨씬 더 지속적이다.…그러나 나는 이에 반해 윤리적인 의미에서의 시간의 회귀 가능성에 대해 주의를 환기시키고자 한다. 인간에게 시간은 간단히 자취 없이 사라질 수 없는 것이다. 왜냐하면 시간이란 인간에겐 전혀 주관적이고 정신적인 영역이기 때문이다. 우리들이 살아온 시간은 우리의 영혼 속에, 바로 그 시간에 겪은 경험으로서 굳건히 자리 잡고 있는 것이다.[30]

이렇듯 타르콥스키에게 있어서도 과거는 흘러가 사라진 어떤 것이 아니라 언제나 현전하는 것이다.

아우구스티누스는 시간이 이처럼 우리의 마음靈魂 안에 현전하게 하는 영혼의 능력을 '상기想起의 힘' *vis memoriae*[31]이라고 하고, 상기의 힘이 하는 이러한 작용을 '정신의 집중' *extendo animae*라고 불렀다.

상기想起, *anamnesis*란 원래 우리가 무엇을 안다는 것은 단지 '잊

---

30 안드레이 타르콥스키, 『봉인된 시간』, pp. 72-73.
31 '*Vis memoriae*'는 '*memoria*의 힘' 또는 '기억의 힘'(die Kraft der Erinnerung)이라 번역되지만, 아우구스티누스에게 있어서는 이것이 플라톤의 상기설(*anamesis*)에 근거하고 있기 때문에 '상기의 힘'이라 함이 보다 좋은 표현이다.

었던 것을 다시 기억해 내는 것'이라는, 진리 인식에 관한 플라톤의 이론이다.³² 아우구스티누스는 이 이론을 통해서 '시간의 본성'을 정리했다. 진리가 우리의 영혼 안에 단지 잊혀진 것으로 있듯이, 영원도 우리의 영혼 안에 단지 잊혀진 것으로 있다는 것이다. 따라서 상기에 의한 정신의 집중이 필요하다!

'자연적 시간'은 정신을 분산*distendo animae*시키지만 '상기의 힘'은 정신을 집중시킨다.³³ 그럼으로써 과거는 이미 지나가 없어져 버린 것, 현재는 곧 지나갈 것, 미래는 아직 오지 않은 것으로 분산시키는 '자연적 시간'의 파괴성을 극복한다. 아우구스티누스는 다음과 같이 말했다.

> 새로운 여러 가지 상을 지나간 것과 연관시키고, 이렇게 해서 미래의 행위나 사건이나 희망을 구성하게 된다. 그럼으로써 나는 이들 모두가 흡사 현전하는 것같이 생각하는 것이다.³⁴

'정신의 집중'을 통해서 시간은 분산하는 것이 아닌 집결된 것 곧 하나의 통일체가 되어서, 지나가 없어져 버리는 것이나 다가올지 모르는 것이 아니라 현전하는 것이 된다는 말이다. 그리고 이러한 불변성, 통일성 안에서만 시간은 바람처럼 한갓 헛되이 지나가

32　우리의 인식이란 단지 재기억(想起, *Anamnesis*)에 불과할 뿐이다(참조. Platon, *Phaidon*, 76a). 불멸인 우리의 영혼은 우리의 출생 이전에 참되고 확실한 지식인 이데아에 대한 인식을 이미 지니고 있었는데, 출생 때 망각의 여신 '레테'(Lethe)가 떠 올린 망각의 강물을 마심으로써 그것을 망각했다. 그러나 우리는 예컨대 둥근 사물을 보고 원을, 아름다운 연인을 보고 미의 이데아를 떠올리듯이, 사물을 지각함에 있어서 각각의 사물들 안에 부분적으로 들어 있는 이데아들을 감각적으로 지각하고 잊었던 이데아를 재기억해 낸다는 것이다(참조. 같은 책, 75e).
33　참조. Augustinus, *Confessiones*, XI, 29.
34　같은 책, X, 8, 14.

는 것이 아니기에, 매 시간마다 그 시간을 사는 사람들이 하는 모든 일과 삶이 궁극적인 의미와 가치를 갖게 되는 것이다. 바로 이것이 아우구스티누스의 시간론에 깔린 심오한 사유이자, 타르콥스키가 말하는 시간의 '윤리적 의미'다.

　인간은 '인간의 시간' 속에서 비로소 존재한다. 인간의 시간 안에서만 인간은 자신의 존재의 의미와 가치를 발견하고 확인할 수도 있으며 인간성을 구현할 수도 있다. 이러한 '인간의 시간'은 육체의 시간이 아니고 마음靈魂의 시간이다. 육체가 '자연적 시간' 안에서 존재하듯 마음은 '인간의 시간' 안에서 존재한다. 시간과 양심의 관계는 여기에 기인하는 것이다. 양심은 피히테가 주장했듯이 한 인간의 인간성 자체다. 그 때문에 양심 역시 바람처럼 사라지는 것이 아닌 '인간의 시간' 안에서만 존재한다. 같은 이유에서 타르콥스키는 "인간의 양심 또한 시간에 얽매여 있으며 시간만을 통해서 존재하는 것이다"[35]라고 말했다.

　시간론에서 아우구스티누스 전통에 서 있는 독일의 철학자이자 신학자인 프란츠 폰 바더Franz von Baader도 같은 관점에서, '진실한 시간'이란 과거, 현재, 미래라는 세 개의 시간을 모두 포함해야 한다고 했다.

　과거는 이제는 다룰 수 없는 무거운 짐으로서가 아니라 현재를 지원하는 구조 수단으로 현전하고, 미래는 다가오는 종말로서가 아니라 현재의 결핍을 지원하는 모든 가능성으로서 현전하는 시간이 진실한 시간이다.[36] 이러한 시간 안에서만이 인간은 자유로워지

---

[35] 안드레이 타르콥스키, 『봉인된 시간』, p. 72.
[36] Franz von Baader, *Gesammelte Werke*, hrsg. Von Hoffmann und Hamberger, in 16 Bd. (1851-1860), II, 71f. 바더나 셸링에게서 볼 수 있는 이러한 시간관은 아우구스티누스의 시간관에서 그 기원을 찾을 수 있는데, 셸링도 '진실의 현재'

며, 자신의 양심과 인간성을 구현해 나갈 수 있다는 것이다.

따라서 바더는 우리가 보통 '현재 시간'이라고 부르는 것은 '중간적 가상의 시간'이라고도 했다. 왜냐하면 이 시간은 과거와 미래와의 관계에서 드러나는 시간이며, 내용상 언제나 비어 있어서 과거와 미래에 의해 채워져야 하는 시간이기 때문이라는 것이다.

이러한 시간은 자연히 과거와 미래 두 시간에 의해 구속되어 있는데, 이때 결정적으로 중요한 것은 두 개의 시간 중 어느 것에 묶여 있는가 하는 것이다. 미래가 현재를 구속하고 근거 지음으로써 과거로부터 현재를 해방시키는 시간을 바더는 '시간 이상'時間以上 또는 '충실한 삶, 자유로운 현재'로 보았다. 그러나 반대로 과거가 현재를 구속하고 근거 지음으로써 미래를 차단하는 시간을 '파괴적 삶, 구속된 현재'로 보았다. 이 경우 '중간적 가상의 시간'으로서의 '현재 시간'은 '시간 이하'時間以下로 전락하며, 거기에서 인간의 현존재는 자유롭게 실존할 수가 없다. 또한 어떠한 충실도 발견되지 않는다는 것이다.

따라서 '중간적 가상의 시간'에서의 인간의 삶은 언제나 자신의 자유를 잃거나 아니면 얻거나 하는 이중의 가능성 속에 있다. 이 말은 동시에 '중간적 가상의 시간'에서의 인간의 삶은 언제나 죄의식 속에 있거나 아니면 양심을 따라 행동하거나 하는 이중의 가능성 속에 있다는 것을 의미한다. 이는 마치 하이데거에게, 현존재는 '오인된 자유라는 편안함' 속으로 도피하여 '비본래적 자신'으로서 실존할 수도 있고, '양심의 부름'을 따라 '본래적 자신'으로서 실존할 수도 있다는 것과 같은 구조다.

는 모든 시간 단계의 통일로서 과거와 미래를 그것의 현재에 통일하고 있어 "지나간 것은 알게 되고 현전하는 것은 인식되며 미래의 것은 예견된다"라고 했다 (Friedrich Schelling, *Sämmtliche Werke*, VIII, 199).

*

　주인공 크리스 켈빈을 포함하여 영화 〈솔라리스〉에 등장하는 우주 정거장의 사람들은 모두 전자에 속해 있다. 그들은 모두 각자의 분야에서 뛰어난 과학자들이었고 과학적 진리 탐구에 대한 열정으로 가득 차 있었지만, 인간과 인간성 그리고 양심에 대해서는 무심했다.
　그 결과 과거에 얽매이고, 미래와 단절되어 있으며, 그 자신이 의식하든 못 하든 죄의식에 빠지게 되었다. 그 때문에 그들이 잠들기만 하면 그들 각자의 죄의식으로부터 부단히 '손님'들이 나타나고, 그것 때문에 고통당하며 우울해지고 심지어 자살까지 하게 된 것이다. 그들은 모두 이미 심한 병적 상태에 빠져 있지만, 우주선에서 그들의 양심인 '손님'들을 만나기 전까지는 그것을 전혀 의식하지 못했다. 여기에 우리가 의식하지 못하는, 그러나 필히 주목해야 할 심각한 문제가 하나 있다.

양심과 정신질환

독일 출신의 정신분석학자 에리히 프롬Erich Fromm은 이와 같은 문제를 "사회적으로 정형화된 결점"socially patterned defect이라는 현상과 연결시켜 고찰한 적이 있다. 인간에게 있는 어떠한 정신적 결점이, 심지어는 그것이 정신질환적임에도 불구하고, 많은 사람들이 그것을 함께 지니고 있기 때문에 정신적 결점으로 인식하지 못하는 현상이 바로 "사회적으로 정형화된 결점"이다.
　이 경우 개인은 그 사회에서 이질적인 존재로 취급받지 않아도 되지만, 그가 느끼는 행복감은 단지 그가 다른 사람들과 다르지 않다는 안도감에 불과하다. 그리고 이것은 인간의 진정한 행복이 아니기에 정신적으로 결코 건강한 상태가 아니며, 자기를 진정 만족시키지 못하는 자기 자신에 대해서도 일종의 죄의식을 갖게 된다는 것이다.

영화 〈솔라리스〉에서 우주 정거장에 있는 과학자들은 모두 과학적 진리 탐구에 대한 열정에 차 있었고, 그 사회에서 인정받았지만, 인간과 인간성 그리고 양심에 대해서 무심한 사람들이라는 점에서 분명 정신적 결점과 죄의식을 갖고 있었다. 그럼에도 불구하고 다른 많은 사람들도 그랬기 때문에, 그들은 손님들이 나타나기 전까지는 그것을 정신적 결점으로 인식하지 못했다.

여기에 오늘날 우리들의 문제도 함께 있다. 우리들도 역시 적든 많든 어느 정도 "사회적으로 정형화된 결점"을 가진 사람들이기 때문이다. 단지 그것이 은폐되어 있기 때문에 죄의식이나 정신적 결점으로 나타나지 않았을 뿐이다. "정신 건강과 노이로제 문제는 윤리의 문제와 분리할 수 없게 밀접한 관계를 맺고 있다"[37]라고 설파한 프롬은 이에 대해 다음과 같이 말했다.

스피노자는 사회적으로 정형화된 결점의 문제를 매우 명백히 체계적으로 설명했다. 그는 다음과 같이 말했다. "많은 사람들이 하나의 같은 정서에 철저하게 사로잡혀 있다. 모든 그들의 감각은 하나의 대상에 의해 강력하게 영향을 받아서 비록 그렇지 않더라도 이 대상이 현존하고 있다고 믿는다. 만일 그 사람이 깨어 있는 동안 이런 일이 일어난다면 그 사람은 제정신이 아닌 것으로 여겨질 것이다.…그러나 탐욕스런 사람이 돈과 재산만 생각하고, 야망적인 사람이 명성만 생각할 때, 사람들은 그를 미쳤다고 생각하지 않고, 다만 지겨운 사람들이라고만 생각한다.…그

---

37 에리히 프롬, 『자기를 찾는 인간』, 박갑성·최현철 옮김(종로서적, 1981), p. 189.

러나 실제로는 탐욕이나 야망이나 그와 유사한 것들은, 보통 사람들이 그것을 '병'으로 생각하지 않는다고 해도, 정신이상의 여러 형태들이다." 이러한 말들은 수백 년 전에 쓰여졌다. 비록 그러한 결점은 지금은 일반적으로 더 이상 경멸되거나 성가신 것으로 여겨지지도 않을 정도로 문화적인 정형이 이루어졌을지라도 그런 말은 아직도 진실을 담고 있다.[38]

따라서 우리는 영화 〈솔라리스〉에서 그것의 SF적 요소를 제거하고, 좀 색다른 차원 곧 정신분석학적 차원에서 해석해 봄으로써 새로운 이해를 얻고자 한다. 그 이유는 정신질환자들도 역시 그들의 죄의식이나 양심을 종종 환청幻聽하거나 환시幻視하기 때문이며, 그 원인은—크리스를 비롯한 우주 정거장에 있는 인물들이 그렇듯이—대부분 과거가 그들의 현재를 구속함으로써, 미래의 상실과 함께 생성 및 삶의 능력이 내적으로 억압됨으로 발생하는 것이기 때문이다. 이러한 내적 억압은 조현병 환자의 근본적 장애로 간주되는 "현실과의 살아 있는 접촉의 상실"을 가져온다.

독일계 미국인 현상학자이자 신경학자인 에르빈 스트라우스 Erwin W. M. Straus는 최초로 우울증을 이러한 "살아 있는 시간의 정지"로 설명한 바가 있다.[39] 즉 과거로부터 자유로울 수 없는 사람에게 현재는 "살아 있는 시간의 정지"로서 미래가 상실되는 것이고 이는 우울증을 비롯한 정신질환의 원인이 된다는 것이다.

만일 우리가 이러한 관점에서 영화 〈솔라리스〉를 고찰한다면,

---

38 같은 책, pp. 187-188.
39 참조. Erwin Walter Maximilian Straus, "Das Zeiterlebnis in der endogenen Depression und in der Psychopathischen Verstimmung", Festschrift für Bonhoeffer, *Monatschrift der Psychiatria* 68 (1928).

우주 정거장은 다름 아닌 하나의 정신병원인 셈이다. 이 우주 정거장 안에 있는 사람들은 과거로부터 자유로울 수 없는 사람들이고, 이곳에 나타나는 '손님'들은 이들이 보는 환시, 환청으로 이해되어야 할 것이다.

기바리안은 자신의 죄의식이 낳은 정신질환을 치료받지 못하고 자살한 사람이며, 다른 두 과학자 스나우트와 사르토리우스는 과학적(또는 의학적) 지식을 통해 자신들의 문제를 해결하려고 노력하던 사람으로 볼 수 있다. 그들은 강력한 방사선을 다시 바다에 쏘아 문제를 해결하려고 한다든지, 하리와 같은 '손님'들을 중성미자 분해 장치로 분해시켜 버리려는 것 같은 해결 방법을 모색한다.

그러나 크리스는 이들과는 달리 '과거와의 화해'를 통해, 곧 하리로 현전現前하는 자신의 과거와 화해하고 그로부터 자유로워짐으로써, 그 자신의 삶의 의미와 인간성을 회복하고 질환으로부터 치유되려는 방법을 선택한 것으로 볼 수 있다. 그리고 결국 그것만이 올바른 방법이었다!

비엔나 정신요법 제3학파 창시자인 빅터 프랭클Viktor Frankl* 박사도 우울증에 대해 다음과 같이 언급했다.

> 환자의 불안이라고 하는 '병증'은 결코 육체적으로 생긴 질환이 아니며, 우울증의 산물도 아니고, 이미 정신적 성격으로 인간의 업적이다. 양심의 불안은 생리적인 것과는 거리가 먼 것으로 인간적인 것으로 생각해야 한다. 그것은 인간 그 자체의 불안이다. 즉, 실존적 불안으로 이해될 수 있는 것이다.…인간의 정신병 같은 형태는 동물에서는 생각할 수도 없다. 따라서 인간적 요소, 실존적 요소가 정신병에 본질적으로 관여되어 있지 않으면 안 된다. 즉, 정신병의 기반이 있는 유기적 조건은 정신병에 대한

체험이 되기 전에 이미 인간적인 것으로 전이된 것이다. 그것은 인간적 주제가 되지 않으면 안 된다.[40]

이어 프랭클 박사는 정신질환자들은 과거나 죄의식에 얽매여, 미래에 대해 불안해하기 때문에 미래와 단절되는 것이고, 자신의 가치에 대해 어두워지기 때문에 세계나 삶의 가치에 대해서도 어두워져서, 결국 자살을 택한다고 규정한다.[41] 따라서 그가 정신질환에 대한 일반적 치유 방법으로 권하는 것은 병과의 투쟁보다는 화해이며, 이를 통한 인간성과 삶의 의미의 회복이다.

과거와의 화해 그리고 구원

〈솔라리스〉의 크리스는 바로 이것을 우주 정거장에 와서, 그리고 하리를 다시 만나고서야 깨닫게 된다. 물론 그도 처음 하리가 나타났을 때는 그녀를 속여 우주선에 태운 다음 가차 없이 우주 공간으로 날려 버렸다. 그러나 그 일을 통해 죄의식만 더 깊어질 뿐, 자신의 과거에 대한 죄의식이자 양심인 하리를 떨쳐 버릴 수 없음을 알게 된다. 그러자 크리스는 곧 마음을 바꿔, 다시 나타나 그에게 고통을 더하는 하리를 통해 자신의 죄의식을 치유하고 점차 인간성을 회복해 가는데, 그 과정을 타르콥스키는 점차적으로 여러 번에 걸쳐 반복하며 진행시킨다.

크리스에게 버림받았다고 생각하는 하리는 그가 잠시만 방을

---

40 빅터 프랭클, 『정신세계의 병리와 해부』, 이현수 옮김(양영각, 1985), p. 204.
41 참조. 같은 책, pp. 205-208.

비워도 다시 버림받을 것이 두려워 고통하고 발작한다. 온몸에 상처를 내며 철문을 뚫고 따라 나오는가 하면, 어디든 따라다니고, 끊임없이 사랑을 확인하고, 그것도 부족해 나중에는 액체산소를 마시고 자살을 기도하기도 한다.

이런 하리를 크리스는 예전에 그가 아내 하리에게 대했던 것과는 전혀 달리 따뜻하게 배려하고, 그녀에게 용서를 구하고, 사랑을 고백한다. 이것이 크리스가 하는 '자신의 과거와의 화해'다. 크리스는 이렇게 함으로써, 자신 내면의 죄의식을 치유하고 인간성을 회복해 간다. 즉 사랑이 그의 현재를 구속하는 과거 곧 '시간 이하'의 삶으로부터 그를 구원하는 것이다!

이것은 "전면적인 파멸에 저항할 수 있는 유일한 것은 사랑과…아름다움이다. 오직 사랑만이 이 세계를 구원할 수 있다고 나는 믿는다. 사랑이 없는 곳에서는 모든 것이 끝장이다. 지금 이 순간에도 파멸은 진행되고 있다"[42]라는 타르콥스키의 사유가 그대로 반영된 것으로서, 그의 다른 작품에서도 자주 반복되는 그 특유의 해법인 것이다.

그리고 이러한 치유와 회복이 이루어지는 바로 그때마다 타르콥스키는 크리스 켈빈이 지구를 떠나면서 가져온 '모닥불 비디오'를 보여 준다. 그 테이프에는 어릴 적 추억이 담긴 아름다운 고향 설경과 그 속에서 뛰노는 행복한 자신, 아름다운 어머니, 젊은 아버지의 모습이 담겨 있다. 이어 타르콥스키의 카메라는 거의 같은 이미지를 지닌 16세기 네덜란드 화가 피터르 브뤼헐Pieter Brueghel의 그림 "눈 속의 사냥꾼"Die Jäger im Schnee의 아름다움을 영상에 담고, 음악으로는 바흐Johann Sebastian Bach의 합창서곡 "주 예수여, 내 당신

---

42 안드레이 타르콥스키, 『타르코프스키의 순교일기』, p. 226.

피터르 브뤼헐, "눈 속의 사냥꾼"(1565년)

을 부르나이다"Ich ruf zu dir, Herr Jesu Christ를 실어 한없이 아름다운 화면들을 구성한다.

특히 기억될 만한 것은, 우주 정거장의 위치 변환을 위해 필요하다고 설정된 30분간의 무중력 상태로서, 스나우트의 생일 파티가 끝난 도서실에서 크리스와 하리가 서로를 안은 채 하늘로 떠오르는 화면을 전후해서 '모닥불 비디오'와 "눈 속의 사냥꾼"이 겹치고, 바흐의 합창서곡이 깔리는 환상적인 장면이다.

이것은 크리스의 내면이 자신의 양심과 화해함으로써 무겁던 죄의식으로부터 해방되고 급기야는 날아올라 영혼의 구원에까지 이르는 것을 상징한다. 인간은 시간을 넘어서 자신을 높이는 일에 의해 차츰 자기의 자유를 획득하고 시간으로부터 자유롭게 될 수 있다는, 바더식으로 표현한다면 '시간 이하'에 있었던 그의 삶이

'시간 이상'으로 상승함을 의미하는 것이다.

크리스는 드디어 하리에게 "바다는 어쩌면 내게 당신을 고통의 선물로 보냈는지 몰라. 아무렴 어떻소. 당신이 내게 더 소중한 걸. 세상의 모든 과학적 진리보다 당신이 더 소중하오"라고 고백할 수 있게 된다. "이러는 내가 역겹죠? 정나미가 떨어지죠?"라고 묻는 하리에게 크리스는 "그렇지 않아요. 사랑해요. 난 지구로 돌아가지 않을 거요. 이 정거장에서 같이 삽시다"라고 답한다.

이제야 크리스는 인간에게 필요한 것이 과학적 진리가 아니라 오히려 신비이고 사랑이며, 행복이라는 사실을 깨달은 것이다. 이것은 타르콥스키가 그의 영화 〈잠입자〉에서도 일관되게 주장하는 것인데, 〈잠입자〉에서 작가와 과학자가 소원을 이뤄 주는 '방'에 결국 들어가지 못하는 이유이기도 하다.[43] 타르콥스키는 같은 내용을 〈솔라리스〉에서 스나우트의 입을 통해서 다음과 같이 표현한다.

> 우리는 우주를 정복할 마음이 전혀 필요 없다는 것을 알아야겠소. 우린 지구를 최대한 확대시키고 싶어 하지. 그러나 우린 다른 세계를 어찌해야 할 것인지도 모르오. 그 때문에 우리에게 다른 세계는 필요 없소. 그리고 그것을 정복하려 애쓰다 실패했소. 우리는 바보처럼 되었소. 스스로 두려워하는…, 필요하지도 않은 목표를 향해 노력하는 사람처럼. 우리에겐 거울이 필요하오. 인간에게 필요한 것은 인간이오.

---

43 "이 같은 사랑과 몰아적 헌신이야말로 현대의 불신과 냉소주의 그리고 공허함에 대치될 수 있는 마지막 기적이 아닐 수 없다. 그리고 작가와 [과]학자 역시 결국은 이 현대 세계의 희생자로 전락하고 만 것이다"(안드레이 타르콥스키, 『봉인된 시간』, p. 252).

우주 정거장에 있던 과학자들은 크리스가 그랬듯이 이것을 모르는 인간들인 것이다. 그들에게 있어 지상至上의 가치는 과학적 진리였고, 그 때문에 그들은 가족애를 비롯한 다른 인간적인 것들을 부수적인 것으로 무시했다. 특히 사르토리우스는 이러한 인간의 전형적인 모델인데, 그는 하리를 '이상한 종자'라고 부르며, 단순한 실험 대상 또는 제거해야 할 대상으로만 취급한다. 그는 "자연은 인간을 만들었지. 자연에 대해 배우게 하려고.…인간은 진리를 향해 나아가며 지식을 획득해야 하오"라고 주장하며, 크리스를 "전처와의 로맨스나 즐기러 온 게으름뱅이"라고 비난한다.

이에 대해 하리는 "제 생각에는 크리스 켈빈은 두 분보다는 일관성이 있어요. 그는 비인간적 상황 속에서 인간답게 행동해요. 하지만 두 분들은 그런 것엔 관심 없이 행동해요. 우리를 '손님'이라 부르면서 낯선 방해물로 취급하죠. 하지만 우리는 당신들 자신이에요. 당신 자신의 양심이죠"라고 반박한다. 이에 크리스는 하리 앞에 무릎을 꿇고서 용서를 빌듯 그녀의 다리를 감싸 안는다.

사랑이 구원임을 깨달은 크리스는 스나우트에게 세계의 구원 역시 사랑으로만 가능하다는 것을 알린다.

톨스토이를 이해하시오? 그는 인류 일반을 사랑할 수 없어 괴로워했죠. 하지만 사랑이란 오직 체험할 수 있는 감정일 뿐 설명할 수 없어요. 개념으로는 설명할 수 있죠. 우린 잃어버릴 수 있는 것을 사랑해요. 자기 자신, 여인, 조국…. 오늘날까지 인류와 지구는 사랑에서 완전히 단절되어 있었죠. 무슨 말인지 알아들으시겠어요? 인류는 소수예요. 고작 한 줌이지요. 어쩌면 우리가 여기에 있는 것은 처음으로 인간을 사랑의 대상으로 깨닫기 위해서죠.…기바리안은 두려워서 죽은 것이 아니에요. 부끄러워서 죽었죠. 수치, 바로 그 감정이 인류를 구원하는 거죠.

그 후 크리스는 하리와 다투고 헤어지는 원인이기도 했던 자신의 어머니와도 꿈속에서 조우하고 화해하게 된다. 이제 그는 하리와, 이뿐만 아니라 그를 구속하던 모든 과거와 화해할 수 있게 된 것이다. 그리고 이것이 그를 구원한다.

크리스가 꿈에서 깨어 보니 하리는 사라져 버리고 스나우트가 그녀가 남긴 편지를 전해 준다. 이어 크리스와 스나우트는 대화를 나눈다. 사람이 행복할 때는 삶의 의미와 영원 같은 것에 대해서는 관심이 없고 마지막에 가서야 관심을 갖게 되지만, 그 마지막이 언제일지 모르기에 항상 삶의 의미와 영원 같은 것에 대해서 관심을 가져야 한다는 것, 인간적 진리인 행복, 죽음, 사랑 등을 위해서는 과학적 진리가 아니라 신비가 필요하다는 것, 그리고 인간적 진리를 안다는 것은 자신이 죽을 것을 안다는 것이며 그것이 오히려 인간을 영원불멸하게 한다는 것 등. 대화를 마치고 스나우트는 크리스에게 지구로 돌아갈 때가 왔음을 알린다.

*

영화는 다시 처음으로 돌아와 크리스의 집 앞이다. 물풀들이 춤추는 호수를 지나서, 집에 도착한 크리스는 창문 너머로 아버지를 바라본다. 밖으로 걸어 나온 아버지 앞에서 크리스는 하리에게 그랬듯이 무릎을 꿇고 아버지를 감싸 안는다. 이제 그 누구와도 화해할 수 있게 된 그가 그의 아버지와 화해하는 것이다.

그러자 타르콥스키의 카메라가 갑자기 하늘로 날아오르기 시작한다. 고도가 높아져 감에 따라 크리스의 집은 점점 작아지고 시야는 넓어진다. 여기에서 영화감독으로서 타르콥스키의 천재성이 다시 한번 빛을 발한다. 그리고 마침내 드러나는 놀라운 진실! 크리스의 집이 바로 솔라리스의 바다 한가운데 놓여 있다!

　이 놀라운 화면은 무엇을 뜻하는가? 그것은 그가 사는 그곳, 아니 우리가 사는 바로 이곳이 '혹성 솔라리스'라는 사실이다! 죄의식과 양심이 물질화되어 나타나고 도무지 사라지지 않는 장소, 자신의 과거와 화해하지 않고는 그 고통으로부터 벗어날 수 없는 장소, 자신의 양심을 따라야만 인간성을 구현할 수 있는 장소, 용서와 사랑만이 구원에 이르는 유일한 방법인 장소, 바로 그곳이 '우리가 사는 세계'인 것이다!

> "오직 사랑만이 이 세계를 구원할 수 있다고 나는 믿는다.
> 사랑이 없는 곳에서는 모든 것이 끝장이다."
> – 안드레이 타르콥스키

폴 틸리히
Paul Tillich, 1886-1965

독일 브란덴부르크에서 태어난 폴 틸리히는 루터교 주교였던 아버지를 따라 루터교 목사가 되었다. 1911년에 브레슬라우 대학교에서 철학박사 학위를, 1912년에 할레 비텐베르크 대학교에서 신학박사 학위를 받고 신학자의 길로 들어섰다.

제1차 세계대전은 칼 바르트, 투르나이젠과 같은 당시 젊은 신학자들에게 그러했듯 틸리히에게도 커다란 전환점이 되었다. 전쟁 기간 동안 군목으로 복무하면서 그는 인간의 악함과 잔인성을 목격했고, 하나님이 인간의 삶과 역사를 선한 길로 이끄신다는 19세기적 낙관주의 신앙관이 무너졌기 때문이다.

제1차 세계대전 후 틸리히는 급진적 사회주의 운동에 참가했으며, 1924년에 마르부르크 필리프 대학교의 부교수가 되었고, 1929년에는 프랑크푸르트 대학교의 철학과에서 정교수로 주로 사회윤리학을 가르쳤다. 그러나 히틀러의 나치가 등장하며 종교 사회주의 이론가인 틸리히는 비유대인 중에서는 최초로 교수직을 박탈당했다. 박해가 극심해지자 1932년 10월 가족과 함께 미국으로 망명하여 유니언 신학교 교수1933-1955년로 재직했다. 1955년 정년퇴임 후에도 하버드 대학교1955-1962년, 시카고 대학교1962-1965년에서 특임 교수로 강의하다가 1965년에 세상을 떠났다.

젊은 시절에 틸리히는 같은 시대에 활동한 신정통주의 신학자 루돌프 불트만의 영향을 받았다. 불트만은 성경 안에 들어 있는 구원의 메시지 때문이 아니라 신화적 용어들 때문에 사람들이 성경에 거부감을 느낀다고 판단했다. 따라서 해결 방법은 그리스도의 구원을 현대적이고 철학적이고 심리학적인, 또는 과학적인 언어로 다시 표현하는 것이라고 믿었다. 그리고 기독교 메시지를 당시 유행하던 하이데거와 가다머의 실존철학과 해석학의 용어와 해석으로 교체하려는 시도를 감행했다. 이른바 성경의 '비신화화'demythologization다.

불트만의 메시지를 인상 깊게 받아들인 틸리히는 신학을 실존철학적 용어로 정리하고 결합함으로써 '신학자 중의 철학자, 철학자 중의 신학자'로 불리면서 학계뿐 아니라 지성계 전반에 큰 영향력을 끼쳤다. 그가 '실존주의 신학자'로도 불리는 것이 그래서다.

틸리히는 "하나님의 실존 문제는 물을 수도 대답할 수도 없다. 만일 묻는다면, 그 성질상 실존을 초월한 것에 대한 물음이며, 그렇기 때문에 그 대답은 – 부정이건 긍정이건 – 하나님의 성질을 몰래 부정한다. 하나님의 존재를 부정하는 것이 무신론인 것처럼 긍정하는 것도 무신론이다"●라고 단언했다. 그가 제시한 이유는 다음과 같다.

> 하나님의 존재는 존재 자체being-itself다. 하나님의 존재는 다른 것들과 나란히 있는, 또는 다른 것들의 위에 있는, 한 존재의 실존으로 이해될 수 없다. 만일 하나님이 '한' 존재a being라면 하나님은 유한성 특히 공간과 실체의 범주에 속한다. 비록 하나님이 가장 완전하거나 가장 힘 있는 존재라는 의미로 가장 높은 자라고 불린다고 해도 이 같은 상황은 변하지 않는다.▲

또한 틸리히는 "신앙은 현대 문화를 수용해야 할 필요가 있고, 현대 문화도 신앙을 수용해야 할 필요가 있다"라고 주장하면서 – 같은 신정통주의 신학자로 분류되는 칼 바르트와는 달리 – 인간의 일상적 문화와 하나님에 대한 신앙이 서로 상응하는 것을 추구했다. 결과적으로 틸리히의 신학은 변증적인 경향을 보이면서도, 평범한 일상적인 삶에 적용할 수 있는 구체적인 신학적 답변을 탐구했다. 이것은 그가 대중적인 인기를 얻는 데에 큰 몫을 했다.

저서로 『흔들리는 터전』The Shaking of the Foundations, 1948, 『조직신학』Systematic Theology, 1951-1963, 『존재에의 용기』The Courage to Be, 1952, 『새로운 존재』The New Being, 1955, 『문화의 신학』Theology of Culture, 1959 등이 있으며 수많은 논문들을 남겼고, 이들을 모아 실은 『폴 틸리히 전집』Gesammelte Werke, 1959-1975이 있다.

● 폴 틸리히, 『조직신학 1-하』, 김경수 옮김(성광문화사, 1992), p. 142.
▲ 같은 책, p. 145.

요한 고틀리프 피히테
Johann Gottlieb Fichte, 1762-1814

독일 작센 지방의 한 마을 람메나우의 가난한 마직물麻織物 직공의 아들로 태어난 피히테는 1780년 예나 대학교 신학과에 입학했다가, 후에 라이프치히 대학교에서 법률과 언어학, 철학을 공부했다. 졸업 후 작센 지방으로 돌아와 가정교사로 일했으나, 자살을 기도할 정도로 빈궁했다. 이후 스위스 취리히에서 가정교사로 일하던 중 프랑스대혁명에 감동을 받아 두 편의 정치 논문을 집필했다. 당시 결정론과 자유론의 대립 문제로 번민하던 그는 1791년 쾨니히스베르크로 이마누엘 칸트를 방문했고, 칸트의 소개로 1792년『계시 비판』Versuch einer Critik aller Offenbarung 을 출판함으로써 명성을 얻었다.

1793년 요한나 란Johanna Ran과 결혼하고, 1794년에는 예나 대학교에 취임하여 그의 대표작인『전 지식학의 기초』Grundlage der gesammten Wissenschaftslehre 를 발표했다. 1798년에는 신을 '도덕적 세계질서'로서 간주함으로써 무신론자로 고발당하고, 1799년에는 바이마르 정부와도 싸우다가 예나를 떠나 베를린으로 갔다. 여기에서 슐라이어마허와 슐레겔 형제 등과 친분을 맺었고, 1807-1808년에는 프랑스 점령하에 있던 베를린에서 신상의 위험에도 불구하고 "독일 국민에게 고함"Reden an die deutsche Nation을 공개 강의하고 책으로 출간함으로써 더욱 유명해져, 1810년에 설립된 베를린 대학교의 초대 총장이 되었다.

피히테는 독일 계몽주의의 창시자이자 완성자인 칸트의 청렴한 과학 정신과 경건한 도덕 감정을 바탕으로 하고, 그 위에다 낭만주의와 셸링의 영향을 받은 의지, 감정, 이상 등을 고양시키는 철학을 구축하였다. 모스크바 원정 실패로 쇠퇴해진 나폴레옹으로부터 벗어나려는 독일 해방전쟁에 지원하였으나 거절당했는데, 종군 간호사로 일하던 아내에게서 감염된 티푸스로 1814년 52세의 나이로 별세했다.

저서로는『인간의 사명』Die Bestimmung des Menschen, 1800,『일반적 개요에서의 지식학』Die Wissenschaftslehre, in ihrem allgemeinen Umrisse dargestellt, 1810 등과 피히테의 사후 그의 아들 이마누엘 피히테에 의해 출판된 강의록들이 있다.

마르틴 하이데거
Martin Heidegger, 1889-1976

독일 남서부 바덴주에서 태어나 일생 동안 거기서 살았던 하이데거는 프라이부르크 대학교에서 스승 에드문트 후설의 지도 아래 던스 스코터스의 범주에 관하여 박사 학위 논문을 썼다. 그는 1915년 프라이부르크 대학교에서 강사직을 얻었다가 1923년에는 마르부르크 대학교에서 정교수가 되었다.

이후 1928년에 후설이 물러나서 공석이 된 프라이부르크 대학교의 철학 교수직을 계승하여 1943년에 퇴직할 때까지 자리를 지켰다. 그러나 하이데거는 1933년에 나치 치하에서 프라이부르크 대학교의 총장직을 맡았던 이력으로 인해, 퇴직한 뒤 자신의 많은 논문들을 가지고 슈바르츠발트에 있는 자신의 휘테(Hüte: 숲 속 작은 집)에 은거해 버렸다.

하이데거의 가장 잘 알려진 저서 『존재와 시간』은 1927년에 나왔다. 하이데거의 전기 철학은 그 방법에 있어서 현상학Phänomenologie과 해석학Hermeneutik이며 그 대상에 있어 존재론ontologie이다. 그 때문에 이는 현상학적 존재론 Phänomenologische Ontologie이자 현존재의 해석학Hermeneutik des Daseins으로 평가된다. 하이데거는 자기 이전의 존재론을 '존재'에 대한 이론이 아니라 '존재자'에 대한 이론이라고 보았으며, '존재자의 존재'Sein des Seienden를 해명하는 '기초적 존재론'Fundamentalontologie을 정립하고자 했다.

하이데거의 존재론에서 가장 중요한 개념 가운데 하나가 '기획투사'Entwurf다. 기획투사는 막연히 자신의 미래에 대한 계획을 세운다는 말은 아니다. 사르트르의 '앙가주망'과 마찬가지로, 그것은 자신의 존재 의미가 드러나도록 자기 자신을 새롭게 기획하고 그것을 향해 자기를 내던지는 결단을 감행하는 주체적이고 실존적인 행위다.

그러나 후기 하이데거는 『존재와 시간』에서 존재 이해로서 해석된 '기획투사'를 더 이상 '앞질러 달려감의 결단성' 곧 '현존재의 주체적 결단'으로 이해하지 않고, '존재에 의해 발생되는 사건'으로 풀이한다. 그 때문에 하이데거의 후기 철학에서는 '기획투사'가 '발생하는 던져 옴'에 대한 '대응투사'對應投射로 바뀐다. 요컨대 스스로 생기하는 '존재사건의 일어남'das Ereignen des Ereignisses이 인간에게 사유, 언어, 예술로서 나타나는 존재의 진리를 보내 준다. 그리고 이에 대한 인간의 대응(사유, 언어, 예술)이 '존재의 진리'인 것이다.

바로 여기에서 "시원적 사유는 존재의 은총에 대한 메아리다"라는 하이데거 후기 존재철학이 나왔고, "인간이 말하는 것은 인간이 언어에 응답하는 한에 있어서다"라는 언어철학이 나왔으며, 예술의 본질이란 "진리가 작품-속으로-스스로를-정립함"Sich-ins-Werk-setzen der Wahrheit이라는 예술철학이 나온 것이다. 이 같은 존재철학을 정립하려 했던 하이데거의 사상은 20세기 신학과 철학적·문헌학적·문학적 변화에 큰 영향을 미쳤지만, 대중이 접근하기에는 너무 난해했다.

프라이부르크 대학교에서 하이데거가 마지막 강의를 하던 날, 이를 듣기 위해 프라이부르크 대학교 강당에는 1천여 명의 학자와 학생이 몰려들었지만, 지방 신문의 기자들은 그 많은 청중들 가운데 하이데거가 무엇을 말하고 있는지를 정확하게 안 사람이 과연 20명이 넘을지를 의심하였다.

주요 저서로는 『존재와 시간』Sein und Zeit, 1927, 『칸트와 형이상학의 문제』Kant und das Problem der Metaphysik, 1929, 『형이상학이란 무엇인가』Was ist Mataphysik, 1929, 『휴머니즘에 관하여』Der Brief Über den Humanismus, 1947, 『숲길』Holzwege, 1950, 『횔덜린의 시詩의 해명』Erläuterungen zu Hölderlins Dichtung, 1950, 『니체』Nietzsche, 1961 등이 있다.

아우구스티누스
Augustinus, 354-430

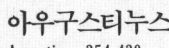

주요 인물 해설

"신약 시대 이후 가장 뛰어난 그리스도인이며 라틴어를 사용한 사람 중 가장 위대한 인물임이 틀림없다"라는 평가를 받는 아우구스티누스는 북아프리카의 타가스테에서 태어났다. 아버지는 이교도였지만 어머니는 기독교 역사에서 가장 경건한 여인 중 하나로 꼽히는 모니카다. 『고백록』에서 밝혔듯이 아우구스티누스는 젊은 시절을 방탕하게 보냈는데, 그의 회심과 나머지 생애를 지배했던 것은 바로 어머니 모니카로부터 받은 기독교적 경건주의였다.

17세에 그는 법률가가 되기 위해 카르타고로 가서 주로 수사학을 공부하며 방탕한 생활을 했고, 결혼하지 않은 채 여자와 동거하여 아데오다투스Adeodatus('신이 주셨다'라는 뜻)라는 아들까지 낳았다. 이 시기에 아우구스티누스는 이미 카르타고의 수사학자로 이름을 떨쳤지만, 키케로의 『호르텐시우스』를 읽고 '진리 탐구'에 뜻을 두게 되었다. 비록 그가 오랜 방황 끝에서야 발견하게 되지만 그에게 진리는 신이었다.

이후 수사학적 기술로는 진리에 이르지 못한다는 것을 알고 수사학을 떠났지만 아우구스티누스의 뛰어난 수사학 지식은 후일 그가 설교하고 저술하는 데뿐 아니라, 여러 이단들과 논쟁을 할 때도 커다란 도움을 주었다. 또한 절충주의 철학자인 키케로에게서 그는 실용적이고 절충적인 관점을 배웠다. 그는 어떤 의미에서든 아테네와 예루살렘, 곧 이성과 신앙, 철학과 종교를 절충하고 통합하려고 노력했던 사람이기 때문이다.

그러나 당시에는 자신이 탐구하고자 하는 진리가 무엇인지를 아직 몰랐기 때문에, 아우구스티누스는 이후에도 약 9년간이나 마니교에 심취했고, 그 후 로마에서는 회의주의 경향을 띤 '아카데미학파'라는 철학파도 기웃거렸다. 마니교는 마니Mani, 216-274?에 의해 창시된 종교로서 그 내용은 영지주의와 조로아스터교를 배합한 것이었다.

마니교의 중심 사상은 영혼과 물질, 선과 악에 관한 이원론인데, 곧 영혼과 물질, 선과 악은 모두 대등한 원리이자 존재론적 실체로서 작용하고 있다는 것이다. 죄의 문제로 고심하던 아우구스티누스는 악이 실재한다는 마니교 교리가 죄의 문제를 해결할 수 있다고 믿어 매료되었다 한다. 마니교를 떠난 후,

아우구스티누스는 악은 실재하는 것이 아니고 – 마치 어둠이 실체가 아니고 빛의 결핍이듯이 – 선의 결핍 privatio bonitas 일 뿐이라고 규정하지만, 그의 현실에 대한 비관적 견해나 죄에 대한 이론 등에는 마니교적 요소가 여전히 남아 있었다고 평가된다.

이러한 관점에서 보면, 마니교적 요소는 아우구스티누스에게뿐 아니라, 중세와 현대에 와서까지 기독교에 남아 있다고 할 수 있다. 예컨대 누구든 악에다가 선과 마찬가지로 대등한 존재론적 의미를 부가하면, 그는 마니교적 요소를 지니고 있다고 볼 수 있다. 아우구스티누스가 마니교에서 빠져나올 수 있었던 것은 신플라톤주의의 영향 때문이었다.

신플라톤주의는 플라톤 철학의 전통이자 또한 오리게네스, 알렉산드리아의 클레멘스와 같은 초기 기독교 신학자들이 받아들인 철학이기도 하다. 당시 아우구스티누스가 갖고 있었던 '두 개의 문제' 가운데 하나는 마니교의 이원론에 의지하지 않고 신과 세계와의 관계를 해명하는 것과 다른 하나는 악의 문제를 이해하려는 것이었는데, 1) 선한 신이 세계 창조의 근거라는 것과 2) 악이란 그 어떤 실체가 아니고 선의 결핍이라는 플라톤주의 주장이 그 해결책이 되었다.

아우구스티누스에게 영향을 미친 신플라톤주의적 요소는 지대하다. 그 때문에 밀라노 정원에서의 회개 이후 그리스도인이 된 당시 아우구스티누스에 대해서는, 그가 진정 그리스도인이 되었는지 아니면 신플라톤주의적 신앙을 가졌었던 것인지 아직까지도 논란이 되고 있다. 왜냐하면 그의 초기 저술인『카시키아쿰 대화록』에는「아카데미주의자들을 반대하여」,「행복한 삶에 관하여」,「질서에 관하여」,「독백록」,「영혼불멸에 관하여」등이 들어 있는데, 이 글들은 기독교적이라기보다는 다분히 신플라톤주의적이기 때문이다.

그는 30세 때 밀라노에서 수사학 교사로 임명되어 그곳의 감독인 암브로시우스를 만나게 된다. 암브로시우스는 4-5세기의 '5인의 위대한 교회 지도자' 중 하나로 꼽히는 사람이다. 아우구스티누스는 암브로시우스의 수사학적 기술을 배우려고 그의 설교를 듣기 시작했으나 이윽고 회심하여, 2년 뒤인 386년 자신만큼이나 뛰어났었다고 전해지는 아들 아데오다투스와 함께 암브로시우스에게 세례를 받는다.

암브로시우스가 아우구스티누스에게 준 영향은 기독교 교리화된 신플라톤주의와 교회의 권위였다. 암브로시우스는 당시 교회의 권위를 대표하는 사람이었으며, 그가 아우구스티누스에게 전승한 교회의 권위는 신율神律, Theonomie이었다. 현대 신학자 폴 틸리히에 의하면, 신율은 신의 섭리와 은총에 의해 모든 상황과 여건이 성숙되어 초월적으로 실현되는 자율autonomy이다. 아우구스티누스가 자신의 생애를 돌아보며 고백했듯, '우주 만물은 스스로 움직이는 것 같지만, 오직 신이 때를 맞춰 선하게 인도한다'라는 신율에 대한 자각이 그를 기독교로 개종하게 하였으며, 회의주의가 필히 동반하는 불안에서 그를 구한 힘이었다.

388년에 아들과 어머니를 잃은 아우구스티누스는 고향인 타가스테로 돌아갔다. 그곳에서 물려받은 유산을 모두 정리하여 가난한 사람들에게 나누어 주고, 뜻을 같이하는 동료들과 함께 공동체를 만들어 은둔 생활을 하며 학문 연구와 명상, 토론에만 몰두하기를 원했다. 그런데 자신의 계획과는 달리 친구를 만나러 우연히 히포로 갔다가 교회에서 일하기 시작하였는데, 빠르게 승진하여 389년에 장로가 되고, 395년에는 히포의 조감독이 되었으며, 1년 후에는 감독이 되었다. 아우구스티누스는 이 일 역시 신율로 인식했는데, 그는 그 후 35년간 방대하고 뛰어난 저술로서 서방 신학의 기초를 다지다가 430년 8월 28일 히포가 반달족에게 포위되었던 가운데 세상을 떠났다.

아우구스티누스가 남긴 저술의 방대한 양에 대해서는 당시 누미디아의 주교였던 밀레비스의 옵타투스Optatus of Milevis가 남긴 "(아우구스티누스는) 우리를 위해서 꿀이 가득 찬 천국의 벌집을 짓는, 진실로 부지런한 하나님의 꿀벌"이라는 평가가 잘 대변해 준다. 그리고 그것의 탁월한 질에 대해서는 "화이트헤드 교수의 말처럼, 서양 철학이 플라톤에 대한 일련의 각주라고 말할 수 있듯이, 서구의 기독교 신학은 아우구스티누스의 각주라고 말할 수 있다"라는 시카고 대학교의 대니얼 윌리엄스의 말이 증명한다.

아우구스티누스의 저술은 크게 3단계로 나누어 평가된다. 첫 번째 시기에는 주로 마니교를 논박했는데 인식론과 신론을 정리했고, 두 번째 시기에는 주로 도나투스 분파 때문에 교회론과 성례전을 정리했으며, 세 번째 시기에는 펠라기우스주의자들 때문에 골몰하며 주로 은총론과 예정론에 관한 저술을 남겼다. 그중에서도 자서전인『고백록』Confessiones과,『삼위일체론』De Trinitate,『신국론』De civitate Dei 등의 저서가 널리 알려졌다.

아리스토텔레스
Aristoteles, 주전 384-322

위대한 그리스 철학자 중 하나로 꼽히는 아리스토텔레스는 마케도니아의 궁정 의사였던 니코마코스의 아들로 태어났다. 그는 어려서부터 자연과학에 큰 관심을 가졌고 18세에는 아테네로 가서 플라톤의 가장 뛰어난 제자로서 청년 시절에 이미 이름을 떨쳤다. 플라톤의 아카데미에서 20여 년 동안 연구하고 제자들을 가르쳤던 그는 마케도니아로 돌아가 필리포스 2세의 뛰어난 아들 알렉산드로스를 가르치기도 했다.

그 후 다시 아테네로 돌아온 그는 리케이온Lykeion이라는 학교를 세우고 교육에 전념했다. 아리스토텔레스는 이 세계의 만물들에게 존재와 본질을 나누어 주는 '이데아'idea가 세계 저편 어딘가에 실재하고 있다는 플라톤의 주장을 부인하고, 개개의 사물들의 본질이 되는 형상eidos은 언제나 사물들 안에 들어 있다고 주장하며 개개의 사물들을 깊이 탐구하였다. 라파엘로가 그린 "아테네 학당"Scuola di Atene의 중앙을 보면, 붉은 옷을 걸친 플라톤이 오른손 검지를 들어 하늘을 가리키는 것에 반해, 그 옆에서 푸른 옷을 걸친 아리스토텔레스가 오른손을 펴서 땅을 가리키는 것이 바로 이것을 상징한다.

플라톤이 '철학을 하는 신학자'였다면, 아리스토텔레스는 '철학을 하는 과학자'였다. 플라톤은 골방에서 천상天上의 이데아에 대해 골똘히 사색했지만, 아리스토텔레스는 자신의 제자였던 알렉산드로스 대왕의 지원을 받아 만든 세계 최초의 동식물원이 있는 리케이온을 부지런히 산책하며 지상地上의 에이도스들을 열심히 관찰했다.

후세 사람들이 아리스토텔레스학파 사람들을 '산책하며 학습하는 사람들'이라는 뜻을 가진 페리파토스학파Peripatetic school(소요학파)로 부르는 것이 그래서다. 그 결과 아리스토텔레스는 철학뿐만 아니라 자연과학을 비롯한 거의 모든 학문에 폭넓은 관심과 전문성을 갖고 있었다. 따라서 그가 남긴 저술은 윤리학, 형이상학, 논리학 등 철학에 관한 것 외에도 물리학, 천문학, 발생학, 동물학, 정치학, 시학, 수사학 등 다양한 분야에 걸쳐 있다.

아리스토텔레스가 기독교 신학에 끼친 영향 가운데 중요한 하나가 '자연의 사다리'scala naturae다. 그는 『영혼론』에서 광물 ⇒ 식물 ⇒ 동물 ⇒ 인간으로 이어지는 '존재물의 계층구조'를 구축했는데, 중세 신학의 거목이자 아리스토텔레스의 충실한 추종자였던 토마스 아퀴나스가 그것을 기독교 신학에 끌어들였다.

물론 토마스 아퀴나스와 중세 신학자들이 말한 '자연의 사다리'가 아리스토텔레스가 말한 것과 완전히 같은 개념은 아니었다. 왜냐하면 그것은 인간을 정점으로 그치지 않고 '광물 ⇒ 식물 ⇒ 동물 ⇒ 인간 ⇒ 천사 ⇒ 신'에게까지 확장되기 때문이다. 그럼에도 '존재의 대연쇄'the great chain of being라는 이름으로도 불렸던 '존재의 사다리'는 근대에 이르기까지 기독교 신학과 서구 문명에 또렷한 발자취를 남겼다.

592년에 유스티니아누스 칙령에 의해 아테네의 철학학교들이 폐쇄됨에 따라 아리스토텔레스의 사상은 13세기에 와서야 아비센나나 아베로에스 같은 아랍 철학자들을 통해 서구에 알려졌다. 그런데 토마스 아퀴나스를 비롯한 당시 신학자들이 플라톤 철학에 의한 교부 신학의 새로운 돌파구를 아리스토텔레스 철학에서 발견했기에, 그는 알려지자마자 폭발적인 인기를 누렸고 중세 대학에서는 '철학자' 하면 아리스토텔레스로 통할 정도의 권위를 가졌다.

윤리학에 관한 그의 저술 중 『니코마코스 윤리학』Nicomachean Ethics은 그의 아버지의 이름이자 아들의 이름인 '니코마코스'에서 따온 것이다. 말년에 아테네에서 마케도니아에 대한 반감이 커지자 소크라테스의 죽음을 생각한 그는 "아테네인들로 하여금 두 번씩이나 철학에 죄짓지 못하게 하겠다"라면서 그곳을 떠나 에우보아섬으로 갔지만, 불과 1년 후에 세상을 떠났다.

빅터 프랭클
Viktor Frankl, 1905-1997

오스트리아 빈에서 태어난 빅터 프랭클은 빈 대학교에서 프로이트와 아들러의 지도 아래 정신분석학을 전공했다. 그는 유대인이라는 이유로 1944년 10월 19일 아우슈비츠로 끌려갔고, 1945년 4월 27일 미군에 의해 풀려났으나, 여동생을 제외하고 그의 아내와 가족이 모두 사망했다. 이 경험을 바탕으로 그는 인간을 자유와 책임이 있는 존재로서 파악하는 독자적인 실존분석을 정립하고 이에 근거한 정신분석학을 개척하여 소위 로고테라피 Logotheraphie(의미분석치료)학파를 창시하였다.

로고테라피는 삶의 목표를 세우고 자기의 인생에 긍정적이고 가치 있는 의미를 부여하는 것을 핵심으로 한다. 따라서 아무리 힘겨운 상황 속에서도 자신이 어떤 사람이 되느냐는 것은 그 개인의 선택에 달려 있다는 것을 강조한다. 프랭클은 이 말을 "그대를 절벽 끝으로 내모는 것은 상황이 아니라 바로 당신 스스로다"라고 했다.

1946년 프랭클은 자신의 경험담을 책으로 출판하였다. 처음 제목은 "Trotzdem Ja Zum Leben Sagen: Ein Psychologe erlebt das Konzentrationslager" (그럼에도 불구하고 삶은 살 만하다고 말할 수 있다: 한 심리학자의 강제수용소 체험에서) 이었다. 나중에 영어판에서는 제목이 "Man's Search for Meaning"(인간의 의미 탐구; 한국어판 제목은 "죽음의 수용소에서")으로 바뀌어 세계적 베스트셀러가 되었다.

프랭클은 미국 13개 대학에서 강의했고, 로욜라 대학교, 에지클리프 대학, 록퍼드 대학교 등에서 명예박사 학위를 받았으며, 1955년 빈 대학교에서 신경정신과 교수직을 맡았고 오스트리아 심리요법 의학협회 회장을 역임했다. 1985년에는 미국 정신과협회에서 수여하는 오스카 피스터 상을 받았다. 1997년 심부전으로 사망하기까지 일생 동안 49개 언어로 번역된 32권의 책을 저술했는데, 주요 저서로는 『죽음의 수용소에서』 Man's Search for Meaning, 『신경증의 이론과 치료』 Theorie und Therapie der Neurosen, 『정신요법과 실존주의』 Psychotherapy and Existentialism 등이 있다.

Зеркало

거울

욕망이란 무엇인가
헤겔의 '주인과 노예의 변증법'과 싸우는 라캉의 '거울 이미지'

인간의 욕망이란
상대의 인정을 받기 위한 욕망이라는 사실 때문에,
라캉의 '거울 이미지'는
헤겔의 '주인과 노예의 변증법'과 손잡는다.
그러나 타르콥스키의 〈거울〉에서
이 둘은 저항하고 투쟁한다.
타르콥스키 작품 중 가장 난해하다고 평가되는
이 자전적 작품을 해석하며
우리는 오히려 가장 분명한 메시지를 듣는다.
그것은 "행복하려고 욕망하는 자는 바로 그것을 위해
행복하고자 하는 그 욕망을 초극해야 한다"라는
타르콥스키의 서글픈 고백이다.

각본	안드레이 타르콥스키, 알렉산드르 미샤린
주연	마가리타 테레코바, 아나톨리 솔로니친
제작	모스필름 스튜디오(러시아, 1973), 컬러/부분 흑백
상영시간	102분
수상	1979년 이탈노레지오 '국립영화배급사상', 1980년 이탈리아 다비드 디 도나텔로 어워드 '루치노 비스콘티상' 등

〈거울〉을 보는 두 시선

1975년 개봉한 타르콥스키의 영화 〈거울〉Zerkalo에 대해 타르콥스키 자신이 공개한 관객들의 반응은 대개 두 종류였다.[1]

그중 하나는 주로 작품의 난해성을 호소하는 것이었다.

나는 당신의 영화 〈거울〉을 이해하기 위하여 당신에게 무작정 도움을 청하는 사람은 아니라는 확신에 차 있습니다. 개개의 에피소드는 매우 좋습니다. 그러나 이 각각의 에피소드들을 어떻게 통일성 있게 연결시킬 수 있겠습니까?

나는 당신의 영화를 분석할 수 없습니다. 내용과 형식의 양면에서. 이것을 어떻게 설명할 수 있겠습니까? 나를 영화를 전혀 모르는 사람이라고 간단히 말해 버릴 수는 없습니다.…나는 당신의 초기 작품인 〈이반의 어린 시절〉과 〈안드레이 루블료프〉를 보았습니다. 두 작품은 모두 이해할 수 있었습니다. 그러나 이번 작품은 전혀 다릅니다.

다른 하나는 작품에 공감하고 감사하는 것이었다.

당신의 영화 〈거울〉에 깊은 감사를 드립니다. 나의 어린 시절은 영화와 똑같았습니다.…한데 어떻게 제 이야기를 들을 수 있었습니까? 그때는 정말 그런 바람이 불었고, 그런 소나기가 왔었죠.…방안은 어두웠습니다. 석유등도 그때는 꺼졌었죠. 그리고

---

1   참조. 안드레이 타르콥스키, 『봉인된 시간』, pp. 7-16.

내 영혼은 어머니에 대한 기다림으로 가득 채워져 있었고…당신의 영화는 어린이의 의식이 깨어남을 얼마나 훌륭하게 보여 주고 있는지! 영화의 장면들은 정말 사실 그대로였습니다. 우리들은 정말 우리 어머니들의 얼굴들을 모릅니다. 얼마나 간단하고 얼마나 자연스러운 일입니까.

일주일 동안 나는 당신의 영화를 네 번이나 보았습니다. 단순히 영화만을 보려고 극장에 간 것은 아니었습니다. 내게 중요했던 것은, 적어도 몇 시간 동안은 진정한 삶을 산다는 것, 진정한 예술가 그리고 인간들과 함께 산다는 것이었습니다.…나를 괴롭히는 모든 것, 내가 동경하던 모든 것, 나를 흥분시키고 내게 역겨운 모든 것 - 이 모든 것들을 나는 마치 거울 속을 보듯 당신의 영화 속에서 보았습니다. 나를 짓누르는 것들, 나를 밝고 따뜻하게 해 주는 것들, 내게 살아가는 힘을 주는 모든 것, 나를 파멸시키는 모든 것. 처음으로 한 영화가 내게는 현실이 되어 버렸습니다. 바로 이 점이 내가 반복해서 당신의 영화를 본 이유였습니다 - 다시 말하자면 당신의 영화를 통해서 그리고 당신의 영화 속에서 살기 위해서였습니다.

이렇듯 극적으로 상반된 평가를 받은 작품 〈거울〉에 대해 타르콥스키 자신은 1975년 4월 29일 소련의 건축연구소에서 열린 강연회에서 다음과 같이 언급했다.

이 영화는 자전적인 영화다. 영화 속의 이야기들은 내 주변의 가까운 사람들에게 실제로 일어났던 일들이다. 이 영화에 나오는 에피소드[영화 속 삽화 같은 이야기]들은 모두 사실이다. 그런데도 왜 사람들은 이 영화를 이해할 수 없다고 불평하는지 모르겠다. 사실은 아주 단순하다. 모든 사람들은 이 에피소드들을 자신의 삶의 체험과 비슷한 것으로 받아들일 수 있다.…영화 〈거울〉의 목적은, 그리고 그 영감은 일종의 교훈과 같은 것이다. 영화에 나타난 삶을 하나의 예로 사용하여 보고 배우자는 것이다.

이 말을 통해 우리가 알 수 있는 것은, 영화 〈거울〉이 일부 사람들에게 커다란 공감을 불러일으킨 반면에 다른 사람들에게는 난해하게 느껴진 원인이, 이 작품이 자전적自傳的이라는 점에서 찾을 수 있다는 것이다.[2] "왜 사람들은 이 영화를 이해할 수 없다고 불평하는지 모르겠다"라는 타르콥스키의 불만에도 불구하고, 개인의 사적 체험을 다루는 자전적 작품들이 가진 일반적 특성은 그것이 어떤 이들에게는 전혀 생소할 수도 있다는 점이기 때문이다.

특히 영화 〈거울〉은 주인공의 어린 시절을 그의 내적 체험을 통해 다루고 있기 때문에 더욱 그렇다. 그 때문에 영화 〈거울〉이 "너무나도 노골적인 자전적 취향"[3]이라는 말도 타당하며, 앞에 열거한 상반된 반응이 나타나는 것도 오히려 당연하다고 할 수 있다.

물론 타르콥스키는 이 말에 결코 동의하지 않을 것이다. "한 형상 속에 창조된 가장 일회적이고 독창적인 것은 역설적이지만 이상

---

[2] 타르콥스키는 곳곳에서 영화 〈거울〉이 자전적 작품임을 밝혔고, 영화에서 자신의 분신인 알렉세이의 어머니 역에 자신의 친어머니를 출연시켰으며, 자신이 자라난 옛집과 그 앞에 흐드러지게 폈던 메밀밭을 40년 만에 그대로 복원하여 촬영에 임했다(참조. 같은 책, pp. 169-172).

[3] 영화 〈솔라리스〉를 포함하여 그때까지 타르콥스키의 작품들을 촬영했던 촬영감독 바딤 유소프는 〈거울〉이 "너무나도 노골적인 자전적 취향"이라는 이유로 촬영을 거부했다. 그러나 훗날 그는 이 작품이 다른 촬영감독 게오르기 레베르크에 의해 완성되었을 때, "안드레이, 정말 미안하네. 그런데 이 작품이 자네의 최고 작품일세"라고 했다고 한다. 참조. 같은 책, pp. 176-177.

스럽게도 전형적典型的인 것으로 변모한다. 진기하게 들릴지 모르지만 전형적인 것은 가장 개성적이고 독창적 요소 속에 들어 있다"[4]라고 생각하기 때문이다. 그래서 그는 자신의 가장 은밀한 이야기를 다른 사람들이 비슷한 삶의 체험으로 그리고 교훈으로 받아들일 수 있다고 굳게 믿어 의심치 않았다. 그 때문에 그는 "영화에 나타난 삶을 하나의 예로 사용하여 보고 배우자"라고 하는 것이며, 또한 "관객들은 부디 나의 작품들을 자신의 모습이 비치는 하나의 거울처럼 감상해 주기 바란다"[5]라고 주문하기도 했던 것이다.

타르콥스키의 이러한 주장은 다분히 현대 해석학적 색채를 띠고 있다. 1927년 출판된 하이데거의 『존재와 시간』이후, 현대 해석학은 더 이상 작품의 배후에 숨어 있는 '작가의 의도'나 감정이입에 의한 독자의 느낌이 아니라,[6] '작품 앞에서 전개되는 자신의 존재 가능성'을 추구한다.[7] 이는 곧 '작품에 의한 자기 이해'를 의미하며, '작품을 통한 자기 발전 가능성'을 뜻하기도 한다. 따라서 하이데거의 해석학 전통에 서 있는 폴 리쾨르*는 다음과 같이 주장했다.

4   같은 책, p. 138.
5   같은 책, p. 236.
6   해석을 작품 안에 있는 '저자의 의도'를 파악하는 일로 규정한 것은 프리드리히 슐라이어마허다. 그는 해석에는 '문법적 해석'과 '기술적 해석', 두 가지가 있다고 생각했다. '문법적 해석'이란 저자의 의도와 구별되는 언어학적 성격에 더 많은 관심을 두기 때문에 자연히 객관적인 이해에 도달하게 된다. 이에 반해 '저자의 의도'를 적극적으로 밝히는 해석이 곧 '심리적 해석'이라고도 불리는 '기술적 해석'이다. 이 견해와는 달리, 빌헬름 딜타이(Wilhelm Dilthey)는 해석은 '감정이입'에 의해 이해하는 것이라 규정했다. 그러나 독자의 감정이입의 결과로 얻어진 이해는 자연히 '독자의 심리적 감정이나 기대'에 부응하는 것이 된다. 즉 타자로의 감정이입에 의한 이해란 다름 아닌 독자의 자기 자신의 이해인 것이다. 그러므로 해석의 객관성은 더 이상 보장되지 못한다. 그러나 딜타이는 해석이 더 이상 '저자의 의도'를 파악하는 것이 아니라는 사유의 길을 열어 놓았다.
7   하이데거는 이 말을 "현존재는 존재하는 한에 있어서, '항상 이미' 그리고 '항상 아직도' 존재 가능성(Seinkönnen)으로부터 이해하고 있다"라고 표현했다[Martin Heidegger, Sein und Zeit (Tübingen: Max Niemeyer Verlag, 1953), p. 145].

텍스트를 해석한다는 것은 내가 살 수 있는 '세계의 기획'Entwurf von Welt이다. '세계 기획은 텍스트 뒤에 숨어 있는 의도를 드러내는 것이 아니라 텍스트 앞에서 작품을 전개하고, 발견하고 드러내는 것이다. 그러므로 이해란 '텍스트 앞에서의 자기-이해'Sich-Verstehen vor dem Text이다. 이것은 텍스트를 향해 고유하게 한정된 이해 능력을 주입시키는 것이 아니라 텍스트 앞에 나서는 것, 텍스트로부터 더 넓어진 자기를 얻는 것, 곧 세계 기획에 진정 합당한 적응으로서의 실존 기획을 말한다. 주관이 이해를 구성하지 않는다. 더 정확히 말하자면 자기 자신Selbst이 텍스트의 사실에 의해 구성된다.[8]

타르콥스키는 과연 우리에게 이러한 이해, 곧 작품에 의해서 우리 자신이 새롭게 이해되고 또한 새롭게 구성되는 그런 이해를 원했을까? 그래서 그의 작품을 부디 자신의 모습이 비치는 하나의 거울처럼 감상해 주기 바란다고 했을까? 그리고 영화에 나타난 삶을 하나의 예로 사용하여 보고 배우자고 했을까? 만일 그렇다면, 타르콥스키는 과연 그것을 위해 무엇을 이 작품 안에 담아 놓았을까?

회상이란 허무로부터 인간을 구출하기 위해서 찾아온 '천상의 구원'이다

타르콥스키는 이 영화를 통해 여러 해 동안 그를 괴롭히던 어린 시절의 기억들을 다룸으로써 그것으로부터 벗어나려고 했다고 그의

---

[8] Paul Ricœur, *Philosophische und theologische Hermeneutik*, p. 33.

책『봉인된 시간』에 쓰고 있다.⁹ 그러면서 마르셀 프루스트의『잃어버린 시간을 찾아서』*A la recherche du temps perdu* 1권『스완네 집 쪽으로』*Du côté de chez Swann* 중 한 대목을 인용했다. 주인공이 교회 첨탑을 보며 어린 시절의 기억을 회상해 글로 적고, 그것을 통해 마치 "알을 낳은 한 마리 닭인 양" 말할 수 없는 해방감을 느끼는 장면이다.¹⁰ 타르콥스키는 이 대목을 장황하게 인용하며 똑같은 일이 자신에게도 영화 〈거울〉을 만들면서 일어났다고 했다.¹¹

여기에서 주목해야 할 것은,『잃어버린 시간을 찾아서』와 〈거울〉, 이 두 작품이 단지 우연스럽게 어린 시절의 기억에 대한 회상을 소재로 다루었다는 데 있는 것이 아니다. 타르콥스키가 자신의 작품 〈거울〉에 대해 설명하면서 프루스트의『잃어버린 시간을 찾아서』를 끌어들인 이유는 전혀 다른 데 있다.

우선 두 작품은 모두 '어린 시절에 대한 회상'을 단순히 아름답거나 또는 고통스러운 추억으로서 다루는 것이 아니라, 그것을 통한 '구원'을 꾀한다. 프루스트는 마치 '잃어버린 물건을 찾듯이 자신의 회상을 따라가는 길'이 바로 '자신의 자아를 되찾는 길'이며 '부활의 길'이라는 것을 알고 있었다.¹²

9 영화 〈거울〉은 타르콥스키가 그의 어린 시절의 기억들을 써서 1970년 소련의 영화 비평지「영화 예술」(*Iskusstvo Kino*)에 발표했던 단편 시나리오 "어떤 하얗고 하얀 날"을 원작으로 하고 있다. 그러나 그는 이것을 영화로 만들 생각은 전혀 없었다고 한다(참조.『봉인된 시간』, pp. 160-161).

10 "나는 교회의 탑들을 지평선상에서 바라보는 것이 어째서 나를 행복하게 했는지를 알 수 없었다. 그리고 그 이유를 캐 보려는 강박관념이 나를 괴롭히며 억누르고 있었다.…나는 의사에게 연필과 종이를 요청했고, 마차의 흔들림에도 불구하고 의식의 중압에서 벗어나기 위하여 그리고 감격한 나머지 다음과 같은 짧은 산문을 썼다.…글쓰기를 끝냈던 그 당시의 그 순간에 나는 이 **몇 줄의 글이 얼마나 완벽하게 나를 교회 첨탑들과 그 뒤에 숨겨진 것들로부터 해방시켜 줄 수 있었던지** 나는 마치 나 자신이 알을 낳은 한 마리의 닭인 양, 날카로운 목소리로 노래를 부르기 시작했다"(같은 책, p. 160에서 재인용, 강조는 원저자).

11 참조. 같은 책, p. 160.

프루스트의 소설『잃어버린 시간을 찾아서』는 주인공 마르셀이 한밤중에 깨어 모든 것을 상실한 존재, 의식 없는 존재로 그려짐으로부터 시작한다.[13] 교통사고나 지나친 음주로 인해 잠시 기억을 상실한 사람을 상상해 보라! 잠시나마 이렇듯 '과거와 단절된 존재', 그럼으로써 "원초적 단순성의 생존감만이 있을 뿐" "혈거인穴居人보다 더 빈약한 존재"는 의식적으로든 무의식적으로든 자신이 실재하고 있다는 증거를 '더듬거리며 찾는 존재'다.[14] 그리고 이 더듬거리며 찾음이 곧 '회상'으로 이어진다.

작품에서 '무의지적involontaire 기억'이라고도 표현되는 프루스트의 '회상'이 하는 일은 단순히 잊었던 기억의 회복이 아니고, 잃어버린 자기의 정체성을 찾아 주는 것이다. 곧 인간은 회상을 통해서만 자기가 누구였는지, 누구인지, 그리고 누가 될지를 인식하게 되며, 그 때문에 이제 어떻게 행동해야 할지도 알게 된다는 것이다. 프루스트가 만일 회상이 하는 일이 단순히 '잊었던 기억' 곧 망각忘却의 회복이라고 생각했다면, 그의 소설의 제목은 '잃어버린 시간을 찾

---

12 "이제 우리는 그 누구도 아니다. 그런데 이때 어떤 잃어버린 물건을 찾듯이 자기의 상념이나 개성을 찾다가 어떻게 우리는 타인의 자아를 되찾기보다 마침내 자신의 자아를 되찾게 되는가? 실제로 차단되었을 때 무엇이 우리를 이리로 인도하는가? 분명 죽음이 있었다. 가슴이 뛰지 않은 다음, 일정한 간격의 인공호흡법으로 우리가 되살아날 때처럼…. 잠이 깨었을 때 소생은—곧 수면이라고 하는 일종의 정신착란의 자비로운 발작이 있은 뒤의 부활은—잃어버린 이름, 시구(詩句), 노래의 후렴 같은 것을 상기해 낼 때 일어나는 일과 유사할 수밖에 없다. 아마도 사후의 부활도 이러한 기억의 현상처럼 이해할 수 있을 것이다"(Marcel Proust, Le côté de Guermantes I, p. 79).

13 "그래서 한밤중에 깨어나면, 나는 내가 어디 있는지를 모르기 때문에, 처음 순간에는 내가 누구인지 알지 못하는 경우조차 있었다. 나에게는 어떤 동물의 체내에서나 가능한 떨림과도 같은 그런 원초적 단순성의 생존감만이 있을 뿐이었다. 나는 혈거인보다도 더 빈약한 존재인 것이다"(Marcel Proust, Du côté de chez Swann I, p. 11).

14 참조. 조종권 편저, 『마르셀 프루스트의 문학세계』(청록출판사, 1996), p. 305.

아서'가 되었을 것이다.

회상은 잊어버린 기억을 찾아 주는 것이 아니라, 잃어버린 자신의 존재의 의미와 가치 그리고 인간성을 찾아 준다. 이러한 의미에서 프루스트가 말하는 '회상'은 아우구스티누스가 언급한 '상기의 힘'*vis memoriae*과 같다.[15] 단지 프루스트는 아우구스티누스의 용어인 '상기의 힘'이라는 말을 사용하지 않았을 뿐이다. 그 대신 그는 "천상의 구원"[16]이라는 용어를 사용한다. 프루스트의 작품에 대해 깊은 통찰을 가졌던 벨기에의 문학평론가 조르주 풀레Georges Poulet는 다음과 같이 말했다.

> 따라서 프루스트의 사상에서의 '기억'은 기독교 사상에서 '은총'과 같이 초자연적 역할을 한다.…회상이란 '인간이 혼자 힘으로는 빠져나올 수 없는 허무로부터 인간을 구출하기 위해서' 찾아온 '천상의 구원'인 것이다. 그래서 프루스트 작품 가운데서 회상은 인간적이면서 동시에 초인적 형상을 띠고 끊임없이 나타난다. 그것은 존재에 덧붙는 예측불능의 현상임과 동시에 '무의지적인' 현상이고, 존재의 행위 자체이며, 그 인간의 구성적인 행위이기 때문에 가장 개인적인 행위인 것이다.[17]

타르콥스키에게도 '회상'이란 인간의 자기 정체성을 찾는 길이자 삶의 견고한 바탕을 확보하는 일이다. 따라서 이 견고한 바탕을 잃은 인간은 미칠 수밖에 없다고 그는 『봉인된 시간』에서 다음과 같이 말했다.

---

15   참조. 3장 〈솔라리스〉, '양심과 시간의 구조.'
16   Marcel Proust, *Du côté de chez Swann* I, p. 11.
17   조종권, 『마르셀 프루스트의 문학세계』, pp. 308-309.

시간과 회상은 서로 열려 있다. 시간과 회상은 그대로 메달의 양면성을 지닌다.…회상은 정신적인 개념이다! 만일 예컨대 누군가가 자신의 어린 시절의 추억을 이야기한다면 우리들은 그 사람에 대한 포괄적인 인상을 얻기 위한 충분한 자료를 틀림없이 얻어 낼 수 있게 된다. 자신의 추억과 기억을 상실한 인간은 껍질뿐인 삶을 살고 있는 셈이다. 그는 시간으로부터 떨어져, 구체적이고 가시적인 세계와 자신을 연결할 능력을 상실하게 된다. 다시 말해 그는 미칠 수밖에 없는 것이다.[18]

이처럼 프루스트와 타르콥스키는 '어린 시절에 대한 회상'은 모두에게 자기 자신을 찾는 일이자 자기 구원의 수단이라고 파악했다! 이러한 이유에서 프루스트는 『잃어버린 시간을 찾아서』를 쓴 것이고 타르콥스키는 〈거울〉을 만든 것이다.

*

같은 이유에서 타르콥스키는 영화 〈거울〉을 만들면서 독특한 작업방식을 취했다. 그것은 되도록 많은 창조성을 확보하기 위해, 촬영할 에피소드를 미리 구상하지 않고 촬영장에 나가는 것이었다. 그는 "예전에 나는 촬영할 에피소드를 미리 자세하게 구상하지 못한 채로는 세트장에 나타날 수가 없었다. [그런데] 이제는 구상이란 항상 사변적이며 환상을 고갈시킨다는 생각을 자주 하고 있다"[19]라면서, 실제로 영화 촬영에 들어갈 때까지도 장면이나 에피소드 구성을 미뤄 놓음으로써 구체적 표상이 촬영 과정에서 가능한 한 자발적으로 떠오르게 하였다. 그래야만 더 많은 무의지적 기억을 끌

---

18 안드레이 타르콥스키, 『봉인된 시간』, p. 71.
19 같은 책, p. 159.

어낼 수 있기 때문이었다. 그는 다음과 같이 고백했다.

> 우리들은 이 작품에 임하면서 단위화면이나 에피소드를 어떻게 구성하겠다고 하는 아무런 구상도 내정하고 있지 않았다. 그러나 우리들은 세트장에서 즉각적으로 떠오르는, 우리들이 빚으려는 형상에 걸맞은 분위기를 감지할 수 있었고, 섬세한 형상이 요구하는 영적靈的인 내면 상태를 감지해 낼 수 있었다. 내가 촬영하기 전에 무엇인가를 보고, 무엇인가를 상상한다면 그것은 무엇보다도 다름 아닌 내면적 상황 그 자체였고, 곧 찍게 될 장면의 내재된 긴장의 성격, 그리고 배우의 심리적 상황에 관한 것이었다. 그러나 이 모든 것이 담겨져야 할 정확한 형식이 어떤 것이어야 하는지에 관해서는 전혀 생각한 바 없었다. 나는 세트장에 가서야 비로소 이 내면적 상황을 어떻게 영화 화면 속에 표현해 낼 수 있을지를 파악하곤 하였다.[20]

자신의 어린 시절에 대한 기억을 이런 방식으로 촬영한다는 것은 당연히 '사건의 흐름'을 좇아가는 것이 아니라 간헐적으로 갑자기 솟아오르는 '무의지적 기억' 곧 '의식의 흐름'을 좇아간다는 것을 의미한다.[21]

이것 역시 프루스트가 사용했던 방법이다. 그는 고질적인 천식에 시달리고 있었기 때문에 창문을 완전히 봉쇄하여 밀폐된 호텔

---

20 같은 책, p. 169.
21 타르콥스키는 이렇게 말했다. "외적인 사건의 흐름, 음모, 사건의 연관성 등에 관해 나는 관심을 갖고 있지 않다. 영화 제작을 거듭할수록 점점 더 이 같은 것들에 대한 나의 흥미는 감소되었다. 내가 가장 관심을 갖고 매달린 것은 인간의 내면세계였다"(같은 책, p. 260).

방 침대에 엎드려서, 오직 의식의 흐름만을 좇아 20여 년간에 걸쳐 『잃어버린 시간을 찾아서』를 썼다. 그 때문에 『잃어버린 시간을 찾아서』는 어떤 특정한 사건이 아니라 오직 갑자기 떠오르는 회상만을 따라간다. 유명한 '마들렌 에피소드'가 이것을 상징적으로 보여준다.

어느 겨울날 마르셀의 어머니는 추위에 떨고 있는 마르셀에게 따뜻한 차와 '마들렌'이라는 과자를 권한다. 그는 마들렌 한 조각을 차에 담근 뒤 차를 마시는데, '마들렌' 부스러기가 뒤섞인 차 한 모금이 입천장에 닿는 순간 일찍이 느껴 보지 못한 강렬한 쾌감에 빠진다. 그런데 이 쾌감을 매개로 그는 오랫동안 잊었던 콩브레(『잃어버린 시간을 찾아서』의 배경)에서의 일요일 아침을 무의식적으로 회상하게 된다.

타르콥스키도 바로 이러한 방식으로 영화 〈거울〉을 촬영했다. 그것을 위해 그는 자신이 자라난 옛집과 그 앞에 흐드러지게 피었던 메밀밭을 40년 만에 그대로 복원하기도 했다. 그럼으로써 그는 "시간이 덮어 버린 뚜껑"을 다시 들추어내고 "어린 시절 추억의 본질적이고도 특징적인 부분"을 부활시킬 수 있었던 것이다.[22]

이것이 그가 자신의 작품 〈거울〉에 대해 설명하면서 프루스트의 『잃어버린 시간을 찾아서』를 언급했던 또 다른 이유이기도 하다.[23]

22　타르콥스키는 다음과 같이 쓰고 있다. "옛집 앞에는 밭이 있었다. 내 기억으로 예전에는 집과 이웃 마을로 가는 길 사이에 메밀밭이 있었다. 메밀꽃이 피면 메밀밭은 정말 한 폭의 아름답고 환상적인 그림이었다. 마치 눈이 내린 듯이 메밀밭을 뒤덮은 하얀색은 나의 기억 속에 어린 시절 추억의 본질적이고도 특징적인 부분으로 깊이 아로새겨져 있었다.…이 모든 것은 추억이 갖고 있는 특별한 단면, 시간이 덮어 버린 뚜껑을 다시 들추어낼 수 있는 추억의 능력을 단적으로 보여 주는 것이었다"(같은 책, pp. 169-172).
23　타르콥스키의 이러한 작업방식은 〈이반의 어린 시절〉에서 살펴본 바와 같이, 그의

*

　그러나 배우, 촬영기사 들을 비롯하여 많은 사람들이 함께 작업을 해야 하는 영화 제작의 특성상, 한 영화감독이 자신의 창조 작업을 '무의지적 기억'에 맡긴다는 것은 소설이나 시를 쓰는 것과 달리 실제로는 거의 불가능한 일이다. 그것은 무엇보다도 시나리오 없이 영화를 촬영하는 것을 의미하기 때문이다.[24]

　그 결과 영화 〈거울〉은 필름이 400미터(상영시간으로 13분 정도) 밖에 남지 않을 때까지도 구체적인 구상을 전혀 갖고 있지 못했으며,[25] 그 후 스무 번도 넘게 전체적인 재편집을 거쳐야만 했다고 한다.

　단순하게 바뀐 곳이 스무 곳이라는 말이 아니고 작품의 구조와 영화의 줄거리를 이루는 각각의 이야기 순서를 바꾸는 원칙적인 변화를 말한다. 촬영 과정에서 돌이킬 수 없는 오류가 저질러져 이 영화를 편집하는 것은 전혀 불가능한 것처럼 생각되기도 했다. 장면들의 연결점을 찾지 못했고, 편집을 통해 작품을 완성하는 것은 난관에 부딪쳤고, 장면들의 통일점이 발견되지 않았고, 내적 연결성, 시종 일관성 그리고 합리성들이 결여되어 있었다.[26]

　이렇게 얻어진 영화 〈거울〉이 심리적 또는 정신분석적 경향을 띠는 것은 전혀 놀랄 일이 아니다. 그리고 그만큼 이해하기 어려운

　　작품들이 지닌 초현실주의적 성격과도 연결되어 있다. 초현실주의 소설가나 시인들은 이성과 논리로 억압된 무의식의 세계를 가능한 한 그대로 표현하기 위해 '자동기술'에 의한 언어해방을 시도하기도 했다.
24　타르콥스키는 연기자가 의식적으로 연기하지 않도록 하기 위해, 배우에게도 촬영할 때마다 그 장면의 상황만을 제시했을 뿐 영화의 주제나 시나리오를 알려 주지 않았다고 한다(참조. 같은 책, p. 184).
25　같은 책, p. 165.
26　같은 책, p. 145.

것도 당연하다. 따라서 이 영화를 이해할 수 있는 길은 두 가지다. 하나는 서두에서 언급한 몇몇 관객들처럼 우리의 내적 체험이 타르콥스키의 그것과 우연히 일치하는 경우다. 이 경우에는 당연히 별도의 해석이 필요하지 않다. 그러나 그렇지 않을 경우라면, 이 작품에 나타난 삶에서 전형적典型的인 것을 찾아내어 해석하는 방법이 있다.

우리는 당연히 두 번째 길을 가고자 한다. 그러자면 타르콥스키가 영화를 만든 일뿐 아니라 영화를 감상하는 일까지도 각자의 '잃어버린 시간을 찾는 일'이자 그것을 통한 '자기 구원을 꾀하는 일'이라고 보았던 것도 잠시 짚고 넘어가야 한다. 그는 『봉인된 시간』에 다음과 같이 썼다.

> 사람들은 도대체 무엇 때문에 영화관에 가는가? 무엇이 그들을 두 시간 동안 스크린 위의 그림자놀이를 쳐다볼 수 있는 컴컴한 방 속으로 몰아가는 것일까? 관객들은 영화관에서 만사를 잊고 즐거운 오락을 원하고 있는 것인가? 관객들은 혹시 특별한 종류의 마취제를 필요로 하는 것인가?…인간은 보통 잃어버린 시간, 놓쳐 버린 시간, 또는 아직 성취하지 못한 시간 때문에 영화관에 간다.[27]

인간은 잃어버린 시간, 놓쳐 버린 시간, 또는 아직 성취하지 못한 시간 때문에 영화관에 간다는 말은 인간은 작품 앞에서의 자기 이해를 위해, 그리고 작품을 통한 자기 발전 가능성 때문에 영화관에 간다는 뜻이다. 즉 "인간은 살아가는 삶의 경험을 얻으려고 영화

---

27 같은 책, p. 79.

관에 간다."²⁸ 그리고 그것을 통해서 자신의 새로운 존재 가능성을 얻고자, 자기 구원을 위하여 영화관에 간다는 것이다.

"영화의 진정한 힘은 바로 이 점에 있는 것이지, 영화사들이 상업적 목적으로 만들어 내는 스타라든가, 진부하고 낡은 주제라든가 또는 현실을 망각토록 유도하는 오락성에 있는 것이 아니다"²⁹라는 것이 타르콥스키의 생각이다. 과연 그럴까? 적어도 그의 영화들은 그렇다. 〈거울〉은 특히 그렇다.

만들어지는 진실들

영화 〈거울〉은 한 소년이 TV를 켜면서 시작한다. 이어 여자 의사가 최면술로 말더듬이 청년을 고치는 장면이 나온다. 타르콥스키의 다른 작품 예컨대 〈안드레이 루블료프〉에서 볼 수 있듯이, 관객들이 자칫 놓치기 쉬운 이 첫 에피소드는 주인공이 죽음을 맞이하는 마지막 에피소드와 연관하여 매우 중요한 의미를 지닌다.

의사는 우선 청년에게 최면을 걸고 손에 힘이 들어가 뻣뻣해지게 한 다음, 자기가 셋을 세면 그 상태가 제거되는데, 이때 "크고 똑똑하게, 자유롭고 편안하게 자기 목소리로" 말을 하면 일생 동안 그렇게 말할 수 있다고 주지시킨다. 그리고 "셋!" 하고 소리치면서 "난 말할 수 있어!"라고 크고 똑똑하게 말하라고 한다. 그러자 청년은 크고 똑똑하게 "난 말할 수 있어!"라고 외친다. 곧이어 화면이 어두워지며 "Zerkalo"(거울)라는 자막이 뜬다.

28 같은 책, p. 79.
29 같은 책, p. 80.

이후 이어질 이야기와 외견상 아무 관계가 없어 보이는 이 서막에는 우리가 이 작품을 이해하고자 하는 방식 곧 전형典型을 찾아 이해하는 데 있어 매우 중요한 테마가 들어 있다. 이 에피소드에서 최면술을 거는 의사가 청년을 치료할 때 하는 일은 자신의 기대와 욕망을 의도적으로 환자에게 전이轉移[30]시키는 작업이다. 알고 보면 그것은 마치 의사가 허구적 구성물을 환자의 내면에 구축하는 것과 같다.

1898년, 독일의 정신과 의사 알베르트 몰Albert Moll은 『최면술』 Hypnotism이라는 저서에서 '예측자 자신이 그 예측 실현의 원인 제공자가 되는 의료 현상'에 대해 언급한 바가 있다. 그는 말더듬증, 불면증, 발기부전 등은 환자가 그런 증세가 일어날 것을 걱정하면 실제로 일어날 수도 있음을 밝히면서, 이와 마찬가지로 치료사가 그것을 고칠 수 있다고 믿으면 실제로 고쳐진다는 것을 주장했다. 그러면서 그는 최면술 분야에 관심을 기울였다.

시간이 흐른 후, 마틴 오른Martin T. Orne이라는 펜실베이니아 대학교의 심리학자가 몰의 이론을 자신이 강의하는 기초심리학 시간에 실험하여 증명했다. 그가 최면을 건 수강생들 중 몇몇 이들의 손에 강직증이 나타났는데, 그들은 모두 '최면 상태에서는 주로 사용하는 손에만 강직증이 일어난다'고 배운 학생들이었다.[31]

---

[30] 여기에서 말하는 '전이'(轉移)는 프로이트의 정신분석학에 있어서 전이(transference)가 의미하는 바에 한정되지 않는 일반심리학적 의미이다. 프로이트의 정신분석학에서 전이란 환자의 욕망이 정신분석의에게 이전되는 것을 의미한다. 그 때문에 정신치료, 특히 신경증치료에 있어서는 전이가 환자의 갈등을 재연출하는 역할을 맡게 된다. 이때 정신분석의는 환자의 갈등의 상대역을 맡게 된다. 환자는 자신의 갈등을 드라마로 연출하게 됨으로 인해 무의식적 충동을 '행동화함으로써', 그것을 억압해 오던 저항을 '극복하게' 된다.

[31] M. T. Orne, "The Nature of Hypnosis: artifact and essence", *Journal of Abnormal and social Psychology* 58 (1959), pp. 277-299; "On social

이런 실험들을 바탕으로 20세기 중반 심리학자들은 의사 자신의 잘못된 생각 때문에 정신병이 치료되지 못하는 경우에 대해서도 언급하기 시작했다. 예컨대, 미국의 정신과 의사 칼 메닝거Karl Menninger는 "정신질환이 불치병인 이유는 바로 정신과 의사들이 믿음과 희망을 잃었기 때문이었다. 세월이 지난 후, 정신질환자들도 치유될 수 있다는 생각이 퍼지자 실제로 치유되었다"[32]라고 말했다. 이는 의사들의 믿음과 희망이 환자들에게 전이되고, 그것이 치유를 가져온다는 주장이다.

*

영화 〈거울〉의 서막에서 의사가 보여 준 치료법이 바로 이러한 임상실험 결과들과 주장들을 토대로 개발한 것이다. 심리치료사나 정신과 의사가 실행하는 이러한 작업은 윌리엄 텐William Tenn의 SF 소설 『모니엘 마사웨이의 발견』The Discovery of Morniel Mathaway에 나오는 이야기에 비유되기도 한다.[33]

이 이야기는 과학기술이 발달한 25세기에 어느 예술사학자가 자신이 연구하는 유명한 화가의 삶을 연구하기 위해 타임머신을 타고 과거로 돌아가면서 시작된다. 그런데 당대에 인정받지 못했지만 후세에 유명해진 이 화가는 실제로 만나 보니 천재는커녕 사기꾼에 과대망상증 환자다. 게다가 그는 주인공이 타고 온 타임머신을 훔쳐 타고 미래로 달아나 버린다. 그러자 예술사학자는 하는 수 없이

Psychology of the psychological Experiment: with particular reference to demand characteristics and their implications", *American Psychologist* 17 (1962), pp. 776-783.

32 K. Menninger, "Review of: J. S. Bockoven, Moral treatment" in *American Psychiatry* (New York: Springer, 1963), *Bulletin of the Menninger Clinic* 28 (1964), pp. 274-275.

33 참조. 권택영, "대중문화를 통해 라깡을 이해하기", 「현대시사상」(고려원, 1994 여름호), pp. 90-105.

달아난 엉터리 화가 행세를 하면서 그 화가의 이름으로 후세에 남을 진정한 걸작들을 그린다. 그럼으로써 그 엉터리 화가는 후세에 진정 유명한 화가가 되는 것이다.

윌리엄 텐이 지은 소설의 이야기가 정신분석치료와 비교되는 이유는, 예술사학자가 과거로 돌아가 허구적 구성물을 제작함으로써 후세의 진실이 이뤄지듯이 정신분석의는 환자의 내면에 자신의 기대와 욕망을 의도적으로 전이시킴으로써 치유라는 진실을 얻어 내기 때문이다. 이러한 현상을 심리학적 용어로는 '자기 충족적 예언'self-fulfilling prophecy[34]이라고 일컫고, 대중적으로는 '피그말리온 효과'라고 부른다.

'피그말리온 효과'란 그리스 신화에서 유래한 표현으로, 조각가 피그말리온이 자신이 만든 대리석 여인상을 사람처럼 믿고 대했더니 정말로 아름다운 여인 갈라테이아가 되었다고 한다. 피그말리온의 기대와 믿음이 돌을 사람으로 만드는 기적을 일으킨 것이다. 그래서 이 말은 '어떤 대상에 대한 기대나 믿음이 그 대상을 바꾸어 놓는 효과를 일으킨다'는 뜻으로 쓰인다. 조지 버나드 쇼George Bernard Shaw의 희곡 『피그말리온』Pygmalion에는 다음과 같은 구절이 나온다.

---

[34] '자기 충족적 예언'(self-fulfilling prophecy)을 교육 현장에서 증명한 유명한 연구가 있다. 하버드 대학교 사회심리학 교수인 로버트 로젠탈(Robert Rosenthal)과 현직 교장이었던 레노어 제이콥슨(Lenore Jacobson) 두 사람이 샌프란시스코에 있는 한 초등학교 학생 650명을 대상으로 한 실험에서 이것을 입증해 보였던 것이다. 이들은 먼저 지능검사를 실시하고 그중 20퍼센트의 학생 명단을 무작위로 추출한 다음 "이들은 성적이나 지능이 크게 향상될 가능성이 있는 학생들이다"라고 허위 발표를 하였다. 그리고 8개월 후에 다시 똑같은 검사를 실시한 결과, 전체 학생의 평균이 8.4점 오른 데 비해, 20퍼센트에 해당하는 실험집단 학생들은 평균 12.2점이 상승했다. 단지 그들의 성적이 오를 것이라는 말 외에는 아무것도 하지 않았는데도 평균 3.8점이 더 상승한 것이다.

정말이지 말예요. 쉽게 눈에 띄는 것, 옷차림이라든가 말하는 습관 같은 것 말고요, 숙녀lady와 꽃 파는 아가씨girl의 차이는 그녀가 어떻게 행동하는가에 달려 있지 않고 다른 사람에게 어떻게 대접받는가에 있지요. 그래서 히긴스 교수님께는 전 항상 꽃 파는 여자로 남아 있을 거예요. 왜냐하면 교수님은 절 꽃 파는 여자로 대우하기 때문이죠. 하지만 당신에게는 제가 숙녀가 될 수 있다는 것을 알고 있어요. 왜냐하면 말이죠, 당신은 절 숙녀로 대우해 왔고 또 앞으로도 그렇게 할 것이란 걸 제가 잘 알고 있기 때문이죠.

작품 속에서 꽃 파는 아가씨는 자기를 대하는 상대의 태도에 따라, 그녀가 한갓 꽃이나 파는 말괄량이 아가씨가 될 수도 있지만, 우아하고 고상한 숙녀가 될 수도 있다는 것을 주장한다. 진실이란 결정되어진 어떤 사실이 아니라 상대의 기대감이나 예측이 그대로 반영되어 만들어지는 것이라는 말이다.

학자들은 심지어 쥐(로젠탈과 로슨, 1964년)나[35] 플라나리아(코다로와 아이손, 1963년)[36] 같은 동물들을 상대로도 실험을 한 결과, 이들에게도 실험자의 기대가 반영된다는 것을 밝혀냈다. 즉 실험자가 열등하다고 여긴 쥐들보다 높은 지능을 가졌다고 여긴 쥐들이, 그리고 낮은 기대를 하고 있는 플라나리아들보다 높은 기대를 하고 있는 플라나리아들이 훨씬 우수한 학습효과를 보인 것이다.

---

35 R. Rosenthal and R. Lawson, "A longitudinal study of effects of experimenter bias on the operant learning of laboratory rats", *Journal of Psychiatric Research* 2 (1964), pp. 61-72.
36 L. Cordaro and J. R. Ison, "Observer bias in classical conditioning of the Planarian", *Psychological Reports* 13 (1963), pp. 787-789.

그런데 이러한 일이 실제로 어떻게 가능할까? 이에 대한 이론들은 — 긍정적이든 부정적이든 — 매우 다양하다. 그래서 우리는 이 문제를 자크 라캉Jacques Lacan*의 '거울 단계'와 연관하여 살펴보고자 한다. 그렇게 하는 것이 타르콥스키가 이 작품의 이름을 '거울'이라고 명명한 이유를 찾는 데 도움이 될 뿐만 아니라, 이후에 이어지는 에피소드들을 이해하려는 우리의 목적에 부합하기 때문이다.

라캉은 1949년 취리히에서 개최된 제16차 국제정신분석학회에서 발표한 논문 "정신분석학적 경험에서 드러난 주체의 기능형성으로서의 거울 단계"[37]에서 어린아이가 거울에서 확인한 자아란 자기 자신 속에 내재하고 있는 자아가 거울에 비쳐서 나타난 것이 아니라, 거울이라는 타자를 통해 비로소 구성된 자아 곧 "관념적인 (또는 허구적인) 나"Ideal-I, imago를 아이가 받아들인 것이라는 점을 강조했다. 그는 이것을 대개 생후 6-18개월 사이부터 일어나는 "거울 단계"Mirror Phase라고 이름 붙였다.

즉 이 시기의 어린아이는 거울에 비친 자신의 모습을 보고 '내가 저기에 비추어졌구나'라고 생각하는 것이 아니라, '저기에 비친 모습이 나구나'라고 받아들인다는 것이다. 다시 말해 이 단계에서 자아는 타자가 나에 대해 말하고 바라는 바를 나 자신으로 확인(동일시)함으로써 자기 동일성을 획득한다. 욕망도 마찬가지다. 이 시기에 나의 욕망이란 타인이 욕망하는 것을 내가 욕망함으로써 타인에게 인정받고자 하는 욕망이라는 것이다.[38] 이러한 점에서,

---

37 이 논문은 자크 라캉이 1936년 쓴 미발표 논문 "거울 단계"(Mirror Phase)를 재정리한 것으로, 그의 저서 *Ecrits: A Selection*, trans. A. Sheridan (London and New York: Tavistock Publications/Norton, 1977)의 1장에 수록되었다. 『에크리』(새물결).

38 "인간의 욕망의 대상은…본질적으로 다른 사람에 의해 욕되는 대상"이라고 라캉은 말한다. J. Lacan, "Some Reflections on the Ego", *International Journal of*

자아ego[39]란 타인의 욕망을 반영하는 '거울'이다.

"무의식은 타자의 담론이다"[40]라고 주장하는 라캉이 말하는 '거울 이론'의 핵심은 데카르트적 '나'主體, cogito 곧 '절대적 주체'의 부정이다. 라캉이 말하는 '나'는 언제나 '타인의 욕망'과의 관계에서 형성되며, 이 때문에 "과정 중에 있는 주체"라는 것이다.

하지만 영화 〈거울〉과 연관하여 이 이론에서 유의할 점은, 인간의 욕망은 상대에게 곧바로 반영되어 부정적이든 긍정적이든 어떠한 영향을 미치며, 그럼으로써 새로운 진실을 만들어 낸다는 것이다. 영화 〈거울〉의 서막 '말더듬이' 에피소드는 단지 이를 강조하고 있다. 그러나 뒤에서 보게 되겠지만, 주인공 알렉세이가 죽는 마지막 에피소드는 여기에서 한발 더 나아가 이러한 현상이 타인에 의해서가 아니라 자기 자신에 의해서 한 인간의 내면에서도 일어날 수 있음을 보여 준다.

현대 정신분석가들에 따르면, 인간은 자기 내면 안에 — 그것이 프로이트의 '초자아'超自我, superego[41]든, 프롬의 '권위적 양심'[42]이든 아

Psychoanalysis 34 (1953), p. 12.
39 라캉의 'ego'는 실제 주체(Real Subject)로 나아가기 위해 무의식적 주체와 상호 작용하는 원초적 주체(Incipient Subject)에 가깝다. 그 때문에 단순히 우리말 '자아'로 부르는 것은 오해의 소지가 있지만, 본문에서는 복잡함을 피하기 위해 구분하지 않고 썼다.
40 J. Lacan, Ecrits, p. 379.
41 '초자아'는 유년 시절 부모나 어른을 대하면서 느꼈던 갈등이 만든 것이다. 즉 성장 과정 중 외부에서 가해지는 여러 가지 제재와 상벌의 법칙들이 내면화된 것이다. 초자아는 양심(良心)을 담고 있는 그릇으로서 대부분이 무의식에 묻혀 있다. 아이 자신의 이상(理想)도 여기에 담겨 있다.
42 '권위적 양심'은 프로이트의 초자아와 마찬가지로, 성장 과정 중 외부에서 가해지는 여러 가지 제재와 상벌의 법칙들이 내면화된 것이다. 그러나 양심이란 언제나 그 어떤 외부의 권위보다 더 강압적이다. 왜냐하면 사람은 외부의 권위로부터는 도망칠 수 있지만 자신으로부터 도망칠 수 없기 때문이며, 외부의 권위에 대해 위장하거나 반항하기보다 스스로에게 위장하거나 반항하기가 더 힘들기 때문이다.

니면 라캉의 '소타자'⁴³든―언제나 타자를 지니고 있다. 그 때문에 전이와 반영은 자신의 내면 안에 존재하는 타자에 의해서도 일어난다.

영화 〈거울〉의 마지막에서, 의사는 주인공 알렉세이가 죽어 가는 것은 편도선염 때문이 아니고 그 자신의 양심과 기억 때문이라고 규정한다. 그는 아주 건강하지만, 갑자기 그의 어머니 그리고 아내와 아이가 죽었다고 믿고 있어 그 죄책감 때문에 죽어 간다는 것이다. 알렉세이가 그렇게 믿고 있는 가족들의 죽음은 그의 안에 존재하는 타자 곧 그의 양심이 만든 허구인데, 그것이 그에게 반영되어 죽음이라는 진실을 만드는 것이다.

이러한 현상은 사회적으로도 일어난다. 예컨대 전쟁이 일어날 것이라는 허구적 소문에 대해 사람들은 '난 소문을 믿지 않아. 난 그런 얼간이가 아니라고.…그렇지만 다른 사람들은 그것을 믿을 거야. 그러니 생필품이 바닥날 것이고…그러기 전에 나도 사 놓아야지'라고 생각한다. 그 결과 시장에서는 실제로 생필품들이 동나고 만다.

실제로 이러한 일이 1932년 미국 라스트내셔널 은행에서 일어났다. 이 은행은 재무구조가 튼튼하여 지불 능력에 아무런 문제가 없었다. 그런데 어느 날 이 은행이 망해 가고 있으며, 예금을 빨리 찾지 않으면 돈을 잃게 될 것이라는 허구적 소문이 퍼졌다. 그러자 자기 돈을 찾으려는 예금주들이 줄을 섰고, 은행은 망했다.⁴⁴

---

43 라캉의 타자에는 '대타자'(大他者)와 '소타자'(小他者)가 있다. 먼저 '대타자'는 상상계의 환상적인 타자성을 초월하는 급격한 타자성을 말한다. 라캉은 이 급격한 타자성으로 언어와 아버지의 이름으로 상징된 법을 드는데, 이 두 가지는 상징계의 질서 속으로 편입된다. 어린아이에게 최초의 '대타자'는 어머니다. '소타자'는 실제적 타자가 아니라 자아의 반영과 투사를 가리킨다. 이때 자아의 반영은 '거울 이미지'라고도 한다. 이렇게 하여 이 '소타자'는 늘 상상계에 머물게 된다.

44 참조. R. K. Merton, "The self-fulfilling prophecy", *Antioch Review* 8 (1948), pp. 193-210.

개인적이든 사회적이든 타자가 만든 허구적 구성이 진실을 만들어 낸다. 이러한 이유에서 타르콥스키는 한 인터뷰에서 "말더듬이 청년의 에피소드는 개인적으로도 사회적으로도 의미 깊은 것인가?"라는 질문을 받고, "그 둘 다 그렇다"라고 답했던 것이다.

*

그렇다면 영화 〈거울〉은 '반영되는 욕망'을 다룬 작품이다. 그때문에 이 작품의 표제가 '거울'인 것이다. 굳이 라캉이 뜻하는 것과 같은 의미에서는 아니라 해도, 타인의 욕망이 반영된다는 점에서 인간의 내면이란 '거울'이다. 다시 말해 타인의 욕망이 반영되어 나의 욕망을 구성하는 장소인 것이다.

타르콥스키는 영화감독은 심리학자나 정신과 의사들과 통해야 한다고 생각했다. 왜냐하면 "영화적인 조형성은 대부분, 아니 때때로 결정적으로 그때그때의 구체적 상황에 처한 인간의 구체적인 정신 상태에 좌우되기"[45] 때문이라고 했다.

물론 타르콥스키가 영화 〈거울〉을 정신분석학 특히 라캉의 학설을 바탕으로 만들었다고 보기는 어렵다. 그럼에도 불구하고 그가 의사가 최면술을 사용하여 말더듬이 청년을 치유하는 장면 바로 뒤에 "거울"이라는 작품의 표제 자막을 띄운 것은 분명 의도적이었고, 그 의도는 우리에게 이 작품을 정신분석학적으로 특히 라캉의 그것과 연관하여 해석할 수 있는 어떤 실마리를 던져 준다.

따라서 우리는 이 작품을 감상하는 데 있어서 누구의 욕망이 누구에게 어떻게 반영되고 전이되어 가는가 하는 것을 놓치지 말아야 한다.

---

[45] 안드레이 타르콥스키, 『봉인된 시간』, p. 94.

서로를 반영하는 욕망들

"거울"이라는 표제와 배역의 소개가 나온 다음, 첫 장면에서 한 젊고 아름다운 여자가 가느다란 통나무 울타리 위에 홀로 앉아 담배를 피우며 남편을 기다리고 있다. 주인공 알렉세이의 어머니인 마루샤다.

그러나 기다리는 남편은 오지 않고, 그 대신 길을 잘못 든 어느 낯선 남자가 다가온다. 남자는 자기가 의사라고 하면서 마루샤 곁에 와 맥박을 잰다며 손목을 만지고 추근거린다. 마루샤가 "남편을 부를까요?"라고 하자 남자는 "당신은 남편이 없어요"라고 답한다. 마루샤의 외로움과 욕망이 어느덧 남자에게 반영된 것이다.

마루샤는 남자에게 담배와 불을 건네며, 아들 알료샤(알렉세이의 아명)를 잠시 조용히 바라다본다. 알료샤는 소나무 사이에 매어놓은 띠 침대에서 자다 깨어, 아버지는 안 오고 어느 낯선 사람이 온 것을 물끄러미 쳐다보고 있다.

남자는 마루샤가 앉아 있는 통나무 울타리에 나란히 걸터앉아 담배를 피우려다 그만 울타리 통나무가 부러져 땅바닥에 넘어진다. 그리고 땅에 누운 채 주위를 둘러보면서 혼자서 중얼거린다. 이 작품에서 이후 다시 등장하지 않는 이 인물의 혼잣말을 통해, 타르콥스키는 영화 〈거울〉의 첫 번째 테마라 할 수 있는 '반영'에 대해 설명한다.

내가 넘어질 때 여기 있는 다른 것들도 넘어졌어요. 뿌리, 관목들. 이런 생각해 본 적이 있어요? 식물도 느끼고, 느낌을 가지고 있고 어쩌면 이해까지 한다는 생각을 해 보았어요?…어쨌든 나무들은 서두르며 돌아다니지 않아요. 우린 항상 바삐 뛰어다니죠.

안달하고 사소한 말이나 해 대며. 우리는 자연을, 그리고 우리들 내면을 믿지 않기 때문이에요. 우린 항상 뭔가 불신하고 항상 서두르죠. 생각할 시간이 없어요.

이 말은 다분히 동양적인 사고를 담고 있다. 한마디로 인간의 내적 욕망이 자연에까지도 반영될 수 있다는 것을 뜻한다. 단지 너무 바빠 서두르며 피상적으로 살아가기 때문에 그것을 알아채지 못한다는 말이다.

그리고 남자는 다시 서둘러 갈 길을 가는데, 그의 말을 증명이나 하듯이 그때 들판에 바람이 그의 쪽에서부터 마루샤 쪽으로 불어온다. 마루샤를 향한 남자의 욕망이다. 그는 잠시 걸음을 멈추고 마루샤를 돌아다본다. 그리고 곧 다시 서둘러 갈 길을 가다가, 다시 바람이 불어오자 한 번 더 걸음을 멈추고 마루샤를 돌아다본다. 그러고는 또다시 갈 길을 서두른다. 이를 지켜보던 마루샤도 집으로 돌아오다 한 번 뒤를 돌아본다.

타르콥스키는 이렇듯 마루샤와 남자 사이에 상호 반영되는 외로움과 욕망의 구조를 바람을 통해 표현한 것에 대해 매우 만족스러워했다. 만일 남자가 걸어가는 도중에 뒤돌아 마루샤를 의미심장하게 쳐다보는 식으로 마루샤를 향한 그의 욕망을 직접적으로 표현했다면 "너무나도 일차원적이고 단도직입적이었을 것이며 진부해졌을 것"[46]이기 때문이다.

---

46 "〈거울〉의 여주인공이, 아나톨리 솔로니친이 연기한 생면부지의 남자를 만나는 장면에서, 이 남자가 전혀 우연히 마주친 여주인공을 서로 지나친 이후에 소위 옷깃을 스치는 인연처럼 생각하게 되는 것은 우리들에게는 아주 중요했다. 만일 이 남자가 걸어가는 도중에 여주인공을 뒤돌아보고 의미심장하게 쳐다보았다고 하면 너무나도 일차원적이고 단도직입적이었을 것이며 진부해졌을 것이다. 그래서 우리들은 이 장면을, 들판에서 느닷없이 불어오는 바람이 이 남자로 하여금 생면

어린 알렉세이는 멀리서 이런 어머니의 모습을 슬픈 눈으로 바라본다. 그러다가 유모가 잠든 동생을 안으러 들어오자 모른 척하고 돌아선다.

마루샤는 아이들끼리 저녁을 먹게 두고 깊은 생각에 잠겨 있다. 두 눈에서는 눈물이 흘러내린다. 그러는 동안 타르콥스키의 아버지인 시인 아르세니 타르콥스키Arseny Tarkovsky의 "첫 만남"이라는 시가 시인 자신의 낭독으로 흐른다.[47] 그 첫 연은 이렇게 시작한다.

우리의 만남의 모든 순간을
우리는 신이 임하신 듯 기쁘게 맞이했지.
이 세상에서 나는 홀로였고, 당신은
새의 날개보다 더 담대하고 가벼웠소.
당신은 현기증 나는 계단을 따라
촉촉이 젖은 라일락 나무를 지나
겨울 저편 자신의 왕국으로
나를 이끌었지.[48]

이로써 영화 〈거울〉의 상황설정이 끝난 셈이다. 이 작품이 자전적인 이야기를 다루었다고 한다면, 타르콥스키는 자신의 어린 시절을 몇 편의 시詩로 남아 있는 아버지의 부재와 남편을 기다리는 어머니의 외로움과 욕망으로 기억한다는 것을 알 수 있다.

부지의 여인에게 느닷없이 관심을 갖도록 하여 뒤를 돌아보게 되는 것으로 가져갈 생각을 하게 되었다"(같은 책, p. 137).
47 영화 〈거울〉에는 아르세니 타르콥스키의 시가 네 편 등장하는데, 모두 시인 자신의 목소리로 낭송된다.
48 아르세니 타르콥스키, 『하얀 달』, 김선영 옮김(뿌쉬킨하우스, 2011), pp. 43-47.

　　　　　　　　　　＊

　잠시 후 관리인 부부(파샤와 두냐)가 외치는 소리가 들린다. 농장 헛간인 그들의 집에 불이 난 것이다. 그들이 자기들의 아이들(비트카와 클란카)이 화상을 입지 않았을까 걱정하며 외쳐 부르는 소리도 들려온다. 마루샤가 알료샤(아들)와 마리나(딸)에게 불이 났다고 알려 주자 두 아이는 뛰어나가 조용히 불구경을 한다. 마루샤도 나가 우물에 걸터앉아 묵묵히 헛간이 타는 것을 바라다본다.
　이어 어린 알렉세이의 꿈이 나온다. 자다 깬 알료샤는 아버지가 어머니의 머리를 감겨 주는 것을 본다. 이때 방 안의 천장이 무너지듯 위로부터 쏟아져 내리는 환상이 떠오른다. 마루샤는 상쾌한 표정으로 가운을 걸치고 거울을 들여다본다. 장면이 바뀌며 창에는 노인이 된 어머니 마루샤의 외로운 모습이 비친다. 노모 마루샤는 손으로 유리를 닦는다.
　알렉세이의 꿈은 어머니 마루샤의 성격과 거기에서 파생된 남편과의 관계 그리고 그 때문에 붕괴되는 가정을 보여 주고 있다. 동시에 마루샤의 행복과 또한 외로움이 어디에 근원하고 있는지도 묘사하고 있다. 그것은 바로 그녀의 '자기중심적 성격'과 태도에 기인한 것이었다. 이웃의 화재를 그저 구경만 하는 여자, 언제나 사랑을 받기만을 원하는 자기중심적 여자가 마루샤다. 그 때문에 아버지가 떠났고, 가정이 붕괴되었으며, 어머니가 외로워졌다는 것이 알렉세이가 꾼 꿈의 내용이다.
　다시 장면이 바뀌며 전화벨이 울린다. 알렉세이의 집으로 노모 마루샤가 전화를 건 것이다. "목소리가 왜 그러냐?"라는 노모의 물음에 알렉세이는 편도선이 부어 사흘 동안 말을 하지 않아서 그렇다며, "사람이 느끼는 것을 모두 말로 표현할 수 없잖아요? 말은 부적절해요"라고 대답한다. 그리고 자기가 방금 어린 시절의 꿈을 꾸었다고 말한다. 이어 그는 아버지가 자기들을 버리고 떠난 것, 헛간에 불이 났던 것이 언제냐고 묻는다.

마루샤는 모두 1935년에 있었던 일이라고만 간단히 대답한다. 아들 알렉세이가 왜 어린 시절의 꿈을 꾸고 괴로워하는지에 대해서는 전혀 관심을 보이지도 않는다. 그리고 "네 말 때문에 머리가 아프구나. 내가 전화한 것은…"이라며 자기가 젊을 때 인쇄소에서 같이 일하던-그러나 알렉세이로서는 기억조차 못 하는-리사가 그날 아침에 죽었다고 알려 준다. 이 장면에도 여전히 변하지 않은 마루샤의 자기중심적 성격이 드러난다.[49] 알렉세이가 "어머니, 우린 왜 늘 말다툼을 하나요? 제 잘못이라면 용서하세요"라고 말하는 동안 전화는 끊겨 버린다.

이어지는 타르콥스키의 화면은 마루샤의 자기중심적 태도가 단지 그녀의 가족들에게만 국한된 것이 아니라 그녀가 만나는 모든 사람에게 마찬가지로 나타난다는 것을 묘사한다.

인쇄소로 급히 뛰어가는 젊은 마루샤의 모습이 보인다. 중요한 단어를 잘못 교정본 것 같아 놀라서 확인하러 달려가는 것이다. 얼마나 심각한지 친구 리사를 비롯한 동료들이 걱정스럽게 마루샤와 함께 인쇄실로 가서, 교정지를 확인하는 마루샤를 뒤에서 지켜본다.

다행히 교정지는 잘못되지 않았다. 그것을 확인한 마루샤는

---

49 이러한 마루샤의 태도에 대해 어느 한 관객이 타르콥스키에게 보낸 질문 중 "〈거울〉에 나오는 테레코바(마루샤)는 분명 자신의 아이를 사랑하지 않는 것 같다. 왜 사랑하지 않는가?"라고 물었다. 타르콥스키는 이에 대해 "당신은 왜 그녀가 자신의 귀걸이를 판다고 생각하는가? 그녀는 왜 자기 아들을 남편에게 주지 않았는가? 그녀가 자기 아들을 사랑한다는 것을 보여 주는 에피소드는 많다. 당신은 틀림없이 그것을 잊어버렸을 것이다"라고 대답했다. 그렇다면 타르콥스키가 표현하고 싶었던 것은, 마루샤가 알렉세이를 사랑하지 않는다는 것이 아니라, 그녀의 자기중심적 삶의 태도라는 것을 알 수 있다.

자기를 염려하고 있는 리사와 동료들은 전혀 의식도 않고 언제 걱정했느냐는 듯이 뒤도 돌아보지 않고 혼자 당당하게 걸어서 다시 자기 사무실로 돌아간다. 언제나 그랬듯 자기중심적이다. 이때 다시 아르세니 타르콥스키의 시 "어제는 아침부터"가 나온다.

> 어제는 아침부터 그대를 기다렸다네.
> 사람들은 이미 알고 있었지,
> 그대가 오지 않으리라는 것을.
> 기억하나요, 덧옷을 걸치지 않아도 좋을
> 그 화창한 날을.
>
> 오늘은 드디어 그대 오셨건만
> 날씨 궂어 흐린 하늘이었네.
> 밤늦게까지 빗줄기 차갑게 내려
> 나뭇가지는 방울 맺혀 젖어 있었네.
>
> 시인도 형용할 수 없을
> 손수건으로도 닦아 내지 못할
> 그 빗방울이여…[50]

리사가 묵묵히 뒤쫓아 걸어와서, 자기 사무실로 돌아와 울고 있는 마루샤 옆에 앉는다. 마루샤는 안도의 눈물을 흘리면서 리사와 함께 큰 실수를 할 뻔한 얘기를 나눈다. 이때 마루샤를 아끼는

---

50 『봉인된 시간』(p. 133)과 『하얀 달』(p. 35)에 나온 번역에 따르지 않고, 보다 시적으로 옮긴 송희복, 『영화, 뮤즈의 언어』(문예출판사, 1999), pp. 218-219에 나오는 번역을 인용했다.

듯한 동료 남자가 마루샤를 위로하려고 술을 들고 방으로 들어온다. 그는 다정다감한 얼굴로 마루샤에게 비에 젖은 모습이 허수아비 같다고 농담을 건넨다.

그러자 마루샤는 자기를 염려해 주는 동료들의 배려에는 전혀 개의치 않고 마치 아무 일도 없었던 듯이 즐거운 표정으로 "샤워를 해야겠어. 그런데 빗이 어디 있지?"하고 묻는다. 비에 젖은 모습이 허수아비 같다는 말을 듣자 단지 자신의 모습에만 신경이 쓰인 것이다.

그 순간 리사가 더 이상 참지 못하고 마루샤를 공격하기 시작한다. 자신은 남들을 전혀 배려하지 않으면서 남에게는 항상 당당하고 자연스럽게 요구를 함으로써, 그들이 자기를 돌보게 만드는 마루샤의 자기중심적 태도에 그만 울화가 치민 것이다.

"머리빗을 찾아? 늘 그러시는군." 리사는 마루샤를 어느 문학 작품 속에 나오는 한 여자에 빗대어 공격한다. 평생 "물 좀 가져와, 신발 가져와" 하고 남편에게 명령을 하면서 누구든지 부려 먹을 수 있다고 생각한 그 여자와 마루샤가 닮았다는 것이다.

일생 동안 너도 '물 가져와, 신발 가져와' 했어. 그 결과가 뭐야? 겉으론 독립적인 여자 같지. 그러나 혼자서는 손가락 하나도 못 움직여. 싫은 게 있으면 못 본 척하거나 찡그리고 말지. 네 전남편의 참을성이 놀라울 뿐이다. 진작 걸음아 날 살려라 도망갔어야 했어.···스스로 이런 상황을 만든 거야. 남편으로 하여금 네 철없는 자유분방한 행동을 인정하게 할 수 없었다면 그 사람이 제때 도망갔다고 봐야겠지. 넌 아이들도 불행하게 만들고 말 거야.

마루샤가 가진 성격의 다음 희생물은 아이들이라는 예고다.

'반영'이 '전이'를 낳는다

영화 〈거울〉의 또 다른 테마를 파악할 수 있는 전형을 게오르크 헤겔 Georg W. F. Hegel의 『정신현상학』Phänomenologie des Geistes에 나오는 '주인과 노예의 변증법'과 연관하여 찾을 수 있다.

일찍이 인간의 욕망이란 타자에게 인정받기 위한 욕망이라는 사실을 간파한 헤겔은, 주체는 타자에게 인정받기 위해 자신의 이미지를 타자에게 강요해야 하는데, 이 타자 역시 자신의 이미지를 인정받으려는 욕망을 갖고 있기 때문에 주체와 타자 사이에는 '죽음을 각오한 투쟁'이 시작된다고 했다.

그러나 이 투쟁은 둘 중 하나가 죽기 전에 멈추어야 한다. 왜냐하면 인정認定은 살아 있는 사람만이 해 줄 수 있는 것이기 때문이다. 이렇게 해서 투쟁은 결국 어느 한쪽이 자신을 인정받으려는 욕망을 포기하고 상대에게 복종할 때 끝난다. 이때 둘 사이에 '주인'과 '노예'의 관계가 성립되는데, 이때부터 주인이 노예를 부리기 때문에 노예는 일을 하고 주인은 그것을 소유·향유하게 된다.

그러나 주인의 승리는 겉보기처럼 절대적인 것이 아니며, 이들 간에는 서로의 입장을 부정하는 변증법적 관계가 성립된다. 주인은 비록 인정을 받았지만, 그 인정은 정당한 타자로부터가 아니고 동물이나 사물과 다름없는 노예로부터이기 때문에 영원히 만족을 얻지 못한다. 이뿐 아니라 그는 점점 더 노예에게 의존하게 되어 자신의 노예에게 예속되어 간다. 반면에 노예는 일하는 과정에서 자연을 극복함으로써 자신을 고양aufgehoben시키고 격상시킨다. 결국 노예는 자신을 변화시키고, 노예에게 의존하고 있는 주인과는 달리 자신의 운명의 주인이 되는 것이다.

이러한 변증법적 발전을 통하여 역사적 발전은 결국 '지배하는 주인이 아니라 일하는 노예'에 의해서 이루어지며, 주인은 불행해지고 '실존적 무기력'에 빠지는 한편, 노예는 자신의 신분을 변증법적으로 극복하고 진정한 만족을 얻을 가능성을 획득하게 된다는 것이다.

영화 〈거울〉에서 마루샤는 헤겔이 말하는 '주인' 행세를 하며, 남편과 아들을 포함한 주변의 모든 사람을 '노예'와 같이 대한다. 그것이 그녀가 겉으론 독립적인 여자 같지만 혼자서는 손가락 하나도 못 움직이고, 싫은 게 있으면 - 예컨대 헛간에 불이 났을 때 보였던 반응처럼 - 못 본 척하거나 찡그리고 마는 이유이며, 남편이 그녀를 떠나게 한 까닭이고, 이어 그녀의 아이, 곧 알렉세이까지도 불행하게 만드는 원인인 것이다.

이어 마루샤가 그녀의 아이를 어떻게 불행하게 만들었는지를 보여 주는 장면들이 전개된다. 우선 그녀의 아들인 알렉세이가 별거 중인 아내 나탈리아와 이야기하는 장면이 나타난다. 나탈리아는 젊은 마루샤 역을 맡은 마가리타 테레코바가 1인 2역으로 연기한다. 그럼으로써 타르콥스키는 이 두 사람이 같은 종류의 성격을 가졌다는 것을 미리 자연스럽게 알린다. 알렉세이는 아내 나탈리아에게 "당신이 우리 어머니를 닮았다고 그랬잖아?…바로 그래서 우린 별거하기 시작한 거야"라고 한다.

이어 알렉세이는 자신의 어릴 적 이야기를 한다. 그동안 유모가 어린 알렉세이를 안고 가는 모습이 나온다. 어머니 마루샤는 혼자 앞서 걸어간다. "내 어린 시절 어머니를 기억하면 아무튼 항상 당신 얼굴이야. 게다가 난 알아.…왜 내가 두 사람에게 똑같이 미안하다는 감정을 느끼는지. 당신과 어머니에게."

알렉세이의 말에 나탈리아가 왜냐고 물어도 알렉세이는 대답이 없다. 그러자 나탈리아는 "당신은 아무하고도 정상적으로 살 수 없어요. 기분 나빠하지 마세요. 당신은 당신이 존재한다는 자체만으로 우리가 즐거워해야 한다고 여기시는데…요구만 해 대지요"라고 말한다.

여기에서 드러난 것은, 알렉세이도 그의 어머니 마루샤와 같이 '자기중심적' 인간으로 성장했고, 그 때문에 역시 마루샤처럼 불행한 결혼생활을 할 수밖에 없게 되었다는 사실이다. 또한 같은 이유에서 그는 어머니에게 미안하다는 감정 곧 죄책감을 느끼면서도 그녀와의 관계를 좋게 할 수 없다. 게다가 더욱 나쁜 것은, 나탈리아가 맡아 기르고 있는 그들의 아들 이그나트 역시도 점점 알렉세이를 닮아 간다는 것이다.

이것은 마루샤가 가진 '자기중심적 삶의 태도' 곧 불행하고 '실존적 무기력'에 빠진 '주인으로서의 삶의 태도'가 가족 간에 계속 전이되고 있다는 것을 보여 준다. '반영'이 '전이'를 낳은 것이다.

그러나 여기에서 더욱 흥미로운 것은 이들 사이에는 '자기중심적 삶의 태도'가 서로 반영되고 또한 전이됨으로써 오히려 '주인과 노예'의 관계가 형성되지 않았다는 것이다. 상대에게 인정받기 위한 '욕망의 거래'가 이루어지지 않았다는 뜻이다. 각자가 모두 주인일 뿐 노예가 아니기 때문이다. 우리 사회에서도 볼 수 있듯, 주인과 노예 관계의 성립은 결사 항전을 포기하고 노예가 되기를 받아들이는 사람이 있을 때만 가능하다. 그런데 이들은 모두 '자기중심적 삶의 태도'만을 상대에게 강요하는 주인들로서 상대로부터 배려와 사랑을 받기만을 원하기 때문에, 이들 사이에는 노예가 없고 주인만이 있어 '주인과 노예'의 관계가 형성될 수 없다.

그 대신, 이들은 서로 화해할 수도 없고 함께 살 수도 없다. 이들 사이에는 오직 헤겔이 말하는 타자와의 '죽음을 각오한 투쟁' 내지 '죽을 때까지의 싸움'이 있을 뿐이다. 앞에서 알렉세이가 마루샤와의 전화에서 "어머니, 우린 왜 늘 말다툼을 하나요? 제 잘못이라면 용서하세요"라고 하는 말이 그것을 보여 준다.

반영은 일어나지만 주인과 노예의 변증법은 성립되지 않는 이러한 관계는 물론 헤겔의 '주인과 노예의 변증법'에 대한 라캉의 정신분석학적 재해석에서 벗어나는 '예외적' 관계라 할 수 있다. 라캉은 '죽을 때까지의 싸움'을 자아와 대상 사이의 2자적 관계에 내재된 공격성으로 설명하지만, 타르콥스키는 이들 간에 성립된 이러한 '예외적' 관계는 그들이 서로 상대를 충분히 사랑하지 않는 데서 온다고 보았다.

타르콥스키가 옳다. 사회적 고용관계 내지 계급적 주종관계가 아닌 바에야, 사랑 말고 그 어떤 것이 진정 자기를 포기하고 상대에게 노예가 되게 할 수 있겠는가! 가족 간에는 특히 그렇다. 상대를 사랑하지 않기 때문에 자신이 주인이 되고자 하는 욕망을 포기할 수 없어 서로 '죽을 때까지의 싸움'을 하면서도, 동시에 각자가 양심의 가책을 받는 악순환을 계속하는 것이 자기중심적 인간들이 갖는 가족관계의 전형이다. 영화 〈거울〉이 바로 이러한 인간들의 고통을 그렸다고 타르콥스키는 다음과 같이 분명히 밝혔다.

> 나는 자신을 아껴 주는 인간들이 자신에게 기울이는 애착과 자신에게 베푸는 것들에 대하여, 결코 보답할 수 없을 성싶은 한 인간의 고통에 대하여 이야기하려 했을 뿐이었다. 그는 자신이 그들을 충분하게 사랑하지 않았다고 믿고 있으며, 이것은 실로 그에게는 고통스럽고 참기 어려운 상념이 아닐 수 없는 것이다.[51]

---

51 안드레이 타르콥스키, 『봉인된 시간』, p. 173.

이어 알렉세이는 나탈리아에게 이그나트가 자기를 닮아 가는 것이 싫으면, 얼른 재혼하든지 아니면 아이를 자기에게 맡기라고 한다. 그러나 나탈리아는 "왜 아직도 어머니와 화해하지 않는 거죠? 당신 탓이에요"라는 말로 자기와 화해하지 않는 알렉세이를 탓하지만, 알렉세이는 "내 탓이라고? [우리가 화해하지 못하는 것은] 내가 살아야 할 방법을, 아니면 결국 무엇이 날 행복하게 만들 수 있는지를 어머니가 나보다 더 잘 안다고 확신하시기 때문이란 말야"라고 반박한다. 그러자 나탈리아는 어이없다는 듯이 웃으며 "당신이…행복하게?"라고 차갑게 대응한다. 그러자 알렉세이는 이렇게 대답한다. "우리는 점점 멀어지고 있으며 내 힘으로는 어쩔 수 없어."

희생자가 행복한 자이고 승리자라는 것

타르콥스키가 여기에서 "내 힘으로는 어쩔 수 없어"라는 알렉세이의 말에 초점을 맞추고 있다는 것을 인식하는 일은 그다음 이어지는 장면들, 특히 다큐멘터리 필름을 이해하는 데 있어 매우 중요하다. 왜냐하면 이어지는 장면들은 예컨대 전쟁 같은 격동하는 역사적 운명과 그 속에 존재하는 개인적 삶의 '어쩔 수 없는' 운명적 비참함과 참혹함을 그리고 있기 때문이다.

지금까지의 이야기와 전혀 무관해 보이는 전쟁 장면들은 자칫 관객들을 어리둥절하게 만들 수 있고, 나아가 이 영화를 이해하기 어렵게 만들 수도 있다. 그러나 타르콥스키는 이러한 전혀 이질적인 장면들을 통해 오히려 지금까지 전개되어 오던 이야기가 가진 문제, 곧 자기중심적 인간들의 '어쩔 수 없는 파국'을 해결할 수 있는 열쇠를 찾아낸다. 따지고 보면 전쟁도 자기중심적 국가들 사이에 일어나는 사건이기 때문이다. 타르콥스키가 전개하는 이러한 다중 화법 multi-storytelling을 놓치면 이 영화를 이해할 수 있는 길은 영영 없다.

이후 이어지는 혼란스럽고 일관성 없어 보이는 화면들이 모두 타르콥스키가 전개하는 다중 화법이다. 그는 그것을 통해 자기중심적 인간들이 어떤 비극들을 만들어 내며, 그것에서 벗어나는 방법이 무엇인가를 끈질기게 탐색해 간다.

알렉세이와 나탈리아의 대화가 이어지는 동안, 카메라는 옆방에 모여 이야기를 나누고 있는 스페인계 사람들을 비춘다. 이어 화면에는 투우사의 일격에 쓰러져 죽는 소, 스페인 내전으로 부모와 울면서 작별하는 어린아이들, 사상 최초로 성층권에 올라가는 소련의 기구가 떠오른다.

다시 장면이 바뀌면서 집에서 역사책을 보고 있는 알렉세이의 아들 이그나트가 나온다. 그는 르네상스 시대 기독교 문화에 대한 그림들을 훑어보고 있다. 나탈리아는 이그나트를 빈집에 혼자 두고 나가고, 이그나트는 집에 홀로 남아 환상에 빠진다. 환상 속에서 그는 검은 옷을 입은 노부인과 하녀를 만난다. 그리고 노부인의 지시대로 서재에서 책을 꺼내 아버지가 밑줄 친 부분들을 소리 내어 읽는다. 1836년 10월 19일 차다예프에게 쓴 푸시킨의 편지다. 개인적 절망에도 불구하고 명예를 걸고 운명적 역사를 사랑하겠다는 내용이다. 그때 누가 현관 벨을 눌러 문을 열어 주고 와서 보니 그 노부인은 사라졌다.

어리둥절해 있을 때, 전화벨이 울린다. 아버지 알렉세이다. 알렉세이는 자기가 어릴 때 군사훈련을 받던 이야기를 해 준다. 이야기를 따라 장면은 알렉세이의 소년 시절로 돌아간다. 소년 알렉세이가 사랑하던 백치인 듯 보이는 빨간 머리 여자의 모습과 추운 겨울의 혹독한 군사훈련 모습이 나오고, 레닌그라드 포위 때 부모를 잃고 혼자 살아 나온 소년 이사프예프를 통해 전쟁이 개인에게 얼마나 참혹한 것인지를 보여 준다.

이어 1943년 소련 군대가 크리미아반도의 시바시 개펄을 건너는 비참한 장면이 다큐멘터리로 나온다. 타르콥스키는 이 다큐멘터리 필름을 수천 미터나 되는 뉴스 필름을 보고 찾아냈다고 한다. 이에 대해 그는 『봉인된 시간』에서 다음과 같이 말했다.

> 정말로 유일무이한 자료였다! 호수를 횡단하는 군인들만을 오랫동안 찍기 위하여 그토록 많은 분량의 필름을 '희생'시켰다는 사실이 거의 믿어지지 않았다. 스크린에서 이 인간들, 참혹하고 비극적인 운명의 희생자들을, 그들의 힘으로 감당할 수 없는 비인간적인 사역에 지칠 대로 지친 이 인간들을 보았을 때, 바로 이 이야기가 서정적이면서도 기록적인 회상으로서 시작된 내 작품의 핵심을 이루게 될 것이라고 나는 즉각적으로 확신하였다.…이 영상들은 소위 '역사의 발전'을 이룩한답시고 그 대가로 치른 예의 고통과 참상을 말해 주고 있었다. 그 수많은 희생자들에 관해 말해 주고 있었으며, 그 희생자들을 토대로 해서만이 역사의 발전은 이룩되었던 것이다. 단, 1초간이라도 이 고통이 무의미했다라고 믿는 것은 불가능했다. 이 자료 화면은 우리들에게 불멸성이라는 것을 이야기해 주고 있었으며, 아르세니 타르콥스키의 시는 이 이야기에 하나의 틀을 제공하여 소위 이 이야기를 완성시켜 주었다.[52]

이 말대로라면 타르콥스키는 이 다큐멘터리 필름에서 곧 역사적 운

---

52 같은 책, pp. 164-165.

명에 의해 '어쩔 수 없이' 자신을 희생하는 참혹하고 비극적인 운명의 희생자들을 통해서, 그들의 힘만으로는 감당할 수 없는 비인간적인 사역에 지칠 대로 지친 이 인간들을 통해서, 그의 작품의 핵심을 찾았다는 것이다. 그렇다면 그것이 무엇일까?

우리는 그것을 헤겔의 '주인과 노예의 변증법'에서 찾을 수 있다. 어쩔 수 없이 희생되는 자 곧 노예는 실존적 무기력에 빠진 주인과는 다르다. 그는 자신의 운명의 주인으로서, 신분을 극복하고 진정한 만족을 얻을 가능성을 획득하며 역사적 발전을 이룩하는 자인 것이다. 그는 희생자이지만 행복한 자이고 승리한 자다.[53]

그렇다! 타르콥스키가 이 다큐멘터리 필름에서 본 것이 바로 이것이다! 지금까지 전개되어 오던 이야기가 가진 문제, 곧 자기중심적 인간들의 '어쩔 수 없는 파국'을 해결할 수 있는 열쇠가 바로 이것이다! 자기중심적인 자가 불행한 자이고 패배한 자이며, 희생자가 행복한 자이고 승리자라는 것, 바로 이것이 영화 〈거울〉의 핵심이다!

타르콥스키는 마루샤와 알렉세이가 각각 그들의 가정에서 주인으로 지배함으로써 결국은 노예로 전락하는 전형을 보았다. 그러나 이 다큐멘터리 필름에서는 노예로 희생함으로써 자신과 역사의 주인이 되는 인간의 모습을 발견한 것이다. 그래서 이렇듯 역사적으로 의미 있으나 개인적으로는 처참한 희생자들의 장면들이 이어지는 동안, 그가 "이 이야기에 하나의 틀을 제공하여 소위 이 이야

---

[53] 이 때문에 이러한 희생자들의 모습이 담긴 다큐멘터리 필름에 대해 타르콥스키는 다음과 같이 말했다. "우리들은 이 기록영화에 놀랄 만큼 감정적인 힘을 부여해 주고 있는 미학적 품위에 매혹당하고 말았다. 간결하고 정확하게 포착되어 필름 속에 담겨진 진실은 **단순한 진실로 머무르지 않았다.** 이 진실은 불현듯 영웅적 행위의 영상으로 변했고 그 영웅적 행위의 대가를 나타내는 영상이 되었다"(같은 책, p. 165, 강조는 원저자).

기를 완성시켜 주었다"라고 평가한 아르세니 타르콥스키의 시 "삶, 삶"의 일부분이 흐른다.

> 나는 예감을 믿지도 않고, 전조를
> 두려워하지 않는다. 비방도, 원한도
> 회피하지 않는다. 세상에 죽음이란 없으니까.
> 아무도 죽지 않는다. 아무것도 죽지 않는다.
> 열일곱 살에도, 일흔 살에도
> 죽음은 두려워할 이유가 없다.
> 우리 모두는 지금 해변가에 있다.
> 그리고 불멸이 무리 지어 몰려올 때
> 나는 그물을 걷는 한 사람.

시가 끝나자, 레닌그라드 포위에서 홀로 살아 나온 소년 이사프예프가 눈 덮인 언덕에서 눈물에 젖은 눈으로 서 있고 새 한 마리가 날아와 그의 머리 위에 앉는 장면이 떠오른다.

이어 1945년 소련군이 프라하를 해방시키는 장면이 나오고 1945년 모스크바의 승리 행렬, 1945년 히로시마에 떨어진 최초의 원자탄 폭격, 그리고 그로부터 24년 후인 1969년 중국 다만스키섬에서 국경 방위군이 중국 데모대를 만나는 장면과 중국의 문화혁명 장면이 나온다.

여기에서 영화 〈거울〉은 '반영하는 욕망'이라는 첫 번째 테마와 '주인과 노예의 변증법'이라는 두 번째 테마가 결합하면서 새로운 테마를 얻어 내게 된다. 즉 이 작품은 자기중심적 삶의 태도가 도달한 파국적 황량함을 보여 주고, 희생적 삶의 태도가 도달하는 영웅적 위대함을 보여 줌으로써—달리 말하자면 지배하는 주인으로서의 삶의 실존적 무력감과 불행을 보여 주고, 희생하는 노예로서의 삶의 자기 고양과 위대함을 보여 줌으로써 – 다분히 타르콥스키적이기도 한 새로운 테마를 이 작품이 던지는 메시지로서 창출하게 된 것이다.

그것은 '누구든 행복을 욕망하는 자는 바로 그것을 위해 행복하고자 하는 그 욕망을 초극해야 한다'는 교훈이다. '누구든 주인이 되고자 욕망하는 자는 바로 그것을 위해 주인이 되고자 하는 그 욕망을 초극해야 한다'라는 역설적인 교훈이다. 이유인즉, 자기중심적인 자, 지배하려는 자가 불행한 자이고 패배한 자이며, 자기를 희생하려는 자, 봉사하려는 자가 행복한 자이고 승리자이기 때문이다.

그런데 여기에서 잠시 생각해 보자! 이것이 과연 새로운 지혜던가? 이것은 혼인 잔치에 초대되어 가면 상석에 앉지 말고 말석에 앉으라며, "무릇 자기를 높이려는 자는 낮아지고 자기를 낮추는 자는 높아지리라"(누가복음 14:11)라는 예수의 가르침과 전혀 다른가? '자기 비움을 통한 자기 고양' '자기 부정을 통한 자기 긍정'이라는 부정 신학의 메커니즘과 다른가? 또한 죽음에서 생명으로, 무덤에서 부활로, 하나님의 부정에서 하나님의 긍정으로 진행하는 변증법적 신학과는 생소한 것인가? 또한 이 책에서 말하는 '예언자 신학' '파수꾼 신학'의 본질과 동떨어져 있는가?

아니다! "오직 무덤이 있는 곳이어야만 부활이 있다." 바로 이것이 영화 〈거울〉이 우리에게 던지는 메시지다! 그렇다면 다가오는 종말론적 파국을 속수무책으로 바라보고 있는 우리 시대의 탈출구도 바로 여기에 있는 것이 아닐까?

타르콥스키는, 영화 〈거울〉은 원래 화자의 어린 시절 꿈 이야기로 시작하였지만 그것이 촬영이 거의 끝나 갈 때까지도 일관성 있게 엮어지지 않았었는데, 스무 번이 넘는 편집 과정을 거치면서 화자의 과거 이야기와 현재 이야기가 혼합되면서 새로운 "미학적·도덕적 기본을 갖춘" 이야기로 탄생되었다고 쓰고 있다.[54] 그러나 그는 그것을 의도적으로 드러내지 않고 "눈에 띄지 않게 전체 작품 속에 삽입하는 데 성공할 수 있었다"라고 했는데, 이때 타르콥스키가 의미한 새로운 "미학적·도덕적 기본을 갖춘" 착상이 무엇을 의미하는 것인지 이제 우리는 알 수 있게 되었다.

행복을 원하는 자는 먼저 그 욕망에서 벗어나야 한다

이후부터 영화 〈거울〉은 자기중심적 삶의 태도를 가진 인간들이 그들의 이기심을 극복하고 화해와 행복을 이루어 가는 것을 다루는 방향으로 선회한다.

장면이 바뀌어, 마루샤가 땔감을 준비하고 있는데 전쟁에 나갔던 남편이 느닷없이 나타나, 애써 표정 없는 얼굴로 아이들을 찾는다. 숲에서 다투던 두 아이, 알료샤와 마리나는 아빠의 목소리를 듣고는 달려와 품에 안긴다. 마루샤도 북받치는 감정을 삼키며 그 모습을 묵묵히 바라본다. 이때 레오나르도 다빈치의 "노간주나무 앞의 젊은 여인의 초상"Ginevra de' Benci이 화면에 뜬다. 타르콥스키는 이 그림을 띄운 것에 대해, 첫째는 가족이 재결합하는 이 사건에 영원이라는 차원을 부여하기 위해서, 그리고 둘째는 마루샤가 호감과 혐오감을 동시에 줄 수 있는 인물이었기에 영화 속 주인공에 대한 반대급부를 주기 위해서였다고 설명했다.[55]

---

54 같은 책, pp. 165-168.
55 타르콥스키는 작품을 수용하는 독자의 수준에 따라 작품은 전혀 다르게 재인식 될 수 있다며, 레오나르도 다빈치의 "노간주나무 앞의 젊은 여인의 초상"에 나온

거울

레오나르도 다빈치, "노간주나무 앞의 젊은 여인의 초상"
(지네브라 데 벤치, 1474-1478년)

다시 장면이 바뀌면서, 나탈리아의 집으로 아들 이그나트를 보러 온 알렉세이와 나탈리아 사이의 대화가 이어진다. 그들은 다시 어머니 마루샤에 대해 이야기한다. 나탈리아는 알렉세이가 어머니에 대한 죄책감을 가질 필요가 없다는 것과, 어머니가 그에게 원하는 것이 없으며 그를 사랑하고 보호해 주고 싶어 한다고 말한다. 이에 알렉세이는 자기가 거듭해서 어린 시절에 대한 꿈을 꾼다는

여자의 모습은 호감을 줄 수도 있지만 동시에 혐오감을 줄 수 있다고도 했다(참조. 같은 책, pp. 132-133). 이 그림이 가족이 재결합하는 이 사건에 영원이라는 차원을 부여하기 위해서라고 이해했다면 호감을 가졌겠지만, 자기중심적인 마루샤가 가족의 재결합을 그저 방관하듯 구경만 하는 것으로 이해했다면 혐오감을 가질 수 있다는 의미로 해석된다.

267

이야기와 그 꿈을 꾸면 다시 행복해지기 때문에 그 꿈이 기다려진 다는 이야기 등을 한다.

그러나 이미 드러난 바와 같이, 영화 〈거울〉에서 어머니 마루샤는 항상 아내 나탈리아와 그리고 알렉세이는 언제나 이그나트와 심리상 같은 의미로서 존재한다. 그 때문에 나탈리아가 부단히 어머니와 알렉세이의 화해에 대해 말하는 것은 곧 그녀 자신이 알렉세이와 화해하고 재결합하기를 욕망한다는 의미다. 그래서 나탈리아는 다른 남자와의 결혼을 종용하는 알렉세이에게 '자기 민족을 이끌고 바다를 건넜던 모세'를 상기시키며, "왜 내게는 그런 일이 안 일어나지?"라고 말하는 것이다. 그녀는 이제는 제발 알렉세이가 무엇이든 상대에게 요구하기만 하는 자기중심적 태도를 버리고, 모세와 같이 자기 가정을 이끌어 주길 욕망하고 있는 것이다.

이어 젊은 마루샤와 소년 알렉세이가 이웃 마을에 패물을 팔러 가는 장면이 나온다. 마루샤는 아들을 데리고 두 시간이나 걸어서 계부의 친구이자 부자인 의사 집을 찾아간다. 패물을 팔아 생활에 보태려는 것이다. 예전의 마루샤로서는 상상조차 못 할 일이다. 그러나 그 의사 부인은 마루샤가 그랬듯이 철저히 자기 안에 갇혀 있는 자기중심적인 성격의 사람이다. 그녀는 마루샤와 알료샤의 처지에는 아무 관심도 없다. 게다가 자신이 임신을 했다면서 마루샤에게 수탉을 잡게 하고, 마루샤가 난처해하자 어린 알렉세이에게 그 일을 시키려 한다. 그래서 마루샤는 어쩔 수 없이 평생 처음으로 닭을 죽인다. 그리고 바로 이때 남편의 모습을 떠올린다. 그녀는 이 자기중심적인 여자에 대한 혐오감을 통해 비로소 자신을 버리고 떠난 남편을 이해할 수 있게 된 것이다.

그런 다음 남편이 공중에 떠 있는 마루샤를 위로하는 장면이 나온다. "괜찮아! 진정해. 모든 게 괜찮아질 거야"라는 남편의 위로에 마루샤는 "몹시 아플 때만 당신을 보다니 슬퍼요. 공중을 떠다니는 기분이에요.…놀라지 말아요, 쉽게 이해할 수 있어요. 사랑해요"라고 대답한다. 길고 긴 이 작품 전체에서 '사랑해요'라는 말이 처음으로 등장하는 장면이다. 이것이 이들의 화해와 사랑의 가능성을 예시한다.

*

　영화 〈거울〉은 인간을 타자의 욕망을 반영하는 '거울'로 다루고 있다. 그런데 이때 타자의 욕망이란 상대에게 인정받고자 하는 욕망이다. 그 때문에 이러한 관계에서 인간은 상대를 통해 자신의 욕망을 만나게 된다. 이로 인해 자기중심적 인간은 자기중심적 인간을 상대로서 대하게 되고, 희생적 인간은 희생적 인간을 상대로서 대하게 된다. 지배하려는 자(주인)는 지배하려는 자를 상대로서 만나고 봉사하려는 자(노예)는 봉사하려는 자를 상대로서 만난다.

　이렇듯 서로의 욕망을 비추는 욕망의 상호 반영성 때문에 영화 〈거울〉이 우리에게 던지는 심각한 메시지가 등장한다. 곧 '행복을 욕망하는 자는 그 욕망 때문에 행복해질 수 없다'라는 것이다. 행복하고자 하는 인간의 욕망은 그를 자기중심적으로 만들고 그 욕망이 곧 상대에게 반영되어 그 상대도 자기중심적이 되기 때문에, 결국 그들은 화해할 수도, 행복할 수도 없게 되는 것이다. 이들 사이에는 오직 타자와의 '죽음을 각오한 투쟁' 내지 '죽을 때까지의 싸움' 그리고 이에 대한 죄책감만이 있을 뿐이다. 따라서 행복을 원하는 자는 먼저 그 욕망에서 벗어나야 한다. 그제야 그는 비로소 행복해질 수 있다. 이는 마치 신을 믿으면 마음의 평안과 안정된 삶을 얻게 되지만, 마음의 평안과 안정된 삶을 얻으려고 하면 신을 믿을 수 없는 것과 같다. 이것이 바로 타르콥스키적 '거울 이론'이다.

　타르콥스키적 '거울 이론'은 라캉의 그것과는 다르지만, 라캉에게도 욕망은 언제나 '잔여물'로 남아 성취될 수 없는 것이다. 따라서 욕망은 언제나 그것을 고양시킬 그 어떤 숭고함the Sublime을 필요로 한다. 헤겔의 '주인과 노예의 변증법'도 결국은 이것을 말하는 것이다. 노예는 노예로 일함으로써 자신의 운명의 주인이 되고, 주인은 주인으로 지배함으로써 노예가 된다.

행복은 그것을 초극한 그 어떤 숭고함을 추구할 때 부산물로써 얻어지는 것이지, 그것 자체를 욕망함으로 얻어지는 것이 아니다. 그렇다면 자기중심적이라는 것, 이기적이라는 것은 얼마나 어리석고 허망한 환상을 좇는 것인가! 영화 〈거울〉에서 타르콥스키가 말하고 싶었던 것이 바로 이것이다!

*

〈거울〉의 마지막 에피소드에서 편도선염으로 병석에 누운 알렉세이가 죽어 가는 장면이 나온다. 의사는 말한다.

"모든 것이 그에게 달렸어요. 편도선이 부은 것은 아무 관계없어요. 이건 흔한 일이에요. 아시다시피…갑자기 그의 어머니가 돌아가시고 그리고 아내와 아이가…며칠 지나면 이 사람도 끝장나요. 이 사람은 아주 건강했지만."

그러자 옆에 있던 여자가 말한다.

"그렇지만 이 사람 가족 중 아무도 죽지 않았어요. 그러나 양심과 기억이라는 게 있어요."

"기억이 무슨 상관이에요?"

"이 사람이 무슨 죄를 지었나요?"

"이 사람이 그렇다고 생각하고 있어요."

그때 죽어 가던 알렉세이가 말한다.

"날 좀 편안히 내버려 둬요. 결국 난 행복하기를 원했을 뿐이에요."

알렉세이는 편도선염이 아니고 사실상 죄책감으로 죽어 가고 있다는 말이다. 그는 행복을 욕망했기 때문에, 그리하여 자기중심적 삶의 태도를 취했기 때문에, 오직 그 때문에 죄책감을 갖고 죽어 가는 것이다. 행복하기를 원하는 것, 바로 이것이 원죄다.

타르콥스키는 "〈거울〉에서 나는 나 자신에 관한 이야기를 하려 하지 않았다. 오히려 나와 가까운 인간들에 대해 내가 느끼는 감정들에 관하여, 그들에 대한 나의 관계에 관하여, 그들을 위한 나의 영원한 동정·동감에 관하여, 그리고 또한 나 자신의 무력감과 그들에 대한 나 자신의 그치지 않는 죄의식에 관하여 이야기하려 했었다"[56]라고 했다.

이윽고 병상에 놓인 알렉세이의 손안에 쥐어져 있던 한 마리 새가 하늘로 자유로이 날아간다. 이는 그의 죽음을 뜻하기도 하며 행복에 대한 그의 욕망이 초극됨을 의미하기도 한다. 그리고 동시에 자신의 분신인 알렉세이의 죽음을 통해 타르콥스키 자신의 죄책감에서 벗어날 수 있었던 것을 뜻하기도 한다. 영화 〈거울〉을 만드는 일을 마치고 타르콥스키가 체험한 것, 곧 프루스트가 『잃어버린 시간을 찾아서』를 쓰면서 느꼈던 것과 같은 완벽한 해방감[57]을 상징하는 것이다.

뒤이어 알렉세이의 어머니 마루샤와 그녀의 남편이 서로 사랑하는 행복한 시간에 대한 환상이 이어진다. 아름다운 저녁에 마루샤는 남편과 함께 집 근처 숲에 행복에 겨워 누워 있다. 마루샤가 일어나 앉자 남편은 마루샤에게 "뭐가 낫겠어, 아들 아니면 딸?" 하고 묻는다. 이들의 대화는 더 이상 '나'에 의한 대화가 아니다. '우리'

---

56 같은 책, p. 173.
57 같은 책, p. 160.

에 의한 것이다. 이로써 타르콥스키는 이제 이들이 욕망하는 것이 더 이상 각자의 행복이 아니라는 것을 관객들에게 알린다.

멀리에서는 할머니가 알료사와 마리나를 데리고 들판을 가로질러 집으로 들어가는 것이 보인다. 마루샤는 기쁨에 넘쳐 눈물을 흘리며 주변 숲을 둘러본다. 아름다운 저녁 해가 들판 산등성이를 막 넘어가고 있다.

영화 〈거울〉이 끝났다. 그리고 어디에선가 들려오는 듯한 타르콥스키의 음성!

"그래, 이렇게 살아야 하는 거야!"

폴 리쾨르
Paul Ricœur, 1913-2005

프랑스 동남부 발랑스에서 1913년에 태어난 폴 리쾨르는 어린 시절을 개신교 신앙 속에서 보냈다. 그는 소르본 대학교에서 유신론적 실존주의 철학자로 알려진 가브리엘 마르셀에게 철학과 신학을 배웠다. 1950년에 『의지의 철학』Philosophie de la Volonté 전반부에 해당하는 『의지적인 것과 비의지적인 것』Le Volontaire et l'Involontaire으로 박사 학위를 받았다. 이후 프랑스 국립학술연구소 연구원으로 있다가 1945-1948년에는 르 샹봉에서, 1948-1956년까지는 개신교 신학부가 있는 유일한 프랑스 대학인 스트라스부르 대학교에서 학생들을 가르쳤다. 1956년부터는 소르본 대학교에서 재직하며 철학과 학장을 역임하기도 했는데, 자크 데리다가 이 시절 그의 조교였다.

1960년에 『의지의 철학』 후반부가 출간되었는데, 이 책은 『오류를 면치 못하는 인간』De l'homme faillible과 『악의 상징』La symbolique du mal으로 구성되어 있다. 『악의 상징』은 리쾨르가 인간 본성을 밝히기 위하여 서구 문화 특히 성경에 나타난 구체적인 상징과 신화들에 대하여 해석학적 고찰을 시도한 작품이다. 이때부터 리쾨르는 프랑스에서 가장 유명한 철학자이자 세계적인 유명 인사가 되었다. 그의 소르본 강의실은 언제나 미어터졌고, 강의실 밖 뜰에는 실외에서 듣는 청중들을 위한 확성기가 설치되었다.

그러나 리쾨르는 보수적인 프랑스 대학 체계를 비판하며, 1967년에 파리 근교에 새로 세워진 실험학교인 낭테르 대학교로 자리를 옮겨 문과대 학장으로 재직했는데, 그 이듬해에 교내 분규 등을 동반한 68혁명이 일어났다. 그는 "금지하는 것을 금지하라" "나이 서른이 넘은 사람과는 이야기하지도 말라" "도망쳐라, 동지여! 낡은 세계가 너를 뒤쫓고 있다"라고 외치며 저항하는 과격한 좌파 학생들과 무력에 의한 진압을 감행하려는 경찰당국과의 사이에서 소통을 통한 비폭력적 사태 해결을 모색했다. 하지만 뜻대로 되지 않아, 사태에 대한 책임을 지고 1970년에 사임하였다.

그 후 리쾨르는 벨기에의 루뱅 대학교, 미국의 시카고 대학교 신학과에서 강의하며 더욱 왕성한 저술 활동을 하였다. 1975년에 『살아 있는 은유』La Métaphore vive를, 1981년에는 『해석학과 인문사회과학』Herméneutique et sciences humaines을, 그리고 1983, 1984, 1985년에 연이어서 『시간과 이야기 1·2·3』Temps et Récit을, 1986년에 『텍스트에서 행동으로』 Du texte à l'action 를, 1990년에는 『타자로서의 자기 자신』 Soi-même comme un autre 을 출간하였다. 정년 퇴임 이후에도 프랑스와 미국을 오가면서 강연과 논문 발표를 계속하다가, 2005년 5월 20일에 프랑스 샤트네말라브리의 자택에서 92세로 생을 마감했다.

"이해란 '텍스트 앞에서의 자기-이해' Sich-Verstehen vor dem Text 다"라고 설파한 리쾨르는 풍부한 신학적 지식을 바탕으로 해석학을 밀고 나가 신학과 철학 발전에 공헌했고, 프랑스 현상학 운동에 큰 영향을 끼쳤다. 학자들이 하이데거의 신론에 관해 다룬 책 『하이데거와 신의 문제』 Heidegger et la question de Dieu, 1980 의 서문에서 리쾨르는 "왜 하이데거는 횔덜린을 말하면서 시편과 예레미야에 대해서는 생각하지 않는지 모르겠다"라고 할 만큼 성경과 영성을 중요시했다. 그의 이 같은 관점을 훗날 『마침내 시인이 온다』, 『예언자적 상상력』 등을 저술한 구약학자 월터 브루그만이 계승했다.

리쾨르는 기독교 신학과 철학 두 영역에 대한 혼동을 피하면서 양쪽 모두를 놓치지 않으려고 애썼지만—그의 스승인 가브리엘 마르셀이 그랬듯이—'기독교 철학자'로 불리기보다는 철학자이자 그리스도인으로 불리기를 원했다. 그는 평생을 위대한 텍스트들, 신화들, 그리고 성경에 대한 해석을 통해 비판과 확신, 이야기와 삶, 정의와 사랑의 변증법을 탐구했다. 이 점에서 리쾨르의 사상은 변증법적이라고 평가되는데, 그것은 푸코, 라캉, 데리다 등이 추구한 해체주의적 포스트모더니즘 경향과도, 독일의 하버마스의 비판 철학 경향과도 다른 방식으로 근대성 modernity 을 넘어서는 방법을 모색한 것이라고 할 수 있다.

리쾨르는 1991년에 프랑스 아카데미가 수여하는 철학상을 받았고, 2000년에는 교토 예술철학상을 수상했다. 이때 "해석학적 현상학의 방법에 혁명을 일으켜 텍스트 해석 연구를 확장하였고, 신화, 성경 주석, 정신분석, 은유 이론 및 내러티브 이론의 광범위하면서도 구체적인 영역을" 발전시켰다는 평을 받았다.

자크 라캉
Jacques Lacan, 1901-1981

'프로이트로의 회귀'Return to Freud를 주창한 프랑스의 정신분석학자 라캉은 가톨릭 중산층 집안 출신으로 파리에서 태어났다. 어린 시절에는 콜레주 스타니슬라스라는 예수회(교황청 직속의 가톨릭 수도회) 소속 엘리트 학교에 다녔는데, 이때 스피노자의 저작에 몰두하게 되어 기독교 신앙을 포기했다. 20대 초에는 제임스 조이스, 샤를 모라스와 만났으며 이들 작품에 빠져 파리의 문학과 예술 아방가르드 운동에도 적극적으로 참여했다. 1927년에 의과대학에 입학해서 1931년까지 정신의학을 전공하였다.

라캉은 1932년에 『편집증과 성격 사이의 관계에 대하여』라는 논문으로 박사 학위를 취득하고, 1934년에 파리 정신분석학회의 회원이 되었다. 이즈음 라캉은 앙드레 브르통, 살바도르 달리, 조르주 바타유, 파블로 피카소 등과 함께 1930년대 파리의 초현실주의 운동에도 참여했다. 1933년에서 1939년 사이에는 알렉상드르 코제브가 이끄는 헤겔 강독 모임에 참석해 특히 현상학과 주인-노예 변증법에 관심을 가졌는데, 그것이 그의 주요 연구 가운데 하나인 '거울 단계'mirror stage 이론을 구상하는 계기가 되었다.

1936년에 그가 발표한 '거울 단계' 이론은 국제 정신분석학계에서 논쟁의 중심이 되었다. 1951년에 라캉은 소쉬르의 언어학과 레비스트로스의 구조주의 인류학 저서를 읽고 그것을 통해 프로이트의 주장을 되살리려는 '프로이트로의 회귀'를 개시했다. 1953년 파리 정신분석학회의 회장이 되었으나, 기존 정신분석학에 대한 비판으로 인하여 다른 정신분석학자들로부터 많은 비판을 받았다. 이로 인한 갈등으로 6개월 만에 그의 추종자들과 함께 학회를 탈퇴하여 프랑스 정신분석학회를 조직하였다.

그는 1953년부터 1981년까지 27년 동안 매년 세미나를 열었는데, 1966년에 논문집 『에크리』를 발표해 프랑스의 최고 지성 가운데 하나로 떠올랐다. 이후에도 라캉은 언어로 인간의 욕망과 무의식을 분석하면서, 그가 직접 명명한 상상계, 상징계, 실재계로 나뉘는 정신분석학적인 언어학을 펼쳐 나가며, '거울 단계' '타자의 욕망' '대大타자' '소小타자' '아버지의 이름' '상징계의 법칙'과 같은 새로운 개념들을 도입해 정신분석학계에 새로운 바람을 일으켰다.

68혁명 이후에 그는 미셸 푸코, 자크 데리다와 함께 '포스트모던 철학자'

로 이름을 떨쳤고, 그의 작업은 정신분석뿐 아니라 후기 구조주의, 비판 이론, 페미니스트 이론, 영화 이론 및 제반 문화 이론에도 커다란 영향을 미쳤다. 생을 마칠 때까지 지칠 줄 모르고 인간의 정신을 탐구하며 "프로이트 이래 가장 논쟁을 많이 불러일으킨 정신분석학자"라는 평을 받은 라캉은 1981년에 숨을 거두었다.

주요 저서로는 라캉이 1936년부터 1966년까지 다양한 곳에서 발표한 서른 편의 논문들을 모아 놓은 『에크리』*Écrits*와 이후 발표한 논문들의 모음인 『세미나』*Seminar*가 있다. 현재도 간행되고 있는 『세미나』는 녹음된 강연을 다른 사람이 써 펴내는 저작이지만, 『에크리』는 라캉이 직접 쓰고 여러 번 수정해서 냈다. 그의 생전에 출간된 유일한 저서인 이 책에 대해 라캉은 "『에크리』가 어려운 것을 우연으로 여겨서는 안 된다. 선집의 겉표지에 '에크리'라고 적으면서 나 스스로 다짐한 것이, 여기에 쓰인 것은 읽히지 않기 위한 것이기 때문이다"라고 언급한 바가 있다.

게오르크 헤겔
Georg W. F. Hegel, 1770-1831

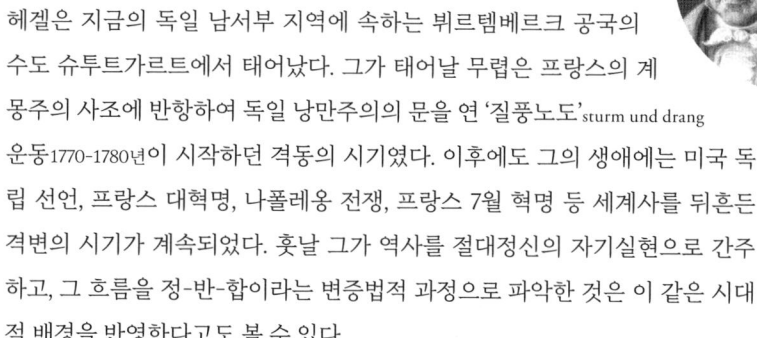

헤겔은 지금의 독일 남서부 지역에 속하는 뷔르템베르크 공국의 수도 슈투트가르트에서 태어났다. 그가 태어날 무렵은 프랑스의 계몽주의 사조에 반항하여 독일 낭만주의의 문을 연 '질풍노도'sturm und drang 운동1770-1780년이 시작하던 격동의 시기였다. 이후에도 그의 생애에는 미국 독립 선언, 프랑스 대혁명, 나폴레옹 전쟁, 프랑스 7월 혁명 등 세계사를 뒤흔든 격변의 시기가 계속되었다. 훗날 그가 역사를 절대정신의 자기실현으로 간주하고, 그 흐름을 정-반-합이라는 변증법적 과정으로 파악한 것은 이 같은 시대적 배경을 반영한다고도 볼 수 있다.

18세가 되던 1788년에 헤겔은 튀빙겐 대학교 신학부에 입학했다. 여기서 그는 독일 관념론과 낭만주의를 지지한 철학자 셸링과 고대 그리스를 동경하여 낭만적·종교적인 이상주의를 노래해 훗날 하이데거가 높이 평가한 천재 시인 횔덜린을 룸메이트로 만났다. 이들은 1789년에 일어난 프랑스 대혁명이 내세웠던 자유, 평등, 박애라는 이념에 열광했다. 헤겔은 죽을 때까지 매년 바스티유 감옥이 파괴되던 날인 7월 14일을 기념하며 축배를 들었을 만큼, 그날의 환희와 열정을 평생 가슴에 간직했다.

젊은 시절 헤겔의 관심은 전공인 신학보다는, 프랑스 혁명의 이념과는 거리가 먼 조국 독일의 낙후된 현실에 있었다. 그래서 그는 민족의 바람직한 상태는 무엇이며, 어떻게 하면 그것에 이를 수 있는지를 고심하며 생애 첫 저술인 『민족 종교와 기독교에 대한 단편』Fragmente über Volksreligion und Christentum, 1793-1794을 썼다. 여기에서 헤겔은 민족정신을 아들에, 그의 아버지는 시대와 역사에, 어머니는 정치에 비유했다. 그리고 아들의 교육자인 유모는 종교이고, 유모의 보조 역할은 예술이 한다고 했다. 그는 이런 비유를 통해, 민족과 국가의 발전을 위해서는 이 모든 것이 하나가 되는 철학 체계가 필요하다고 강조했다. 그리고 자신의 생애를 이 일을 하는 데 바쳤다.

1793년 헤겔은 신학교를 졸업했지만 목사가 되지는 않았다. 신학보다는 철학에 더 관심이 많았던 까닭이다. 그러나 대학에서 교수 자리를 잡지 못해 7년을 프랑크푸르트와 스위스에서 가정교사 생활을 하며 보냈다. 이때 청년기 헤겔의 사상을 보여 주는 "기독교의 긍정성" "종교와 사랑에 관한 초안"과 같은 종교와 정치에 관한 여러 미출간 단편들을 남겼다. 그러다 셸링의 초청으로 예나 대학교의 사강사 생활을 하며 첫 저술『피히테와 셸링의 철학 체계의 차이』 *Differenz des Fichteschen und Schellingschen Systems der Philosophie*, 1801와 주저『정신현상학』을 썼다. 1808년부터 1816년까지는 독일 바이에른주 뉘른베르크의 한 김나지움에서 교장직을 맡았다. 그 후 2년 동안 하이델베르크 대학교에서 교수로 재직했고, 1818년에 베를린 자유대학교의 정교수로 취임했다.

칸트에서 출발한 독일 관념론을 피히테, 셸링에 이어 헤겔이 완성했다고 보는 견해가 지배적이다. 칸트 철학의 근간은 인식론이며, 이를 기초로 하여 칸트는 소위 3대 비판서를 완성했는데, 칸트의 인식론에서 핵심이 되는 개념은 인식의 주체인 '자아'다. 그러나 칸트는 '자아'의 문제를 별도로 다루지 않았다. 이 점에서 헤겔은 칸트 철학의 한계성을 넘어선다.

헤겔 철학에서 '개념'은 'Idee'(이념), 'Natur'(자연), 'Geist'(정신)로 표현되는데, 이것들은 스스로 변증법적으로 운동하며 절대정신의 목표인 자유를 찾아가는 것으로 취급되고 있다. 예컨대『정신현상학』에 "주권과 속박"이라는 제목으로 실려, 헤겔의 사상 중에서 가장 유명하고 그만큼 다양한 해석이 존재하는 '주인과 노예의 변증법'은 자아, 곧 자기 의식이 어떻게 자유를 얻는가에 대한 변증법적 성찰이라 할 수 있다.

헤겔은 1829년 10월에 베를린 자유대학교의 총장으로 임명되었고, 1831년에는 프로이센 국가에 대한 공로를 인정받아 프리드리히 빌헬름 3세에게서 3급 붉은 독수리 훈장을 수여받았다. 1831년 8월, 베를린에 콜레라 전염병이 돌자 크로이츠베르크로 피신했다. 하지만 10월에 신학기가 시작되자 베를린으로 돌아가, 결국 61세의 아까운 나이에 콜레라로 사망했다. 그리고 자신의 희망대로 피히테 옆에 안장되었다.

헤겔은 생애의 마지막 10년 동안을 오직『엔치클로페디』를 개정하는 데 바쳤다. 그러나 그의 학생들의 강의 노트에 남아 있던 역사철학, 종교철학, 미학, 철학사에 관한 많은 원고가 그의 사후에 편집되어 출판되었다. 주요 저서로『정신현상학』*Phänomenologie des Geistes*,『대논리학』*Wissenschaft der Logik*,『엔치클로페디』*Enzyklopädie*,『법철학 강요』*Grundlinien der Philosophie des Rechts*,『미학 강의』*Ästhetik, oder Die Philosophie der Kunst*,『역사철학 강의』*Vorlesungen über die Philosophie der Weltgeschichte* 등이 있다.

Сталкер

잠입자

도덕이란 무엇인가

플로티노스의 '비행'을 위한 칸트의 '도덕'

플로티노스에 의하면
인간들 가운데 신을 닮은 행복한 자의 삶이란
낯설고 세속적인 것들과 부단히 이별하는 것이며,
세속적 쾌락을 초월하는 것이고
단독자의 단독자로의 비행이다.
하지만 그것을 위해서는
수확에 대한 기대 없이도 씨를 뿌리라는
칸트의 도덕이 언제나 함께해야 한다.
도덕적이지 못하면 날지 못한다!
타르콥스키는 〈잠입자〉를 통해
우리에게 바로 이것을 보여 주었다.
그것이 전부인가? 전부다.

원작	아르카디 스트루가츠키, 보리스 스트루가츠키
각색	안드레이 타르콥스키
주연	알리사 프레인들리치, 알렉산드르 카이다놉스키, 아나톨리 솔로니친, 니콜라이 그린코
제작	모스필름 스튜디오(러시아, 1979), 컬러
상영시간	160분
수상	1980년 칸 국제영화제 '에큐메니컬 배심원상' 등

소원을 성취시켜 주는 '방'

"별똥별이 떨어진 것일까요? 외계인이 찾아왔던 것일까요? 아무튼 우리의 작은 땅에 기적이 일어났고, 그곳이 곧 '구역'이지요. 수많은 무리를 그곳에 보냈는데 돌아온 사람이 없습니다. 결국 이곳은 '금지 구역'이 되었고 비상경계망을 쳤습니다. 당연한 조치였지요. 나는 확신이 없지만…." (노벨상 수상자 월리스 교수, 기자회견에서)

자막이 떠오르면서, 영화 〈잠입자〉Stalker가 마치 절망적 현실을 예시하듯 답답할 정도로 어두운 흑백 화면으로 시작한다.

이야기는 약 20년 전 어느 지방에 별똥별이 떨어졌고 그로 인해 한 마을이 송두리째 사라져 버렸다는 것에서부터 시작된다. 사람들은 모두 떨어진 별똥별의 흔적을 찾아보았지만 아무것도 발견할 수 없었다. 이로 인해 사람들은 차츰 그것이 별똥별이 아닐 수도 있다는 의심을 품게 된다.

그 후 언제부턴가 이곳에 관한 이상한 소문이 나돌기 시작한다. 이 '구역' 어딘가에 인간의 '가장 은밀하고 비밀스러운 소원'을 성취시켜 주는 '방'이 있다는 것이다. 많은 사람들이 그곳을 찾아 나섰지만 그들은 돌아오지 않고 영영 사라져 버리곤 했다.

당국은 처음엔 호기심을 가진 사람들이 몰려들 것을 염려하였지만 얼마 후엔 혹 어느 누군가가 위험한 욕망을 가지고 접근할 것을 염려하여 그곳을 '금지 구역'으로 선포하고 군대를 배치하여 비상경계망을 폈다.

*

스트루가츠키 형제Strugatsky Brothers의 소설『길가의 피크닉』

*Roadside Picnic*을 각색하여 영화로 만든 이 작품의 제목에 대해 타르콥스키는 "잠입자는 영어의 Stalk에서 따온 말이며 살금살금 몰래 접근한다는 뜻이다"[1]라고 쓰고 있다. 즉 영화 〈잠입자〉는 이 '금지 구역'에 살금살금 몰래 접근하는 사람에 관한 이야기다.

영화의 주인공인 '잠입자'라는 사내는 아내의 처절하고도 발작적인 만류에도 불구하고 그의 고객인 작가와 과학자를 금지 구역으로 안내한다. 작가는 권태로운 세상과 자신의 속된 예술 활동에 환멸을 느낀 나머지 '새로운 영감'을 얻기 위해 금지 구역을 찾아 나선다. 그리고 세상을 온통 부정적으로만 파악하는 과학자는 금지 구역 안에 있는 '방'이 인간의 욕망을 성취시켜 준다는 말에 그곳을 폭파하려고 폭탄을 몰래 숨겨 가지고 들어간다. 만일 그곳이 악한 자의 소망을 들어줄 경우 다가올 재앙을 미리 막아야 한다는 생각에서였다.

두 사람은 잠입자의 안내로 경계 지역의 삼엄한 경계망을 뚫고 사선을 넘어 드디어 구역에 도달하게 되는데, 이때 화면이 흑백에서 컬러로 변한다. 그러나 구역에서 방을 찾아가는 과정이 그리 쉽지만은 않았다. 그들은 많은 우여곡절을 겪고 나서야 결국 방에 도달하게 된다. 그 과정에서 잠입자는 자신의 이성과 판단에만 의존하는 두 지식인에게 자만을 버리고 경건한 마음과 믿음을 가지라고 반복하여 강조한다. 그리고 그의 스승이기도 한 다른 잠입자에 관한 이야기를 들려준다.

영화의 주제를 이해하는 데 핵심이 되는 이 이야기에 대해 타르콥스키는 『봉인된 시간』에서 다음과 같이 부연 설명한다.

---

1 안드레이 타르콥스키, 『타르코프스키의 순교일기』, p. 157.

이 영화에서 '금지 구역'으로의 여행을 떠나는 인간들의 목표는, 그들의 가장 은밀하고 비밀스런 소원을 성취시켜 준다고 하는 하나의 방이라는 사실을 나는 상기시키고자 한다. 그리고 그들이 그 방으로 가는 길에서 이 금지 구역의 이상한 구역들을 가로지르는 동안 안내인[잠입자]은 작가와 학자에게 언젠가 실제로 일어났었던 일이거나 혹은 전설적인 디코브라스의 이야기를 들려준다. 디코브라스는 이 동경해 마지않던 방으로 오면서 자기 때문에 죽은 형을 다시 소생시켰으면 하는 소원을 갖고 있었다고 한다. 그러나 그가 방을 나와 다시 집으로 돌아왔을 때 그는 엄청난 부자가 되었을 뿐이었다. '금지 구역'은 바로 그가 실제로 원했던 가장 비밀스런 소원을 성취시킨 것이었다. 그러니까 그가 성취하고자 [외면적으로] 노력했던 것이 이루어진 것이 아니었다. 디코브라스는 [수치심에] 목을 매어 자살하고 말았다고 한다.[2]

어렵게 금지 구역을 지나 세 사람은 마침내 방에 도달하지만, 방 앞에 선 작가와 과학자는 방 안으로 들어가지 못한다. 그들은 자신들의 가장 은밀하고 비밀스러운 욕망에 대한 확신이 없었던 것이다. 다음과 같은 작가의 독백이 그것을 잘 말해 준다.

내가 원하는 것을 사실은 내가 원하지 않는지도 모르지 않소? 또 내가 원하지 않는 것을 정말로 내가 원하지 않는지 어찌 알아요?

---

2 안드레이 타르콥스키, 『봉인된 시간』, p. 249. 대괄호 안의 내용은 필자의 보충이다. 『봉인된 시간』에서는 'Stalker'를 '안내인'으로 번역하지만, 이 책에서는 『타르코프스키의 순교일기』에 적힌 'Stalker'에 대한 타르콥스키 자신의 이해와 성베네딕트수도원에서 나온 비디오의 제목을 따라 '잠입자'로 표기한다.

그런 것은 실체가 없어서 이름을 붙이는 순간 증발하지. 햇빛 속의 해파리처럼. 그것을 본 적이 있소? 내 의식적인 정신은 채식주의자가 승리하길 바라고 내 잠재의식은 걸쭉한 살코기를 원하는데, 도대체 이게 뭐람?

자신의 내면에 대해 믿음이 없기는 과학자도 마찬가지다. 그 역시 자신이 원하던 일 곧 방을 폭파하는 일에 대한 내적 확신이 없다. 그래서 그들은 생명의 위협을 무릅쓰고 도착한 방 앞에서 자신들의 내면에 대해 고뇌하기만 할 뿐, 결국 방에 들어가지 못하고 그냥 돌아오게 된다. 이들을 데리고 되돌아온 잠입자는 아내에게 이렇게 말하며 절망한다.

그래도 그들은 자신들을 지식인, 작가, 과학자라고 부르지. 그러나 그들은 아무것도 믿지 않아. 그들의 믿는 능력은 쓰질 않아서 고갈되어 버렸어. 무슨 사람들이 그럴 수 있어?…. 당신도 보았겠지? 그들의 텅 빈 눈을?…아무도 믿지 않아. 그 두 사람만이 아냐.…대체 누굴 거기로 데려가야 한단 말인가! 아! 가장 끔찍한 것은…아무도 그 방을 필요로 하지 않고 내 모든 노력은 헛되다는 거야.

모든 구원에는 희생이 따른다

타르콥스키는 "감독은 일종의 철학자가 되었을 때 비로소 예술가가 되며, 그의 영화도 예술이 될 수 있다"라고 언급한 바 있다. 이 말에 동조하든 하지 않든 우리는 이 영화를 이해하기 위해 먼저 영화에 나오는 잠입자, 금지 구역, 방 등이 뜻하는 바와 그에 연관된 철학적 또는 신학적 사변을 살펴볼 필요가 있다. 왜냐하면 타르콥스키의 이 영화에는 그의 놀라운 재능으로 많은 사변들이 포에지Poesie[3]를 통해 성공적으로 이미지화되었음에도 불구하고, 상당 부분은 가공되지 않은 채 독백이나 대화를 통해 그대로 노출되어 있기 때문이다.

우선, 잠입자란 비상경계망을 뚫고 금지 구역 안으로 사람들을 안내하는 역할을 맡은 사람에 대한 일반 명사이자 주인공 남자의 고유 명사이기도 하다. 그런데 이 영화에서 주인공인 잠입자는 남들을 금지 구역 안으로 안내하여 소원을 들어주는 방에 들어가도록 해 주지만, 자신은 방에 들어가서는 안 되며 또한 누구든 이기적 이유로 그곳에 들어가서는 안 된다고 믿는 사람이다. 따라서 그가 하는 역할은 단순히 손님들을 방 앞까지만 안내하는 것이다.[4]

우리가 이 점을 주목해야 하는 이유는 그것이 이 영화를 이해하는 데 하나의 좋은 전망을 제시하기 때문이다. 세상 사람들은 이 방을 단순히 욕망을 성취시켜 주는 곳으로 생각하지만 잠입자는 그렇지 않다. 그는 방을 '모든 희망을 상실한, 불행한 사람들이 마지막으로 찾아가 호소할 수 있는 유일한 곳'으로서 성스럽고 거룩한 곳 곧 지성소至聖所로 여기고 있다.

그 방 안에는 행복, 자유, 존엄과 같은 성스러운 가치들이 있어

---

[3] "영화에서 나를 매혹시키는 것은 그 정서적인 연결, 그 시적 서정성의 논리이다.…지금 내가 여기서 말하는 시(詩, Poesie)란 문학의 한 장르를 의미하는 것은 아니다. '포에지'(Poesie)란 내겐 하나의 세계관이며 현실과 맺는 관계의 하나의 특수한 형식이다"(같은 책, pp. 23-25)라고 주장하는 타르콥스키에게 시적 서정성이란 그가 세상을 보는 눈이자 영화를 만드는 탁월한 방식인 것이다. 참조. 1장 〈이반의 어린 시절〉, '포에지—타르콥스키적 화법.'

[4] 간혹 이 영화를 〈안내인〉이라는 제목으로 칭하는 사례들은 여기에 기인한 것이다.

서 이런 것들을 잃어버린 불행한 사람들이 찾아오면 그들에게 그것들을 채워 준다고 그는 믿고 있는 것이다. 그에게 방은 세상 사람들이 생각하듯 욕망을 성취시켜 주는 곳이 아니라 불행한 사람들에게 희망을 주는 곳이다. 그렇기에 그는 절망에 빠진 사람들을 방으로 안내하여 희망을 회복시켜 주는 자신의 일에 신성한 의무감까지 갖고 있는 인물이다.

그러나 모든 신성한 의무에는 희생이 따르는 법이다. 영화에서 잠입자는 여러 번 감옥에 갇혀 장애인이 되었고, 천형으로 다리가 불구인 딸을 둔 것으로 설정되어 있다. 그래서 잠입자는 '낙인찍힌 자' '영원한 죄수' '세상의 비웃음을 받는 자' 또는 '하나님의 어리석은 자'로 불린다. 즉 영화 〈잠입자〉에서 잠입자는 그 자신이 세상에서 절망하는 불행한 사람으로 설정되어 있다. 자신의 사명에 대해서도 종종 스스로 절망하고 신념의 동요를 일으키며 흔들리는 사람이기도 하다. 그럼에도 불구하고 그는 모든 절망하는 사람들을 그 방으로 인도하여 희망을 주어야 하는 것이 자신의 임무임을 항상 새롭게 자각하는 사람이다.

*

여기에서 우리는 '구원에는 희생이 따른다'라는 타르콥스키 사변의 기독교적 요소를 볼 수 있다. '희생을 대가로 한 구원'이라는 개념은 무엇보다 그리스도와 연관되어 있다.

'죄로부터의 해방자解放者'를 의미하는 그리스도 *khristos*[5]는 단순

---

5   '그리스도'는 그리스어 '*khristos*'에서 나왔는데, 이 말의 원어인 히브리어 '*mashiah*' (메시아)는 어떤 사명을 위해 '표시된' '기름 부음 받은' '바쳐진' 자라는 뜻을 가지고 있다. 구약성경에 보면 흔히 메시아는 기름 부음을 행함으로써 드러나곤 했다(출애굽기 29:7-9; 열왕기상 19:16; 사무엘상 10:1). 예를 들면, 사무엘 선지자가 다윗에게 기름을 부어 사울을 대신하여 이스라엘을 통치하는 사명을 맡겼다(사무엘상 16장). 그리스도는 인간과 세상을 죄에서 구원하는 사명을 위해 '기름 부음

한 '죄로부터의 구원자savior'가 아니라 구속자redeemer이자 중보자mediator다. 구속救贖이라는 말에는 구원의 방법 즉 '대신 형벌을 짐'이라는 희생 개념이 이미 내포되어 있다. 구속은 '무조건적인 해방'이 아니라 '대가를 치르고서 얻는 해방'을 의미한다.[6] 그 때문에 그리스도는 인간 구원을 위한 '희생양'이다.

'희생을 대가로 한 구원'이 오늘날 동방 정교회와 가톨릭교회에서 제사 의식으로서 매번 다시금 상기想起하는 예수의 '피 흘림'이 갖는 의미다. 고대의 제사 의식인 번제(동물을 태움), 수은제(동물 기름의 번제와 성찬), 소제(밀가루 기름, 향 봉헌), 속죄제, 속건제 등에서 볼 수 있듯이, 모든 제사에서는 제물을 바쳐야 한다. 제물은 언제나 죄 없는 자로서 죄 있는 자를 위해 바쳐지는 희생물이다. 죄 없는 제물을 통해 깨끗함을 얻게 되는 것은, 심리적으로 죄의식을 더해 줌을 의미한다. 따라서 신자들은 각자 그리스도의 희생이 '내 탓'이라고 고백하게 되는 것이다.[7]

타르콥스키는 러시아 정교회[8]를 통해 이러한 사변적 영향을 받은 자'다.

6 리쾨르는 '해방'을 의미하는 히브리어 셋—교환(gaal), 되돌려 삼(padah), 속죄(kapar)—이 모두 '값을 치르고 되돌려 받음' 곧 '구속'과 연관되어 있음을 제시한다. 참조. 폴 리쾨르, 『악의 상징』, 양명수 옮김(문학과지성사, 1994), p. 98.
7 그러나 '희생을 대가로 한 구원'은 상징적 의미로서 받아들여야지, 그것을 실제적인 것으로 과장해서는 안 된다. 구속의 상징에서 죄의 권세를 지나치게 강조하면, 죄가 마치 신과 대적할 수 있는 하나의 실체 곧 악마로서 간주되는 위험이 있다. 악마의 세력이 신이 그에게 대가를 치러야 할 정도라고 확정하면, 신의 전능성이 예수의 신성과 함께 손상된다. 이것은 삼위일체 논쟁 때, 아리우스파(오리게네스 좌파)에 대한 정죄와 연관되는데, 오리게네스 좌파의 영향을 받은 동방 정교회는 이러한 구속과 중보라는 상징에 은폐되어 있는 위험을 어느 정도 안고 있다. 타르콥스키의 영화 〈희생〉에서 알렉산더가 하녀와 동침하거나 자기 집을 불태우는 등 일반적으로 이해하기 힘든 행위를 하는 것은 '희생을 대가로 한 구원'을 실제적인 것으로 과장해서 받아들이는 동방 정교회의 영향에서 오는 것으로 이해해야 한다. 참조. 7장 〈희생〉, '세계 저편에 있는 또 다른 세계.'
8 기독교는 크게 가톨릭교회, 프로테스탄트(개신교), 동방 정교회의 3대 교파로

받은 것으로 보인다. 〈노스탤지어〉, 〈희생〉을 비롯한 그의 영화 대부분에 '희생을 대가로 한 구원'이라는 요소가 짙게 깔려 있다. 〈노스탤지어〉에서는 로마 성당 앞 광장에 세워진 마르쿠스 아우렐리우스 동상 위에 올라 현대 문명의 위기와 이를 저지하기 위한 인류의 단결을 외치고 자신의 몸을 불살라 자살하는 도메니코가, 그리고 〈희생〉에서는 자기 집에 불을 지르는 알렉산더가 타르콥스키 작품의 이러한 요소들을 대변하는 인물들이다.

〈잠입자〉에서도 타르콥스키는 잠입자를 '희생양'으로, 그의 '안내인 역할'을 예수의 '그리스도적 사명'에 맞추려고 의도적으로 노력한다. 그가 세상에서 멸시와 고난을 받는 것, 때때로 스스로 좌절하고 동요되는 것, 그럼에도 불구하고 자신의 맡은바 임무 곧 절망에 빠진 인간들에게 '믿음을 통해서' 새로운 희망을 주는 것을 수행하려는 의지가 그렇다.

이러한 이미지 구성을 위해 타르콥스키는 잠입자의 사명을 강조하려 할 때마다 그리스도의 전통적 상징인 물고기를 반복적으로 조명한다. 예컨대 과학자가 방을 폭파하려던 계획을 포기하고 내던진 폭탄 위로 물고기 영상이 나타나게 하는 것이 그것이다. 그리고 성경에서 제자들이 엠마오라는 촌락을 지나가다 부활한 예수를 만나지만 알아보지 못했을 때, 예수가 그들의 눈이 뜨이게 인도했다

나뉜다. 러시아 정교회는 그리스 정교회와 함께 동방 정교회의 주류 중 하나다. 초기 교회의 요소가 가장 많이 남아 있는 동방 정교회는 플라톤, 특히 신(新)플라톤주의의 철학적 성향을 중심으로 한 오리게네스 신학(좌파)의 전통에 서 있다. 따라서 동방 정교회는 부정 신학(Negative Theology)의 길을 간다. 신을 '말할 수 없는 일자'로 보고 명상에 의한 신비적 인식 곧 그노시스(靈知, *Gnosis*)에 의해 '일자'에의 참여를 구원으로 보며 삶의 고통을 '일자 곧 신적 본질을 망각함'으로 보기 때문에, 성례전에 의한 재기억(想起, *anamnesis*)을 중시하고 서방 교회에 비해 교리보다는 영적 체험, 의보다는 사랑, 십자가보다는 부활, 죄보다는 구원을 더 강조한다.

는 이야기(누가복음 24:13-35)를 잠입자가 독백하게 한다.

　　이 독백 전후로도 타르콥스키는 여러 번 물고기 영상을 화면에 잡는다. 또 잠입자가 "의심하지 마시오. 기적이란 자로 잴 수 없는 법! 베드로 성인도 물에 빠질 뻔한 것을 기억하시오"라고 동행인들에게 당부하며 "모든 것이 이루어져 저들이 믿게 되길, 그래서 자신들의 열정을 비웃게 되길, 그들의 열정이란 실은 영혼의 힘이 아니라 그들 영혼과 바깥 세계와의 마찰일 뿐이니까.…무엇보다도 저들이 자신들에 대해 믿음을 갖게 되길…"이라고 간절히 기원하게 한다. 이는 마치 요한복음에서 예수가 부활 전 제자들에게 하는 애틋한 당부와 기원을 연상시킨다.

삶이란 보다 숭고한 존재로 승화되는 과정일 뿐이다

그렇다면 금지 구역이란 무엇인가? 마치 공상과학 소설이나 영화를 연상시키는 이 금지 구역의 설정에 대해 타르콥스키는 그의 바로 이전 작품 〈솔라리스〉에서 "공상과학 영화적 요소를 모조리 포기했더라면 영화에서 이야기하고자 했던 것이 훨씬 더 분명해졌을 것"이라는 후회와 함께 다음과 같이 해명한다.

　　〈잠입자〉에서의 '공상과학' 부분은 우리들에게 핵심적인 문제인 도덕적 갈등을 좀 더 뚜렷하게 드러내는 것을 도와주는, 소위 전략적인 시발점에 불과하다. 이 영화에서 주인공에게 일어나는 모든 사건들은 '공상과학'과는 아무런 상관도 없다. 이 영화는 관객들로 하여금 마치 영화 속의 이야기가 오늘날 일어나는 것처럼, '금지 구역'이 바로 옆에 있는 것처럼 느낄 수 있도록 만들어졌을 뿐이다.…내 작품 중에는 어떤 영화에서도 상징이라는 수법이 사용된 적이 없다. 금지 구역은 단순한 구역일 뿐이다. 이 구역은 인간이 헤쳐 나가야만 하는 삶이며, 인간은 그 과정에서 파멸하든지 아니면 견뎌 내든지 할 뿐이다. 그리고 한 인간이 이 과정을 견뎌 내는가 마는가 하는 것은 오로지 그 인간이 스스로를 가치 있는 인간으로 존중하는가 아닌가에 달려 있으며, 부차적인 것들로부터 본질적인 것을 구별해 낼 수 있는 그 인간의 능력에 좌우된다.[9]

타르콥스키는 금지 구역이 다름 아닌 우리가 "헤쳐 나가야만 하는 삶"이라고 단정했다. 영화에서 잠입자는 이 구역에서는 누구도 왔던 길을 되돌아갈 수 없다고 강조하고, 술을 마시며 건들거리는 작가에게 쇠막대를 던지며 화를 낸다. 그리고 이렇게 말한다.

이 '구역'은 존경심을 요구해요. 안 그러면 벌을 받아요. 여기선 지름길이 빠른 길이 아니에요. 멀리 돌아갈수록 덜 위험해요. 이곳을 대하는 당신의 태도는 너무도 무책임해요. 이 구역에는 함정들이 복잡하게 얽혀 있어요. 모두가 죽음의 함정들이죠. 이곳이 변덕스럽게 보이겠지만, 매 순간 우리의 마음 상태가 이곳을 그렇게 만들어 가는 것 같아요.…여기에서 일어나는 모든 일이 우리 자신에게 달렸어요.

우리는 이 말에서 삶에 대한 타르콥스키의 태도를 엿볼 수 있다. 그는 '우리의 삶은 존경심을 요구한다. 그것은 되돌아갈 수 있는 것도

---

9 안드레이 타르콥스키, 『봉인된 시간』, pp. 254-256.

아니고, 많은 함정들이 도사리고 있어서 지름길을 택해 가서도 안 되고, 돌아갈수록 오히려 덜 위험하며, 무엇보다도 매 순간 우리의 마음 상태에 의해 좌우되기 때문에 모든 일이 우리 자신에게 달렸다'고 보는 것이다.

타르콥스키는 또 다음과 같이 말한다.

> 나는 우리 인간들 모두의 마음속에 도사리고 있는 특별히 인간적인 것과 영원한 것에 관하여 관객들로 하여금 숙고하도록 자극하는 것이 나의 의무라고 생각한다. 그러나 인간은 자신의 운명을 자신의 손안에 쥐고 있음에도 불구하고, 이 영원하고 본질적인 것을 언제나 무시하여 왔다. 인간은 영원하고 본질적인 것보다는 오히려 기만적인 우상들을 쫓아간다. 그러나 결국 모든 것들 중에서 마지막으로 남는 것은, 인간 삶의 밑바닥을 이루는 예의 매우 평범한 기본적 부분 즉 사랑할 수 있는 능력이다. 그리고 이 기본적 부분은 인간의 영혼 속에서 삶을 좌지우지하는 결정을 내릴 수 있고 인간 실존에 대한 의미를 부여해 줄 수 있다.[10]

인간 실존에 의미를 부여해 줄 수 있는 것은 '인간적인 것'이 아니라 오직 '영원한 것' '본질적인 것'이라는 말이다. 이러한 타르콥스키의 사변에도 역시 러시아 정교회적 요소가 깊이 배어 있음을 알 수 있다.

'타르콥스키 협회' 회장 암브로스 아이켄베르거Ambros Eichenberger 신부는 러시아 정교회에 대한 서구 사회의 무지 때문에 서구의 비평가들은 타르콥스키의 영화들에 들어 있는 러시아 정교회적 요소

---

10   같은 책, p. 256.

를 소홀히 하는 잘못을 저지르고 있다고 지적한 바 있는데, 이 말은 분명 정당하다. 왜냐하면 타르콥스키의 사변에 깔린 러시아 정교회적 요소들과 그것의 철학적 기반인 신플라톤주의에 대해 무지한 채로 그의 작품들을 이해하기란 거의 불가능하기 때문이다.

*

러시아 정교회를 포함한 동방 정교회 교리의 철학적 기반은 플라톤의 사상을 종교화했던 신플라톤주의다. 신플라톤주의의 마지막이자 가장 위대한 인물이었던 플로티노스*는 깊은 철학적 통찰을 지닌 종교인이었다. 그의 제자 포르피리오스Porphyrios가 전하는 바에 의하면, 플로티노스는 자신의 육체를 수치스럽게 여겼고 혼신을 다하여 오직 '천상의 것'만을 흠모하였다. 이유인즉, 그에게는 '천상의 것'만이 '영원한 것'이고 또한 '본질적인 것'일 뿐, '물질적인 것'이나 '인간적인 것'은 '일시적인 것'이고 '헛된 것'이기 때문이다.

포르피리오스가 아홉 편씩 총 여섯 권으로 묶어 낸 플로티노스의 저술『엔네아데스』Enneades에 의하면, 세계는 모든 존재물의 근원인 '일자'一者의 유출流出에 의해서 이루어졌다. '일자'는 마치 태양이 빛을 발하듯 그 자신은 줄어들지도 않고 손상받지도 않지만,[11] "빛이 발광체의 주위에 번지는 것같이, 열이 뜨거운 물체의 주변에 번지는 것 또는 향기가 몸 주위에 퍼지는 것같이"[12] 모든 것이 그 일자의 완전성과 풍요성으로부터 차례로 흘러나온다.[13] 먼저 정신nous[14]

---

[11] 기독교적 신은 창조에 의지적으로 관여한다는 점에서, 범신론적 신은 스스로를 변환시킨다는 점에서 플로티노스의 유출론에서 말하는 '일자'와 다르다.

[12] N. Abbagnano, *Historia de la filosofia*, Montaner y Simon (Barcelona, 1955), 1:178. 플로티노스에 관한 저서로는 참조. Émile Bréhier, *The Philosophy of Plotinus* (Chicago: University Chicago Press, 1958).

[13] 플로티노스는 "일자는 아무것도 추구하지 않으며, 소유하지 않으며, 필요하지 않

이 흘러나오고, 정신으로부터 혼$_{psyche}$[15]이, 그리고 혼으로부터 물질이 유출되어 나온다. 이렇게 구성된 플로티노스의 세계는 '일자 ⇒ 정신 ⇒ 혼 ⇒ 물질'로 내려가며, 양적으로는 점점 많아지고 다양화되지만 질적으로는 떨어지고 불안정해지는 '피라미드식의 계층구조'$_{hierarchie}$를 이룬다.

그런데 이러한 '피라미드식의 계층구조' 안에서 인간이란 혼과 물질(육체)의 혼합체다. 따라서 혼의 세계와 물질세계 양쪽에 걸쳐 있는 존재다. 플로티노스는 이러한 인간 실존을 '타락'의 산물로 간주한다. 영혼의 입장에서 보면, 육체란 '험한 감옥'$_{carcer\ terreno}$ 또는 '캄캄한 감방'$_{prigion\ oscura}$에 불과하다. 그래서 거기에는 악과 죄, 고통, 정욕들의 갈등 그리고 죽음과 슬픔이 있다.

신플라톤주의자들은 영혼이 육체에 갇힌 이러한 상태를 족쇄 $_{vinculum}$에 묶인 노예에 비유하기도 했다. 미술사학자 에르빈 파노프스키$_{Erwin\ Panofsky}$는 미켈란젤로가 그린 성 시스티나 성당 천장화 속의 '노예'들이 바로 이러한 인간의 모습을 형상화한 것이라고 해석한 바 있다. 그 때문에 그것은 언제나 '벗어나야만 할 것' 곧 '초월의 대상'이다.

기 때문에 완전하다. 그리고 완전하기 때문에 그것이 넘쳐흐르는 것이며 따라서 그 넘치는 풍요함이 또 다른 일자를 만든다"(Plotinos, *Enneades*, V, 2, 1)라고 했는데, 이것은 이미 플라톤이 『티마이오스』에서 '자기 충족적 완전성' '자기 초월적 풍요성'이라고 언급한 내용들을 형이상학화한 것이다.

14 '정신'(*nous*)이란 '일자'가 스스로를 사유하는 일자의 '자기 직관'(self intuition)이다. 자기 직관이라는 말은 정신이 들여다보는 대상이 '일자' 곧 자기 자신이라는 뜻이다. '일자'는 이 정신을 통해서 비로소 자기 자신을 드러내는데, 이 정신 안에 플라톤이 이데아라고 했던 '모든 참된 것'이 들어 있다.

15 '혼'이란 플로티노스에게 있어서 '운동의 원리' '현실화의 원리'로서 곧 이데아가 현실화되는 원리다. 혼은 플라톤이 『티마이오스』에서 '세계영혼'이라 한 것에 상응한다. 이 세계영혼은 비물질적 세계와 물질적 세계 사이의 연결고리로서 위로는 정신을 바라보고 아래로는 자연계를 바라본다.

따라서 인간이 할 유일한 일은, 그 자신의 혼을 모든 고통의 근원인 육체라는 캄캄한 지상의 감옥에서 벗어나 자꾸 위로 상승하게 하는 것이다. 그리하여 궁극적으로는 플로티노스가 '첫 번째 아름다움'으로 규정하는 '정신'$_{nous}$과 신비적으로 연합하게 하는 것이다.[16]

'천상의 것'을 향한 이러한 신비로운 초월을 플로티노스는 다음과 같이 묘사했다.

> 덕을 통해 정신$_{nous}$으로 상승함으로써 자신의 짐을 벗어 다시 가볍게 될 것이고, 따라서 지혜를 통해 신에게로 상승할 것이다. 이것이 신들의 삶, 인간들 가운데 신을 닮은 행복한 자의 삶이다. 이것은 낯설고 세속적인 것들과의 이별이며, 세속적 쾌락을 초월한 삶이고 단독자의 단독자로의 비행이다.[17]

낯설고 세속적인 것들과의 이별! 단독자의 단독자로의 비행! 바로 이것이 타르콥스키가 러시아 정교회를 통해 플로티노스로부터 배운 것이다. 따라서 타르콥스키에게 세상의 '물질적인 것'과 '인간적인 것'은 단지 '부차적인 것' 또는 '기만적인 우상'에 불과하다.

그는 1977년 6월 23일자 일기에 다음과 같이 썼다.

---

16 정신(nous)과의 합일은 어려운 길로서 1) 도덕적 훈련을 통해 정화해야 하고, 2) 감각적 사고와 생활을 떠나기 위해 금욕에 의한 순화를 해야 하며, 3) '첫 번째 아름다움' 곧 정신과의 일치에 의한 황홀경의 경험을 해야 한다. 이로써 개체적인 인간이 모든 구분을 떠난 절대적인 존재인 '일자'와 하나가 되는 것이다. 이것은 플라톤이 인간의 목적을 '가능한 한 신을 닮은 존재가 되는 것'(homoiōsis tou theou kata to dynaton)이라 했던 것과도 상통되지만—플라톤의 철학의 길은 이성적·도덕적 상승의 길이지 신비적 초월의 길이 아니기에—이것은 신비주의 종교들의 영향으로 보이는 부분이다.

17 Plotinos, *Enneades*, VI, 9, 11.

[부차적인 것들로부터 본질적인 것을 구별해 내고] 무엇보다도 나는 나 자신을 [이러한 부차적이고 보잘것없는 세계로부터] 자유롭게, 그리고 얽매이지 않는 존재로 느껴야만 할 것이다. [영원하고 본질적인 세계에 대한] 믿음을 갖고, 사랑하고, 이 너무나도 보잘것없는 세계를 나로부터 떨쳐 버려야만 하고 삶의 목적을 바꾸어야만 한다.[18]

플로티노스가 우리에게 "신들의 삶"을 향한 끝없는 상승을 요구했듯이, 타르콥스키도 자신에게 그리고 우리에게 '영원하고 본질적인 것'의 추구를 요구한다. 이들에게 삶이란 결국 '보잘것없는 세계' '부차적인 것' '기만적 우상' 등을 떨쳐 버리고 본질적이고 영원한 세계를 향해 나아가는 '과정'에 불과하다. 그리고 그 과정이 곧 '금지 구역'이라고 타르콥스키는 그의 작품 〈잠입자〉에서 강조하고 있는 것이다.

타르콥스키는 『봉인된 시간』에서 "작품 〈안내인〉에서 아마도 나는 처음으로 인간과 인간의 영혼을 살리는 예의 가장 중요하고도 긍정적인 가치를, 분명하고 뚜렷하게 작업해 내야 할 필요성을 느꼈다"[19]라고 고백했다. 또한 1978년 12월 23일자 일기에서는, "이번 작품은 인간의 심성에 잠재하고 있는 신성神性에 관한 작품이 될 것이다. 그리고 인간이 옳지 못한 지식을 구사하는 데에서 연유하는 영성靈性의 타락에 관한 작품이 될 것이다"[20]라고 기대했다.

이러한 관점에서 보면, 타르콥스키가 그의 영화 예술을 통해서,

---

18   안드레이 타르콥스키, 『타르코프스키의 순교일기』, p. 166. 대괄호 안의 내용은 필자의 보충이다.
19   안드레이 타르콥스키, 『봉인된 시간』, p. 252.
20   안드레이 타르콥스키, 『타르코프스키의 순교일기』, p. 176.

특히 영화 〈잠입자〉를 통해 하려는 일은 일찍이 플라톤과 신플라톤주의자들이 그들의 철학을 통해 하려던 일이자 지금도 러시아 정교회가 종교를 통해 하려는 바로 그 일이다. 그래서 그는 "인간과 인간의 영혼을 살리는 예의 가장 중요하고도 긍정적인 가치를 분명하고 뚜렷하게 작업[하는 것]" 그리고 "우리 인간들 모두의 마음속에 도사리고 있는 특별히 인간적인 것과 영원한 것에 관하여 관객들로 하여금 숙고하도록 자극하는 것"을 자신의 일로 느끼는 것이다. 물론 이것은 〈잠입자〉에서 주인공인 잠입자가 하려는 일이기도 하다.

플라톤, 신플라톤주의자들, 러시아 정교회 그리고 타르콥스키가 하려던 일, 그것은 한마디로 '인간 존재를 승화시키는 일'이다. 철학을 통해서든, 종교를 통해서든, 영화를 통해서든, 이 일은 우리가 '삶을 통하여 영원한 본질에 참여함'으로써, 보다 진실해지고 선해지고 숭고해질 수 있다는 것, 거짓과 악함과 비참함으로부터 벗어날 수 있다는 것에 대한 '희망'을 주는 일이다. 그럼으로써 우리의 죽음이 그저 무無라는 절대 흑암의 심연으로 빠지는 것이 아니라, 오히려 영원하고 숭고한 존재로 승화되는 관문이라는 것을 알려 주는 일이다.

이런 관점에서 플라톤과 신플라톤주의자들의 철학을 '희망의 철학'이라 하고, 러시아 정교회를 비롯한 기독교를 '희망의 종교'라고 한다면, 타르콥스키의 영화는 '희망의 예술'임이 분명하다. 이것들은 한결같이 불완전하고 거짓되며 악하고 비참한 인간 실존에 대한 참을 수 없는 연민을 갖고, 다음과 같은 이야기를 거듭 말함으로써 우리에게 희망을 주려는 것이다.

"모든 불완전한 것의 저편에 완전함이 있고, 모든 거짓된 것의 저편에 진리가 있으며, 모든 악한 것의 저편에 선함이 있고, 모든 비참한 것의 저편에 숭고함이 있다. 삶이라는 그 허무한 시간의 끝에는 영원永遠이 있다. 진정 완전하고 진실하며 선하고 숭고하며 영원한 실체가 분명히 있다"라고 말하려는 것이다.

그리고 바로 그 때문에 이들은 하나같이 입을 모아 "그대는 삶을 통하여 그 진실하고 선하며 숭고한 곳으로 나아갈 수 있다. 그대는 더 이상 거짓되지 않고 악하지도 않으며 비참하지도 않다. 그럼으로써 그대, 그대는 죽지 않는다"라고 우리를 위로하고 있는 것이다.

이 위로야말로 불완전하고 거짓되며 악하고 비참한 우리 인간 실존이 가질 수 있는 희망의 본질이며, 동시에 영화 〈잠입자〉에서 '금지 구역'을 통하여 이윽고 도달하게 되는 '방'이 가진 진정한 의미다.

'방'은 참되고 선하고 숭고한 영원한 세계로 향한 문이었다! 그 때문에 잠입자는 그곳으로 가는 금지 구역인 우리의 삶에 대해 강조했던 것이다. 존경심을 갖고, 욕망에 대한 열정을 버리고, 오직 믿음을 갖고, 지름길을 택해 가려 해서도 안 되고, 무엇보다도 매 순간 우리의 마음 상태에 의해 좌우되기 때문에 모든 일이 자신에게 달렸다고 생각하며, '조심스레' 가야 한다고 말이다.

믿지 않으면 알 수도 없다

이제야 우리는 이 영화의 주제에 접근할 수 있게 되었다. 〈잠입자〉의 주제에 대해 타르콥스키 자신은 이렇게 말했다.

> 그렇다면 〈잠입자〉의 주 테마는 무엇이었던가? 아주 일반적으로 말하자면 인간의 가치는 도대체 어디에 있는 것인가 하는 문

제와 인간으로서의 존엄성을 상실하고 괴로워하는 인간은 어떤 인간인가 하는 문제였다.[21]

우리는 타르콥스키가 의미하는 "인간의 가치"에 대해서는 이미 살펴보았다. 그것은 한마디로 '삶을 통하여 영원한 본질에 참여함으로써 인간 존재를 승화시키는 일'이었다. "이 너무나도 보잘것없는 세계"를 떨쳐 버리고, 본질적이고 영원한 세계로 나아가는 것이었다.

그렇다면 타르콥스키가 표현하려 했던 "인간으로서의 존엄성을 상실하고 괴로워하는 인간"은 어떤 인간인가? 타르콥스키는 지식인 곧 영화〈잠입자〉에 나오는 '작가'와 '과학자'를 그런 인간으로 묘사한다. 각각 예술과 과학을 상징하는 이 두 사람은 인간의 삶과 자연 그리고 세계를 이성에 의해서만 파악하는 사람들이며, "이 너무나도 보잘것없는" 세상에서 존경과 권위를 누리고 있지만 스스로는 괴로워하며 파멸되어 가는 사람들이다.

이러한 인간의 파멸과 괴로움을 타르콥스키는 괴로워하는 작가의 독백을 통해 다음과 같이 쏟아 놓는다.

하지만 작가란 괴롭기에, 자신을 확신할 수 없기에 글을 쓰는 것이지. 그는 계속해서 자신과 타인에게 자신의 가치를 확인시켜야 한단 말이야.…난 양심 따윈 없어. 신경만 있을 뿐이지.…글쓰기를 혐오한다면, 나는 어떤 작가일까?…나는 내 책이 누군가를 도울 수 있다고 생각했어. 그러나 아무도 날 필요로 하지 않았어. 내가 죽으면 이틀 만에 날 잊어버리겠지. 난 내가 그들을 변

---

21 안드레이 타르콥스키, 『봉인된 시간』, p. 249.

화시킬 줄 알았지. 그러나 그들이 날 변화시켜 버렸어. 그들 자신의 이미지에 맞췄어.

과학자도 사정은 마찬가지다. 작가는 "과학기술과 온갖 용광로와 바퀴들, 그런 야단법석을 떠는 것들은 단지 덜 일하고 더 소비하자고 하는 것이지.…이게 바로 우리 지성인들의 귀족적 세계야. 당신은 추상적 용어로는 설명할 능력이 없어.…당신은 아무것도 아는 것이 없는 사람이야. 삶의 의미에 대해서도, 세상에 대해서도 아는 것이 없어!"라며 과학자를 힐난한다.

작가가 지적한, 이기적이고 단순하며 인생과 세계에 대해서는 아는 것이 없다는 바로 그런 이유들 때문에, 과학자는 방을 폭파하려는 생각을 가졌지만 그에 대한 확신이 없어 결국 자신의 계획을 포기하고 마는 것이다.

이들은 지식과 세상의 존경과 권위를 함께 갖고 있지만 믿음이 없는 사람들이다. 바로 이것이 이들이 겪는 고통과 괴로움의 원인이자 본질이다. 믿음이 없는 인간이 받아야 하는 이 치열한 고통을 타르콥스키는 영화 〈잠입자〉에 다음과 같이 표현하고 있다.

심한 지진이 일어났다. 해는 머리털로 짠 자루 옷처럼 꺼멓게 되고 달은 온통 피같이 되었다. 하늘의 별들이 땅으로 떨어졌는데 마치 무화과나무가 바람에 흔들려 설익은 열매들을 떨구는 것 같았다. 하늘은 두루마리가 말리듯 사라져 버리고 모든 산들과 섬들은 제자리에서 마구 옮겨졌다. 그러자 땅의 왕들과 왕족들과 장군들과 부자들과 강한 자들과 각 종과 모든 자유인이 동굴과 바위틈에 몸을 감추고 산과 바위에게 말하기를 '우리 위로 무너져 내려 옥좌에 계신 분의 얼굴과 어린양의 분노에서 우리를

숨겨 다오. 그분들의 분노와 큰 날이 닥쳤기 때문이다. 그러니 누가 버틸 수 있겠느냐?'

이는 마지막 날, 심판받는 자들이 당하는 고통을 묘사한 요한계시록 6:12-17을 인용한 것이다. 타르콥스키는 또 그의 1979년 1월 5일자 일기에 믿음의 중요성에 대해서 이렇게 쓰고 있다.

가장 중요한 것은 이성적으로 이해하려 하지 말고 오직 감성적으로 파악해야 하는 상징물을 갖는 것이다. 무엇보다도 신념을 갖는 것이다. 믿음을 상실해서는 안 된다. 우리는 하나의 차원 속에서 살고 있지만, 세계는 여러 차원을 갖고 있다. 우리들은 그것들을 감지하고 괴로워한다. 왜냐하면 우리들은 진리를 인식할 능력이 없기 때문이다.
우리에게 필요한 것은 아는 것이 아니다. 우리는 오직 사랑하고 믿어야 한다. 믿음이 사랑을 통해서 앎을 전달한다.[22]

"우리에게 필요한 것은 아는 것이 아니다. 우리는 오직 사랑하고 믿어야 한다"라는 말은 자칫 지식의 쓸모없음無用性을 말하는 것처럼 오해될 수 있다. 하지만 이어지는 "믿음이 사랑을 통해서 앎을 전달한다"라는 말에서, 우리는 타르콥스키가 지식의 무용성 자체를 말하고자 하는 것이 아니라 '믿음이 없는 지식의 무용성'을 말하고 있음을 알 수 있다. 곧 믿음이 지식보다 우선해야 한다는 것이다.
이것은 마치 기하학에서 공리公理가 정리定理보다 우선해야 하는 것과 같다. 기하학의 모든 정리들은 몇 개의 공리들을 바탕으로

[22] 안드레이 타르콥스키, 『타르코프스키의 순교일기』, p. 180.

이끌어 낸演繹 것들이기 때문에, 공리들을 떠나면 정리들은 모두 무용해진다.

예를 들어 유클리드Eucleides 기하학의 어떤 정리들은 제3공리인 '평행선 공리' 즉 "동일 평면상에 한 점을 통해서 주어진 한 직선에 평행인 직선은 단지 하나만 그을 수 있다"라는 공리를 근거로 한다. 따라서 이것을 근거로 하는 유클리드 기하학의 정리들은 '평행선 공리'가 부정되는 리만G. F. B. Riemann의 '구면기하학'球面幾何學이나 로바쳅스키Nikolai Lobachevsky의 '의구면기하학'擬球面幾何學과 같은 비非유클리드 기하학에서는 무용하다. 예컨대 삼각형의 내각의 합은, 평행선이 하나도 없는 리만의 '구면기하학'에서는 180도보다 크고, 평행선이 무수한 로바쳅스키의 '의구면기하학'에서는 180도보다 작다.

그런데 공리란 약속이기 때문에 증명할 수 있는 것이 아니라 오직 믿고 받아들여야 하는 것들이다. 사실인즉, 알고 보면 우리의 모든 지식은 결국 그것이 근거하고 있는 어떤 믿음을 전제로 한다.

이 말을 일찍이 아우구스티누스는 "신앙은 지식의 출발점이다"[23]라고 했고 루트비히 비트겐슈타인Ludwig Wittgenstein*은 "근거가 제시된 믿음들의 바탕에는 근거가 제시되지 않은 믿음이 놓여 있다"[24]

---

[23] Augustinus, *De Trinitate*, IX, 1, 1.
[24] L. Wittgenstein, *Über Gewißheit*, Wittenstein Werkausgabe in 8 Bäden 8., Suhrkamp 5 Aufl. (1989), 253항. 후기 비트겐슈타인에게 있어서 '진리'란 '삶의 양식' 곧 '"언어-게임'의 흔들리지 않는 기초"(eine unwankende Grundlage seiner Sprachspiele)다. 이것은 사실에 의해 증명되는 어떤 것이 아니고, 사실들의 기초로 우리가 '받아들여야'(Annehmen)만 하는 것이다. 이것이 '사실적 진리의 근거'이며 '1차적 진리'로서, 모든 '사실적 진리'는 '2차적 진리'인 것이다. 이에 대해 비트겐슈타인은 또 다음과 같은 말들을 남겼다. "확실한 증거란 우리가 무조건 확실하다고 받아들이는 것이다. 그것에 따라 우리는 확신을 가지고 의심 없이 행동한다." "만일 내가 '지구는 이미 수년 전부터 존재해 왔다'(또는 이와 비슷한 것)를 우리가 받아들이자라고 한다면, 우리가 이런 어떤 것을 받아들여야만 한다

라고 표현한 것이다. 같은 말을 안셀무스Anselmus*는 "믿지 않으면 알 수도 없다"nisi credideritis, non intelligetis라고 했고[25] 타르콥스키는 "믿음이 사랑을 통해서 앎을 전달한다"라고 표현한 것이다.

그러나 우리는 놀랍게도, '기하학의 모든 정리는 공리를 인정하지 않으면 성립할 수 없다' 또는 '모든 정리는 공리로부터 출발한다'라는 말은 아무런 의심 없이 받아들이지만, '믿지 않으면 알 수도 없다' 또는 '신앙은 지식의 출발점이다'라는 말에는 곧바로 심리적 부담감과 비합리성을 느낀다. 그것은 분명 잘못되었다!

타르콥스키는 자신의 이러한 견해를 〈잠입자〉의 마지막에서 다시 한번 상징적으로 표현한다. 단지 믿음만을 외치며 무식해 보이던 잠입자가 그의 집으로 돌아갔을 때, 그의 방에 엄청나게 쌓인 책들을 의도적으로 보여 주는 장면이 그것이다. 그는 작가와 과학자와 마찬가지로 지식인이다. 다른 점이 있다면 그에게는 믿음이 있고 작가와 과학자에게는 믿음이 없다는 것이다.

타르콥스키는 '믿음이 없으면 지식이란 아무 소용도 없으며 오히려 자기 파멸적 괴로움이 된다'라는 것을 그의 영화 〈잠입자〉에서 보여 주고자 했던 것이다. 작가와 과학자가 천신만고 끝에 도달한 방 앞에서 그들의 목적을 결국 포기하게 되는 것도 바로 그 때문이다. 이에 대해 타르콥스키는 다음과 같은 설명을 덧붙였다.

는 것이 확실히 이상하게 들릴 것이다. 그러나 이것은 우리 언어-게임 전 체계 안에서 기초에 속하는 것이다. 우리는 이 받아들임(Annahme)이 행위의 근거를 형성하고, 따라서 사고의 근거도 역시 형성한다고 말할 수 있다"(같은 책, 411항).

[25] 테르툴리아누스는 그의 저서 『그리스도의 육신론』(De Carne Christi)에서 "불합리하기 때문에 믿는다"(Just because it is absurd, it is to be believed)라고 했고, 안셀무스는 『프로슬로기온』(Proslogion)에서 "믿지 않으면 알 수 없다"(Unless I believe, I shall not understand)라고 주장했다.

영화의 주인공들이 도중에 많은 것을 경험하고 스스로에 대하여 많이 숙고한 연후에 그들의 목적지에 다다랐을 때 그들은 생명의 위협을 무릅쓰고 감행한 여행의 목적지인 그 방의 문턱을 실제로 넘을 것인가를 더 이상 스스로 결정하지 못한다. 그들은 갑자기 자신들의 내적·도덕적 상태가 결국 비극적으로 불완전하다는 사실을 인식하게 된다. 그들은 자기 자신을 신뢰할 수 있는 정신력을 충분히 갖고 있지 않았다. 그들의 정신력은 다만 시선을 자기 자신의 내부로 던지는 데까지밖에 미치지 못하였다. 그리고 그렇게 바라본 자신들의 모습에 그들은 소스라치게 놀라지 않을 수 없었다![26]

믿음이 없었기에 그들 내면에는 욕망만 가득할 뿐, 희망이 없었던 것이다.

타르콥스키에게 희망이란 "이 너무나도 보잘것없는 세계를" 떨쳐 버리고 본질적이고 영원한 세계로 나아가는 것이다. 잠입자가 믿음을 가지라고 수없이 경고했는데도, 작가와 과학자의 내면은 이 세계에 대한 욕망과 소원으로만 가득 차 있을 뿐 믿음과 희망이 없었다. 그래서 스스로의 내면을 들여다보아야 했을 때 그들은 "자신들의 내적·도덕적 상태가 결국 비극적으로 불완전하다는 사실을 인식"하고 방으로 들어가는 것을 포기할 수밖에 없었다.

정리하자면, 타르콥스키는 믿음이 없으면 내적·도덕적 상태가 파멸에 이르고 내적·도덕적 상태가 파멸에 이르면 희망을 가질 수 없다고 보는 것이다.

---

[26] 안드레이 타르콥스키, 『봉인된 시간』, pp. 249-252.

희망은 오직 도덕에 종교가 첨가되는 경우에만 비로소 가능하다

우리는 여기에서, 타르콥스키의 의도와는 무관하게 한 가지 심각한 철학적 문제를 만날 수 있다. 그것은 '누구', 다시 말해 '어떤 자격의 사람만이 희망을 가질 수 있는가' 하는 문제다. 타르콥스키에 따르면, 작가와 과학자처럼 "자신들의 내적·도덕적 상태가 결국 비극적으로 불완전[한]" 인간은 희망을 가질 수 없다. 그럼에도 불구하고 만일 그러한 사람이 방에 들어갈 경우, 디코브라스(고슴도치)처럼 소스라치게 놀랄 만큼 비참한 자신의 모습을 보게 된다. 그 때문에 도덕적인 사람만이 희망을 가질 수 있다는 것이 타르콥스키가 주장하는 바다. 과연 그럴까?

일찍이 이마누엘 칸트*는 이 문제, 곧 도덕과 신앙 그리고 희망의 문제를 그의 『판단력비판』*Kritik der Urteilskraft*에서 "나는 무엇을 희망할 수 있나?"라는 물음 아래 다뤘다. 잘 알려진 바와 같이, 칸트의 도덕 체계에서는 오직 '선의지'善意志만이 도덕적 가치를 갖는다. 예컨대 그는 『도덕형이상학 정초』에서 다음과 같이 쓰고 있다.

> 이 세계뿐 아니라, 이 세계 밖에서도 우리가 무조건적으로 선하다고 할 수 있는 것은 선의지뿐이다. 이성, 유머 감각, 판단력, 그 밖에 여러 이름으로 불리는 정신적 재능들과 용기, 결단력, 끈기 등과 같은 기질적 특성들이 여러 면에서 선하고 바람직하다는 사실에는 의심의 여지가 없다. 그러나 의지가 선하지 않다면 이 모든 것들은 극도로 악하고 해로운 것이 될 수도 있다.…권력, 재산, 명예 및 건강 그리고 행복이란 이름으로 불리는 심신의 총체적 안녕과 현재 상태에 대한 전적인 만족도 만일 선의지가 없다

면 우리를 우쭐하게 만들며, 심하게는 오만하게 만든다. 선의지는 이런 것들을 바로잡아 보편적·합리적인 것으로 만듦으로써 행위 원리 전체를 바로잡는다.²⁷

선의지만이 무조건적으로 선하고, 모든 다른 미덕들은 단지 선의지에 의해서만 도덕적 가치를 갖는다는 말이다. 그런데 칸트가 말하는 선의지란 그 어떤 목적도 갖지 않고 단지 '의무에서 유래한'aus Pflicht 선의지다. 따라서 칸트가 말하는 도덕적 가치를 가진 선행이란 그 어떤 목적이나 소망을 가져서는 안 되고, 나아가 천성이나 기질에서 나와서도 안 된다. 칸트는 상인이 행하는 정직을 예로 들어 다음과 같이 설명했다.

선의지는 그것이 무엇을 실현하고 성취하기 때문에 선한 것이 아니다. 또한 선의지는 그것이 어떤 설정된 목적을 달성하기 위하여 쓸모가 있기 때문에 선한 것이 아니다. 선의지는 오직 의욕 자체만으로 즉 그 자체로 선한 것이다.····예를 들어 보자. 어떤 상인이 어수룩한 고객에게도 부당하게 물건을 비싸게 팔지 않고 누구에게나 똑같은 가격으로 판매한다 하자. 또 그렇게 함으로써 결과적으로 어린이들조차 그의 가게에서 물건을 구입하게 되었다고 하자. 그의 행위는 물론 의무에 합당한 행위이며 아마도 큰 시장에서 장사하는 현명한 상인이라면 누구라도 그렇게 하였을 것이다. 이 경우 상인은 고객을 정직하게 대한 것이다. 그러나 이러한 사실은 상인이 정직의 의무 내지 정직의 원칙에 의해서 그런 것이 아니라 오히려 그렇게 하는 것이 이익이 되

27 Immanuel Kant, *Grundlegung zur Metaphysik der Sitten*, A 1-2.

기 때문에 그럴 수밖에 없었을지 모른다.…타인에게 호의를 베푸는 것은 하나의 의무이다. 그러나 세상에는 천성적으로 타인에게 매우 동정적인 사람들도 많다. 그들은 허영심이나 이기심 없이 그저 자기의 기쁨을 확대하는 것에서 그리고 또 타인의 만족에서 진정한 기쁨을 느낄 수 있다. 하지만 그런 사람들이 베푸는 호의는 그것이 아무리 의무에 합당하고 칭찬받을 만해도 참된 도덕적 가치를 갖지 않는다.[28]

칸트는 이익이나 쾌락, 행복 등 그 어떤 것을 목적으로 삼는 모든 행위는 설사 그것이 칭찬받을 만하다고 해도 참된 도덕적 가치를 갖지 않는다고 주장한다. 한마디로, 칸트에게 있어 도덕적 가치를 갖는 행위는 '무조건적인 의무'에서 나와야 한다. 그렇지 않고, 만일 우리가 예컨대 정직한 행위에 '장기적으로 이익을 남기기 위해서'라는 조건을 두고 그 결과에 따라 좋고 나쁨을 판단한다면 그 결과는 언제나 바뀔 수 있기 때문에, 결국 우리는 행위의 보편적인 법칙 즉 도덕률을 이끌어 낼 수 없다는 것이다.

그래서 칸트는 도덕률이라는 것은 '만일 이익을 남기려거든 정직하라'와 같은 '가언명령'假言命令, hypothetischer imperativ이 아니라, '아무 목적 없이 단지 의무에 의해 정직하라'와 같이 무조건적이고 절대적인 명령 곧 '정언명령'定言命令, kategorischer imperativ이어야 한다고 했던 것이다.[29]

---

28 같은 책, A 3, 9-10.
29 "만일 하나의 행위가 단순히 다른 어떤 것을 위한 수단으로서만 선하다면, 이 경우 명령은 가언적이다. 반면에 하나의 행위가 그 자체로 선하다고 생각되면, 따라서 이성적 의지 안에서 그 자체에 필연적으로 존재하는 것으로 생각되면, 즉 의지의 원리라고 생각되면, 그 경우 명령은 정언적이다"(같은 책, A 39f.).

그런데 문제는 이러한 칸트의 도덕 체계에서 모든 도덕적 행위에 대한 보상이 사실상 아무것도 없다는 데 있다. 칸트에게서 인간의 도덕적 행위는 단지 의무로서 주어져 있을 뿐, 그에 따라 마땅히 주어지는 보상은 전혀 없다. 칸트는 우리에게 선하고 숭고한 것은 그것이 선하고 숭고하다는 그 자체로서만 사랑받아 마땅하다고 가르칠 뿐이다. 수확에 대한 기대 없이 씨 뿌리기, 바로 이것이 칸트의 도덕론이 갖는 '하늘의 별' 같은 '숭고함'이자 동시에 '허무성'이다.

프랑스의 시인이자 사상가인 샤를 페기Charles Pierre Péguy는 이 '숭고함'과 '허무성'을 "그것[칸트의 윤리학]은 순결한 손을 갖고 있다. 그러나 그것에는 손이 없다"라는 풍자적인 말로 표현했다. 무슨 의미인가 하면, 보상이 전혀 없는 칸트의 도덕률은 숭고하지만 우리를 이끌 구속력은 갖고 있지 않다는 것이다.

그 때문에 칸트는 그의 말년 대작 『판단력비판』에서 이 '허무성'을 극복하려는 시도로서 '종교적 가치'를 인정했다. 이때 칸트가 말하는 종교란 '도덕적 신앙'이다. 그것은 어떤 인간이 선의지에 의해 자유롭게 도덕적 행위를 하려고 끊임없이 노력할 경우, 이에 합당한 행복을 보상해 줄 '최고선'das höchste Gut이자 '도덕적 세계의 창조주'인 신을 비로소 '희망'할 수 있다는 믿음을 가리킨다.

물론 '최고선'에 대한 이러한 희망은 자연적 현실세계에서 필히 이루어질 수 있는 것은 아니다. 그러나 이 희망은 그 성취와는 무관한 까닭에, 오히려 우리로 하여금 현실세계를 초월하여 도덕적 세계이자 순수한 종교의 세계로 다가서게 한다. 그렇지 않고 모든 이기적 욕망의 지향으로서의 종교는 순수한 종교가 아니다.

따라서 칸트에 따르면, 인간은 도덕적으로 행위하였을 경우, 바로 그 경우에만 최고선에 대한 희망을 가질 수 있으며 그것이 곧 신앙이다. 이 말을 그는 "희망은 오직 도덕에 종교가 첨가되는 경우에만 비로소 가능하다"[30]라고 표현했다. 칸트에게 희망을 가질 수 있는 자 곧 행복을 누릴 자격이 있는 이성적 존재는 바로 도덕 법칙 아래 있는 자이며[31] 그에 합당한 보상을 보장해 줄 '최고선'에 대한 믿음이 있는 자다.

> 주여! 당신이 가까이 있음을 느낍니다. 내 머리 위에 당신의 손을 느낍니다. 당신이 창조하신 그대로의 세상을 보고자 합니다. 그리고 당신이 당신의 뜻대로 빚으려고 애쓰신 그대로의 인간들을 보고 싶습니다. 주여! 당신을 사랑합니다. 당신에게 아무것도 요구하지 않습니다. 오직 나의 저급한 영혼의 어두움과 나의 분노, 그리고 내가 저지른 죄악들이 부담스런 짐이 되어 내가 당신의 기품 있는 종이 되는 것을 방해하고 있습니다. 오, 주여! 저를 도와주시고 용서하소서![32]

이와 같이 일기에 쓰고 있는 타르콥스키는 러시아 정교회의 경건성에 심취했던 사람이다. 그러므로 그가 작가와 과학자 두 사람으로 하여금 방으로 들어가기를 포기하게 만든 것은 칸트적 사변에 따라서가 아니라, 차라리 구원을 위한 도덕적 훈련을 중요시하는 러시아 정교회의 전통에 따른 것이었다고 보는 것이 옳다.

그러나 우리는 칸트의 사변을 따라 도덕과 신앙과 희망의 관계를 살펴봄으로써, 작가와 과학자가 왜 희망을 가질 수 없었는지, 왜 방에 들어갈 수 없었는지, 그리고 우리가 어떻게 해야만 희망을

---

30 Immanuel Kant, *Kritik der praktischen Vernunft*, A 234.
31 참조. Immanuel Kant, *Kritik der Urteilskraft*, B 424.
32 안드레이 타르콥스키, 『타르코프스키의 순교일기』, p. 184.

가질 수 있는지를 '더욱 분명히' 알 수 있었다. 타르콥스키는 인간이 우선 믿음을 가져야 하고, 이를 통해 내적·도덕적 상태가 완전해야 비로소 희망을 가질 수 있다고 보았다. 이는 "희망은 오직 도덕에 종교가 첨가되는 경우에만 비로소 가능하다"라는 칸트의 사변과 맥을 같이하기 때문이다.

또 칸트는 다음과 같이 말했다.

설사 한 인간이 그의 생을 마칠 때까지 덕을 행했지만 외견상으로는 행복을 얻지 못했다 할지라도, 혹은 그의 범행에 대해 벌을 받지 않았다 할지라도, 그가 정직하게 또는 거짓되게 행동했는가 하는 것은 결말에서 결코 동일할 수가 없다.[33]

이와 마찬가지로 타르콥스키도 역시 잠입자와 그의 두 고객인 작가 및 과학자의 결말을 분명히 구분한다. 세 사람은 표면적으로는 모두 절망하는 사람들이지만 그 내면에서는 전혀 다르다. 잠입자는 '외견상 행복하지 못한 자'이지만 '범행에 대해 벌 받지 않은 자'들과는 전혀 다른 것이다. 그래서 타르콥스키는 작가와 과학자를 술집의 어둠 속에 버려둔 채, 잠입자에게는 희망의 빛을 비추어 준다. 이에 대해 그는 다음과 같이 말했다.

안내인[잠입자]과 작가 그리고 학자, 세 명이 휴식을 취하고 있는 선술집 안으로 안내인의 부인이 들어올 때, 작가와 학자는 자신들에게는 불가사의하고 이해할 수 없는 현상과 맞부딪친다: 그들 앞에 서 있는 이 여인은 그녀의 남편이 삶을 살아가는 방식

---

33 Immanuel Kant, *Kritik der Urteilskraft*, B 438.

과, 남편과의 사이에서 난 불구자인 자식 때문에 끝없는 고통에 시달리면서도 그녀의 남편을 마치 그녀가 소녀 시절에 사랑했던 것처럼 헌신적으로 사랑하는 것이다. 이 같은 사랑과 몰아적 헌신이야말로 현대의 불신과 냉소주의 그리고 공허함에 대치될 수 있는 마지막 기적이 아닐 수 없다. 그리고 작가와 학자 역시 결국은 이 현대 세계의 희생자로 전락하고 만 것이다.[34]

작가와 과학자는 현대의 불신과 냉소주의 그리고 공허함에 의한 희생자다. 이에 반해, 잠입자는 — 설사 그가 불행하다 하더라도 — 구원받은 자다. 타르콥스키는 구원의 징표로서 잠입자에 대한 그 아내의 몰아적·헌신적 사랑을 그녀의 독백을 통해 묘사한다.

> 엄마는 몹시 반대했어요. 당신도 짐작했겠죠. 그는 하나님의 어리석은 자라고.···여기선 누구나 비웃었죠. 정말이지 불행한 얼간이라고요.···엄마는 말하곤 했죠. '그는 잠입자란다. 점 찍힌 자, 영원한 죄수란다. 잠입자들이 어떤 아이를 갖게 되는지 잊지 마라.'···그러나 난 따지려 들지 않았어요. 난 다 알고 있었지요. 그가 점 찍힌 자라는 것도, 영원한 죄수라는 것도. 그 아이들에 대해서도요.···하지만 어쩌겠어요. 난 그와 행복하리라는 것을 확신했어요. 많은 슬픔이 있을 줄 알았지만, 난 차라리 쓰고 달콤한 행복을 알고 싶었어요.···아무 일 없는 잿빛 삶보다는! 어쩌면 이 모든 것은 내가 훗날 생각해 낸 거겠죠. 하지만 그이가 내게로 다가와 '함께 가자'고 했을 때 난 따라갔지요. 그리고 결코 그걸 후회하지 않았어요. 결코요.···많은 슬픔과 두려움과 고통이

---

34 안드레이 타르콥스키, 『봉인된 시간』, p. 252.

있었지만…. 결코 후회하지도, 누구를 부러워하지도 않았고요.… 바로 그게 운명이지요. 그게 삶이고 그게 우리이지요. 우리 삶에 슬픔이 없었다 한들 더 낫지는 않았겠지요. 더 나빴을 거예요. 그랬더라면 행복도 없었을 테니까요. 그리고 희망도 없었을 것이고요. 삶이란 그런 거지요.

이 말이 끝나자, 베토벤의 교향곡 제9번 중 "환희의 송가"An die Freude가 울리며 기차가 지나가는 소리가 들린다. 그때 잠입자의 딸이 시선만으로 탁자에 있는 잔들을 옮기는 기적이 일어난다.

그러나 타르콥스키가 의미하는 "마지막 기적"에 대한 보다 상징적인 표현은 다리가 불구인 딸이 걸어가는 모습이 아니던가! 수분 동안 지속되는 이 기적적 상황은 사실인즉 잠입자가 그녀를 목에 태우고 걷는 것이었다. 하지만 이 장면을 통해 '도덕적 책임과 믿음에 의한 헌신적 사랑'이야말로 현대의 불신과 냉소주의 그리고 공허함에 대치될 수 있는 "마지막 기적"이며, 이 너무나도 보잘것없는 세계를 떨쳐 버리고 본질적이고 영원한 세계로 나아가는 '희망의 조건'이라고 타르콥스키는 우리에게 힘주어 말하고 있는 것이다.

1980년, 칸 국제영화제는 이 작품에 '에큐메니컬 배심원상'을 수여하며 다음과 같은 찬사를 덧붙였다. "호사스런 미사여구로 설명되어 사건이 되는 그런 영화들이 있다. 그리고 사실상 하나의 사건인 그런 영화가 있다. 〈잠입자〉, '인간의 조건'conditio humaine에 대한 강론인 이 영화는 후자에 꼽힌다. 이 점과 관련하여 이 영화는 세기의 영화로 일컬어지게 되었다. 단번에 최상급으로 받아들여지기 십상이다."

"우리에게 필요한 것은 아는 것이 아니다.
우리는 오직 사랑하고 믿어야 한다.
믿음이 사랑을 통해서 앎을 전달한다."
― 안드레이 타르콥스키

플로티노스
Plotinos, 205-270

신플라톤주의의 대표자인 플로티노스는 로마 황제 세베루스가 다스리던 205년에 이집트의 나일강 상류에 있는 아름다운 도시 리코폴리스에서 태어났다. 어린 시절부터 그는 빵보다 지혜를 원했다고 한다. 그래서 28세가 되던 232년에 고향을 떠나 수도 알렉산드리아로 가서 오랫동안 염원하던 스승을 만나 그에게서 11년 동안 철학을 배웠다. 신플라톤주의의 창시자라고 볼 수 있는 그 스승은 한때 부두 노동자였기 때문에 암모니오스라는 이름 뒤에 '짐꾼'을 뜻하는 사카스Sakkas라는 별명이 붙어 다녔다. 이 신비스러운 인물은 플로티노스뿐 아니라 최초의 조직신학자로 불리는 오리게네스의 스승이기도 하다.

플로티노스가 38세가 되던 242년에 암모니오스가 세상을 떠나 그는 깊은 슬픔에 빠졌다. 그런데 때마침 로마 황제 고르디아누스 3세가 페르시아 원정에 나섰다. 새로운 지혜에 항상 목말랐던 플로티노스는 슬픔을 털어 버리고 동방의 지혜를 찾아 원정대를 따라나섰다. 하지만 2년이 채 못 되어 메소포타미아에서 고르디아누스 황제가 살해되었고, 원정대는 해산했다. 알렉산드리아로 돌아가기가 난감해진 플로티노스는 다른 사람들을 따라 로마로 갔다. 그때 그의 나이가 40세였다.

로마에서 플로티노스는 제자들을 가르쳤는데, 그중 포르피리오스, 아멜리오스 등이 유명하다. 그는 "잠 속에서까지 플라톤의 공리를 해석하는 것을 꿈꾸곤 하였다"●라고 이야기될 만큼 플라톤 사상에 충실했던 사람이다. 그러나 같은 '상승에의 길'을 가면서도 플라톤이 지향한 길이 '보다 더 참되고 밝은 곳으로 나아가는' 긍정의 길이자 이성의 길이었던 데 반해, 플로티노스의 길은 '보다 거짓되고 어두운 곳에서 벗어나는' 부정의 길이자 초월과 신비의 길이었다.

플로티노스는 물질적인 것에 관심이 없었던 만큼 그의 가르침을 받는 사람들에게 금전적 부담을 전혀 안겨 주지 않았다. 또한 지상의 어떤 것에도 욕망이 없었기에 권력이나 명예를 탐하지도 않았다. 그야말로 천상의 이데아 세계만을 흠모하며 세상 모든 것에 초연한 철학자였다. 그 때문에 황제 갈리에누스

● Augustinus, *Civitate Dei*, XVIII, 18, 57-60.

와 황후 살로니나까지 그를 존경하고 좋아했다.

어느 해 봄날, 황제는 그에게 플라톤의 『법률』에 나오는 헌법에 따라 통치되는 플라톤식 이상 도시를 남부 이탈리아에 세우자고 제안하기도 했다. 플로티노스는 이 일이 성사되면 그 도시의 이름을 '플라토노폴리스'Platonopolis라고 부르려 했다고 한다. 하지만 그에게는 그 역시 부질없는 일이었을 것이다.

그의 저술은 철학적 탐구라기보다는 교의적인 성격을 띠고 있어서, 동방 정교회 신학 특히 카파도키아의 위대한 세 교부Three Great Cappadocians와 위-디오니시우스에게, 그리고 서방 신학의 아우구스티누스에게까지 영향을 주었다. 그는 병으로 오랫동안 고통받았으나 자신의 사명에 대한 불굴의 의지로 고통을 참아 내며 학문을 연구하고 제자를 가르치다가 65세에 세상을 떠났다.

주요 저서로는 제자 포르피리오스가 스승의 말을 한 마디도 빼놓지 않고 양피지 두루마리에 받아 적었다는 『엔네아데스』Enneades가 있다. 이 제목은 '아홉 벌씩 묶은 책'이라는 뜻으로, 양피지를 모두 합하자 '아홉 벌씩 묶어 여섯 권'이 되었다고 해서 붙은 제목이다.

루트비히 비트겐슈타인
Ludwig Wittgenstein, 1889-1951

기인이자 천재이며 20세기 영미 철학에 가장 큰 영향을 주었다고 인정받는 철학자 비트겐슈타인은 오스트리아 빈에서 5남 3녀 중 막내아들로 태어났다. 그의 아버지는 당시 미국의 카네기, 독일의 크롬에 필적할 만큼 성공한 철강재벌 카를 비트겐슈타인이었다. 어머니 레오폴디네는 예술, 특히 음악에 수준이 빼어나게 높은 교양인이었다. 여섯 대의 그랜드 피아노를 갖고 있었던 이 집안에는 오늘날에는 전설이 된 당대 뛰어난 음악가들이 수시로 드나들며 연주를 했고 자녀들을 가르치기도 했다.

이러한 환경에서 자란 비트겐슈타인 형제들은 당연히 예술에 뛰어난 재능을 보였다. 그중 넷째 형 파울 비트겐슈타인만이 당대의 탁월한 피아니스트로 성장했는데, 제1차 세계대전에 참전했다가 한 팔을 잃었다. 하지만 그는 작곡가 모리스 라벨에게 주문해 받은 "왼손을 위한 피아노 협주곡 D장조"를 1931년 파리에서 초연했다. 큰누나 헤르미네는 수준급의 화가였고 조각가 오귀스트 로댕, 건축가 아돌프 로스, 그리고 화가 구스타프 클림트 등을 도우며 교제하기도 했다. 클림트의 대표작 중 하나인 초상화 "마르가레테"는 클림트가 비트겐슈타인의 둘째 누나 마르가레테의 결혼식을 위해 그린 것이다.

막내 루트비히는 네 살까지는 말조차 제대로 하지 못한 데다 유독 별다른 재능을 보이지 않아 아버지의 주목을 받지 못했다. 베를린에 있는 공업고등학교에서 기술을 배우고, 영국에 유학하여 항공공학을 연구하던 중 버트런드 러셀의 『수학 원리』를 읽고 흥미를 느껴 케임브리지 대학교로 옮겨 러셀의 제자가 되었다.

그는 러셀의 격려를 받고 논리적으로 작동하는 이상 언어에 관한 저술인 『논리철학 논고』를 집필하기 시작했으나 제1차 세계대전이 발발하자 오스트리아 군에 지원병으로 종군했다. 전기 비트겐슈타인 철학이라 평가되는 『논리철학 논고』는 1921년에 독일어판으로, 이듬해 영문판으로 출간되었다. 영문판으로 출간될 당시 러셀의 긴 해설을 포함해서도 겨우 75쪽에 불과한 작고 얄팍한 이 책은 20세기 전반 영미 철학계를 마치 지진처럼 뒤흔들었다.

흥미로운 것은 비트겐슈타인이 『논리철학 논고』에 대한 세간의 논리적 해석에 강하게 반대하며, 그것이 '논리학에 관한 것'이 아니라 '윤리학에 관한 것'임을 지속적으로 강조했다는 사실이다. 이에 대한 세간의 시시비비와는 무관하게 그의 삶을 살펴보면, 그가 논리적인 것보다 윤리적인 것에 더 큰 관심을 두고 이를 삶에서 실천하려 했던 것만은 분명하다. 전쟁에서 귀향한 비트겐슈타인은 부친이 남긴 막대한 유산을 전부 다른 이들에게 나누어 주고, 여러 해 동안 오스트리아의 시골 지방을 이리저리 돌아다니면서 여러 일을 했는데, 주로 초등학교 교사와 정원사로 일했다.

1929년에야 비트겐슈타인은 다시 케임브리지 대학교로 돌아가 강사가 되었고, 1939년에 『윤리학 원리』를 쓴 조지 무어의 뒤를 이어 철학 교수로 취임했다. 그리고 몇 명 되지는 않았지만 열성 있는 제자를 얻어 힘겹게 강의하곤 했다. 그의 주요 주제는 일상 언어와 그것의 윤리적·종교적 사용에 관한 것이었다. 이 시기에 그는 사후에 출간된 『철학적 탐구』를 구상하였고, 히틀러가 오스트리아를 점령하자 영국으로 귀화했다.

학자들은 보통 비트겐슈타인 철학을 『논리철학 논고』에서 전개한 전기 사상과 『철학적 탐구』에 나타난 후기 사상으로—러셀은 '비트겐슈타인 1'과 '비트겐슈타인 2'로—구분하지만, 둘 사이에는 그런 구분을 무색하게 하는 공통점이 있다. 철학을 언어 비판으로 생각한다는 점이 그것이다. 비트겐슈타인은 언어를 비판함으로써 2,400년이나 된 철학이라는 '아우게이아스의 외양간'을 청소하겠다는 신념을 평생 한결같이 유지했다. 그것을 통해, 언어 때문에 혼란에 빠진 사람들의 정신과 삶을 바로잡겠다는 신념 때문이었다.

그는 제2차 세계대전 동안에는 여러 병원에서, 처음에는 수위로 나중에는 실험실의 기술자로 일했다. 전쟁 후에는 한동안 아일랜드 갈웨이에 있는 작은 외딴집에 살면서 초등학생을 가르치기도 했다. 자신의 조카—둘째 누나 마르가레테의 아들—인 존 스턴버러에게는 "가파르고 높은 산에 올라가려면 무거운 배낭을 산기슭에 놓아두고 올라야 한다"라고 충고하기도 했다.

비트겐슈타인이 임종할 때 남긴 마지막 말은 "나는 멋진 한 세상을 살았노라고 전해 주시오"다. 그가 세상을 떠났을 때, 영국의 대표적인 일간지 「더 타임스」는 그의 극단적인 금욕주의와 은둔으로 점철된 생활을 소개하며 "비트겐슈타인은 은자와 같은 종교적 명상가의 특징을 보여 주었다"라는 말로 그를 평가했다.

주요 저서로는 『논리철학 논고』*Tractatus Logico-Philosophicus*와 『철학적 탐구』*Philosophische Untersuchungen*, 『확실성에 관하여』*Über Gewißheit* 등이 있다.

안셀무스
Anselmus, 1033-1109

철학과 신학을 조화롭게 결합시킴으로써 중세 수 세기 동안 '스콜라학파의 아버지'로 불렸던 캔터베리의 안셀무스는 1033년 이탈리아 북부 아오스타의 부유한 귀족 가문에서 태어났다. 클뤼니 수도원을 비롯한 프랑스 유명 학교에서 교육을 받았고, 노르망디 베크의 베네딕투스회 수도원에 들어가 학문에 전념하였다. 1067년에 이 수도원 원장이 되어 윤리적·종교적 교육에 힘썼고, 1078년에는 베크 수도원장이 되어 수도원 학교를 크게 발전시켰다.

『프로슬로기온』*Proslogion*, 『모놀로기온』*Monologion* 등 많은 책을 저술하자, 그의 명성이 앵글로-노르만 왕국에까지 이르렀다. 여러 번의 간곡한 거절에도 불구하고 1093년에는 결국 캔터베리의 대주교로 임명되었다. 하지만 성직자를 임명하고 교황과의 연락을 제한하는 영국 왕의 교회 직무 간섭에 반대해 1097년과 1106년 두 차례나 망명길에 올랐다. 그러는 와중에도 저술 활동을 게을리 하지 않아 『삼위일체에 대한 신앙』*De Fide Trinitatis*, 『왜 하나님은 인간이 되셨는가』*Cur Deus Homo* 등 다수의 저작을 남기고, 1109년 성주간 수요일에 사망하였다.

안셀무스의 학문적 경향은 "믿음을 전제하지 않는 것은 오만이며, 이성을 사용하지 않는 것은 태만이다"라는 그의 말에 잘 나타나 있다. 그의 대표 저서의 하나인 『프로슬로기온』의 원제 "이해를 추구하는 신앙" *fides quaerens intellectum*은 스콜라 철학과 신학을 이끄는 좌우명이 되었다. 특히 『프로슬로기온』에 나오는 신의 존재 증명은 그의 학문적 경향과 탁월함을 나타내고 있다.

안셀무스는 『모놀로기온』에서 신을 "최고 본질, 최고 생명, 최고 이성, 최고 행복, 최고 정의, 최고 지혜, 최고 진리, 최고 선성, 최고 위대, 최고 미, 최고 불사성, 최고 불변성, 최고 복락, 최고 영원성, 최고 권능, 최고 일자성―者性"으로 규정했다. 이 같은 사유를 전제로 그는 『프로슬로기온』에서 다음과 같이 하나님을 찬양했다.

창조된 생명이 선한 것이라면
창조주의 생명은 얼마나 선할까?

> 만들어진 평안이 유쾌하다면
> 모든 평안을 만드는 평안은 얼마나 유쾌할까?
> 피조물에 대한 지식에서 얻은 지혜가 사랑스럽고 가치 있다면
> 무로부터 모든 것을 창조한 지혜는 얼마나 사랑스럽고 가치 있을까?
> 마침내, 즐겁게 해 주는 사물들 안에 있는 즐거움이 많고 크다면
> 그 즐겁게 해 주는 것을 만든 분 안에 있는 즐거움은 또 얼마나 많고 클까?*

한마디로 피조물은 선함, 평안함, 지혜, 즐거움이라는 측면에서 부족함이 있지만, 하나님은 그 모든 것에서 정점이시라는 말이다.

여기에서 우리가 알아야 할 중요한 사실은 고대와 중세의 그리스도인들이 신을 안셀무스처럼 부를 때, 그것이 단순히 자신들이 믿는 신에게 바치는 '공허한' 찬사가 아니라는 것이다. 그리스도인들은 신을 자기들이 추구하는 어떠한 가치들의 정점—곧 최고 본질, 최고 생명, 최고 이성, 최고 행복, 최고 정의, 최고 지혜, 최고 진리 등—으로 부르면서 자신들이 바로 이 같은 가치들에 의해 인간으로 창조되었고, 그래서 이 같은 가치들을 추구하며 살며, 이 같은 가치들에 의해 구원받을 것이라는 믿음을 선포한 것이다. 이것이 기독교 문명의 본질이자 힘이다.

• Anselmus, *Proslogion*, 24.

이마누엘 칸트
Immanuel Kant, 1724-1804

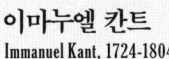

칸트는 1724년에 동프로이센 제국의 수도 쾨니히스베르크에서 태어났다. 그의 이름 '이마누엘'은 '신이 그와 함께 있다'라는 뜻으로, 그가 태어나기 전 두 아이를 첫돌 이전에 잃은 그의 어머니의 염려와 기원이 이름에 담겨 있다. 칸트가 "내 마음속에 선善의 씨앗을 심어 주고 또한 길러 주신 분"이라고 기억했던 어머니의 소원대로 칸트는 장수했지만, 어머니는 그가 겨우 13세가 되던 때에 세상을 떠났다.

1740년에 쾨니히스베르크 대학교에 입학한 칸트는 그곳에서 수학과 물리학, 철학을 공부하며 주로 뉴턴과 라이프니츠의 이론들을 세밀하게 연구했다. 그가 22세 때에 아버지마저 세상을 떠나 동생들까지 돌봐야 하는 상황이 되었지만, 개인교사 일로 생활을 꾸리면서도 학업을 그만두지 않았다. 그 결과 1755년부터 쾨니히스베르크 대학교에서 월급이 없는 강사직을 맡아 철학과 자연과학을 강의하기 시작했다. 당시 칸트가 가진 자연과학에 대한 관심은 다수의 과학 논문들로 결실을 맺었는데, 그중 하나에서 칸트는 태양계가 성운에서 비롯되었다는 주장, 즉 오늘날 '칸트-라플라스 가설'로 알려진 이론을 전개했다.

칸트는 160센티미터도 채 안 되는 작은 키에 왜소하고 외모가 볼품없었다. 하지만 프랑스 문학과 영국 문학 등 광범위한 독서에서 얻은 풍부한 사례들을 들어 가며 설명하는 그의 강의를 들으려고 학생들이 몰려들었고, 그들이 내는 강사료로 – 하인도 하나 둘 만큼 – 그리 궁핍하지 않은 생계를 유지할 수 있었다. 그럼에도 출세의 운은 쉬이 트이지 않아, 그의 나이 46세인 1770년에야 겨우 15년간의 강사 생활을 마감하고 같은 대학의 논리학과 형이상학 교수가 되었다.

그리고 57세가 되던 1781년, 그는 오랫동안 준비해 온 불후의 명작 『순수이성비판』*Kritik der reinen Vernunft* 을 출간했다. 『순수이성비판』은 칸트의 사회적 위치에 '코페르니쿠스적 전환'을 일으켰다. 그는 친구가 쓴 소설에서조차 우스꽝스럽게 묘사되었던 허풍선이 늙은 철학자에서, 괴테와 실러조차 한 번 만나 보고 싶어 하는 인물이 되었다. 62세가 되던 1786년에는 쾨니히스베르크 대학교 총장이 되었고, 식당 당구장에서 당구를 치는 대신 사교계에 진출하여 쾨니히스베르크의 아름답고 고상한 귀부인들에게서 존경과 사랑을 동시에 받았다.

그러나 이렇듯 뒤늦게 갑자기 찾아온 화려한 성공과 명성조차도 칸트의 학문에 대한 열정을 흩어 놓지는 못했다. 이것이 그의 훌륭한 점인데, 칸트는 매일 새벽 네 시 55분에 일어나 강의 준비를 하고, 일곱 시부터 두 시간 동안 강의한 다음, 책 쓰는 일을 계속했다. 그 결과 1787년에는 『실천이성비판』Kritik der praktischen Vernunft을, 그리고 1790년에 『판단력비판』Kritik der Urteilskraft을 출간했다. 이로써 소위 '위대한 3대 비판서'를 완성하였다.

칸트의 방대한 철학은 각각 이 세 비판서의 핵심 질문인 "나는 무엇을 알 수 있는가?" "나는 무엇을 행해야 하는가?" "나는 무엇을 희망할 수 있는가?"에 대한 답변으로 요약된다. 이에 대한 답변을 탐구함으로써 생전에 이미 위대한 철학자로 여겨진 칸트는 평생 독신으로 살며 쾨니히스베르크를 떠나지 않았고, 그가 오후에 산책하는 것을 보고 이웃들이 시계를 맞출 정도로 규칙적인 생활을 했다. 1790년 이후부터 건강이 쇠약해져 가르치는 일을 점차 줄이다가 1796년 7월 23일에 자신의 마지막 강의를 했지만 저술 활동은 멈추지 않았다.

1804년, 어릴 때 그의 어머니가 했던 염려와는 달리 칸트는 명예와 위엄이 넘치는 80세의 나이에 세상을 떠났다. 그는 임종의 순간에 "좋다"Es ist gut라는 말을 남겼는데, 그 의미는 아무도 모른다. 한 가지 알 수 있는 것은, 그것이 오직 최선을 다해 자신의 길을 갔던 사람만이 세상을 떠나면서 할 수 있는 말이라는 것이다.

Nostalghia

노스탤지어

구원이란 무엇인가

프루스트의 '회상'을 거쳐 플라톤의 '에로스'로

플라톤의 '에로스'는
인간을 지상에서 천상으로,
순간에서 영원으로,
불완전에서 완전으로 향하게 하는
'상승적 창조자'다.
마르셀 프루스트의 '회상'도 역시
인간이 혼자 힘으로는 빠져나올 수 없는 허무로부터
인간을 구출하기 위해서 찾아온 '천상의 구원'이다.
타르콥스키는 〈노스탤지어〉에서
바로 이러한 플라톤의 에로스,
프루스트의 회상으로서의 향수를 보여 준다.

각본	안드레이 타르콥스키, 토니노 게라
주연	올렉 얀콥스키, 도미치아나 조르다노, 엘란드 요세프손
상영시간	121분
제작	라이2·모스필름(이탈리아·러시아, 1983), 컬러
수상	1983년 칸 국제영화제 '최우수감독상', 'FIPRESCI상', '에큐메니컬 배심원상'

나라고 해서 백조보다 덜 기쁘게 고향에 돌아갈 수 있겠느냐

타르콥스키는 그의 저서 『봉인된 시간』에서 예술 영화와 상업 영화의 차이점에 대해 다음과 같이 말했다.

> 상업 영화와 예술 영화의 결정적이면서 또한 비극적인 차이점은, 예술 영화가 관객들에게 감정과 사고思考를 유발시키는 반면, 상업 영화는 너무나 이해하기 쉽고 [바로 그렇기 때문에] 거부하기 힘든 영향력으로 말미암아 관객들에게 그나마 남아 있는 감정과 사고들을 남김없이, [그것도] 회복할 수 없을 정도로 소멸시켜 버린다는 점이다. 아름다운 것과 정신적인 것에 대한 욕구를 완전히 상실한 관객들에게 영화란, 목마를 때 마시는 한 병의 코카콜라와 다름없다.[1]

그 때문에 타르콥스키는 "관객들에게 감정과 사고思考를 유발시키는" 영화 또는 "관객들에게 심오하고 은밀하게 체험될 수 있는 영화를 만들고 싶다"[2]라고 했다. 이를 위해 그는, 감독은 자신의 의도를 드러내기보다는 감추어야 한다고도 주장한다.

> 나로서는 감독 자신의 의도를 직접적으로 표현하는 것보다는 감추는 것이 절대로 필요하다고 여겨진다. 자신의 의도를 주장하게 되면, 혹시 일상적인 의미로 좀 더 시사적인 예술작품이 될

---

1 안드레이 타르콥스키, 『봉인된 시간』, p. 230.
2 같은 책, p. 236.

수도 있을 것이다. 그러나 그렇게 되면 확실히 그 의미가 훨씬 더 쉽게 잊혀져 버리는 작품이 되어 버릴 것이다. 예술은 이 경우 예술의 본질을 심화시키지 못하고 오히려 정치적 선전이나 저널리즘, 철학 그리고 다른 연관된 학문 분야의 도구로 전락하고 만다. 예술은 그렇게 되면 순전히 공리적인 기능들을 수행하게 된다.[3]

이 말은 타르콥스키가 작품의 예술성을 위하여 자신의 의도를 고의적으로 은폐했다는 것을 알려 주는데, 사실인즉 이것은 그의 작품들이 모두 한결같이 이해하기 만만치 않은 원인 중 하나다.

타르콥스키의 여섯 번째 작품인 〈노스탤지어〉Nostalghia도 역시 감독의 의도가 표면에 노출되지 않은 '난해한' 영화에 속한다.

우선, 작품 제목 '노스탤지어'는 '향수'鄕愁를 뜻하는 말로, 이 영화를 이해하는 데 가장 중요한 열쇠다. 하지만 이것은 동시에 장인 다이달로스가 만든 '미노스의 미로'[4]와 같은 함정이기도 하다. 그래서 누구든 '노스탤지어'를 — 우리가 흔히 그렇듯이 — '태어나고 자란 육신의 고향에 대한 그리움'으로 간주하면, 곧바로 이 함정에 빠지게 된다. 그리고 일단 이 함정에 빠지고 나면 그는 영화가 끝날 때까지 탈출이 불가능한 '미노스의 미로' 속을 헤매게 된다.

제목만 그런 것이 아니다. '미노스의 미로'로 빠지게 만드는 함정은 영화 곳곳에 있다. 내용상으로도 영화 〈노스탤지어〉는 고향을

---

3   같은 책, p. 236.
4   그리스 신화에 나오는 뛰어난 장인 다이달로스는 미노스왕을 위해 미로를 만들었다. 그것은 수없이 구불거리는 복도와 굴곡을 가진 건물로서, 서로서로가 통하지만 시작도 끝도 없는 것 같아서, 마치 마이안드로스강이 바다로 가는 도중에 굴곡하여, 때로는 앞으로 흐르다가 때로는 뒤로 역류하는 것 같았다고 한다. 그 때문에 영웅 테세우스도 아리아드네의 실을 힘입어서야 그곳에서 빠져나올 수 있었다.

떠나 이탈리아를 여행하는 한 러시아 시인의 고뇌와 절망을 따라간다. 그 때문에 관객들은 당연히 이 작품이 '태어나고 자라난 육신의 고향에 대한 그리움'을 그리고 있다고 믿게 된다. 더욱이 이 영화의 시나리오를 구상할 당시 타르콥스키도 역시 러시아를 떠나 이탈리아에 체류하면서 지독한 향수에 시달리고 있었다.[5] 어느 사려 깊은 관객이 이 점까지를 고려한다면, 영화 〈노스탤지어〉는 분명 고향을 떠난 인간의 고뇌와 향수를 이야기하고 있다고 믿을 수밖에 없다.

이뿐만이 아니다! 거기에다 타르콥스키가 『봉인된 시간』에 "나는 이 작품에서 러시아인의 향수에 대하여 이야기하려고 했다. 우리 러시아인들이 고향을 멀리 떠나 있을 때 러시아인들의 가슴속으로 찾아드는 러시아 민족 특유의 영혼의 상태에 관하여 이야기하려 한 것이다"[6]라고 쓴 것을 보면, 그것은 더 의심할 수 없는 완벽한 사실같이 보인다.

이러한 모든 사실에도 불구하고, 영화 〈노스탤지어〉가 태어나고 자란 고향에 대한 그리움을 그리고 있다고 생각하는 것은 이 영화를 이해하는 데 있어서 분명 피해야 할 위험한 함정이다. 우리가 이러한 생각을 갖고 있는 한, 〈노스탤지어〉는 영영 이해할 수 없게 되기 때문이다.

---

5   타르콥스키는 1979년에서 1980년까지 이탈리아에 머물면서 다큐멘터리 영화 〈이탈리아 기행〉을 만들었고, 이것을 극영화로 만든 〈노스탤지어〉의 시나리오를 구상했다. 그의 1980년 6월 21일자 일기에는 다음과 같이 적혀 있다. "가족들이 몹시 그립다. 러시아인이 이탈리아에서 사는 것은 불가능하다. 러시아에 대한 향수 때문이다. 가족과의 이별은 인간을 파멸시킨다. 그리움은 육체를 파괴한다… 전면적인 파멸에 저항할 수 있는 유일한 것은 사랑과…아름다움이다. 오직 사랑만이 이 세계를 구원할 수 있다고 나는 믿는다. 사랑이 없는 곳에서는 모든 것이 끝장이다. 지금 이 순간에도 파멸은 진행되고 있다"(안드레이 타르콥스키, 『타르코프스키의 순교일기』, p. 226).
6   안드레이 타르콥스키, 『봉인된 시간』, p. 257.

그렇다면 무엇인가? 타르콥스키는 예술의 본질을 심화시키기 위하여 자신의 의도를 드러내지 않는 정도가 아니라 관객을 기만하고 있는 것이 아닌가! 즉 우리가 영화 〈노스탤지어〉의 스토리 라인을 소박하게 따라가거나 또는 "나는 이 작품에서 러시아인의 향수에 대하여 이야기하려고 했다"라는 그의 말을 곧이곧대로 받아들일 경우 영화가 영원히 빠져나오지 못할 '미노스의 미로'로 변한다면, 그가 말하는 예술성이란 단지 '불필요한 또는 무책임한 난해함'을 의미하는 것이 아닌가! 그것이 진실인가?

그렇지 않다. 여기에는 '뿌리 깊은' 오해가 은폐되어 있다. 이 오해는 타르콥스키가 속한 '세계'와 그 속에서의 인간적 삶이 가진 의미가 오늘날 우리들의 그것과 전혀 다른 데서 유래한다. 여기에서 그의 영화들이 가진 2차적인 – 그러나 보다 본질적인 – 난해성이 기인한다.

*

〈잠입자〉에서 이미 살펴보았듯이, 타르콥스키의 '세계'는 다분히 러시아 정교회적이며, 바로 그 때문에 철학적으로는 플라톤*과 플로티노스의 사상에 근거하고 있다. 그래서 타르콥스키에게 '고향'故鄕이란 단순히 '육신의 고향'을 말하는 것이 아니라 '영혼의 고향'이라는 전혀 다른 의미를 가진다. 그곳은 우리의 영혼이 온 곳이며 기꺼이 돌아가야 할 곳으로서, 육신의 고향보다 더욱 근본적이라는 의미에서 본향本鄕이라고도 한다.

플라톤의 대화록 『파이돈』Phaidon에 보면, 죽음을 앞둔 소크라테스가 이렇게 말한다.

죽음에 임박한 백조는 그 어느 때보다도 찬란하게 운다. 그러나 그 백조의 울음은 슬픔의 노래가 아니고, 예언의 신이요 의신醫神

이며, 해방과 음악의 신인 아폴론의 나라, 곧 그의 고향으로 돌아감에 대한 기쁨의 찬가이다.…나라고 해서 백조보다 덜 기쁘게 고향에 돌아갈 수 있겠느냐?[7]

타르콥스키가 영화 〈노스탤지어〉에서 말하는 고향이 바로 이러한 고향이다. 따라서 〈노스탤지어〉에서 뜻하는 '향수'도 '태어나고 자라난 육신의 고향에 대한 그리움'이 아니고, 그것을 매개로 하지만 궁극적으로는 '영혼의 본향에 대한 그리움'으로 이해해야 한다. 즉 타르콥스키가 〈노스탤지어〉에서 그리고자 했던 '향수'는 육체라는 캄캄한 지상의 '험한 감옥'에 들어와 묶여 있는 우리 영혼이 밝고 아름다운 천상의 고향에 대해 느끼는 근원적이고 본질적인 그리움인 것이다. 이에 관해 타르콥스키는 다음과 같이 말했다.

결론적으로 〈향수〉의 시나리오는 내가 이 작품의 주요 과제로 선정한 것들을 방해할지도 모르는, 부차적이고 쓸데없는 부분은 갖고 있지 않다고 생각되었다. 즉, 자기 자신과 세계로의 심각한 모순에 빠져 있고, 현실과 바람직한 조화 사이의 균형을 이룰 능력이 없는 인간의 모습을 재현하고자 하는 나의 의도, 지리적으로 고향으로부터 멀리 떨어져 있기 때문만이 아니라, 총체적인 인간 존재에 대한 근원적인 슬픔에서 우러나오는 그런 향수를 체험하는 인간의 모습을 재현하려는 것이 나의 의도였다. 그러나 이 시나리오에 드디어 특정한 형이상학적 차원이 부여되기 전까지 나는 오랫동안 이 시나리오에 만족할 수 없었다.[8]

---

[7] Platon, *Phaidon*, 85a-b.
[8] 안드레이 타르콥스키, 『봉인된 시간』, p. 261.

이 말인즉 타르콥스키는 〈노스탤지어〉에 그가 러시아 정교회로부터 물려받은 '본향에 대한 영혼의 그리움' 곧 플라톤과 플로티노스 철학의 '형이상학적 차원'을 부가하고서야 비로소 만족했다는 의미다.

이 '형이상학적 차원'은 타르콥스키의 정신세계 전체가 속한 '차원'으로서, 〈노스탤지어〉에서만이 아니라 그의 전 작품에 한결같이 깔려 있는 '유일하고도 가장 견고한 지평'이다. 따라서 우리가 이것을 이해하지 못하면 그의 모든 작품은 우리에게 언제나 '미노스의 미로'로 나타날 뿐이다.

그러나 반대로 우리가 이것을 이해하기만 한다면, 타르콥스키의 작품들 안에 '은폐된 의도'들이 우리 눈앞에 자연스럽게 전개되는 것을 경험할 수 있다. 〈노스탤지어〉는 더욱 그렇다. 이런 의미에서라면, 플라톤의 철학은 〈노스탤지어〉를 이해하는 데 있어서 테세우스가 미노스의 미로에서 빠져나올 수 있게 했던 '아리아드네의 실'과 같다.

빛나는 성좌 아래 모든 천상의 것을 갈구하는 에로스

플라톤에 의하면, 불멸인 인간 영혼의 고향은 이데아$_{idea}$의 세계다. 즉 우리의 영혼은 우리의 출생 이전에 '이데아의 세계에 있었다는 것인데, 플라톤은 "한 번도 이데아 세계를 본 경험이 없는 혼이 인간 안으로 들어오지는 않는다"[9]라고 했다.

그런데 플라톤 철학에서 이데아란 '불변하고 영원하며 단일

9 Platon, *Phaidros*, 249b.

한 실체'다. 그렇지만 플라톤이 반복해서 '온토스 온'*ontos on*, really real 곧 '참으로 있는 것'이라고 말하는 이것은 오늘날 우리가 '실체'實體라고 부르는 것과는 다르다. 즉 이데아는 그것의 있음을 감각적으로 경험할 수 있는 가시적可視的인 '사물'*res*과는 오히려 반대되는 것으로, 그것의 있음을 단지 정신적으로 인식할 수 있는 가지적可知的인 것이다.

플라톤에게는 예컨대 우리가 볼 수도 있고 만질 수도 있는 '꽃'은 참으로 있는 것이 아니고, '꽃의 이데아'만이 참으로 있는 것이다. 그렇다고 해서 만일 우리가 플라톤에게, 당신이 실제로 있지 않다고 주장하는 꽃이 우리에게는 현실적 꽃이라고 맞서서 논쟁하는 것은 어리석은 일이 될 것이다. 플라톤은 그러한 일이 철학자가 되기를 원하는 사람에게 있어서는 제거되어야만 할 기본적 환영幻影이라고 분명하게 말할 것이기 때문이다.[10]

플라톤에 의하면, 우리가 실제로 있다고 생각하는 꽃은 꽃의 이데아의 그림자에 불과하다. 그것은 단지 불변하고 영원하며 단일한 실체인 '꽃의 이데아'가 그 안에 들어 있기 때문에[11] 꽃으로서 존재하는 것이며 또한 꽃이라는 이름으로 불릴 뿐이다.[12] 이 말을 플라톤은 "만일 어떤 것이 아름답다면, 그것은 다름 아닌 '아름다움'이라는 이데아를 그것이 부분적으로 갖고 있기 때문이며, 모든 것이 다 이렇다"[13]라고 표현했다.

그러나 플라톤은 이데아가 사물들에 완전히 들어와 있지 않고

10 참조. 에티엔 질송, 『존재란 무엇인가』, 정은해 옮김(서광사, 1992), pp. 37-39.
11 플라톤은 이데아가 사물들에 '공동체를 이루고 있다' 또는 '거주하고 있다' '현존하고 있다' '지배하고 있다' 등으로 표현했다. 참조. Platon, *Phaidon*, 100-104.
12 참조. 같은 책, 103b.
13 같은 책, 100c.

단지 '부분적으로만 들어 있다'라고 했다. 곧 '많이 또는 적게' 분여分與, methexis[14]되어 있다는 것이다. 이 때문에 개개의 사물은 이데아와는 달리 완전하지도 않고 영원불변하지도 또한 단일하지도 않다.

꽃이 아름다운 것은 그 꽃에 '미'의 이데아가 들어 있기 때문이지만, 그것이 단지 부분적으로만 들어 있기 때문에 꽃의 아름다움은 완전하지도 않고 영원불변하지도 않다는 것이다. 또한 그 아름다움의 정도도 단일하지 않고 다양하다. 그것은 미의 이데아가 '많이 또는 적게' 곧 각각 다르게 들어 있기 때문이다. 만일 어떤 꽃이 다른 꽃보다 더 아름답다면 그것은 미의 이데아가 다른 꽃들보다 더 많이 들어 있기 때문이라는 말이다.

이렇듯 다양하며 생성·소멸·변화하는 감각세계 곧 우리가 사는 이 세계의 모든 것은 '참된 존재'도 아니고 한갓 이데아 세계의 그림자에 불과하며, 따라서 주마등走馬燈처럼 그저 무상한 것이다.

그렇다면 육체라는 지상의 캄캄한 감옥prigion oscura에 갇혀 덧없고 무상한 세계에 머물러야 하는 영혼이 자신의 존재에 대해 깊은 슬픔을 느끼고, 자신의 본향을 끊임없이 그리워하는 것은 너무도 당연한 일이다. 바로 이러한 그리움과 사랑을 플라톤은 그의 대화록『향연』Symposion에서 에로스Eros라고 규정했다.

『향연』에 보면, 소크라테스가 "선생님" "오, 비길 데 없이 현명한 디오티마여!"라는 칭호로 부르는 예언자 만티네이아 디오티마 Diotima of Mantinea가 소크라테스에게 에로스의 탄생과 본질에 대해

---

[14] 'Methexis'는 이데아 쪽에서는 개개의 사물에게 부분적으로 준 것이기 때문에 분여(分與)이고, 개별적 사물 쪽에서는 부분적으로 받은 것이기 때문에 분유(分有)가 된다. 그래서 이 이론을 분유이론(分有理論)이라고도 한다. 플라톤은 대화록『파르메니데스』(Parmenides)편 이후 이데아론을 더욱 심화시킨 분여이론(分與理論)을 전개한다.

알려 주는 장면이 나온다.¹⁵ 이를 요약하면 다음과 같다.

미의 여신 아프로디테가 탄생한 날에 신들이 성대한 잔치를 벌였을 때, 풍요의 신 포로스Poros가 신들의 음료인 넥타르를 마시고 취해 제우스의 뜰에 들어가 잠이 들었다. 그때 결핍의 여신 페니아Penia가 포로스의 아이를 갖고 싶어 그의 곁에 누워 에로스를 잉태했다. 그래서 에로스는 자기 안에 어머니의 결핍과 아버지의 풍요를 함께 지닌 중간자中間者, Methaxy이자, 언제나 결핍에서 풍요로 향하려는 동경과 연모를 가진 방랑자로 태어났다. 따라서 에로스의 본질은 무지함에서 지혜로움으로, 악함에서 선함으로, 추함에서 아름다움으로, 불행에서 행복으로 상승하려는 영혼의 날갯짓이다. 동시에 그는 가사자可死者를 불사자不死者로 승격시키는 영혼의 치료사다.¹⁶

거짓을 벗어나 참됨에, 악함을 벗어나 선함에, 추함을 벗어나 아름다움에 이르려는 열병적 연모를 가진 에로스는 언제나 대지를 침상으로 삼는 방랑객이면서도 빛나는 성좌 아래 모든 천상의 것을 갈구하는 자요, 생과 사를 연결하는 가교를 놓아 주고, 지상 세계에서 천상 세계로 상승할 수 있는 사다리를 놓아 주는 매개자인 동시에 안내자다. 그는 지상에서 천상으로, 순간에서 영원으로, 불완전에서 완전으로 향하는 "혼의 전향"periagoge과 "인생 항로의 변경"ton deuteron ploun을 이루는 힘이며,¹⁷ 상승적 창조자demiurgos다.

그러나 에로스는 또한 자기 자신과 그가 속한 세계를 단호히 부정否定하는 자이기도 하다. 왜냐하면 모든 상승이란 그가 지향하는 바를 부단히 긍정肯定하는 운동이지만, 동시에 그가 속했던 바를 끊임없이 부정하는 운동이기 때문이다. 즉 누구든 스스로 상승하고

---

15 참조. Platon, *Symposion*, 201d-212a.
16 참조. 같은 책, 203d-e.
17 Platon, *Politeia*, 518d.

자 하는 자, 곧 새로운 자신과 세계에 이르고자 하는 자는 우선 그 자신과 그가 속한 세계를 부정하고 떠나야만 한다.

*

에로스의 이러한 '자기 부정'과 '현세 부정'의 측면을 깊은 통찰력으로 들여다본 이가 플로티노스다. 그는 "고대의 대가(플라톤)와 너무 가까워서 플라톤이 다시금 살아난 기분을 자아내는 인물"[18] 또는 "잠 속에서까지 플라톤의 공리를 해석하는 것을 꿈꾸곤 하였다"[19]라고 이야기될 만큼 플라톤 사상에 충실했던 사람이다.

그러나 플라톤이 천상의 밝은 면(진리, 성함, 아름다움)을 올려다보고 있을 때, 플로티노스는 지상의 어두운 면(허위, 죄, 고통, 정욕, 갈등, 죽음, 슬픔)을 들여다보았다. 플라톤의 에로스가 풍요의 신인 아버지 포로스를 올려다보고 있을 때, 플로티노스의 에로스는 결핍의 신인 어머니 페니아를 내려다보고 있었다. 따라서 똑같이 에로스의 날갯짓에 의한 '상승에의 길'을 가려 할 때에도 플라톤의 길이 보다 참되고 밝은 곳으로 한 걸음이라도 더 나아가자는 '긍정의 길'positive way이었던 데 반해, 플로티노스의 길은 보다 거짓되고 어두운 곳에서 한 걸음이라도 더 벗어나자는 '부정의 길'negative way이었다.

'자기 부정'과 '현세 부정'은 '새로운 인간' '하나님 나라'를 소망하고 기원하는 기독교의 근본적 입장이자 동방 정교회 신학의 본질이고, 투르나이젠과 바르트가 주도한 변증법적 신학의 시원이며, 이 책에서 말하는 예언자 신학의 기초이기도 하다. 그러나 이러한 면을 신자들의 신앙생활로서 유독 강조하는 교파가 동방 정교회다. 이는 동방 정교회가 플로티노스의 신플라톤주의에 영향을 받은 신

---

18 Augustinus, *Contra Academicos*, III, xviii, 41.
19 Augustinus, *Civitate Dei*, XVIII, 18, 57-60.

학자들, 예컨대 위-디오니시우스Pseudo-Dionysius˚ 같은 사람들에 의해 개척된 부정 신학을 주축으로 하기 때문이다.

부정 신학의 주된 학적 방법이 '부정의 길'via negativa이다. 예를 들어 동방 정교회 신학자들이 신에 대해 말하고자 할 때, 이들은 신의 속성에 부합되지 않는 요소들을 하나하나 밝혀 감으로써 신의 본질에 이르고자 하는 방법을 사용한다. 즉 '하나님은 광폭하지 않다' '하나님은 이기적이지 않다' '하나님은 세상의 것에 탐욕을 내시지 않는다'와 같이 '광폭함' '이기심' '현세욕' 등 신에게 합당치 않은 요소들을 차례로 부정해 나가는 것이다.

위-디오니시우스는 이러한 방법을 "존재하고 있는 모든 것을 제거하거나 부정하는 일이며, 이는 마치 대리석 상을 조각하는 사람이…모든 장해물을 제거함으로써…숨겨진 아름다운 상을 나타내려는 것과 같다"[20]라고 설명했다. 이런 지속적인 제거 방법via remotionis에 의해서 신의 개념이 더욱더 '불가해한 암흑'tenebrae incognoscibitatis에 빠지게 되는 것은 불가피한 일이다. 하지만 이것이 오히려 신의 '초본질적' '초실제적' '초숭고적' 속성을 드러내는 데 합당하다는 것이다.[21]

부정 신학은 신자들의 신앙생활도 마찬가지로 세상적 탐욕을 하나씩 제거해 가는 '부정의 길'을 따르도록 한다. 그래야만 신을 향해 점점 더 가까이 상승해 갈 수 있다고 보기 때문이다. 이것이 동방 정교회에서 금욕과 명상, 자기 부정과 현세 부정이 중요한 역할

20 Pseudo-Dionysius, *Mystical Theology*, 3.
21 신플라톤주의자들이 신에 대해 언급할 때 사용하던 다른 한 가지 방법은 니콜라우스 쿠사누스(Nicolaus Cusanus)가 설파한 '대립의 일치'(*coincidentia oppositorum*)다(참조. *De Docta Ignorantia*, 1, 22-23). 쿠사누스는 예컨대 "부동(*immotus*)의 운동(*actus*)"이라든지, "하나(*uniformis*)인 모두(*omniformis*)"와 같이 서로 반대가 되는 개념이 어떻게 신에게 적용되는지를 설명한다.

을 담당하는 이유다. 즉 신의 개념에서 제거되어야 하는 모든 개념은 신자들의 삶에서도 마땅히 부정되어야 할 금기인 것이다.

부정 신학의 이러한 주장들을 이해하는 데 매우 유익하고도 흥미로운 이야기가 르네상스 시대의 위대한 조각가 미켈란젤로Buonarroti Michelangelo의 조각 방법이다. 미켈란젤로는 마르실리오 피치노Marsilio Ficino*를 중심으로 15세기부터 피렌체와 북부 이탈리아를 휩쓸었던 신플라톤주의에 심취되어 있었다.[22]

그 때문에 미켈란젤로는 진흙을 바르거나 청동을 부어 만드는 '첨가 방식'per via di porre으로 만들어진 여하한 것에도 조각이라는 이름을 붙이길 거부하고, "높은 산의 단단한 돌"petra alpestra e dura(미켈란젤로의 시에 자주 등장하는 표현)을 가져다 그것에서 원하는 형상에 합당하지 않은 부분들을 거듭 깎아 내어 만드는 '제거의 방식'per forza di levare만을 고집하는 "돌의 조각가"였다.[23]

미켈란젤로는 조각을 할 때마다 피렌체로부터 110킬로미터

---

[22] 1439년 피렌체의 산타마리아 대성당에서 동방 가톨릭교회와 서방 가톨릭교회의 통합을 위한 종교회의가 열렸다. 탁월한 은행가이자 정치가였던 코시모 데 메디치(Cosimo de' Medici)가 700여 명의 동방 정교회 신학자들을 초대해 이뤄졌는데, 이 회의에 참석한 동방 정교회 신학자들이 플라톤 철학에 관심이 컸던 코시모에게 정교회 신학의 토대를 이루는 그리스어 원전 43권을 선물했다. 여기에는 플라톤뿐 아니라 플로티노스, 프로클로스, 이암블리코스, 위-디오니시우스와 같은 신플라톤주의자—그들은 자신들을 '플라톤주의자'(platonici)라고 불렀다—들의 저술들이 포함되어 있었다.
코시모는 당시 최고의 플라톤 주석가이자 신학자인 마르실리오 피치노에게 그것들의 라틴어 번역을 맡겼다. 피치노는 코시모의 후원을 받아 피렌체 근교에 있는 아담한 별장에 '플라톤 아카데미'를 세워 플라톤과 신플라톤주의 저술들을 번역하고, 각계 사람들을 널리 모아 정기적인 모임을 열어 르네상스를 일으키는 일에 매진했다. 코시모 데 메디치도 직접 참석하는 이 비공식적인 '모임'(society)에 미켈란젤로는 그와 서로 장문의 서신을 주고받던 비토리아 콜론나(Vittoria Colonna)라는 당대의 유명 여성 시인과 함께 적극 참가했다. 이것이 그가 열렬한 신플라톤주의자가 된 동기다.
[23] 참조. 에르빈 파노프스키, 『도상해석학연구』, 이한순 옮김(시공사, 2002), p. 335.

정도 떨어진 카라라Carrara 채석장에서 운반해 온 새하얀 대리석을 사용했다. 삶을 육체 속에 갇힌 영혼을 자유롭게 해 주는 일로 간주했던 신플라톤주의의 열렬한 추종자답게, 그는 조각을 돌 속에 갇힌 형상eidos을 자유롭게 해 주는 일이라고 파악했다. 다비드상을 조각할 때도 미켈란젤로는 자기 앞에 놓인 거대한 돌덩어리에서 다윗의 형상에 적합하지 않은 부분을 모두 제거함으로써 그 안에 갇혔던 자유와 용기의 상징이 드러나게 하는 식으로 작업했다. 조각이란 단순히 자연을 모방하거나 재현하는 것이 아니고 '이상idea으로 존재하는 형상'을 물질이라는 '캄캄한 감옥'prigion oscura의 구속으로부터 자유롭게 해 주는 것, 원래 상태로 되돌리는 것, 곧 '물질 속에 존재하는 정신'을 되살리는 작업이라는 것이 신플라톤주의에 의해 다져진 그의 신념이었다.

흥미로운 것은 타르콥스키가 가졌던 영화 예술론 역시 이와 같은 종류였다는 점이다. 그는 영화 예술의 본질은 '시간을 빚어내는 것'인데, 그 방법은 다음과 같다고 주장했다.

> 마치 조각가가 자신의 마음의 눈으로 자신이 만들어 낼 조각품의 윤곽을 보고 이에 걸맞게 대리석 덩어리의 모든 필요 없는 부분을 쪼아 내 버리는 것과 흡사하게, 영화 예술가 역시 삶의 사실들로 이루어진 거대하고 정리되지 않은 혼합물들 속에서 모든 불필요한 것들을 제거하고 자신이 만들어 낼 영화의 요소가 되고 예술적인 전체 형상의 없어서는 안 될 모든 순간만을 남겨 두는 것이다.[24]

---

24 안드레이 타르콥스키, 『봉인된 시간』, p. 80.

바로 이것이다. 본질만을 남겨 두고 모두 제거하는 것, 이것이 플로티노스가, 위-디오니시우스가, 그리고 미켈란젤로가 걸었던 부정의 길이자, 그들이 전개했던 제거의 방식이다. 동방 정교회의 핵심인 부정 신학이 가진 이러한 특성들은 영화 〈노스탤지어〉뿐만 아니라 타르콥스키의 다른 영화 모두를 이해하는 데 매우 중요하다. 타르콥스키도 역시 동방 정교회의 일파인 러시아 정교회에 깊은 영향을 받았기 때문이다.

무엇보다도 타르콥스키가 자신의 영화들에서 표현하고자 했던 인물들은 모두 하나같이 애써 '부정의 길' '제거의 길'을 가고자 하는 영혼을 가진 자들이다. 즉 이들은 '자기 부정'과 '현세 부정'을 통해 "삶의 여정 속에서 최소한 정신적으로 조금이나마 고상한 차원으로 상승"하려는 에로스를 가진 인간이다. 이에 대해 타르콥스키는 다음과 같이 말했다.

〈향수〉에서 내가 하고자 한 것은 '연약한' 인간이라는 나의 주제를 계속 파고드는 작업이었다. 외적으로는 전혀 투사적인 면모가 없는 연약한 인간, 그럼에도 불구하고 내게는 삶의 승리자라고 생각되는 인간에 대한 탐구, 그것이 나의 주제였다. 이미 작품 〈안내인〉에서도 안내인은 독백을 통해서 연약함이야말로 삶의 유일하고 진정한 가치이며 희망이라고 변호하고 있다. 나는 실용적인 현실에 적응할 수 없는 인간들에 대해서 갈수록 연민의 정을 느끼고 있다.…인간의 심성 중에 나의 관심을 끄는 것은 무엇보다도 보다 더 가치 있고 고상한 일에 종사하고자 하는 자세와, 속물적인 소시민적 도덕성과의 타협을 거부하는 속성, 아니 타협할 줄 모르는 천성이다. 내가 관심을 기울이는 인간은, 사악한 것들과의 투쟁 속에 삶의 의미를 부여하는 인간이며, 삶의 여정 속에서 최소한 정신적으로 조금이나마 고상한 차원으로 상승하는 인간이다. 왜냐하면 정신적 완성에 대응하는 유일한 대안이란 우리들의 일상적 삶과 생활에의 적응 과정이 추구하는 것으로 여겨지는, 정신의 퇴화를 의미하기 때문이다.[25]

바로 이것이 '타르콥스키적 인물'의 본질이다! 그 때문에 영화 〈노스탤지어〉의 주인공 고르챠코프도 역시 "자기 자신과 세계로의 심각한 모순에 빠져 있고, 현실과 바람직한 조화 사이의 균형을 이룰 능력이 없는 인간"이다. 그리고 "총체적인 인간 존재에 대한 근원적인 슬픔에서 우러나오는 그런 향수"를 가진 인간이다.

이러한 향수鄕愁를 통해서 '타르콥스키적 인물'들은 "보다 더 가치 있고 고상한 일에 종사하고자 하는 자세와, 속물적인 소시민적 도덕성과의 타협을 거부하는 속성, 아니 타협할 줄 모르는 천성"을 갖게 되며 "사악한 것들과의 투쟁 속에 삶의 의미를 부여하는 인간" "삶의 여정 속에서 최소한 정신적으로 조금이나마 고상한 차원으로 상승하는 인간"이 된다. 하지만 바로 그 때문에 "실용적인 현실에 적응할 수 없는 인간"이 되는 것이다.

우리는 여기에서 비로소 타르콥스키 작품의 주인공들이 가진 '이유 모를 심각성'과 '끝 간 데 없는 우울성' '근원 없는 불안' '무용한 자기비판' '결핍된 현실성' 등을 이해할 수 있다.

타르콥스키는 다음과 같이 말했다.

인간이 소유하고 있는 것 중에서 가장 중요한 것은 안락한 생활 속에 자신의 삶을 좀먹도록 방치하지 않는, 항상 깨어 있는 불안

---

25 같은 책, pp. 264-266.

한 양심인 것이다. 고르챠코프의 성격 중에서 나는 다시 한번 러시아 지성인들의 이 가장 훌륭하면서도 특수한 측면, 이미 고유한 전통이 되어 버린 러시아 지성인의 심성을 강조하고자 했었다. 이 러시아 지성인 특유의 심성은 강한 책임감에 사로잡혀 있으며, 자신의 만족이라는 것을 멀리하며, 이 세상의 불행한 사람들에 대하여 동정심에 가득 차 있으며, 믿음과 자비 그리고 이상을 올곧게 추구하는 성품인 것이다.[26]

연모는 먼저 가혹한 괴로움

영화 〈노스탤지어〉는, 18세기에 실존했으며 이탈리아에서 유학했던 러시아 노예 출신 작곡가 파벨 소스놉스키[27]에 대한 오페라 각본을 쓰기 위해 자료를 수집하러 이탈리아에 온 러시아 시인 고르챠

---

26   같은 책, pp. 265-266.
27   타르콥스키는 그가 로마에 머물며 영화 〈노스탤지어〉의 시나리오를 쓰고 있던 1980년 5월 27일자 일기에, 18세기에 이탈리아에서 유학했던 노예 신분의 러시아 작곡가에 대해 다음과 같이 썼다.
"노예 신분이었던 작곡가에 관해 알아낸 사실은 다음과 같다. 그의 이름은 막심 사손토비치 베르요소프스키이며 1745년 10월 16일 글루초프에서 태어났다. 1765년 그는 이탈리아의 볼로냐 뮤직 아카데미로 유학을 왔고, 모차르트의 스승이기도 했던 타르티니에게서 사사했다.…그는 리보르노 오페라를 위해 메타스타지오 원작인 "데모폰"(Demofon)을 작곡하였다. 그는 수많은 아름다운 음악작품을 작곡하였으며 이탈리아에서 대단히 유명한 작곡가라는 명성을 얻었다.
1774년 그는 포춈킨[포템킨]의 요청으로 러시아로 귀국했으며 포춈킨은 그에게 뮤직 아카데미를 크레멘츄크에 창설할 것을 제안했다. 그는 라스모프스키 백작의 노예인 한 여배우를 사랑하게 되었고, 이를 알게 된 백작은 그 여배우를 능욕한 후 자신의 영지가 있는 시베리아로 쫓아 버렸다. 베르요소프스키는 그 후 페테르부르그로 가서 술로 세월을 보냈으며 1777년 사망했다"(안드레이 타르콥스키, 『타르콥스키의 순교일기』, p. 222). 여기에 나오는 막심 사손토비치 베르요솝스키가 영화 〈노스탤지어〉에 나오는 파벨 소스놉스키의 모델일 가능성이 높다.

코프를 중심으로 전개된다. 이들의 공통점은 우선 두 사람 모두가 고향 러시아에 대한 향수를 갖고 있다는 점이다. 더 나아가, 그것을 매개로 하여 보다 근원적인 향수 곧 '영혼의 본향에 대한 향수'를 함께 갖고 있다는 것이다.

    타르콥스키는 두 사람 사이의 이러한 공통점이 시나리오를 쓰는 과정에서 우연히 얻어진 것이 아니라 자신의 의도였음을 『봉인된 시간』에서 분명히 밝히고 있다.[28] 그는 고르챠코프가 느끼는 것을 통해 약 200년 전에 작곡가 소스놉스키가 이방인으로서 느꼈던 모든 것을 의역적意譯的으로 보여 주려 했다고 한다.

    영화에 나타난 작곡가 파벨 소스놉스키는 그의 재능을 높이 평가한 주인의 후원으로 이탈리아에 유학을 가서 대단한 성공을 거두었지만, 그럼에도 불구하고 향수를 못 이기고 비참한 노예 신분으로 되돌아 갈 고향 러시아에 돌아가 목을 매어 자살한 사람이다. 이 때문에 그에 대한 오페라 각본을 쓰기 위해 취재하는 시인 고르챠코프가 불가피하게 알아내어야 할 것은, 왜 소스놉스키는 자유롭고도 성공적이었던 이탈리아를 떠나 억압되었었고 비참했었던 러시아로 돌아가야만 할 만큼 고향에 대한 향수에 시달렸으며, 또 소원대로 돌아간 고향에서는 목을 매어 자살할 만큼 불행해야 했던가다.

    타르콥스키는 이 두 가지 문제를 시인 고르챠코프가 작곡가 소스놉스키의 족적을 따라가면서 이탈리아에서 느끼는 것들, 곧 "이방인으로서 고통스럽게 느꼈던 것, 일정한 거리감을 지닌 채 자신에게 낯선 삶을 관찰했던 것 그리고 과거에의 회상, 가깝게 지냈던 얼굴들에 대한 회상, 고향 집의 소리와 체취에 대한 회상" 등을

---

28   참조. 안드레이 타르콥스키, 『봉인된 시간』, p. 259.

통해 설명해 나간다.

시인 고르챠코프와 작곡가 소스높스키, 이 두 사람이 이탈리아에 와서 처음 느꼈던 감정은 고향 러시아에 대한 참을 수 없는 향수였다. 하지만 그들은 이내 이국적이고 새로운 나라에 강하게 끌려 들어가는 자신에게 놀라게 된다. 그리고 이 두 가지 감정을 자신 안에서 연결시키려고 노력하지만, 그럴 수 없음에 깊은 절망에 빠지고 만다.

사소해 보이지만, 두 사람이 겪은 이러한 심리적 과정을 이해하는 것은 영화 〈노스탤지어〉를 이해하는 데 매우 중요한 역할을 담당한다. 왜냐하면 이것이 곧 작곡가 소스높스키가 러시아로 다시 돌아가야만 했던 이유이자 스스로 목숨을 끊었던 이유이고, 시인 고르챠코프가 러시아로 돌아가기를 미루고 이탈리아에서 죽음을 맞는 까닭이기 때문이다.

이에 대해 타르콥스키는 다음과 같이 말했다.

이 영화는…그런 정상적인 궤도에서 완전히 벗어난 한 러시아인에 관한 영화이며, 그가 받은 인상에 관한 영화이다. 그러나 슬프게도 그는 자신이 받은 인상을 가깝게 지내는 사람들에게 토로할 수가 없었으며, 불행하게도 자신의 새로운 경험을, 자신의 생의 마지막 순간까지 의지했던 과거와 연결시킬 수 없었다. 나 자신도 이와 견줄 만한 경험을 한 적이 있다: 내가 오랫동안 집을 떠나 있을 때 그리고 나를 매료시켰던 딴 세계와 딴 문화를 접하고 있을 때 나는 이 이국적인 것들에게 거의 무의식적이고 절망적이리만치 빠져들어 갔었으며, 이는 마치 짝사랑의 경우와 흡사했다. 이 같은 현상은 이해할 수 없는 것을 이해하고, 통일할 수 없는 것을 통일하는 것처럼 불가능했던 현상이었다.[29]

이 글에 의하면, 작곡가 소스놉스키, 시인 고르챠코프뿐만 아니라 타르콥스키 자신마저도 고향과 이국이라는 서로 이질적인 두 세계에 함께 빠져 이 둘을 연결시키려는 욕망을 가졌었는데, 그것을 이룰 수 없음에서 오는 고통을 절망적으로 체험했음을 알 수 있다.

그래서 타르콥스키는 영화 〈노스탤지어〉에서 주인공 고르챠코프의 꿈과 환상을 통해 우선 이러한 욕망을 영상화시키고 있다. 특히 영화의 초반과 마지막에 나오는 고르챠코프의 꿈과 환시幻視가 그것들이다.

고르챠코프는 영화 초반에서는 통역 겸 가이드이며 육감적 매력을 가진 이탈리아 여성 유제니아와 자신의 아내 마리아의 영상을 떠올리고 두 사람이 포옹하는 꿈을 꾼다. 그리고 마지막에는 이탈리아 토스카나 성당을 배경으로 러시아 시골의 고향 집이 합성되어 떠오르는 환상을 본다.

그러나 이질적인 두 세계를 연결시키고 싶은 주인공의 욕망이 꿈과 환시로 나타났다는 사실은 그 욕망의 강렬함뿐 아니라 그것의 현실적 불가능성을 동시에 뜻한다. 바로 이 '욕망의 강렬함'과 이 '현실적 불가능성' 때문에 작곡가 소스놉스키가, 시인 고르챠코프가 그리고 타르콥스키가 고통하고 절망하는 것이다.

그래서 이제 우리가 영화 〈노스탤지어〉를 이해하기 위해 알아야 할 것은, 고르챠코프가 어떻게 이질적인 두 대상(유제니아와 마리아, 이탈리아와 고향 러시아) 모두에 대해 "거의 무의식적이고 절망적이리만치" 쉽게 그리고 깊숙이 빠져들어 갈 수 있는가이고, 또한 이 일의 현실적 불가능성이 왜 그의 죽음으로 연결되어야만 하는가다. 그리고 우리는 이에 대한 이해를 플라톤 철학에서 얻을 수 있다.

---

29 같은 책, p. 258.

*

앞에서 이미 살펴본 바와 같이 플라톤은, 모든 사물은 그것에 부분적으로 들어 있는 分與 이데아를 통해 그것으로서 존재하고 또한 그것으로 불린다고 했다. 예컨대 꽃은 꽃의 이데아를 통해 꽃으로서 존재하고 꽃으로 불린다는 것이다.

하지만 우리가 어떻게 한 번도 본 적이 없는 '꽃의 이데아'를 알아보고 그것이 들어 있는 사물을 꽃으로 인식하며 또한 꽃이라고 부를 수 있을까? 이에 대해 플라톤은 우리의 영혼이 출생 이전에 이미 이데아의 세계에 있으면서[30] 영원불변하는 실체인 이데아들에 대한 인식을 이미 지니고 있었는데, 출생 때 망각의 여신 '레테'가 떠 올린 망각의 강물을 마심으로써 그것을 망각했다고 한다. 그렇지만 우리가 감각적 사물을 지각함에 있어서, 각각의 사물들 안에 부분적으로 들어 있는 이데아들을 지각하면 잊었던 이데아를 재기억想起, anamnesis해 낸다고 한다.[31] 예를 들면, 우리는 둥근 사물을 보고 잊었던 원의 이데아를 다시 기억해 내어 그것이 둥글다는 것을 인식한다는 것이다. 그래서 이 이론을 플라톤의 '상기설'이라 한다.

영화 〈노스탤지어〉에서의 고르챠코프처럼, 우리가 어떤 사람이나 문화 같은 미적 대상에 대한 사랑에 빠져드는 과정도 이와 같은 방법으로 설명된다. 그 탄생부터 미의 여신 아프로디테와 연관되어 있는 에로스는 우선 지각할 수 있는 물질적 대상의 아름다움에 의해 나타난다. 예컨대 아름다운 여인의 모습에서 나오는 미의 입자 때문에 사랑에 빠진 자는 마치 오한이 일어난 뒤에 나타나는 현상이 그를 엄습해 오듯 이상한 열기와 광기를 느끼게 된다. 그는

---

30 참조. Platon, *Phaidon*, 249b.
31 참조. 같은 책, 75e.

여인의 모습에 경외의 눈길을 보내면서 그녀에 대한 생각에 휩싸인다. 그렇지만 이러한 육체의 발열은 아름다운 여인으로부터 흘러나오는 '미의 유출' 때문에 일어나는 현상으로서, 이때 미의 흐름이 동반한 열이 양분이 되어 사랑의 날개를 싹트게 한다.[32]

이때 그 사람의 혼은 '미의 입자'의 방사 때문에 생긴 '사랑의 정념'에 의해 환희로 충만하게 된다.[33] 그리고 "연인을 자신의 지고한 신으로 여기면서 숭배와 경배를 보낼 목적으로 소위 자기의 성상聖像을 만들어 그것을 사랑한다."[34] 사실은 '미의 입자'는 그 여인의 얼굴이나 신체에서 나오는 것이 아니라, 그 여인을 매개로 하여 재기억되는 '미의 이데아'에서 나온 것이다. 플라톤은 이를 "그의 혼이 나래를 펴 천공으로 솟아올라 천공의 바깥, 천구를 넘어선 장소_hyperouranios topos_"[35]에서 "변치 않고 영원히 존재하는 미의 이데아"_he tou Kalous physis_[36]를 여인의 모습을 통해 재기억해 낸다고 표현했다.[37]

이를 통해 보면, 영화 〈노스탤지어〉에서 주인공 고르챠코프가 이탈리아 여성 유제니아를 통해 그의 아내 마리아를 기억해 내고, 이 둘을 매개로 하여 "변치 않고 영원히 존재하는" 여성성, 사랑과 같은 이데아를 재기억해 냈으며, 그에 이르려는 강렬한 욕망_Eros_에 빠져들었다는 것을 이해할 수 있다. 바로 이것이 사실상 고르챠코프가 유제니아에게 갖는 호감의 정체이며, 호감을 갖고 있음에도 불구하고 그녀의 끈질긴 유혹을 거절하는 까닭이고, 그녀와 자신의

---

32 참조. Platon, *Phaidros*, 251b.
33 참조. 같은 책, 251c.
34 같은 책, 252d-e.
35 같은 책, 247c.
36 같은 책, 254b.
37 참조. 같은 책, 275a.

아내가 서로 포옹하여 하나가 되는 환상을 갖는 이유다.

마지막에 토스카나 성당을 배경으로 하여 러시아 시골의 고향 집이 합성되어 떠오르는 장면도 역시 마찬가지다. 이 장면이 의미하는 바는, 주인공 고르챠코프가 토스카나 성당을 통해 그의 고향 러시아의 시골집을 기억해 내고, 그러나 궁극적으로는 이러한 것들을 매개로 본향의 이데아(안식, 평온 등)를 재기억해 냈으며, 그에 이르려는 강렬한 욕망Eros인 향수에 빠져들었다는 것이다.

그리고 바로 이것이 작곡가 소스놉스키, 시인 고르챠코프, 그리고 타르콥스키가 이탈리아에 호감을 갖는 이유이며, 그럼에도 불구하고 그들의 고향 러시아로 돌아가려는 까닭이고, 궁극적으로는 토스카나 성당과 러시아 시골 고향 집을 매개로 재기억되는 영원한 본향本鄕으로 되돌아가려는 욕망을 갖는 이유다.

그렇지만 '본향에 대한 향수'란 현실적으로는 '죽음에 대한 그리움'이다. 이 때문에 이들 모두 기꺼이 현실세계를 떠나려 하는 것이다. 이러한 의미에서 플라톤의 에로스Eros는 언제나 타나토스Thanatos 곧 '죽음'과 만난다. ('삶의 본능'과 '죽음의 본능'을 대립하는 것으로 규정하면서도 궁극적으로는 '삶의 본능'이 '죽음의 본능'에 복종하는 프로이트 정신분석학의 시원을 여기에서 볼 수 있다.[38])

---

38 프로이트는 에로스를 "자기 보존 본능, 종족 보존의 본능, 자기애, 대상애 등을 모두 내포하고 있고, 항상 보다 큰 통일을 만들어 내어 그것을 유지하려고 하는 충동이다"[지크문트 프로이트, 『문화의 불안』, 김종호 옮김(박영사, 1978), p. 117]라고 정의했다. 이에 대립하는 타나토스 "즉 파괴적 본능은, 쾌락의 원칙의 피안에 비로소 나타난 사변적 개념인데, 결합을 해체하고 사물을 파괴하려고 하는 충동이다"(같은 책, p. 114)라고 정의했다. 그 때문에 일반적으로 에로스는 '삶을 향하는 본능'이고 타나토스는 '죽음을 향하는 본능'이라고 부른다. 그런데 인간의 내면에는 이 두 가지 기본적 본능들이 서로 대립하고 있어서, 때로는 에로스가 타나토스를 지배함으로써 삶에로 상승하고, 때로는 타나토스가 에로스를 지배하며 죽음에로 하강하게 된다는 것이다. 그러나 특이한 것은 프로이트가 이 본능들의 대립보다는 이들의 공통된 특성을 줄기차게 강조한 점이다. 에로스는 부단히 타나토스를

르네상스 시대의 저명한 플라톤 해석가이자 플라톤 전집을 최초로 번역하였던 마르실리오 피치노도 이러한 의미에서 "연모戀慕, amor는 먼저 가혹한 괴로움이다" "연모자는 그 누구든 이미 죽어 가고 있다"moritur quis queamat "연모자는 이미 죽은 자다"motuus est amator라고 '플라톤적 연모', 곧 '이데아에 대한 사랑'과 '죽음'과의 관계를 시적으로 표현했다.[39] 본향 곧 이데아의 세계를 사랑하는 자는 언제나 현실을 떠나려는 자이고 이미 죽어 가는 자다. 철학을 가리켜 '죽음의 연습'melete thanaou[40]이라고 하는 것도 이 때문이다.

작곡가 소스높스키는 러시아로 돌아가 목을 맴으로써, 시인 고르챠코프는 이탈리아에서 심장발작으로, 그리고 타르콥스키는 프랑스 파리의 병원에서 암으로 죽었지만, 이들은 모두가 본향에 대한 향수nostalghia 때문에 '언제나 낯설고 그리도 슬픈' 이 실용적 세상을 떠나 그렇게나 그리던 '영혼의 본향'으로 돌아간 것이다.

이로써 우리는 이제 전혀 새로운 관점에서 영화 〈노스탤지어〉를 정리해 볼 수 있게 되었다.

극복하고 그것에 의한 죽음으로의 하강을 방해하고 지연시키지만, 삶이란 죽음에 이르는 긴 우회로에 불과하기에 온갖 저항에도 불구하고 에로스는 결국 타나토스에 봉사하는 활동이라는 것이 프로이트의 관점이다. 참조. S. Freud, *Beyond the Pleasure Principle* (Liveright Publishing Corporation, 1950), pp. 50-51. 『쾌락원리의 저편』(지만지).

39 Marsilio Ficino, *Convito*, VIII. 플라톤의 『향연』에 대한 피치노의 주석은 『향연』과 구분하기 위해 보통 『피치노의 향연』이라 부른다. 이 책은 카레지에 있는 메디치 별장의 위풍당당한 한 방에서 플라톤의 생일이자 기일이라고 주장하는 11월 7일, '플라톤 가문'의 아홉 사람이 모여 플라톤의 『향연』을 재현하는 방식으로 전개된다.

40 참조. Platon, *Phaidon*, 81a.

행복해지고 싶은가 보죠? 행복보다 더 소중한 것이 있는데…

영화는 고르챠코프가 유제니아와 "출산의 성모"(파르토의 마돈나)를 보러 간 여행에서 시작한다. 유제니아는 성적 매력을 가진 육감적 여성으로, 이 영화에서 현실적·실용적·세속적 행복을 추구하는 인간의 상징이다. 이것은 그녀가 소원이나 희망을 이루려면 "출산의 성모" 앞에서 무릎을 꿇고 기도하라는 사제의 권고를 듣지 않는 모습으로 표현된다.

이에 사제는 유제니아에게 "행복해지고 싶은가 보죠? 행복보다 더 소중한 것이 있는데…"라고 권고하는데, 이는 타르콥스키가 주인공 고르챠코프를 통해 이 작품이 추구하는 바가 세속적 행복이 아니라 그보다 더 중요하고 본질적인 것, 곧 '영혼이 본향으로 돌아가는 것', 또는 '구원'이라는 것을 암시하는 복선이다. 이에 대해 그는 다음과 같이 말했다.

> 러시아에서는 작가 코로렝코[코롤렌코]를 즐겨 인용하는데, 그에 의하면 '새가 날기 위하여 태어나듯이 인간은 행복을 위하여 태어났다'고 한다. 이 같은 주장처럼 인간 존재의 본질을 멀리 비켜 가는 주장은 없다고 생각된다. 행복이라는 개념이 도대체 무엇을 의미하는가에 대하여 나는 전혀 감을 잡지 못하고 있다. 만족을 의미하는가? 조화를 의미하는가? 인간은 항상 불만에 가득 차 있는 것이며, 궁극적으로 어떤 구체적이고 실현할 수 있는 과제의 해결을 얻으려 노력하는 것이 아니라, 무한한 것을 추구하는 것이다.…행복을 느끼는 것보다 훨씬 더 중요한 것은 진정으로 신성한 자유를 위한 투쟁에서 인간의 영혼을 강화시

키는 일이다.[41]

"출산의 성모"의 치마폭에서 비둘기들이 날아가고, 고르챠코프는 떨어지는 새 깃털을 주우며 고향 집의 환영을 떠올린다.

호텔에 돌아와, 책을 돌려주러 왔다며 그의 방에 온 유제니아의 유혹을 물리치고 고르챠코프는 유제니아와 아내 마리아의 포옹과 임신한 아내를 꿈꾼다. 이것은 ─ 앞에서 고찰한 대로 ─ 고르챠코프가 육감적인 유제니아에게 느끼는 감정은 곧 그의 아내 마리아로 연결되고, 이들을 통해 궁극적으로는 본향에 대한 향수로 이어진다는 점을 표현한 것이다. 그 때문에 그는 유제니아의 육체 자체에 대해서는 전혀 관심이 없다.

이러한 고르챠코프를 이해하지 못하는 유제니아는 다음 날에도 그의 방에 와서 그를 다시 유혹한다. 하지만 그가 응하지 않자, 고르챠코프가 주어진 자유를 누리지 못하는 것과 그 때문에 비참해진 자신에게 화가 난 나머지 그를 모욕하고 비난한다.

"언제까지 두려워할 거예요. 열등감에 사로잡혀 자유로워지지도 못하고…그렇게도 자유를 갈구하던 사람이 말예요.…지금은 주어진 자유도 감당하지 못하잖아요. 자유가 뭔지도 모르죠.…적당히 해 둬요.…자유는 이 나라에서는 공기 같아요."

이에 대해 고르챠코프는 단지 "미쳤군"이라고 한마디로 대응하지만, 타르콥스키는 '인간의 자유'에 대한 보다 자세한 설명을 『봉인된 시간』에 서술해 놓았다.

비극적인 것은 다만 우리들이 진정하게 자유로운 상태를 전혀

---

41 안드레이 타르콥스키, 『봉인된 시간』, pp. 280-282.

이해하지 못하고 있다는 점이다: 우리들은 다른 사람들이 대가를 치러야만 하는 자유를 요구하면서 다른 사람을 위하여는 한 발짝도 물러설 각오가 되어 있지 않다. 왜냐하면 자신이 물러섬에 따라 자신의 개인적 권리와 자유가 침해당한다고 생각하기 때문이다.…그러나 자유란 바로 이 이기주의 속에 있는 것이 아니다. 자유란 그보다는 우리들이 삶이나 혹은 우리들의 이웃들에게 무엇을 요구할 것이 아니라, 오직 우리들 자신에게 무엇인가 요구하여야 한다는 사실을 끝없이 배워야만 한다는 것을 의미한다 — 그것은 사랑의 이름으로 희생하는 것이다.

…서구 민주주의의 조건 속에서도 인간의 고독과 영적인 속성의 결핍이라는 문제는 남아 있다. 내게는 마치 현대인은 분명히 매우 중요한 정치적 자유를 획득하기 위한 투쟁 속에서 시대를 불문하고 인간이 누렸던 예의 자유를 망각한 것처럼 생각된다. 즉, 스스로를 자신이 속한 시대와 사회를 위해 희생시킬 자유 말이다.

지금까지 만든 작품 속에서 나는 항상 인간이 그들의 이웃인 다른 인간들에게 얽매여 있다는 사실, 즉 자유롭지 못하다는 사실에도 불구하고 자신의 '내적' 자유를 지킬 줄 알았었던 인간들에 관하여 이야기하고자 했다.[42]

타르콥스키에게 자유란 자신의 쾌락을 위한 이기적인 것이 아니고 오히려 자기희생적인 것이며, 정치적인 것이 아니고 오히려 윤리적인 것이다. 이것은 그가 추구하는 것이 행복해지는 것이 아니고, "행복을 느끼는 것보다 훨씬 더 중요한 것" "진정으로 신성한

---

42 같은 책, p. 231.

자유를 위한 투쟁에서 인간의 영혼을 강화시키는 일"인 것과 연관되어 있다.

따라서 고르챠코프에게 있어서 유제니아가 제공하려는 육체적 쾌락을 즐기거나 그녀와 사랑에 빠지는 자유는 단지 "미친 짓"일 뿐이다. 이것을 타르콥스키는 그다음 장면인 온천장 호수에서 어린 소녀 안젤라와 고르챠코프가 나누는 대화 중 '늪에 빠진 사람을 구해 준 어떤 사람'에 대한 이야기에서 상징적으로 표현하고 있다. 즉 어떤 사람이 늪에 빠진 사내를 천신만고 끝에 구해 주었는데, 구출된 사내가 왜 자기를 늪에서 꺼냈냐고 물으면서 "바보, 난 저곳에 산단 말야"라고 화를 내더라는 것이다.

유제니아가 고르챠코프에게 내는 화 또는 고르챠코프가 유제니아에게 내는 화가 바로 이런 오해에서 비롯된 것이다. 이에 고르챠코프는 "축제 때 나는 타 버린 양초라네.…기쁨의 잔을 들고 어찌 편하게 죽을 수 있을까? 잠시 머물고 가는 지붕 아래서 다시 불탈 수 있을까?"라는 시를 떠올리고, 유제니아는 결국 로마로 떠나 버린다.

*

영화 〈노스탤지어〉에서 유제니아가 말하는 자유와 다른 자유, 곧 '이기적이 아닌 자기희생적 자유' '정치적이 아닌 윤리적 자유'를 적극적으로 실현하는 역할을 맡은 인물이 이탈리아인 도메니코다. 그는 과거에 수학 교사였고, 세상의 종말을 기다리며 7년간이나 가족과 함께 숨어 살았다. 그것이 알려져 경찰들이 가족들을 끌어낸 이후, 이제는 '미치광이'로 혼자 산다. 그러면서도 그는 이 세계의 파멸적 상태를 경고함으로써 세계를 구하려고 한다.

도메니코와 고르챠코프 두 사람 모두 본향에의 향수를 갖고 현실적 삶에 적응하지 못하는, 그러면서도 끊임없이 '내적 자유'를 추구하는 인간이지만, "고르챠코프가 그저 [현세적] 삶의 불완전성에 관하여 사색하는 정도에 머무른 반면 도메니코는 그에 대한 반응을 보이고 단호하게 행동할 권리를 사용한"[43] 인물이다. 그는 "스스로를 자신이 속한 시대와 사회를 위해 희생시킬 자유"를 가진 인간으로서 타르콥스키가 의미하는바 – 또는 러시아 정교회적 의미에서 – 진정으로 자유로운 인간이다.

도메니코는 고르챠코프에게 세상을 구하기 위한 어떤 일을 "담배 피우는 것보다 더 중요한" 일이라면서 맡기는데, 그것은 성 카타리나 온천장을 가로질러 촛불을 옮기는 것이다. 이 말도 안 되는 제안을 고르챠코프는 처음에는 거절하지만 이윽고 수락한다. 그럼으로써 "고르챠코프는 도메니코와 연대하게 되며, 도메니코를 한낱 가련한 '미치광이'로 취급하는 배부르고 이기적인 사람들의 '보편적 생각'으로부터 그를 보호해야 할 내적 필연성을 감지하게 된다."[44]

이 일이 고르챠코프의 내면 상태와 연관하여 갖는 중요한 의미는 그가 도메니코를 통해 '개별적 차원'에서가 아니라 '보편적 차원'에서의 구원이라는 새로운 길로 발을 들여놓게 된다는 것이다. 그동안 고르챠코프가 매달렸던 것은 단지 자기 자신의 구원 문제였던 데 반해, 도메니코는 세계 구원의 문제에 골몰하고 있기 때문이다. 타르콥스키의 말대로, 깊은 고통을 거쳐 형성된 도메니코의 신념은 현대 문명의 광기와 냉혹함으로부터 인간을 개별적 차원이 아니라 보편적 차원에서 구원할 것을 지향하고 있었기 때문이다.[45]

이로써 영화 〈노스탤지어〉는 개인 구원뿐만 아니라 세계 구원

43　같은 책, p. 263.
44　같은 책, p. 263.
45　참조. 같은 책, p. 262.

의 문제까지도 다루게 되어, 주제가 분산되는 흠집을 남기게 된다. 그러나 이 두 주제는 타르콥스키의 모든 영화에 깔린 근본적 문제로서 그가 평생을 통해 추구하던 것들이다.

타르콥스키는 고르챠코프 내면의 이러한 변화를, 그가 꿈에서 텅 빈 거리를 걷다가 거울로 된 문 앞에 서자 그 거울에 그의 얼굴 대신 도메니코의 얼굴이 비쳐 보이는 것으로 영상화시키고 있다. 이에 고르챠코프의 갈등이 더욱 심화되는데, 이것은 이어지는 고르챠코프의 꿈에서 신과 나누는 대화에 표현되고 있다.

"주여, 이토록 원하고 있습니다. 뭐라 말 좀 해 주세요."
"내 소릴 들어 어쩌자는 거냐?"
"적어도 존재를 느끼게만이라도…."
"언제나 느끼게 하고 있다. 너희가 알지 못할 뿐이지…."

하지만 자기를 희생하며 행동하는 인간인 도메니코와는 달리 그저 사색하는 인물인 고르챠코프는 도메니코가 부탁한 일을 포기하고 결국 고향으로 돌아가기로 작정한다. 그가 막 호텔을 떠나려고 하는데, 유제니아로부터 전화가 온다. 그녀가 재력가인 애인과 인도로 떠난다는 것과 도메니코가 매일 성당 앞 광장에서 세계의 파멸에 대한 경고의 메시지를 연설하고 있다는 소식이다.

소식을 들은 고르챠코프는 마음을 돌려 성 카타리나 온천장으로 가서 촛불을 옮기기 시작한다.

로마 성당 앞 광장에서는 마르쿠스 아우렐리우스 동상 위에 올라 외치던 도메니코가 몸에 기름을 붓고 불을 붙여 분신을 한다. 그리고 베토벤의 "환희의 송가"가 울리는데…같은 때, 온천장에서 촛불을 옮기던 고르챠코프는 두 차례의 실패 끝에 드디어 성공하지만 심장 발작으로 쓰러지고 만다.

이때 떠오르는 화면이-그 유명한-이탈리아 토스카나 성당을 배경으로 러시아 시골 농가 풍경이 등장하고 그 안에 유제니아와 고르챠코프의 아내 마리아 그리고 가족들이 함께 있는 장면이다. 이곳은 고향 러시아도 아니며, 이탈리아 토스카나 지방도 아니고 그 어느 곳도 아닌 아주 낯선 곳, 전혀 새로운 곳이다. 그러나 그곳은 동시에 전혀 낯설지도 않은 곳으로 그의 영혼 안에 언제나 있었고 그가 항상 그리던 곳이며 언제나 사랑하던 사람들이 있는 곳, 바로 그의 본향本鄕이다. 고르챠코프가 서서히 그 안에 자리하고 앉는다. 평안 그리고 안식! 이어 하늘로부터 내리는 것은 더 이상 비가 아니라 순백의 눈송이다.

공간의 병치 - 인간과 인간의 자연적이고 유기적인 통일

고르챠코프가 환영으로 보는 이 아름답고 신비스러운 마지막 장면에 대해 타르콥스키는 다음과 같이 언급했다.

> 이탈리아 성당의 한가운데에 나의 러시아 시골 농가가 나타나는 〈향수〉의 마지막 장면은 최소한 부분적으로 은유적이라는 사실을 나는 인정하지 않을 수 없다. 이 의도적으로 구성된 영상은 가벼운 문학성을 지니고 있다. 이는 말하자면 고르챠코프의 내면 상태에 대한 하나의 모델이며, 더 이상 지금까지의 삶의 방식대로 살 수 없게 만드는 그의 갈기갈기 찢어진 내면 상태에 대한 일종의 모델인 것이다. 물론 정반대의 주장도 있을 수 있을 것이다. 즉, 이 마지막 장면은 이탈리아 토스카나 지방의 언덕과

러시아의 시골 농가가 하나의 유기적이고 분리될 수 없는 전체로 합치는 새로운 통일의 영상이며, 이 통일의 영상은 러시아로 돌아가게 되면 현실에 의해 다시 나뉘어지게 될 것이라는 주장도 있을 수 있을 것이다. 그리고 바로 그런 연유에서 고르챠코프 역시 그 자신에게 낯설고 새로운 곳에서 죽는 것이다. 그리고 이 새로운 곳에서는 서로 이상하게 얽히고설킨 인간 존재와 사물들이, 누군가가 알 수 없는 연유에서 영원히 파괴해 버리고 말았던, 그 자연적이고 유기적인 통일을 이룩하는 것이다.[46]

시간과 공간을 초월하여 전혀 새로운 시공으로 창조된 이 장면은 매우 인상적이고 영상 미학적으로도 뛰어나지만, 그 공간이 "고르챠코프의 내면 상태에 대한 하나의 모델"이자 "인간 존재와 사물들이…자연적이고 유기적인 통일을 이룩하는 [곳]" 곧 '영혼의 본향'이라는 것을 상징한다. 상징주의를 배격하는[47] 타르콥스키는 이 점에서 "이 장면은 영화 미학적으로 매끄럽지 못하다는 것을 나는 솔직히 고백한다"[48]라고 언급했지만, 그럼에도 불구하고 이 장면은 관객들에게 매우 강한 인상을 남긴다.

게다가 흥미로운 것은, 타르콥스키가 만든 이러한 합성 장면과 똑같은 기법을 마르셀 프루스트*의 대작 『잃어버린 시간을 찾아

---

46 같은 책, pp. 271-272.
47 타르콥스키는 자기 작품에서 어떤 상징적 의미를 찾으려는 관객들의 태도를 불만스러워했다. "그들은 언제나 내 작품에는 어떤 상징이나 비유도 있지 않다는 나의 단언을 매우 회의적으로 받아들이고 있었다. 예를 들면 내 작품에서 비는 무엇을 의미하는가 하는 질문을 가장 빈번하게 거의 정열적으로 퍼붓는 것이었다. 어째서 내 작품에는 모조리 비가 오는 장면이 있는가? 어째서 항상 바람, 불, 물 등이 화면에 등장하는가? 이 같은 질문은 나를 예외 없이 혼란에 빠뜨리고 만다"(같은 책, pp. 267-269).
48 같은 책, p. 272.

서』에서도 찾아볼 수 있다는 것이다. 조르주 풀레는 이러한 기법을 '공간의 병치'竝置, juxtaposition라고 명명한다.

'공간의 병치'는 '회상'에 의해 일어난다. 프루스트가 '무의지적 involontaire 기억'이라고 표현한 '회상'이란 일찍이 아우구스티누스가 언급한 '상기의 힘' vis memoriae에 의한 '시간의 병치', 곧 과거나 미래를 현재와 나란히 놓는 작용을 한다. 그래서 하나의 불변하는 통일체 곧 '초자연적 시간'으로 만든다. 이러한 시간은 흘러 사라져 버리는 것이 아니기 때문에, 인간은 이 시간 안에서 지나간 자기 자신을 '상기' 또는 '회상'함으로써 자신의 불변하는 정체성을 찾을 수 있다.[49]

같은 방식으로 '회상'은 '공간의 병치', 곧 같은 공간에 있을 수 없는 두 장소 또는 인물을 나란히 놓는다. 그럼으로써 하나의 '초자연적 공간'을 만든다. 이러한 공간은 여기저기 분산된 것이 아니기 때문에, 이 공간 안에서 인간은 역시 자신의 불변하는 정체성을 찾는다. 이러한 일이 가능한 이유는 프루스트에게 있어서 "인간의 존재는 그들에 대해서 지주와 틀의 역할을 하는 일정한 장소에 놓여 있는 존재"[50]로 나타나기 때문이다. 그래서 프루스트는 "장소는 사람이다"[51]라고 단정하기도 한다.[52]

회상! 바로 이것이 프루스트가 『잃어버린 시간을 찾아서』에서 말하는 '잃어버린 시간'을 찾는 방법이자, '잃어버린 공간'을 찾는

---

49 참조. 3장 〈솔라리스〉, '양심과 시간의 구조.'
50 조종권, 『마르셀 프루스트의 문학세계』, p. 241.
51 Marcel Proust, Jean Santeuil II, p. 336.
52 장소가 회상을 불러일으킨다는 관점은 타르콥스키에게서도 찾아볼 수 있다. 영화 〈거울〉을 촬영할 때, 그는 자신이 자라난 옛집과 그 앞에 흐드러지게 피었던 메밀밭을 40년 만에 그대로 복원했는데, 그럼으로써 그는 "시간이 덮어 버린 뚜껑"을 다시 들추어내고 "어린 시절 추억의 본질적이고도 특징적인 부분"을 부활시킬 수 있었다고 한다. 참조. 안드레이 타르콥스키, 『봉인된 시간』, pp. 169-172.

방법이고, 궁극적으로는 '잃어버린 자기 자신'을 찾는 방법이다.

*

'공간의 병치'에 대하여 풀레는 "프루스트의 창조적 사고는 그것이 창조하거나 상기하는 것에 형체를 부여하기 위해서, 극히 본능적으로, 두 개 내지 여러 개의 화면을 하나로 조립하는 형식을 채용하고 있는 것이다"[53]라고 설명한다.

프루스트는 예컨대 『잃어버린 시간을 찾아서』 1권 『스완네 집 쪽으로』에 "발베끄라고 하는 이름 속에는…페르샤 양식의 교회당 주위에 치솟는 파도가 보였다"[54]라고 말한다. 『스완네 집 쪽으로』의 페르시아 양식의 교회당과 그 주위에 치솟는 파도의 병치는 영화 〈노스탤지어〉에서 이탈리아 토스카나 성당 벽과 그 안에 자리한 러시아 시골 농가 풍경의 병치와 유사하다.

그러나 프루스트와 타르콥스키 모두에게서 볼 수 있는 이러한 '공간의 병치'는 "미술관의 벽에 걸린 잡다한 그림들의 다양한 형태 하에서 빈번히 발견할 수 있는 그런 '이질'의 조망 혹은 '정경'의 단순한 컬렉션이 아니다. 오히려 그것은 같은 배우와 같은 저자의 적극적인 참가에 의해서 통일된 다양성인 것이다."[55] 다시 말하자면, '공간의 병치'는 하나의 통일된 이미지 또는 이데아를 '탁월하게' 묘사하는 도구인 것이다. 우리는 다른 한 예를 『스완네 집 쪽으로』에서 찾아볼 수 있다.

어느 해인가, 부활절 휴가를 우리 가족끼리 피렌체와 베네치아에 가서 보내기로 아버지가 결정했을 때, 피렌체라는 이름에는,

---

53 조종권, 『마르셀 프루스트의 문학세계』, p. 290.
54 Marcel Proust, *Du côté de chez Swann* I, p. 389.
55 조종권, 『마르셀 프루스트의 문학세계』, p. 293.

평소 도시를 구성하는 여러 요소를 삽입할 수 있는 자리가 없었다. 그래서 나는, 그 도시의 진수라면 '지오또Giotto의 천재'일 것이라고 믿어 왔던 것을 부득이 봄의 향기로 수정시켜서, 하나의 초자연적인 도시를 낳게 하지 않을 수 없었다.…마치 지오또의 어떤 그림들 자체가 동일한 인물을 행동이 상이한 두 시점에서 묘사하여, 한쪽에서는 침대에 누워 있는가 하면, 다른 한쪽에는 말을 타려고 하는 모습을 보여 주듯이, 피렌체라는 이름은 나에게 고작 두 구획으로 나뉘어져 있을 뿐이었다. 나는, 그중의 하나에서는, 건물의 원형 천장 밑에서, 프레스코화를 감상하는가 하면…다른 하나에서는, 황수선, 수선화, 아네모네 등이 만발한 베끼오 다리를…재빨리 건너가기도 했다.[56]

프루스트는 이 글에서 피렌체라는 이름 아래, 한편에는 프레스코화를 감상하는 자신의 모습과 다른 한편에는 봄꽃들이 만발한 베끼오 다리를 건너가는 자신의 모습을 병치시킴으로써, 다시 말하자면 '상기의 힘'에 의해 피렌체라는 공간을 프레스코화를 감상하는 자신이 있는 공간과 봄꽃이 만발한 공간을 결합하여 '하나의 초자연적' 공간으로 구성함으로써, 전혀 다른 두 가지 방식으로 경험한 미와 향락에 대한 열망을 '탁월하게' 묘사하고 있는 것이다.

그렇다면 〈노스탤지어〉에서 타르콥스키가 구성한 '공간의 병치', 곧 이탈리아 여성 유제니아와 고르챠코프의 아내 마리아의 병치, 이탈리아 토스카나 성당과 러시아 시골 고향 집의 병치가 '탁월하게' 묘사하고 있는 것은 과연 무엇일까?

타르콥스키는 이를 도메니코가 분신을 하기 전 했던 연설에

56　Marcel Proust, *Du côté de chez Swann* I, p. 390.

담았다. 그것은 "보다 더 가치 있고 고상한 일에 종사하고자 하는 자세"와 "속물적인 소시민적 도덕성과의 타협을 거부하는 속성"을 갖고, "삶의 여정 속에서 최소한 정신적으로 조금이나마 고상한 차원으로 상승하[려]는 인간"으로서 타르콥스키 자신이 전하는 메시지이기도 하다. 도메니코는 인간과 인간 그리고 인간의 자연의 유대 회복을 외친다. 타르콥스키가 생각할 때, 이것이야말로 '시간과 공간의 병치'로 이루어지는 낙원이며, 우리의 영혼이 돌아가고파 하는 본향인 것이다. 도메니코의 외침은 다음과 같다.

> 우리의 눈과 귀에 원대한 꿈들이 보여지고 들려지는 것이 좋지 않으냐? 피라미드를 짓자고 누군가 외쳐야 해! 실현되고 안 되고는 중요치 않아. 중요한 것은 꿈을 품고 우리의 영혼이 모든 곳에 끝없이 펼쳐질 수 있도록 해 주는 것이란 말이다. 세계가 진보하길 바란다면, 손에 손을 잡고 모두 함께 어울려야 해. 모든 정상인도 모든 병든 사람도. 정상인들이여! 너희가 말하는 정상이란 도대체 뭐란 말인가? 지금 인류는 낭떠러지 앞에 있어. 아슬아슬한 낭떠러지 앞에. 자유가 무슨 소용이 있어.…본래의 모습으로 돌아가야 해. 모두 함께 길을 잘못 든 지점까지 돌아가는 거야. 돌아가지 않으면 안 된단 말이야.

그렇다! 모두가 함께 피라미드를 꿈꾸고 지어야 한다. 그러나 정작 중요한 것은 피라미드가 아니라 우리 모두가 "보다 더 가치 있고 고상한 일에 종사하고자 하는 자세와, 속물적인 소시민적 도덕성과의 타협을 거부하는 속성, 아니 타협할 줄 모르는 천성"을 갖는 일이다. 우리 모두가 "사악한 것들과의 투쟁 속에 삶의 의미를 부여하는 인간" "삶의 여정 속에서 최소한 정신적으로 조금이나마 고상한 차원으로 상승하는 인간"이 되는 일이다. 그리고 "꿈을 품고 우리의 영혼이 모든 곳에 끝없이 펼쳐질 수 있도록 해 주는 것"이다.

"인간은 오랫동안 존재해 왔다. 그럼에도 인간은 가장 중요한 것 즉 자기 존재의 의미에 대해서는 여전히 불확실하게밖에 알지 못한다. 이것이 우리를 당혹케 한다"[57]라고 오늘날 우리가 당면하고 있는 문제를 간파했던 타르콥스키는 영화 〈노스탤지어〉를 통해 인간 존재의 의미가 '세속적 행복'에 있는 것이 아니라, 그보다 더 중요하고 본질적인 것인 '자기 구원'과 '세계 구원'에 있다는 아름다운 메시지를 전했다.

칸은 이에 '최우수감독상' 'FIPRESCI상' '에큐메니컬 배심원상'으로 감사했다.

> "행복해지고 싶은가 보죠?
> 행복보다 더 소중한 것이 있는데…."
> – 영화 〈노스탤지어〉 중에서

---

[57] 안드레이 타르콥스키, 『타르코프스키의 순교일기』, p. 175.

플라톤
Platon, 주전 427-347

플라톤은 아테네의 정치 명문가에서 태어나 자랐다. 그의 아버지 아리스톤은 아테네의 전설적인 왕 코드로스의 자손이고, 어머니 페릭티오네는 아테네 민주주의의 터전을 마련한 개혁가 솔론의 후손이었다. 그는 20세인 주전 407년에 소크라테스를 만나고 큰 감화를 받아 제자가 되었다. 집안의 전통에 따라 정치가를 희망했지만, 아테네의 민주정치를 위해 희생된 스승 소크라테스의 사망을 목격한 후 뜻을 바꾸어 철학자로서 일생을 보냈다.

소크라테스가 죽은 후, 제자들은 모두 공포에 휩싸였다. 그래서 플라톤뿐 아니라 상당수의 제자들이 앞다투어 아테네를 떠나 당시 아테네의 공권력이 미치지 않는 메가라로 피신했다. 그러나 플라톤은 곧 아테네로 돌아와서 몇 권의 초기 대화편을 집필한 다음, 남부 이탈리아의 시칠리아 등을 여행하며 견문을 넓혔다.

이후 다시 아테네로 돌아와 주전 387년 아테네의 서북쪽에 '아카데메이아'Academeia를 세우고 80세까지 이곳에서 가르치는 일에 전념했다. 이 학교는 9세기 동안 유지되다가 592년에 유스티니아누스 칙령에 의해 폐교되었다. 하지만 초기 기독교 신학자들에 의해 기독교 교리와 사상 속에 들어가 전해진 그의 사상은 적어도 19세기까지 철학은 물론이고 신학, 문학, 그 외에도 서양문명 전반에 강력한 영향력을 끼쳤다.

플라톤의 철학은 대화의 형식으로 쓰였다. 초기 대화편들에는 소크라테스의 사상이 지배적으로 나타나 있다. 『국가』Politeia, 『파이드로스』Phaidros, 『파이돈』Phaidon, 『향연』Symposion 등 중기의 중요한 대화편들 속에는 이데아idea론과 영혼에 관한 이론이 설명되어 있다. 『파르메니데스』Parmenides, 『테아이테토스』Theaetetus, 『소피스트』Sophistes, 『필레보스』Philebos 등 후기 대화편에는 이데아론을 더욱 심화시켜 만든 분여이론分與理論, methexis이 들어 있는데, 이것은 그의 철학의 완성이자 위대성이라 할 수 있다.

분여이론을 살펴보면, 플라톤은 흔히 오해하고 있듯이 현실세계를 평가절하하며 단순히 초월적인 '이데아의 세계'만을 동경하던 사람이 아니다. 그는 이데아의 세계를 매개로 하여, 지상 세계를 보다 참되고 선하고 아름답게 만들기 위한 도덕적·정치적 교훈들을 유도해 내는 일에 전념했던 사람이다. 플라톤의 목적은 그의 추종자인 플로티노스와는 달리 '천상 세계로의 초월'이 아니었고, 오히려 '지상 세계의 승화'였던 것이다. 그래서 아서 러브조이도 "플라톤의 이데아의 세계란 현세를 전적으로 부정한 것이라기보다는 오히려 현세를 찬미한 탈시간화된 구조물이었던 것이다"●라고 평가했다.

또한 플라톤은 신을 '선善의 이데아'he tou agathou idea라고 규정하기도 했는데, 이것은 서양 문명사에서 위대한 사건이었다. 왜냐하면 고대 서유럽과 근동 사람들은 신의 선함과 악함 또는 선한 신과 악한 신이 실제로 존재한다고 믿었기 때문이다. 그래서 자기에게 다가오는 불운, 재앙, 질병, 죽음 등을 도저히 항거할 수 없는 신적인 것으로 생각하고 항상 두려워했다.

이때 플라톤이 나선 것이다. 플라톤은 만물의 궁극적 근거가 선의 이데아라고 주장했는데, 그는 이 말을 "세계는 선의 이데아에 의해 선하고 아름다운 성과물로 창조되었다"(Timaios, 28e-30b)라고 표현했다. 그럼으로써 "하나님께서 지으신 모든 것이 선하[다]"(디모데전서 4:4)라고 가르친 기독교가 생기기 400여 년 전인 고대사회에서 '세상 만물과 인간의 생사화복을 주관하는 신은 선하다'라는 생각이 이론적으로, 그리고 공적公的으로 가능하게 했다. 그럼으로써 불운, 재앙, 질병, 죽음 등, 모든 불가항력적인 악한 세력에 대한 불안에 속절없이 노출되어 있던 당시 사람들에게 더없는 위로와 용기 그리고 희망을 던져주었던 것이다.

플라톤 철학의 이러한 구세적救世的 성격 때문에 초기 기독교 사상가들은 플라톤을 "예수가 탄생하기 400년이나 전에 존재했던 그리스도인" 또는 "그리스어로 저술하고 있는 모세"▲라고 불렀고, 르네상스 시대의 인문주의자들은 그를 성인聖人으로 추대하자고 찬양했다. 또한 현대 철학자 화이트헤드는 플라톤 이후의 모든 철학은 단지 "플라톤 철학에 대한 주석"에 불과하다고 평가했다.

- ● A. O. Lovejoy, *Great Chain of Being* (1936).
- ▲ Clement of Alexandria, *Stromata*, 1, 20.

위僞-디오니시우스
Pseudo-Dionysius, 6세기경

신약성경에는 사도 바울이 오늘날 아레오파기타Areopagita라고 불리는 아레오바고에서 설교한 다음에 디오니시우스라는 사람이 그 뒤를 따랐다는 기록이 있다(사도행전 17:34). 그런데 이후 500년쯤 지난 6세기 초에 아레오바고의 디오니시우스Dionysius of Areopago라는 이름으로 쓰인 그리스어 저술이 여러 권 발견되었다. 『신의 이름들』, 『신비신학』, 『천상의 계층 구조』, 『교회의 계층구조』와 열 편의 『서신』 등이 그것이다. 오늘날도 남아 있는 이 저술들에는 플로티노스가 기독교 신학에 끼친 가장 큰 영향으로 평가되는 부정 신학Negative Theology이 체계적으로 정리되어 있다. 그 때문에 이 책들은 곧바로 중요한 기독교 문서로 인정되어 널리 읽혔다.

15세기에 와서야 이 저작들이 바울의 동반자인 아레오바고의 디오니시우스의 저술이 아님이 밝혀졌다. 학자들은 5세기 말에서 6세기 초에 살았던 시리아의 한 이름 모를 수도사가 그 이름을 빌려 저술했던 것으로 추정했다. 그때부터 이 신비로운 수도사는 '위-디오니시우스'라는 이름으로 불리기 시작했다.

플로티노스의 일자 형이상학을 기독교 신학에 깊숙이 접목한 위-디오니시우스의 저술들에는 카파도키아의 위대한 세 교부와 프로클로스에 이어 동방 정교회 신학을 구축하는 데 크게 기여했다고 보이는 새롭고도 중요한 내용들이 들어 있다. 그래서 오늘날 신학자들은 그를 비잔틴 형태의 동방 신학의 개척자이며, 그리스적 신플라톤주의의 주요한 매개자로 평가하고 있다.

위-디오니시우스는 우선 우리의 정신이 신에게로 나아가는 길, 곧 신을 인식하는 방법을 '긍정'kataphasis과 '부정'apophasis의 두 가지로 나누었다. 중세신학자들은 '긍정의 길'via positiva과 '부정의 길'via negativa이라고도 일컬었는데, 그는 각각을 긍정 신학, 부정 신학이라 이름 붙였다.

'긍정의 길'이란 신의 속성에 부합하는 요소를 예컨대 '신은 선하다' '신은 능력이 있다'와 같이 하나씩 긍정문 형식으로 밝혀 나가는 방법이다. 위-디오니시우스는 『신의 이름들』에서 이 방법에 의해 '선, 스스로 존재하는 자, 생명, 예지, 능력' 등과 같은 명사들이 어떻게 신에게 적용될 수 있는가를 밝혔다.

예컨대 우리가 신에 대해 '선한 이'라 부르는 것은 우리가 인식할 수 있는 '선'을 근거로 그것의 완전한 형태, 곧 극한의 형태로서의 선을 가정하고 하는 말이고, 마찬가지로 우리가 신을 '능력 있는 이'라 부를 때도 그것은 우리가 상상할 수 있는 '능력'의 최고 형태, 곧 전지전능全知全能을 가정하고 지칭하는 것이라는 말이다. 후일 캔터베리의 대주교 안셀무스나 토마스 아퀴나스와 같은 서방 교회 신학자들이 기꺼이 이어받은 긍정의 길은 신과 그의 피조물은 예컨대 그의 선함이나 능력에서 '양적으로만 차이가 날 뿐 질적으로는 차이가 없다'는 것이 전제되어 있다.

'부정의 길'은 다르다. 이 길은 신이 그의 피조물과 모든 면에서, 다시 말해 '양적으로뿐만 아니라 질적으로도 아주 다르다'는 데서 시작한다. 19세기 덴마크의 철학자 쇠렌 키르케고르가 "신과 인간 사이의 절대적 상이성"이라 표현하고, 20세기 스위스 출신의 신학자 칼 바르트가 "신은 하늘에 있고, 너는 땅 위에 있다"라는 말로 선언한, 신과 인간 사이에 놓인 '무한한 질적 차이' 때문에, 긍정의 길로는 신적 본질에 도저히 도달할 수 없다는 것이다.

이로써 우리가 이해할 수 있는 대상으로서의 신은 사라지고, 그런 신에게 의지하는 통속적 신앙은 인간적인 것, 거짓된 것, 위선적인 것, 무의미한 것이 되어 버린다. 키르케고르가 그리고 바르트가 당시의 세속화된 교회와 신학과 싸운 것도 그래서다.

부정의 길은 신의 속성에 부합되지 않는 요소들을 하나하나 밝혀 제거해 감으로써 신의 본질을 인식하는 방법을 택한다. 예를 들자면, '신은 거짓되지 않다' '신은 악하지 않다' '신은 광폭하지 않다' '신은 술 취하지 않는다'와 같이 신에게 합당치 않은 요소들을 부정해 나가는 것이다. 하지만 이러한 지속적인 '제거의 방법'에 의해서 신에 대한 인식은 점점 더 '불가해한 어둠'*tenebrae incogniscibitatis*에 빠지게 되며, 결국에는 신의 본질에 대한 '절대적 무지'에 도달하게 된다.

그러나 위-디오니시우스는 신의 본질에 다가가기에는 긍정의 길보다 부정의 길이 더 좋은 방법이라고 주장했다. 신의 본질에서 벗어나는 것은 당연히 신자들이 피해야 하는 것이기 때문에, 동방 정교회는 신자들의 금욕적 생활을 강조한다. 비록 극단적인 형태였지만, 최초의 은둔 수사였던 성 안토니우스가 보여 준 수도 생활과 그의 후계자들이 세운 수도원주의monasticism가 여기에서 기인했다.

마르실리오 피치노
Marsilio Ficino, 1433-1499

15세기 북부 이탈리아에 마치 들불처럼 번졌던 '신플라톤주의 운동'은 피렌체에 있었던 '플라톤 아카데미'로부터 시작되었다. 이 모임의 중심인물이었던 피치노는 뛰어난 플라톤 주석가이자, 신학자이며 또한 의사였다. 그는 이탈리아 르네상스의 후원자였던 코시모 데 메디치가 하사한 별장을 플라톤 숭배자들의 모임의 장소로 만들어 플라톤이 세웠던 '아카데미아'의 부활을 꿈꾸었다.

여기에 속한 인물로는 로렌초 데 메디치를 비롯해 당대의 중요한 시인, 철학자, 예술가들이었다. 피치노는 플라톤과 플라톤주의자들의 저작들을 라틴어로 번역하고 이에 대한 주석을 달았다. 또한 고대의 문화유산뿐 아니라 르네상스로 불붙어 생산된 다양하고도 막대한 당시 문화유산을 일관되고 생동하는 체계로 통합·정리하여 의미와 가치를 부여하는 일을 하였다. 그리고 그것들을 기독교 신학과 조화시키는 일에 매진했다.

그 결과 플라톤 철학 또는 신플라톤주의 철학이 크게 부흥했고, 르네상스기의 문화가 이에 따라 조명 또는 정리되면서 기독교 역시 자연스럽게 그 영향을 받게 되었다. 이 같은 시대적 사조는 에라스무스, 토머스 모어, 기욤 뷔데와 같은 기독교 인문주의자를 낳았고, 츠빙글리, 루터, 칼뱅에게도 영향을 미쳐 종교개혁을 일으키는 불씨가 되었다.

피치노의 주요 저서로는 플라톤의 전 저작을 번역한 것 외에 플라톤의 『향연』에 대한 주석인 『사랑에 대하여』 De amore, 그리고 『영혼 불멸에 관한 플라톤의 신학』 Theologia Platonica de Immortalitate Animarum 등이 있다.

마르셀 프루스트
Marcel Proust, 1871-1922

프루스트는 파리 교외의 부유한 가정에서 태어났다. 그의 아버지 아드리앙 프루스트 박사는 위생학의 대가로 파리 대학교 교수였으며, 어머니 잔 플레망스는 섬세한 감성과 풍부한 교양을 갖춘 유대계 부르주아지 집안 출신이었다. 철학자 앙리 베르그송과 친척이기도 한 어머니와 가진 긴밀한 교류는 프루스트의 정신생활에 큰 영향을 끼쳤다. 그는 아버지의 신앙을 따라 1871년 8월 5일에 세례를 받고 가톨릭 신자가 되었지만, 공식적으로 신앙생활을 하지는 않았고, 나중에는 무신론자가 되었으며 이후 일종의 신비주의자가 되었다.

프루스트는 젊은 시절 아마추어 문인으로 사교계를 드나들며 방탕한 생활을 했으나, 이때 접한 앙리 베르그송의 강의와 존 러스킨의 작품들은 후일 그의 작품에 영향을 끼쳤다. 그러나 20세기 초 잇따른 부모의 죽음으로 프루스트는 생애의 일대 전기를 맞게 된다. 특히 1905년 어머니의 죽음 이후 슬픔에 의해 경험한, 망각과 회상이 교차하며 흐르는 의식의 진행은 훗날 프루스트가 작품을 구성하는 주요 기법으로 사용된다.

그때까지 한낱 아마추어 작가로 평가받던 프루스트는 일종의 천식 같은 병 때문에 유산을 정리하고 밀폐된 호텔방 침대에 엎드려서 약 20여 년간 총 7권으로 된 대작 『잃어버린 시간을 찾아서』 À la recherche du temps perdu를 집필했다. 제1부 『스완네 집 쪽으로』 Du côté de chez Swann는 1913년 자비로 출판하였으나, 1919년 출판된 제2부 『꽃핀 소녀들의 그늘에서』 À l'ombre des jeunes filles en fleurs는 공쿠르상을 수상함으로써 재능을 인정받았다. 이어 그는 1921년 제3부 『게르망트 쪽』 Le côté de Guermantes, 1922년 제4부 『소돔과 고모라』 Sodome et Gomorrhe, 1923년 제5부 『갇힌 여인』 La Prisonnière, 1925년 제6부 『사라진 알베르틴』 Albertine Disparue, 1927년 제7부 『되찾은 시간』 Le Temps Retrouvé을 내놓았다. 이 작품들에서 프루스트는 '무의지적 기억' mémoire involuntaire 또는 '의식의 흐름' Stream of consciousness이라 불리는 새로운 기법을 개발하여, 제임스 조이스, 버지니아 울프와 함께 20세기 신심리주의의 거장으로 평가받고 있다.

Offret

희생

희생이란 무엇인가

아우구스티누스의 '구원'을 위한 프롬의 '존재양식'

타르콥스키가 〈희생〉에서 규정한 희생이란
"모든 이기주의적인 관계에 대한 전면적인 포기"이며
"물질세계와 물질세계의 법칙의 굴레에서 벗어[남]"을
뜻한다는 점에서
에리히 프롬이 『소유냐 존재냐』에서 말하는
'존재양식'과 괘를 같이한다.
우리는 이 작품을 통해
그것이 어떻게 아우구스티누스가 말하는 '구원'과
연결되는가를 본다.

각본   안드레이 타르콥스키

주연   엘란드 요세프손, 수잔 플리트우드, 알란 에드발,
       그뷔드룬 기슬라도티르, 스벤 볼터, 필리파 프란젠

상영시간 145분

제작   안나레나 비봄 스벤스카 필름 인스티튜트(스웨덴, 1986), 컬러

수상   1986년 칸 국제영화제 '심사위원 그랑프리',
       'FIPRESCI상', '에큐메니컬 배심원상', '예술공헌상',
       1987년 영국 아카데미 시상식 '외국어영화상',
       1986년 바야돌리드 국제영화제 '최우수작품상' 등

지금 인류는 낭떠러지 앞에 있어

영화 〈희생〉Offret은 타르콥스키의 마지막 작품이다. 〈희생〉이 세상에 공개되고 칸 국제영화제에서 격찬을 받았던 1986년 그해, 불과 54세의 젊은 나이로 타르콥스키가 세상을 떠났기 때문이다.

그러나 다시 생각해 보면, 이러한 일은 마치 미리 예정되어 있었던 것처럼 보인다. 타르콥스키의 말에 따르면, 그가 이 작품에서 그리고자 했던 것은 다름 아닌 "우리들을 위협하고 삶을 파괴하며 구제할 길 없이 멸망으로 이끄는 삶의 메커니즘을 온 세계에 폭로하고 전향을 호소"[1]함으로써 "인류를 위한 구원의 마지막 가능성"[2]을 찾는 것이었기 때문이다.

한 영화 작가가 이토록 궁극적이고도 숭고한 이상을 작품에 이미 담았다면, 설사 그가 더 오래 살았던들 그 어떤 다른 작품을 만들 수 있었을 것인가! 그렇다면 영화 〈희생〉은 타르콥스키의 돌연한 죽음 때문에 우연스레 마지막 작품으로 남은 것이 아니라, 본래부터 그의 마지막 작품으로 '합당하게' 기획되어 태어난 것으로 보아야 할 것이다.

타르콥스키의 말년 관심사는 '인간과 세계의 구원'이었다. 그것은 종교적이며 이상주의적인 영화 작가로서 그가 평생을 두고 부단히 천착했던 근원적 문제였지만, 그는 영화 〈노스탤지어〉를 제작하면서부터 특히 이 문제를 작품 속에 구체적으로 형상화시키기 시작했다. 이 말은 또한 그가 이 책에서 그에게 부여한 파수꾼의 역할을 보다 진지하게 수행할 목적으로 〈노스탤지어〉와 〈희생〉이라는

---

[1] 안드레이 타르콥스키, 『봉인된 시간』, p. 306.
[2] 같은 책, p. 307.

두 영화를 만들었다는 것을 뜻한다.

영화 〈노스탤지어〉에서 타르콥스키는 "보다 더 가치 있고 고상한 일에 종사하고자 하는 자세"와 "속물적인 소시민적 도덕성과의 타협을 거부하는 속성"을 갖고 "삶의 여정 속에서 최소한 정신적으로 조금이나마 고상한 차원으로 상승하는 인간"으로 고르챠코프와 도메니코를 묘사했다. 그리고 그들 가운데 보다 실천적인 인물로 도메니코를 설정하여, "지금 인류는 낭떠러지 앞에 있어. 아슬아슬한 낭떠러지 앞에. 자유가 무슨 소용이 있어. 본래의 모습으로 돌아가야 해. 모두 함께 길을 잘못 든 지점까지 돌아가는 거야. 돌아가지 않으면 안 된단 말이야"라는 메시지를 외치고 분신자살하게 했다.

타르콥스키는 『봉인된 시간』에서 이에 대해 다음과 같이 말했다.

> 오직 개인적·물질적 이익만을 추구하는 냉소주의에 휘말려 들지 않기 위하여 그는 자신의 고통스런 길을 택하는 것이며, 자신의 희생적 죽음이라는 본보기를 통해서 미치광이가 되어 버린 인류의 파멸을 멈추어 보려고 다시 한번 시도하는 것이다. 인간이 소유하고 있는 것 중에서 가장 중요한 것은 안락한 생활 속에 자신의 삶을 좀먹도록 방치하지 않는, 항상 깨어 있는 불안한 양심인 것이다.[3]

영화 〈희생〉은 바로 이와 같은 맥락의 연장선상에서 만들어진 작품이다. 〈노스탤지어〉의 도메니코와 〈희생〉의 알렉산더는 동일

---

3   같은 책, p. 265.

한 성격의 인물이다. "두 사람의 행동들은 희생이 가진 모든 특징들을 갖고 있으며 다만 도메니코의 희생의 경우에는 눈에 보이는 결과를 수반하지 않을 뿐이다."[4] 이들은 타르콥스키가 그의 전 작품을 통해 묘사해 온 '외적으로 자유롭지 못한 그러나 내적으로 자유로운' '연약한 그러나 도덕적 확신에 찬' 인물들의 전형이다.

지금까지 만든 작품 속에서 나는 항상 인간이 그들의 이웃인 다른 인간들에게 얽매여 있다는 사실, 즉 자유롭지 못하다는 사실에도 불구하고, 자신의 '내적' 자유를 지킬 줄 알았던 인간들에 관하여 이야기하고자 했다. 나는 연약한 사람처럼 보이는 인간들을 다루었다. 그러나 나는 도덕적 확신과 도덕적 입장으로부터 성장하는 이 연약함의 힘에 관해서도 이야기하였다.[5]

타르콥스키는 이러한 인간을 '스스로를 자신이 속한 시대와 사회를 위해 희생시킬 자유를 가진 인간'으로 규정하는데, 그는 〈희생〉을 제작하기 이전부터 이러한 인간에 대한 구체적 구상을 갖고 있었다.

나의 다음 작품 〈희생〉의 주인공 역시 글자 그대로 보편적 의미의 연약한 인간이 될 것이다. 그는 영웅은 아니나, 자신의 지고한 이상을 위하여 스스로를 희생할 수 있는 솔직하고 사색하는 인간이다. 주어진 상황이 요구하는 경우에도, 그는 자신의 책임을 회피하지 않는다.…그는 그런 상황에서 자신의 측근들이 자

---

4   같은 책, p. 300.
5   같은 책, p. 231.

신의 행위를 이해하지 못할지도 모르는 모험을 감행하며 그럼에도 불구하고 그는 과감하게 행동할 뿐 아니라 파탄적인 절망감에도 아울러 사로잡히는 것이다. 그는 자신의 그러한 행동이 자신을 미치광이로 취급받게 만들 수 있다는 사실을 알고 있음에도 불구하고 자신의 이상을 위하여 '정상적'인 인간적 행위의 문턱을 넘어, 말하자면 이 세계의 숙명 속으로 진입하는 것이다. 이 모든 과정에서 그는 결국 자신의 고상한 심성이 요구하는 사명을 충실히 이행한다. 따라서 그는 자신의 운명의 주인이 결코 아니고 오직 하인일 따름이다. 그가 기울인 노력을 아마도 어느 누구도 알아차리지 못할 것이다. 그러나 우리가 사는 이 세계의 조화는 바로 이와 같은 노력들을 바탕으로 하고 있기 때문에 유지되고 있는 것이다.[6]

이것이 타르콥스키가 말년에 도달한 "인류를 위한 구원의 마지막 가능성"을 실현할 '구세주'에 대한 묘사인데, 그가 이에 구체적 관심을 갖고 그것을 작품화한 데는 1984년 이탈리아로 망명한 이후 접한 서방세계의 물질문명에 대한 실망과 위기감이 직접적 원인으로 작용했다. 그는 『봉인된 시간』에 다음과 같이 말했다.

서방세계 나름의 유물론에 대해 내가 쓰디쓴 경험을 하면 할수록, 그리고 물질적 사고思考를 부추기는 서방세계의 교육이 그 교육으로 인한 피해 당사자들을 얼마나 심각하게 고통스럽게 만드는가를 인식하면 할수록—어째서 삶의 흥미를 상실하게 되었으며 왜 삶이 점점 더 시들어 버린 것같이 느껴지고 무의미하고

---

6   같은 책, p. 266.

질식할 것같이 협소하게 느껴지는지 이해하지 못하는 현대인들의 모습을 잘 보여 주는 정신병자들을 우리는 도처에서 만나고 있지 않는가?-나는 더욱더 강렬하게 이 작품을 완성시켜야 할 필요성을 느꼈다. 왜냐하면 정상적이고 고매한 정신에 가득 찬 삶으로 인간이 되돌아가는 측면 중의 하나는, 자기 자신에 대한 시각이라고 나는 생각하기 때문이다: 인간은 기계문명의 발전과 그 밖의 물질문명의 발전에 얽매이고, 가칭 진보라는 인류 발전에 맹목적으로 따르는 소비자로서의 삶을 영위하든지 아니면 자기 자신을 위해서뿐만이 아니라 남을 위한 것이기도 한, 고매한 정신적 책임감이 충만한 삶으로 회귀하는 선택의 기로에 놓여 있는 것이다.[7]

과격한 전향

타르콥스키가 표현한 현대의 물질문명에 대한 심각한 위기의식을 보다 잘 이해하기 위해서는, 같은 문제에 대한 에리히 프롬*의 견해를 참고해 보는 것이 매우 도움이 된다. 그럼으로써 우리는 오늘날 인간이 처한 상황을 '성경이 말하는 묵시록적 정황'으로 파악한 타르콥스키의 관점이 신플라톤주의 경향이 농후한 동방 정교회에 심취한 어느 종교적 영화인의 현세 초월적 입장이거나 혹은 현실세계에 적응하지 못한 한 염세적 예술인의 히스테리적 증상에서 기인하고 있는 것이 결코 아님을 확인할 수 있다.

프롬은 그의 저서 『소유냐 존재냐』*To Have or to Be?*, 범우사에서 다

---

7   같은 책, p. 293.

음과 같이 강력히 주장했다. 매우 의미 있는 문장이기 때문에 그대로 옮긴다.

'무한한 진보라는 저 위대한 약속'-자연의 지배, 물질적 풍요, 최대 다수의 최대 행복, 방해를 받지 않는 개인적 자유의 약속-은 산업시대가 시작된 이래 여러 세대의 희망과 믿음을 지탱해 왔다. 분명히 우리의 문명은 인류가 자연을 능동적으로 지배하기 시작할 때에 시작됐다. 그러나 그 지배는 산업시대가 도래하기 전까지는 제한된 것이었다. 산업이 진보하여 동물과 인간의 에너지 대신에 우선 기계 에너지가, 이어 핵에너지가 쓰여지고, 게다가 인간의 두뇌 대신에 컴퓨터가 쓰여짐에 따라 우리는 우리가 무한한 생산과 무한한 소비의 길로 나아가고 있고, 기술이 우리를 전능全能하게 하고, 과학이 우리를 전지全知의 존재로 만들었다고 느끼게 되었다. 우리는 신, 즉 자연계를 우리의 새로운 창조를 위한 한갓 건축 재료로서 사용함으로써 제2의 세계를 창조할 수 있는 지고至高의 존재로 되어 가고 있었던 것이다.

남자, 그리고 점차 여자도 새로운 자유의 감각을 경험했다. 그들은 자기 자신의 생활의 주인이 되었다. 봉건적인 사슬은 끊겼고 누구나 모든 굴레에서 벗어나 자기가 원하는 것을 할 수 있었다. 혹은 그렇게 느꼈다. 그리고 이것은 상류계급 및 중류계급에만 해당되는 것이었지만 이들의 성취를 본 다른 계급의 사람들도 산업화가 지금의 속도로 존속하는 한, 새로운 자유가 마침내 모든 구성원에게 미치리라는 신념을 가질 수가 있었다. 사회주의와 공산주의는 '새로운' 사회와 '새로운' 인간을 목표로 하는 운동에서 재빨리 모습을 바꾸어 모든 사람의 부르주아적 생활을 이상으로 하고, 미래의 남녀로서의 '보편화된 부르주아'를 이상으로 하는 운동이 되었다. 누구든 부와 안락을 달성하면 그 결과로서 누구든지 무한정 행복해질 수 있다고 생각하였다. 무한한 생산, 절대적 자유, 무한정한 행복의 삼위일체가 '진보'라는 새로운 종교의 핵을 형성하였고, '하나님의 도시'the city of God가 새로운 진보라는 '지상의 도시'Earthly City of Progress로 대치되었다. 이 새로운 종교가 그 신자들에게 정력과 활력과 희망을 주었다는 사실은 전혀 놀라운 일이 아니다.…

[그런데 빛에는 언제나 어둠이 따르는 것처럼,] '위대한 약속'의 장대함과 산업시대의 놀라운 물질적·지적 성취[에도 불구하고, 산업시대의 인간에게는 어두운 그림자가 드리우기 시작했다.]…왜냐하면 산업시대는 분명히 그 '위대한 약속'을 이행하지 못했으며, 점점 더 많은 사람들이 다음과 같은 사실들을 의식하고 있기 때문이다.

1) 모든 욕망의 무한정한 충족은 결코 복리를 가져다주지 않으며, 행복에 이르는 길도 아니고, 최대의 쾌락에 이르는 길도 아니다.

2) 자기 생활의 독립된 주인이 된다는 꿈은 우리 모두가 관료제란 기계의 톱니바퀴가 되어 사고도 감정도 기호도 정치와 산업 및 그것들이 지배하는 매스커뮤니케이션에 의해 조작되고 있다는 사실에 우리가 눈뜨기 시작했을 때 끝나 버렸다.

3) 경제의 진보는 여전히 풍요한 나라에 국한되었고, 풍요한 나라와 가난한 나라 사이의 간격은 더욱더 벌어졌다.

4) 기술의 진보 그 자체가 생태학적 위험과 핵전쟁의 위험을 낳았으며, 이 중 어느 하나나 혹은 둘 다 모든 문명, 그리고 어쩌면 모든 생명에 종지부를 찍을지도 모른다.[8]

물질 숭배는 사회주의와 자본주의 그리고 동서양을 초월한 현대 문명의 특성이자 근간이다. 근대 이후, 인류는 무척이나 다양한 정신적 사조들을 실험해 온 것 같지만, 그 공통된 바탕은 오직 하나의 사상 곧 물질 숭배 사상이었다.

그리고 그것은 대단히 유감스럽게도 인간을 '무한한 욕망의 노예'로, 사회를 '무한한 생산과 소비의 지옥'으로, 자연을 그에 의해 '강탈당하는 피해자'로 전락시켜 인간과 세계를 점차 파국적 국면으로 몰아가고 있다. 바로 이것을 프롬이 그리고 타르콥스키가 경고한 것이다.

프롬이 현대의 파국적 위기로서 "생태학적 위험과 핵전쟁의 위험을 낳았으며, 이 중 어느 하나나 혹은 둘 다 모든 문명, 그리고 어쩌면 모든 생명에 종지부를 찍을지도 모른다"라는 사실을 꼽은 것과 타르콥스키가 영화 〈희생〉에서 원폭 전쟁에 의한 인류 파멸을 소재로 선택한 것은 결코 우연한 일이 아니다. 두 사람은 같은 문제의식을 갖고 있었던 것이다.

*

『소유냐 존재냐』에서, 프롬은 먼저 삶에 대한 인간의 태도를 '소유양식'과 '존재양식'이라는 두 가지 대립하는 생존양식으로 구분하여 이 문제를 고찰했다. 그가 말하는 '소유양식'이란 재산, 지식, 사회적 지위, 권력 등을 소유하는 것에 전념하며 소유에 대한 탐욕과 그것의 상실에 대한 공포에 사로잡힌 삶의 태도다.

프롬에 의하면, 소유양식은 현대 산업사회에서 기본적인 생존양식으로, 우리는 이미 자기의 소유물로서 '자신의 가치'와 '정체성'

---

8 에리히 프롬, 『소유냐 존재냐』, 최혁순 옮김(범우사, 1999), pp. 18-20. 대괄호 안의 내용은 필자의 보충이다.

그리고 더 나아가 '자신의 존재'를 증명하는 데 익숙해 있다. 그 때문에 모든 것을 소유의 대상으로 파악하는 관계는 이제 물건뿐만 아니라 점점 인간, 지식, 관념, 건강이나 질병, 심지어는 신앙에까지 미치고 있다. 예컨대 현대인은 몸이 아픈 것이 아니라 몸에 통증을 갖고 있고, 무엇을 아는 것이 아니라 무엇에 대한 지식을 갖고 있으며, 신을 믿는 것이 아니라 신앙을 갖고 있다.

이러한 의식 변화는 산업사회로 변화한 지난 2-3세기에 더욱 급격히 일어났다. 프롬은 이를 언어습관의 변화로 분석하는데, 지난 2-3세기 동안 예컨대 '…사랑한다' '…원한다' '…증오한다'와 같은 동사적 표현이 '나는…사랑을 갖고 있다' '나는…소망을 갖고 있다' '나는…증오를 갖고 있다' 같은 명사적 표현의 사용으로 급격히 변하였다는 것이다. 프롬은 사랑, 소망, 증오 등 이러한 정신적인 것들은 소유할 수 있는 것이 아님에도 불구하고, 이런 것들을 소유의 대상으로 대상화함으로써 하나의 '물건'으로 환원시켜 버리는 이와 같은 언어습관에서 소유에 대한 현대인의 정신병리적 집착을 보았다.[9]

현대인의 정신병리적 현상은 소유와 소비라는 두 가지 측면에서 동시에 나타난다. 소유와 소비는 서로 반대되는 것 같지만, 현대인들이 이 둘을 통해서 자기 자신의 가치와 존재를 확인해 간다는 면에서는 사실상 동일하기 때문이다. 즉 더 많이 소유하면 할수록, 그리고 더 많이 소비하면 할수록 그들의 가치와 존재가 확실해진다. 프롬은 다음과 같이 주장했다.

소비하는 것은 소유하는 것의 한 형태인데, 그것은 아마 오늘날의 풍요한 산업사회의 가장 중요한 형태일 것이다. 그런데 소비

---

9 참조. 같은 책, pp. 40-46.

하는 것의 특질은 다의적이다. 즉 그것은 무엇보다도 불안을 제거해 준다. 그 까닭은 소유하고 있는 것을 빼앗기는 일은 좀처럼 없기 때문이다. 그러나 그것은 또한 보다 더 많이 소비하는 것을 요구하게 된다. 그 까닭은 이전의 소비는 이내 그 욕구 충족적 성격을 상실하게 되기 때문이다. 현대의 소비자는 다음과 같은 공식으로 자기 자신을 확인하게 될 것이다. '나의 존재=내가 소유하는 것과 내가 소비하는 것.' I am=What I have and What I consume.[10]

이러한 삶의 양식, 곧 소유양식이 지배하는 사회에서는 아무것도 가지지 못한 자는 아무것도 아니며, 소비하지 않는 자는 존재하지도 않는다는 불안과 공포가 깔려 있다. 이 불안과 공포가 정신병리적 '만성 기아'를 일으킨다. 이 때문에 현대인들은 이미 지나치게 많은 것을 소유·소비하고 있으면서도 항상 더 많은 것을 소유하고 더 많이 소비하는 자가 되기를 갈망하게 되었다. 프롬의 말대로 "소비자는 우유병을 달라고 울고 있는 영원한 젖먹이다."[11]

하지만 이러한 소유·소비중심적 생존양식은 스스로 결코 만족할 수 없어 탐욕과 공포에 시달리기 때문에 자신을 파괴하고, 나보다 더 많이 가진 사람을 시기하고 더 적게 가진 사람을 경계하기 때문에 진정한 인간관계를 파괴하고, 사회체제가 삶의 목적을 소비원리에 두기 때문에 계급투쟁이 불가피하고, 무한한 경제성장을 해야 하기 때문에 자연과 적대적 또는 지배적 관계를 갖게 된다.

이러한 물질 숭배적·이기주의적 삶의 양식에 대한 염려는 타르콥스키에게서도 마찬가지로 드러난다.

---

10 같은 책, p. 49.
11 같은 책, p. 48.

그러나 이러한 행동의 매정한 결과들은 결정적으로 남게 된다: 더욱더 뚜렷한 자기중심주의를 대가로 개성을 상실하는 것 하며, 이미 수많은 인간 상호 관계뿐만 아니라, 전 세계 민족들의 이웃 민족들과의 공존관계도 규정지어 주는 자기중심주의, 그리고 무엇보다도 물질적 발전 대신에 정신적 발전이 이루어지고 그렇게 됨으로써 다시 고상한 삶을 가능케 해 줄 마지막 남아 있는 가능성의 상실이 문제가 되는 것이다.

이 문명 세계가 얼마나 물질주의에 빠져 있는가는 다음의 한 예가 분명히 보여 줄 수 있을 것이다. 배고픔은 돈으로 어려움 없이 해결된다. 좌절과 절망에 빠져 정신과 의사를 찾는 사람은 똑같은 메커니즘에 – 돈을 주고 상품을 사는 – 귀를 기울인다: 그는 의사에게 면담 비용을 지불한다. 그는 돈을 주고 자신의 영혼의 부담을 더는 것이며, 면담 후에는 전보다 안정된 것같이 느낀다. 이는 유곽에서 사랑을 돈으로 사는 것과 견줄 만한데 영혼의 안정과 마찬가지로 사랑은 돈으로 얻을 수 없는 것이다.[12]

이러한 이유에서, 프롬은 인간의 생존양식이 '소유양식'으로부

---

12 안드레이 타르콥스키, 『봉인된 시간』, p. 294. 이 같은 말은 일찍이 자본주의 사회를 풍자적으로 비판했던 마르크스의 『경제학 철학 수고』에서도 찾아볼 수 있다. "인간을 인간이라고 가정해 보자. 그리고 세계에 대한 인간의 관계가 인간적인 관계라고 가정해 보자. 그러면 사랑은 [돈이 아니라] 사랑하고 바꿀 수 있고, 신뢰는 [돈이 아니라] 신뢰하고 바꿀 수 있을 것이다. 당신이 예술을 즐기고 싶으면 당신은 예술적으로 교양을 쌓은 사람이어야 한다. 다른 사람에게 영향을 주고 싶으면 당신은 다른 사람을 고무하고 격려하는 힘을 실제로 가진 사람이어야 한다. 인간이나 자연에 대한 당신의 관계들은 모두가 당신 의지의 목적에 걸맞은, 당신의 진정한 개인적 삶의 구체적 표현이어야 한다. 당신이 사랑한다 해도 상대편의 사랑을 불러일으키지 못한다면, 다시 말해서 자신을 사랑하는 사람으로 드러내도 사랑받는 사람이 될 수 없다면, 당신의 사랑은 결실이 없고 불행해진다"(마르크스, 『경제학 철학 수고』). 에리히 프롬, 『존재의 기술』 최승자 옮김(까치, 1994), pp. 200-201에서 재인용.

터 '존재양식'으로 패러다임적 전향을 해야 한다고 요구한다.

프롬이 말하는 '존재양식'이란 무엇을 소유하고 집착을 가지며 속박하고 속박당하는 것이 아니라 언제나 자유롭고 변화를 두려워하지 않으며 상호 관계 속에서 대상을 파악하고 타자와 주고받으며, 나누어 갖고, 관심을 함께 가지는 삶의 태도로서, 삶을 긍정하며 – 프롬의 표현으로는 – '삶의 무도회 the dance of life에 참가하는 것'이다.

이러한 '존재양식'에는 굳이 소유할 필요가 없으므로 탐욕이나 소유 상실에 대한 공포가 없으며, 타인에 대한 시기와 적대적 경쟁관계, 지배도 자연히 없고, 자연에 대한 지배와 정복도 그만큼 불필요하다. 이 길은 일찍이 부처와 예수, 마이스터 에크하르트와 마르크스가 가르쳤던 지혜라고 프롬은 주장했다.

프롬의 이러한 주장은 앞에서 타르콥스키가 우리는 "기계문명의 발전과 그 밖의 물질문명의 발전에 얽매이고, 가칭 진보라는 인류 발전에 맹목적으로 따르는 소비자로서의 삶을 영위하든지 아니면 자기 자신을 위해서뿐만이 아니라 남을 위한 것이기도 한, 고매한 정신적 책임감이 충만한 삶으로 회귀하는 선택의 기로에 놓여 있는 것이다"라면서, '과격한 전향'[13]을 요구하는 것과 맥을 같이한다.

또한 타르콥스키는 "바로 이 같은 후자의 선택에 인간 사회에 대한 책임감과 그 사회 속에서 그 사회와 함께 벌어지는 일들에 대한 책임을 의식적으로 떠맡음으로써 우리들이 흔히 '희생'이라고 부르는 행위가 가능한 것이며, 기독교에서 이야기하는 자기 자신의 희생이 실현될 수 있는 것이다"[14]라고 했다.

---

13   참조. 안드레이 타르콥스키, 『봉인된 시간』, p. 301.
14   같은 책, p. 293.

스스로를 자신이 속한 시대와 사회를 위해 희생시킬 자유

우리는 여기에서 타르콥스키가 뜻하는 '희생'이라는 말의 독특한 의미를 놓치지 말아야 한다. 그래야만 영화 〈희생〉의 주인공 알렉산더가 행하는 – 예컨대 모든 인연을 끊고, 집을 태워 버리는 것 같은 – "무의미하고 부조리해 보이는 행동"[15]들을 이해할 수 있게 된다. 타르콥스키는 『봉인된 시간』에서 다음과 같이 말했다.

> 희생자 – 또는 희생의 – 테마에서 나를 매혹시키는 것이 무엇인가 하는 질문은, 단도직입적으로 대답할 수 있다: 종교적 인간으로서의 내 흥미를 끄는 것은 정신적 원칙 때문이건 자기 자신을 구하기 위함이건 또는 동시에 두 가지 동기에서 나왔건 간에, 자신을 희생할 수 있는 능력을 가진 사람이다. 이 같은 행위는 두 말할 나위 없이 모든 이기주의적인 관계에 대한 전면적인 포기를 전제로 한다. 다시 말하면 희생자는 정상적 행동논리를 벗어나 일종의 실존적 상태에서 행동한다. 그는 물질세계와 물질세계의 법칙의 굴레에서 벗어난 사람이다.[16]

원래 기독교적 의미로서의 'sacrifice'(희생, 봉헌)란 '인간과 세계 구원을 위한 그리스도의 헌신' 곧 '예수의 십자가에 못 박힘'을 뜻한다. 그런데 타르콥스키는 같은 말을 "모든 이기주의적인 관계에 대한 전면적인 포기" 또는 "물질세계와 물질세계의 법칙의 굴레에서

---

15 같은 책, p. 304.
16 같은 책, p. 291.

벗어[남]"이라는 의미로서 사용하고 있다. 일견 상당히 무리가 있어 보임에도 불구하고, 타르콥스키가 그렇게 한 데는 깊은 신학적 통찰이 깔려 있음을 알 필요가 있다.

동방 정교회든 서방 가톨릭교회든 아니면 프로테스탄트든, 기독교에서 '그리스도의 헌신' 곧 '예수의 십자가에 못 박힘'의 목적은 '인간과 세계의 구원'이다. 그런데 기독교에서 '구원'은 '죄로부터의 해방'을 의미한다.

아우구스티누스에 의하면, 기독교에서 말하는 '죄'란 그 어떤 법적 또는 도덕적 죄가 아니고, 단지 '신으로부터 돌아서는 것'을 의미한다. 그 때문에 아우구스티누스는 "모든 죄의 시작은 교만驕慢, *superbia*[17]이다. 그리고 교만의 시작은 사람이 신에게서 돌아서는 것이다"라고 했다.[18]

'신으로부터 돌아선다'는 것은 인간이 '신중심주의'에서 '자기중심주의'로 돌아섬을 의미한다. 아담이 선악과를 따 먹고 눈이 밝아져 죄를 지었다는 것은 그가 스스로를 높이기 위해 신으로부터

---

[17] 여기에서 아우구스티누스가 '교만'(*superbia*)이란 말로 진정 의미하는 바를 우리의 언어로 표현하면 '자기중심적으로 됨'을 뜻한다. 라인홀드 니버(Reinhold Niebuhr)는 이것을 '자존심' 또는 '자만'(pride)이라고 했고, 폴 틸리히는 '휘브리스'(hybris) 곧 '자기 고양'(自己高揚, self-elevation), '스스로를 높이는 것'이라 했는데, 이것은 단순히 상대방에 대해 거만하다는 일반적 의미의 '자만'이 아니다. 틸리히도 이에 대해 "자만이란 흔히 심리학적인 것으로 이해되지만 여기에서 의미하는 것은 이것이 아니기 때문이다. 심리학적으로는 가장 겸손한 인간이 가장 자만한 인간이 될 수 있다"라고 하였다[폴 틸리히, 잉게베르트 헤넬 엮음, 『폴 틸리히의 그리스도교 사상사』, 송기득 옮김(한국신학연구소, 2001), p. 173]. 따라서 여기에서 말하는 '자만'이란 심리학적인 것이 아니고 존재론적인 것이다.

[18] 참조. Augustinus, *De natura et gratia*, 29, 33. 그 때문에 각 기독교 종파에서는 죄를 정의할 때, 약간의 차이는 있으나 기본적으로 항상 이러한 죄의 속성들을 그 내용으로 명시한다. 예컨대 프로테스탄트의 아우크스부르크 신앙고백에는 "죄는 신에 대한 불신앙과 현세욕이다"(*Sine fide erga deum et cum concupiscentia*)라고 정의되어 있고, 가톨릭 '전례헌장 109조'에는 죄가 하나님의 뜻을 거스르는 불순종이며, 그분에게서 돌아서는 것으로 묘사되어 있다.

돌아서서 자기중심적으로 되었다는 것이다.[19]

기독교에서 말하는 신은 철학적으로는 '존재'다. 신이 자기 자신의 이름으로 밝힌 '야웨'YHWH가 바로 '그는 존재다'He is라는 뜻이다.[20] 그 때문에 죄란 또한 '존재로부터 돌아서는 것' 곧 '존재물의 존재 상실'이다. '존재를 상실한 존재물'로서의 인간이란 실로 '바람'과 같이 헛된 것이지만, 여기에서 오는 '사망의 느낌' '버림받은 감정' '무가치함에 대한 자각' 등이 인간을 물질세계라는 거짓 신 곧 '우상'偶像의 종이 되게 한다.[21] 즉 신을 떠난 인간은 거짓 신이라도 잡아야만 살 것 같고 그것을 놓으면 죽을 것 같게 된다. 여기에서 물질세계에 대한 '한없는 욕망' 곧 '콘쿠피스켄치아'concupiscentia의 노예가 된 인간 실존의 모습이 나오는 것이다.[22] 이러한 실존적 상황

19　'신에게서 돌아섬'이라는 죄의 속성은 이제 '자기에게로 돌아섬'이라는 새로운 방향성을 갖는다. 즉 '존재에 대한 관심의 상실'은 '존재물에 대한 관심의 획득'으로 나타난다. 이것이 죄의 또 다른 속성이다. '신에게서 돌아섬' '존재에 대한 관심의 상실'이 죄의 원초적 내지 일차적 속성이라면, '자기에게로 돌아섬' '존재물에 대한 관심의 획득'이 죄의 부수적 내지 이차적 속성이다.

20　호렙산에서 모세에게 '나는 존재다'(Eheyeh asher Eheyeh)라고 밝힌 직후, 신은 '야웨'가 자신의 영원한 이름이며 표호라고 선포하였다(출애굽기 3:15). '네 철자 이름'(Tetragrammaton) '야웨'에 대한 가장 일반적이고 자연스러운 해석은 '그는 있다'(He is), '그는 존재한다'(He exists) 또는 '그는 현존한다'(He is present)이다. 참조. 발터 아이히로트, 『구약성서신학 1』, 박문재 옮김(CH북스, 1994), p. 198.

21　리쾨르는 성경에 이에 대한 '매혹적 상징'이 있다고 한다. "'바람'과 '우상'이다. 사라져 버리는 '바람'과 참 하나님이 아니기 때문에 가짜인 '우상'은 짝을 이루어 죄가 뭔가 없는 것(無)임을 표현한다.…김, 바람, 먼지 같은 물질의 영상은 가벼움, 텅 비어 있음, 불안정함, 쓸모없음 따위의 분위기를 풍겨 '버림받은' 인간의 모습을 단번에 적나라하게 드러낸다"(폴 리쾨르, 『악의 상징』, p. 83). 예컨대, "사람은 헛것 같고 그의 날은 지나가는 그림자 같…다"(시편 144:4), "신분이 낮은 사람도 입김에 지나지 아니하고, 신분이 높은 사람도 속임수에 지나지 아니하니, 그들을 모두 다 저울에 올려놓아도 입김보다 가벼울 것이다"(시편 62:9, 새번역), "다 헛되어 바람을 잡으려는 것이로다"(전도서 1:14) 등으로 표현되었다.

22　이를 틸리히는 "종교적으로 말해서, 혼이 죽는다면, 그 혼은 몸을 지배하는 힘을 잃는다. 이러한 일이 일어나면, 죄의 또 하나의 측면이 나타난다. 죄의 시작은 자만 곧 휘브리스지만, 그 결과는 '콘쿠피스켄치아'(concupiscentia) 곧 '한없는 욕망'

을 종교적으로 표현한 것이 '인간은 죄의 노예'라는 말이다.

인간을 여기에서 해방시켜 주는 자가 그리스도khristos다. 그리스도는 이러한 죄로부터의 구원 사역을 위해 '기름부음 받은 자'다. 이 때문에 그리스도를 구원자savior라고 하는 것이다. 그러나 그리스도는 단순한 구원자가 아니라 구속자Redeemer다. 구속救贖이라는 말에는 구원의 방법 즉 '값을 치르고 되돌려 받음'이라는 개념이 내포되어 있다. 따라서 구속자는 '무조건적인 해방자'가 아니고 '대가를 치르고 해방시켜 주는 자'다.

고대로부터 내려오는 제사 형식이 이를 증거한다. 모든 제사에는 - 번제(동물을 태움), 수은제(동물 기름의 번제와 성찬), 소제(밀가루 기름, 향 봉헌), 속죄제, 속건제 등 - 제물을 바쳐야 한다. 제물은 언제나 죄 없는 자로, 죄 있는 자를 위해 바쳐지는 희생물이다.

이렇게 정리해 보면, 'sacrifice' 곧 '희생'이란 '인간의 물질세계에 대한 무한한 욕망에서의 해방'을 위해 '제물로 바침'을 뜻하는 단어이고, 이때의 희생물이 예수인 것이다. 이러한 신학적 성찰을 바탕으로 타르콥스키는 '그리스도의 헌신'을 의미하는 'sacrifice'를 "모든 이기주의적인 관계에 대한 전면적인 포기" 또는 "물질세계와 물질세계의 법칙의 굴레에서 벗어[남]"이라는 뜻으로 사용한 것이다.

그리고 그는 이러한 인물 곧 〈노스탤지어〉의 도메니코와 〈희생〉의 알렉산더 같은 희생자들에게 매혹된 것이다. 이들은 '과격한 전향'을 실천한 자들로서 그들의 시대에서 그리스도의 사역을 담당하는 자이자, "스스로를 자신이 속한 시대와 사회를 위해 희생시킬 자유"[23]를 가진 인간으로서 타르콥스키가 의미하는바 - 또는 러시

이다"라고 표현했다. 폴 틸리히, 『폴 틸리히의 그리스도교 사상사』, p. 174.
23 안드레이 타르콥스키, 『봉인된 시간』, p. 231.

아 정교회적 의미에서 – '진정으로 자유로운 인간'이다.

　타르콥스키는 이러한 사람들이 기울인 노력을 아마 어느 누구도 알아차리지 못할 것이지만 우리가 사는 이 세계의 조화는 바로 이와 같은 사람들의 희생을 바탕으로 유지되고 있다고 생각했다.[24] 같은 뜻에서 그는 "지금까지 만든 영화 중 내게 가장 중요한 영화"[25]라고 생각한 이 작품의 제목을 〈희생〉이라 한 것이다.

죽은 나무에 물 주기

영화 〈희생〉은 레오나르도 다빈치Leonard da Vinci의 성화 "동방박사의 경배"Adorazione dei Magi를 바탕으로 바흐의 "마태 수난곡"Mathäus-Passion 중 "주여, 불쌍히 여기소서"Erbarme Dich, Herr Gott가 흐르는 가운데 자막이 떠오르면서 시작한다. 카메라가 성화의 중심에 있는 나무줄기를 따라 천천히 위로 솟아올라 나뭇잎이 무성한 가지를 응시한 다음, 자막이 끝나자 카메라는 삽시간에 앙상한 나뭇가지를 비춘다.

　그것은 – 평론가이자, 연극배우였고 동시에 교수였지만 지금은 은퇴한 – 초로의 주인공 알렉산더가 어린 아들 고센과 함께 바닷가를 따라 펼쳐진 초원에 심는 한 그루 죽은 나무의 앙상한 가지다. 죽은 나무를 심으며, 알렉산더는 편도선 수술을 받아 말을 못 하는 아들에게 이야기를 하나 들려준다.

　이 이야기는 타르콥스키가 영화 〈희생〉을 만들기 약 3년 전인

24　참조. 같은 책, p. 266.
25　같은 책, p. 308.

레오나르도 다빈치, "동방박사의 경배"(1480-1481년)

1982년에 읽었던 "교부들의 생애"라는 글에 나오는 것인데, 그는 1982년 3월 5일자 일기에 이 이야기에 관해 다음과 같이 부연 설명했다.

피반다 출신의 파베라는 이름을 가진 수도승이 한번은 말라죽은 나무 한 그루를 가져다 산 위에 흙을 깊이 파고 심었다. 그러고 나서 요한 콜로그에[게] 이 앙상한 나무에 매일 한 양동이씩 물을 주되 나무에 다시 열매가 맺힐 때까지 주라고 일렀다. 그러나 물가는 멀리 떨어져 있었다. 그래서 요한은 저녁때 다시 돌아오기 위해 아침 일찍 출발하지 않으면 안 되었다. 3년이 지난 후 나무는 싹이 나기 시작했고, 열매를 맺기 시작했다. 노수도승은 열매를 따 교회의 수도자들에게 가져다주면서 이렇게 말했다: '어서 이리들 와서 순명順命의 열매를 맛보도록 하시오.'[26]

이 기묘한 이야기를 어린 아들에게 들려준 알렉산더는 이어 나름대로의 해석을 늘어놓는다.

끝없이 노력하면 결실을 얻는 법이지.…만일 매일같이 정확히 같은 시간에 같은 일을 반복한다면…늘 꾸준하게 의식과 같이 말이다. 그러면 세상은 변하게 될 거다. 암, 변하고말고! 변할 수밖에 없어! 만약 어떤 사람이 정확히 아침 7시에 일어나 욕실로 가서 물 한 잔을 받은 후, 변기 속에 붓는 일이라도 매일 계속한다면….

이때, 멀리서 한 남자가 자전거를 타고 이들에게로 다가온다. 알렉산더의 생일을 축하하는 연극 동료들의 축전을 배달하려는 우체부 오토다. 그는 학교 선생을 하다 정년퇴직한 후, 신비주의에 몰두하여 그에 대한 여러 가지 사례를 수집하며 사는 사람이다. 그가 우체부 일을 하는 이유도 그 일을 하기 위해서다.

오토는 생일파티에 자신을 초대해 준 데 대해서도 감사를 표하고, 알렉산더에게 온 축전들도 읽어 준다. "인생은 단지 기다림에 불과하다는 느낌이죠"라며 오토는 알렉산더와 니체의 '영혼 회귀설'에 대해서도 이야기를 나눈다. 그것을 믿느냐는 알렉산더의 물음에 "진정으로 믿으면 믿는 대로 되는 법이죠!"라고 답한 오토는 저녁에 오겠다며 사라진다.

---

[26] 안드레이 타르콥스키, 『타르코프스키의 순교일기』, pp. 258-259.

알렉산더와 그의 아들 고센이 숲으로 들어설 무렵, 생일파티에 초대받은 또 다른 손님인 의사 빅터가 알렉산더의 아내 아델라이데와 함께 나타난다. 빅터는 알렉산더의 친구이자 아들 고센의 편도선 수술을 집도했던 사람인데, 알렉산더의 아내 아델라이데와 딸 마르테의 애인이기도 하다. 이들이 먼저 집으로 돌아간 다음 알렉산더는 숲에 남아 독백으로 자신의 내면세계를 묘사한다.

인간은 자연의 법칙을 무시하면서 다른 인간과 자연으로부터 항상 스스로를 고립시켜 왔지. 인류 문명은 전쟁과 공포 위에 세워졌고…모든 기술적 발전은 안락함을 제공하는 동시에 야만적 파괴의 도구도 제공했어. 과학은 파괴를 위하여 쓰이고 있어. 어쩌면 우리보다 미개인의 영혼이 더 맑을 거야. 새로운 과학적 발견을 하면 우린 곧 그것을 나쁜 곳에 사용하지. 옛날 현인이 말하길, 죄악은 불필요한 것이라 했어.…그런데 우리의 문명은 처음부터 철저히 죄악 위에 세워졌어. 결국 물질과 정신 사이에 끔찍한 부조화와 불균형만 생겨난 거지. 우리 문명은 결점 투성이야. 근본적으로 결점이 있다고.…너는 우리가 이 문제의 해결책을 함께 찾아야 한다고 생각하겠지? 그러나 이미 너무 늦어 버렸어.…이런 대화도 이젠 지겹군! 말! 말! 말!…이제야 햄릿의 속마음을 이해할 수 있겠군. 그는 수다쟁이들에게 진 것이었지.…누군가 입을 다물고서 실천에 옮기기라도 한다면! 적어도 노력만이라도 한다면!

알렉산더가 아들 고센에게 들려주는 대화 투의 이 독백에는 이 작품에서 표현하고자 하는 타르콥스키의 의도가 잘 나타나 있다. 파괴적 현대 문명에 대한 절망감과 이에 대한 자신의 해법이 그것이다. 〈이반의 어린 시절〉에서 이미 언급했듯이, 타르콥스키는 종래의 철학자, 정치가, 종교인들의 세계 구원 방법에 대해 실망과 힐난을 금치 못한다. 그들은 "누구도 자기 자신에게는 아무것도 요구하지 않고, 모두들 자신의 윤리관에 대하여 장광설을 늘어놓게 되며, 자신들에게 할 요구를 다른 사람들에게, 소위 인류 전체에게 떠넘겨 버리는 식"[27]이 되고 말았기 때문이라는 것이다.

알렉산더가 "말! 말! 말!…이제야 햄릿의 속마음을 이해할 수 있겠군. 그는 수다쟁이들에게 진 것이었지.…누군가 입을 다물고서 실천에 옮기기라도 한다면! 적어도 노력만이라도 한다면!"이라고 중얼거리는 것이 바로 이것을 의미한다. 타르콥스키는 한마디로 '입 다물고 실천에 옮기기'를 주장하는 것이다. 그 때문에 영화 〈희생〉은 이후부터 알렉산더가 왜 "그러나 이미 너무 늦어 버렸어"라고 한탄하는지, 또 그가 말하는 '입 다물고 실천에 옮기기'가 무엇을 의미하는지를 보여 주는 식으로 전개된다.

여기에서 잠시 생각해 보자. 종말을 향해 치닫는 세계에 대한 알렉산더의 위기의식과 서문에서 소개한 오늘날 우리가 느끼는 위기의식이 서로 다른가? 또 그에 관한 대책에 대한 절망이 각각 다른가?

"인간은 자연의 법칙을 무시하면서 다른 인간과 자연으로부터 항상 스스로를 고립시켜 왔지. 인류 문명은 전쟁과 공포 위에 세워졌고…모든 기술적 발전은 안락함을 제공하는 동시에 야만적 파괴의 도구도 제공했어"라는 알렉산더의 말과 JTBC가 21세기 들어 인류를 괴롭히고 있는 세 개의 전쟁, 즉 러시아-우크라이나 전쟁, 코로나19 이후의 패권 전쟁, 그리고 기후 위기와의 전쟁을 차례로 탐

---

27   안드레이 타르콥스키, 『봉인된 시간』, p. 275.

사 추적한 보도에서 내린 결론인 "최후의 전쟁 끝에 우리가 맞이하게 될 것은 디스토피아다"가 과연 다른가? "너는 우리가 이 문제의 해결책을 함께 찾아야 한다고 생각하겠지? 그러나 이미 너무 늦어 버렸어"라는 알렉산더의 말에 담긴 절망감과 "인류는 공범, 판도라의 상자는 이미 열렸다. 디스토피아는 이미 우리의 문 앞에 다가와 있다"라는 내레이션에 담긴 절망감이 서로 다른가 말이다. 아마 아닐 것이다. 그렇다면 이에 대한 해법도 역시 같아야 하지 않을까?

교만으로 죄가 들어오고, 희생으로 죄가 사해졌다

장면이 바뀌어, 알렉산더가 서재에서 의사 빅터와 함께 있다. 빅터가 "끔찍한 하루"라고 혼자서 중얼거린다. 알렉산더는 빅터가 선물한 성화Icon 화집을 구경하며 "성스러움이 깃들어 있어…마음도 어린아이들같이 순수하고…심오하면서도 순결한 느낌을 주는군…"이라고 감탄한다. 그러나 이내 "허나 이젠 모든 것이 상실되고 말았지…기도하기도 힘든 세상이 되었으니까!"라고 한탄한다.

영화 〈희생〉이 설정한 극적 상황은 '원폭 전쟁'이다. 알렉산더가 "그러나 이미 너무 늦어 버렸어"라고 한탄하는 이유는 원폭 전쟁의 발발이 목전에 다가와 잘못된 문명을 되돌리기엔 이미 늦어 버렸다는 뜻이다.

타르콥스키는 이러한 극적 상황의 설정에 대해 고심했던 것으로 보인다. 『봉인된 시간』에 보면, 영화 〈희생〉의 첫 번째 구상이었던 "마녀"라는 제목의 시나리오에서는 알렉산더가 시한부 인생이라는 "끔찍한 선고"를 받는 불치병에 걸린 것으로 설정되어 있었다 한다.[28] 그러나 타르콥스키는 '불치의 병'을 '원폭 전쟁'으로 바꾸어,

개인적 위기상황을 보편적인 위기상황으로 변경했다.

이러한 변경은 영화 〈노스탤지어〉에서 주인공 고르챠코프가 도메니코를 통해 '개별적 차원'에서가 아니라 '보편적 차원'에서의 구원이라는 새로운 길로 발을 들여놓게 된 것과 연관하여 볼 때, 주목할 만하다.[29] '개인 구원'과 '세계 구원', 이 두 주제는 타르콥스키의 모든 영화에 깔린 근본적 문제로서 그가 평생을 통해 추구하던 주제였다. 그리고 그에게 사실상 이 둘은 서로 분리된 것이 아니고 상호 연관된 것이었다. 그는 『봉인된 시간』에서 다음과 같이 말했다.

> 대체로 내 영화들이 다루고 있는 문제들이란 인간은 비어 있는 세계의 지붕 밑에 외롭고 고독하게 동떨어져 살고 있는 것이 아니고, 과거와 미래로 연결된 수많은 끈들과 이어져 있다는 것이다. 즉, 모든 인간은 자신의 운명을 소위 세계와 인류의 운명과 연관 지을 수 있다는 점이다.…모든 것을 파괴하는 전쟁, 믿을 수 없을 정도의 사회적 궁핍, 그리고 인간적인 고통의 위협에 직면한 상황하에서, 미래를 지향하면서 우리 서로서로를 발견하는 일은, 인류와 모든 개개인의 성스러운 의무가 아닐 수 없다.[30]

하지만 자세히 살펴보면, 타르콥스키의 관심이 그의 다섯 번째 영화 〈거울〉까지는 개인 구원의 문제에 보다 쏠려 있었다면, 여섯 번째 영화 〈노스탤지어〉에서는 그 무게중심이 점차 세계 구원 쪽으로 이동하고 있다는 것을 알 수 있고, 마지막 영화 〈희생〉에서

---

28 같은 책, p. 294.
29 참조. 6장 〈노스탤지어〉, '행복해지고 싶은가 보죠? 행복보다 더 소중한 것이 있는데…'.
30 안드레이 타르콥스키, 『봉인된 시간』, pp. 262-263.

는 세계 구원 쪽에 더 치중하고 있다는 것을 알 수 있다.

영화 〈희생〉에서 세계 구원이라는 "성스러운 의무"를 떠맡은 이가 바로 알렉산더다. 타르콥스키는 알렉산더에 대해 다음과 같이 서술했다.

> 나의 다음 작품 〈희생〉의 주인공 역시 글자 그대로 보편적 의미의 연약한 인간이 될 것이다. 그는 영웅은 아니나, 자신의 지고한 이상을 위하여 스스로를 희생할 수 있는 솔직하고 사색하는 인간이다. 주어진 상황이 요구하는 경우에도, 그는 자신의 책임을 회피하지 않는다. 그는 그런 상황에서 자신의 측근들이 자신의 행위를 이해하지 못할지도 모르는 모험을 감행하며 그럼에도 불구하고 그는 과감하게 행동할 뿐만 아니라 파탄적인 절망감에도 아울러 사로잡히는 것이다. 그는 자신의 그러한 행동이 자신을 미치광이로 취급받게 만들 수 있다는 사실을 알고 있음에도 불구하고 자신의 이상을 위하여 '정상적'인 인간적 행위의 문턱을 넘어, 말하자면 이 세계의 숙명 속으로 진입하는 것이다. 이 모든 과정에서 그는 결국 자신의 고상한 심성이 요구하는 사명을 충실히 이행한다. 따라서 그는 자신의 운명의 주인이 결코 아니고 오직 하인일 따름이다. 그가 기울인 노력을 아마도 어느 누구도 알아차리지 못할 것이다. 그러나 우리가 사는 이 세계의 조화는 바로 이와 같은 노력들을 바탕으로 하고 있기 때문에 유지되고 있는 것이다.[31]

타르콥스키는 주인공 알렉산더를 솔직하고 사색하는 인간일

---

31 같은 책, p. 266.

뿐만 아니라 자신의 사명을 충실히 이행하기 위해 '정상적'인 인간적 행위의 문턱을 넘어서까지 스스로를 희생하는 인간으로서 설정했다. 이후 영화는 바로 이러한 주인공의 행적을 하나씩 뒤따라간다.

이어지는 장면에서, 알렉산더는 빅터와 이야기를 나눈다. 알렉산더는 왜 그가 갑작스레 모든 것에서부터 은퇴하게 되었는지에 대해 털어놓는다. 그리고 "난 보다 나은 삶을 위해 항상 노력했고, 그래서 철학, 종교, 미학을 공부했지.···그러나 내 노력의 결과는 지식의 사슬로 나를 구속하는 꼴이 되고 말았지. 허나 지금은 행복하네···"라며 다분히 러시아 정교회적인 사변을 늘어놓는다.

인간적 지식이 인간을 행복하게 할 수 없다는 것은 동방 정교회의 기본 입장이다. 〈잠입자〉에서 이미 살펴보았듯이, 러시아 정교회를 비롯한 동방 정교회의 특성 중 하나는 아포파시스*apophasis* 곧 신에 대한 모든 지식의 불가능성을 근거로 모든 인간적 지식을 부정하는 '부정의 길'을 가는 것이다.[32] 중세 신비주의 신학자 마이스터 에크하르트Meister Eckhart•도 이것을 "지성의 가난"poverty of intellect이라 부르며, 예수의 교훈인 "마음이 가난한 사람은 복이 있다"(마태복음 5:3, 새번역)와 연결시켜 인간적 지식을 떠날 것을 특히 강조하였다.

에크하르트에 의하면, 인간의 이성적 지식은 하나님이나 진리 자체에 대한 지식이 아니라, 그에 대한 '피조물'의 지식이다. 따라서 이러한 '피조적 지식'에서 벗어나는 것이 인간이 '진정한 행복'에 이를 수 있는 "지성의 가난"이라는 것이다. 이것이 알렉산더가 모든 지식을 버린 다음 "허나 지금은 행복하네···"라고 말할 수 있는 이유다.

32 참조. 5장 〈잠입자〉, '믿지 않으면 알 수도 없다'; 6장 〈노스탤지어〉, '빛나는 성좌 아래 모든 천상의 것을 갈구하는 에로스.'

이때 이들의 대화에 알렉산더의 아내 아델라이데가 끼어들어 알렉산더의 은퇴에 대해 힐난하는데, 그녀의 성격에 대해 타르콥스키는 『봉인된 시간』에서 다음과 같이 묘사했다.

그녀는 자기 주변에 있는 사람들의 개성과 인품을 질식시켜 버리고 자신의 의사意思에 반하여 다른 인간들을 억압하며, 그런 식으로 또한 자신의 남편까지도 억압하는 여자이다. 그녀는 사물에 대한 반응을 보일 능력이 없으며, 고매하지 못한 자신의 정신세계 때문에 고통을 받고 있고, 자신의 이런 고통으로부터 비밀스럽게 힘을 얻어 내고 있지만 이 힘은 파괴적인 힘인 것이다. 어떻게 보면 그녀는 알렉산더가 맞는 비극의 원인이다. 그녀는 근본적으로 남에게는 거의 관심을 기울이지 않으면서도 자기합리화와 자기주장의 공격적인 본능은 대단한 관심을 기울이며 따른다. 그녀의 인지력認知力의 지평은 자신이 감지하는 세계 저편에 있는 또 다른 세계를 인식할 수 있을 정도로 넓지 못하다. 그리고 설사 이 다른 세계를 본다 할지라도 - 그녀는 그 세계를 이해하지 못할 것이다.[33]

타르콥스키는 영화 〈희생〉에서 아델라이데의 이러한 성격을 그가 설정한 다른 여성 인물인 하녀 마리아의 성격과 대조시킴으로써, 그가 구원의 인물로 규정한 '자기희생적 인간'의 모습을 분명히 하고자 했다.

타르콥스키는 "아델라이데와 대칭되는 인물이 겸손하고 비굴하며 항상 부끄러워하고 불안한 느낌을 주는 마리아인데, 그녀는

---

33 안드레이 타르콥스키, 『봉인된 시간』, p. 303.

알렉산더의 집에서 하녀의 일을 하고 있다"³⁴라고 마리아에 대해 간단히 언급하는데, 영화는 이 마리아를 통해 구원이 오는 것으로 설정되어 있다. 아델라이데가 '외적으로 자유로운 그러나 내적으로 자유롭지 못한' '강한 그러나 도덕적으로 몰락한' 인간이라면, 마리아는 '외적으로 자유롭지 못한 그러나 내적으로 자유로운' '연약한 그러나 도덕적 확신에 찬' 인간인 것이다.

그런데 이러한 마리아의 도움을 통해 구원이 온다는 타르콥스키의 설정 역시 다분히 동방 정교회적인 것이다. 기독교 교파 중 예컨대 프로테스탄트에는 '마리아 신앙'이 없지만, 가톨릭교회와 동방 정교회에서 '마리아 신앙'은 구원의 중요한 요소로 작용하기 때문이다.

에베소 공의회431년에서 교부들은 마리아를 '테오토코스'*Theotokos*, 곧 '하나님의 어머니'로 규정하고 공경하기로 결정했다. 그 후부터 동방 정교회에서는 마리아를 "그룹천사보다 고귀하며 스랍천사보다 영광스러운 분"이라고 부르며 모든 피조물보다 뛰어난 존재로 숭배한다.

물론 이러한 공경은 성자聖子와 분리된 것이 아니고, 마리아를 공경함으로써 성자의 인성人性에 대한 교리가 온전하게 보존된다는 데서 온 것이다. 그리스도는 신일 뿐 아니라 예수 곧 역사적 인간이다. 그는 신성을 변화시키지 않고, 또 신성과 인성이 혼합되지도 않고 인성을 지녔다. 즉 신이면서 동시에 인간인 존재God-Man다. 이러한 그리스도의 인성에는 아담이 타락한 이후에 인류가 접근할 수 없는 성스러움聖性이 들어 있다. 그런데 그 인성을 마리아로부터 받았기 때문에, 마리아의 인성도 이러한 성스러움을 지니고 있었다고

34   같은 책, p. 303.

보아 동방 정교회에서는 그리스도의 인성을 공경하는 것과 꼭 같은 의미로 마리아를 공경한다.[35]

마리아의 인성의 성스러움에 내재된 덕목은 순종과 희생이다. 천사가 마리아에게 동정녀 잉태를 전했을 때, 마리아는 거절할 수도 있었지만 "주의 여종이오니 말씀대로 내게 이루어지이다"(누가복음 1:38)라고 순종하고 자신을 희생하였다.[36] 그 때문에 하와의 교만과 불순종으로 세상에 죄가 들어오고, 마리아의 순종과 희생으로 죄가 사해졌다고 하는 것이다.

타르콥스키는 이러한 교리를 바탕으로 영화 〈희생〉에 마리아라는 인물을 하녀로 설정해 두었다. 나중에 드러나지만, 타르콥스키가 하녀의 이름을 '마리아'라고 지은 것은 구원에 대한 상징이자, 동시에 스토리 전개상 깔린 복선이다.

---

[35] 마리아 신앙은 예수의 신성(神性)과 인성(人性)에 관한 이론인 그리스도론과 연관되어 있다. 즉 그리스도의 인성이 인정되면, 그에게 인성을 물려준 마리아 숭배가 인정되는 것이다. 그런데 428년 콘스탄티노폴리스 대주교로 부임한 네스토리우스는 마리아를 '그리스도의 임신자'(Bearer of Christ)라고 부를 수는 있어도 '신의 어머니'(Bearer of God)라고 부를 수는 없다고 주장했다. 이 논란의 핵심은 예수 안에 있는 두 본성의 문제였다. 네스토리우스처럼 마리아를 단지 '그리스도의 임신자'로 인정할 경우 예수의 인성뿐 아니라 마리아의 인성의 성스러움(聖性)이 부인되므로, 마리아는 숭배의 대상이 되지 못한다. 이에 대해 431년 에베소 공의회를 거쳐 451년 '칼케돈 신경'에서 그리스도가 "신성에 있어서는 아버지와 동일본질이고 인성에 있어서는 우리와 동일본질이시다"라는 말로 확정되었다. 그리고 "신성에 있어서는 시간 이전부터 아버지로부터 나시고 동일한 분이 마지막 날에 우리와 우리의 구원을 위해서 동정녀 마리아에게서 나셨으니, 그의 인성에 대해서는 동정녀 마리아가 '신의 어머니'(Theotokos)다"라고 밝혔다. 이 말이 그리스도론 논쟁을 처음 일으킨 네스토리우스의 입장에 대한 칼케돈 공의회의 답변인 셈이며, 동시에 마리아를 숭배할 수 있는 교리적 근거가 되었다.

[36] 가톨릭교회와 동방 정교회에서는 마리아의 순종과 희생을 자발적인 것으로 본다. 예컨대 동방 정교회 신학자 니콜라스 카바실라스(Nicholas Cabasilas)는 "육화는 단지 하느님 아버지와 그분의 권능과 성령의 역사하심뿐 아니라 하느님이 자발적으로 사람이 되신 것과 똑같이 성모 마리아가 자유롭고 완전한 동의로서 예수님을 잉태하시길 희망하신 것이다"라고 주장했다(Nicholas Cabasilas, *Homily on the Annunciation*, 4-5).

오, 주여! 이 암울한 시대에서 우리를 구하소서

이때 우체부 오토가 생일 선물로 17세기 유럽지도를 자전거에 싣고 온다. 과분한 선물이라는 알렉산더의 말에 그는 "모든 선물에는 희생정신이 깃들어 있죠.…그렇지 않다면 선물이 아닙니다"라고 대답한다. 이어 그는 세상에 있을 수 있는 신비한 현상에 대해 설명하면서, 어느 홀로된 노부인의 일을 예로 든다.

그 부인이 전쟁터로 보내질 아들과 기념사진을 찍었다. 그런데 아들이 전장에서 곧바로 사망하자, 부인은 그 사진을 찾지 않고 오랜 세월이 흘렀다. 그러던 어느 날 부인이 친구에게 줄 사진을 찍기 위해 같은 사진관에서 다시 사진을 찍었는데, 현상을 해 보니 그 사진에는 오래전에 죽은 아들의 모습이 그때 그 모습대로 함께 찍혀 있더란 것이다. 오토는 자기가 이러한 사례를 정확히는 284가지나 수집해 가지고 있다면서 "우리는 마치 장님 같아요. 아무것도 보지 못하니까요"라고 말한다.

오토가 이야기하는 세계가 바로 타르콥스키가 말하는 "세계 저편에 있는 또 다른 세계"이자, 우리가 〈이반의 어린 시절〉에서 살펴본 '초현실'이다. 타르콥스키는 이러한 '초현실적 요소'를 도입함으로써, 그가 영화 〈희생〉의 결말로 제시하는 구원의 방법이 우리의 일반적 상식에서 벗어나고 있음에 대해 미리 설명하고 있는 것이다.

이때, 전폭기의 굉음이 들리고 집안이 크게 흔들려 선반에 올려놓았던 우유병이 떨어져 깨지면서 바닥에 우유가 쏟아진다. 3차 대전이 시작되었으니 모두 질서를 지켜 주길 바란다는 방송이 나온다. 이어 전기가 나가고 전화가 불통된다.

그러자 알렉산더는 "나는 이 순간을 평생 기다려 왔어. 내 삶은 긴 기다림에 불과했지"라고 중얼거리고, 아델라이데는 "이게 다 내 탓이야. 내게 내려진 천벌이지"라며 발작을 일으킨다. 빅터가 진정제를 투여하여 겨우 안정시켜 소파에 눕히자, 그녀는 자신의 삶을 후회하는 내용의 독백을 늘어놓는다. 빅터는 싫다는 마르테에게도 진정제를 투여하고, 모두들 절망과 불안에 빠진다.

그동안 알렉산더는 몰래 빅터의 가방에서 권총을 빼내 가지고 자기 방으로 간다. 그리고 주기도문을 외운다. 그러나 이내 밀려오는 공포와 절망감을 주체하지 못하고 쓰러져서, 자신의 모든 것을 다 바칠 것을 약속하면서 구원을 호소한다.

오, 주여! 이 암울한 시대에서 우리를 구하소서. 내 아들과 친구들을 보호하소서. 내 아내와 빅터와 당신을 사랑하며 사는 이들을 구하소서. 당신을 보지 못하여 믿지 못하는 자들, 아직 불행해 본 적이 없어 당신을 영접하지 못하는 자들, 미래의 생명력과 희망을 잃은 자들, 당신의 뜻에 굴복할 기회를 잃은 사람들, 종말이 다가옴을 느끼는 자들, 주님이 아니고는 보호받지 못하는 모든 사람들을 구하소서. 이 전쟁은 마지막 전쟁이 될 것입니다. 끔찍한 일이지요. 모두 사라질 것입니다. 승자도 패자도, 도시와 마을도, 풀과 나무도, 우물물과 하늘의 새도…. 저의 모든 것을 바치겠습니다. 사랑하는 가족도 포기하겠습니다. 평생 벙어리로 살겠습니다. 제 삶의 모든 것을 포기하겠습니다. 어제 혹은 오늘 아침과 똑같이 모든 것을 되돌려 주소서. 그리고 저의 이 끔찍한 두려움을 없애 주소서. 나의 모든 것을…. 오, 주여! 도와주소서. 약속한 모든 것을 지키겠습니다.

참으로 끔찍한 기도다. 다가오는 세상의 종말을 마주하고 드리는 묵시록적 기도라고 하지 않을 수 없다. 그러나 다시 생각해 보자. 이것이야말로 오늘날 우리가 드려야 할 기도가 아닌가를!

그 사이, 알렉산더의 딸 마르테가 도와 달라면서 빅터를 자기 방으로 불러들이고 옷을 벗는 장면이 나온다. 알렉산더는 황폐한 벌판과 맨발로 눈 위에 선 아들 고센의 환상을 본다.

이때 만취한 오토가 알렉산더의 방에 찾아와, 이 파국을 피하려면 하녀 마리아의 도움을 받아야 한다고 한다. 그에게 "미쳤다"라고 비난하는 알렉산더의 말에도 불구하고, 그는 계속 하녀 마리아와 동침하면서 소원을 빌어야 이 종말을 피할 수 있다고 주장하고 떠난다.

알렉산더는 반신반의하며 망설이지만, 결국 오토의 말대로 그가 남겨 두고 간 자전거를 타고 하녀 마리아에게로 간다. 그리고 당황하는 마리아를 설득하기 위해, 자기 어머니의 집 정원에 대한 이야기를 한다. 어머니가 노쇠해져 정원을 가꿀 수 없게 되었을 때, 정원은 황폐한 것처럼 보였었다. 그래서 자신이 어머니를 기쁘게 해 드리기 위해 2주 동안이나 일을 해서 정원을 손질했는데, 그 일을 마치고 보니 정원은 오히려 모든 자연스러운 아름다움을 상실하고 마치 폭력이 휩쓸고 지나간 현장 같았다는 것이다. 그때 그는 어린 시절, 여동생이 아름다운 금발머리를 미장원에서 자르고 왔을 때, 아버지가 우시던 기억이 났다고 했다.

자연과 인간 사회를 디자인해 온 근대 이성의 과오를 고발하는 듯한 이 이야기를 마치고, 알렉산더는 마리아에게 동침을 요구한다. 마리아가 거절하자, 알렉산더는 "난 당신이 누군지 아오. 우리를 구해 주시오. 시간이 없소"라면서 권총을 꺼내 자신의 머리에 겨눈다. 이에 마리아가 응하고 두 사람의 정사는 — 타르콥스키가 〈솔라리스〉와 〈거울〉에서 이미 사용했던 기법인 — 두 사람이 공중으로 떠올라 어우러지는 장면으로 묘사된다. 이때 "두려워 말아요. 그냥 사랑하기만 하면 되는 거예요"라는 마리아의 목소리가 들리고, 수많은 사람들이 거리로 쏟아져 나오는 환상이 한동안 계속된다.

장면이 바뀌어 다음 날 아침, 자기 방에서 잠을 깬 알렉산더는 원폭에 의한 종말이 사라진 것을 느낀다. 전기가 다시 들어오고, 전화도 통한다. 밖에서는 가족들의 일상적 대화 소리가 들려온다. 기적이 일어난 것이다.

가족들은 산책에 나서고, 알렉산더는 자신이 기도 중에 했던 약속을 지키기 위해 집에 불을 지른다. 불길이 치솟자 가족들이 달려와 알렉산더를 진정시키다가, 이내 구급차에 실어 병원으로 보낸다.

구급차가 해변을 지나갈 즈음, 알렉산더의 어린 아들 고센이 물동이 가득 물을 길어 힘겹게 아버지가 심은 죽은 나무 쪽으로 나르는 장면이 보인다. 이어, 말을 할 수 없던 고센이 그 나무 밑에 누워 "태초에 말씀이 있었다는데…아빠, 그게 무슨 뜻이죠?"라고 소리 내어 묻는다.

그리고 타르콥스키의 카메라는 죽은 나무를 따라 천천히 위로 상승한다. 이는 희생을 통한 구원 곧 '케노시스$_{kenosis}$'에 의한 테오시스$_{theosis}$'가 이루어진 것을 의미한다. 그리고 자막이 떠오른다.

"나의 아들 안드류슈카를 위하여
희망과 확신을 갖고 이 영화를 만듭니다."
—안드레이 타르콥스키

세계 저편에 있는 또 다른 세계

이렇게 영화 〈희생〉은 끝이 났다. 그런데 이 작품의 끝부분은 사실상 매끄럽지 못하다. 비록 타르콥스키가 많은 복선과 설명을 미리 깔아 놓았음에도 불구하고, 원폭 전쟁에 의한 인류 파멸을 면하기 위해 하녀와 동침하고 자기 집을 불사르는 알렉산더의 행위는 상식에서 크게 벗어나기 때문이다.

종교적으로 보아도 문제가 있다. 러시아 정교회가 기독교 다른 종파에 비해 그리스도의 구속救贖 곧 '희생을 대가로 한 구원'의 의미를 강조하고 있다고는 하지만, 그것은 어디까지나 상징적 의미로서 받아들여야지 실제적인 것으로 과장되어서는 안 된다. 구속의 상징에서 죄의 권세를 지나치게 강조하면, 죄가 마치 신과 대적할 수 있는 하나의 실체 곧 악마로 간주되는 위험이 있다. 만일 죄의 마성이 실체여서 신까지도 그에게 아들聖子을 대가로 치러야 할 정도라고 확정하면, 신의 전능성이 예수의 신성과 함께 손상된다.

이것은 삼위일체 논쟁 때,[37] 아리우스Arius가 주도했던 '오리게

---

[37] 오리게네스(Origenes)*는 "삼위일체"(trinitas)라는 테르툴리아누스의 용어를 알고 있었고 그의 교설에 자주 사용했으나, 이미 신플라톤주의의 영향을 입은 그는 삼위 중 아버지(聖父)와 아들(聖子)이 같다는 '동등성'(同等性)을 주장하는 입장과 아들의 아버지에 대한 '종속성'(從屬性)을 주장하는 입장, 둘 모두를 취하고 있었다. 오리게네스 자신은 두 가지 입장의 균형을 유지하고 적절히 사용하여, 삼위(trias)는 피조물들에게, 아버지는 존재를, 아들은 합리성을 그리고 성령은 성결함을 부여한다(Origenes, De Pricipiis, 1, 3, 7)는 식으로 설명을 하였지만, 아들이 아버지와 동일하면서도 동시에 종속적이라는 그의 교설은 훗날 동등성을 강조하는 제자들 곧 '오리게네스 우파'와 종속성을 강조하는 제자들 곧 '오리게네스 좌파' 사이에 삼위일체론 논쟁을 일으키게 하였던 것이다. 아리우스가 주장하는 종속설은 신플라톤주의의 주장을 따라 창조주(nous)를 '일자와 세계의 중간자'—기독교적 표현으로는—아들을 아버지와 세계 사이에 있는 '중간자'로서 파악함으로써, 기독교 교리에서 성부와 세상과의 '화목제'로서의 그리스도의 역할을 설명하는 데 쓰였으나, 이 교설은 아들의 신성에 제한을 두는 위험을 내포하고 있었다.

네스 좌파'에 대한 정죄와 연관되어 있는 교리적으로 심각한 문제다. 이 논쟁에서 신플라톤주의 영향을 받은 아리우스는 예수의 인성人性과 희생양으로서의 역할을 강조했다. 그러나 이에 반대하여 당시 '오리게네스 우파'를 이끌었던 아타나시우스*는 예수의 신성神性을 강조하며, 예수는 신으로서 인간을 구한 것이지 희생의 제물로서 인간을 구한 것이 아니라는 것을 주장했다.[38]

325년 5월 25일, 소아시아 북서부의 비두니아에 있는 니케아 Nicaea에서 역사상 최초로 열린 니케아 공의회에서 아리우스주의가 배격당하였고, 아타나시우스주의가 채택되었다. 이때 결정된 새로운 신앙고백을 '니케아 신경'Creed of Nicaea[39]이라 부르는데, 이때부터 '희생을 대가로 한 구원'이라는 예수의 구속은 상징적 의미를 갖게 된 것이다.

그러나 여전히 신플라톤주의와 '오리게네스 좌파'의 영향 아래 있는 동방 정교회는 이러한 구속이라는 상징에 은폐되어 있는 위험을 항상 안고 있다. 그 때문에 알렉산더가 하녀와 동침하거나 집을 불태우는 등의 행위를 하는 것을 '희생을 대가로 한 구원'을 위한 것으로 주장하거나, 관객들이 이러한 의견을 받아들이는 것은 다분히 동방 정교회적이라고 할 수 있다. 하지만 그러한 행위를 정통 기독교 교리의 입장에서 보면 논란의 여지가 있다. 타르콥스키가 아무리 "세계 저편에 있는 또 다른 세계"에 대한 이야기라고 설득하려 한다 해도 그것만으로는 설득력이 부족하다는 뜻이다. 그래

---

[38] Athanasius, *De Incarnatione*, 7.
[39] 니케아 신경에는 예수가 "아버지의 본질로부터 나오신 자로서, 그는 하나님 중의 하나님이요, 빛 중의 빛이요, 참 하나님으로부터 나오신 참 하나님이고, 창조되지 않았고 하나님의 동본질(*homoousius*)로부터 나셨습니다"라는 구절이 포함되어 있다.

서 그는 『봉인된 시간』에 변명과 같은 해설을 실어 놓았다.

"우화적인 형식에 걸맞게 〈희생〉에서 벌어지는 모든 사건들은 여러 가지 해석을 허용한다. 여러 가지 다른 해석이 있으며 이는 전적으로 내가 의도한 바였다"라면서, "모두가 자신의 시각에서 사건을 바라보고, 모순에 가득 찬 복잡한 연관관계를 풀어 보려고 하는 것은 피할 수 없게 될 것이다"라고 다양한 해석 가능성을 열어 놓은 것이다.

> 종교적 생각이 깊은 사람들은 이를테면 알렉산더의 기도에서, 핵에 의한 파멸이 오지 않는 이유를 볼지도 모른다 – 과격하게 전향을 결심한 자의 부름에 대한 신의 응답이라고 생각할지도 모른다. 그는 자신과 인연 있는 모든 것을 끊어 버렸으며, 심지어 자신의 집도 부숴 버렸고, 자신이 끔찍이 사랑하는 아들과 이별할 준비도 되어 있는 자이다. 신비스럽고 초자연적인 경향을 지닌 관객들에게는 마녀 마리아와의 만남이 다음 장면들을 모두 설명해 주는 핵심적인 장면으로 보일지도 모른다. 또 한편 어떤 관객들에게는 핵전쟁이란 분명히 없었던 것으로 여겨진다: 이런 관객들에게는 모든 것은 단지 반쯤 미쳐 버린 이상한 녀석의 병적인 환상 속에서 일어난 것이었으며, 이런 녀석은 – 자신의 행동에 대한 불가피한 결과 – 정신병원에 처넣어 버리고, 세상은 더 이상 이 녀석에 대해 왈가왈부하지 않는 것이다.[40]

그럼에도 그는 "나는 누구에게도 특정한 해답을 강요할 생각은 없지만 전체에 대한 나 자신의 시각은 물론 가지고 있다"면서

---

40 안드레이 타르콥스키, 『봉인된 시간』, pp. 301-302.

감독으로서 그 자신의 시각에 대해서도 다음과 같이 장황하게 설명했다.

> 그러나 영화 속의 현실은 마지막에 가서 처음과 전부 달라진다. 첫 장면과 마지막 장면, 시들어 버린 나무에 물을 주는 장면 – 나에게는 믿음의 상징 – 들은 그 사이에서 사건의 흐름이, 점점 더 강렬해지는 자체 역동력을 발전시키는 순간들을 표시해 주는 것이다.…
>
> …알렉산더가 자신의 집을 불 질러 버림으로써 자신이 신에게 기원한 것을 눈에 띄게 성취하는 장면보다 시각적으로 작품 이해를 [위해 더 큰 역할을 해낸 것은 없다.]…그러나 내가 처음부터 중요시한 것은 관객들을 삶에 꼭 필요하지 않은 모든 것을 죄악시하는 한 인간의 이 무의미하고 부조리해 보이는 행동 속으로 감정적으로 끌고 들어가려는 것이었다. 관객들은 이 미친 짓이라고 하는 행위에 직접 참여하여야만 한다. 그렇다, 관객들은 말하자면 알렉산더의 병든 의식을 통해 왜곡되어 그의 미친 짓을 실제의 현실에서 체험해야만 한다. 나의 전 작품 중에서 가장 긴 장면(쇼트), 아마도 영화사를 통틀어 가장 긴 장면일 듯한 6분짜리 이 장면은 이런 연유에서 길어진 것이었다.[41]

이 글에서 보면, 타르콥스키는 이 작품에 대한 여러 가지 해석 가능성을 알고 있었고, 또한 그것을 의도적으로 열어 놓은 것임을 알 수 있다. 하지만 그는 자기가 관심을 쏟은 것은 이야기의 합리적인 전개가 아니라는 자신의 입장도 역시 분명히 했다. 그가 "처음부

---

41 같은 책, pp. 302-305.

터 중요시한 것은 관객들을 삶에 꼭 필요하지 않은 모든 것을 죄악시하는 한 인간의 이 무의미하고 부조리해 보이는 행동 속으로 감정적으로 끌고 들어가려는 것"이라는 것이다.

그렇다! 포에지Poesie다. 관객을 "감정적으로 끌고 들어가려는 것", 이것이 〈이반의 어린 시절〉에서부터 이미 분명히 밝혔던 '타르콥스키의 화법'이다. 그에게 중요한 것은 언제나 논리성이 아니라 서정성이었고, 극작가가 극을 쓰는 데 사용하는 드라마투르기Dramaturgie가 아니라 시인이 시를 쓸 때 사용하는 포에지Poesie였다.[42]

타르콥스키는『봉인된 시간』의 다른 곳에서도 "외적인 사건의 흐름, 음모, 사건의 연관성 등에 관해 나는 관심을 갖고 있지 않다. 영화 제작을 거듭할수록 점점 더 이 같은 것들에 대한 나의 흥미는 감소되었다. 내가 가장 관심을 갖고 매달린 것은 인간의 내면세계였다. 따라서 나는 주인공의 정신적 지주를 이루는 문학적·문화적 전통과 주인공의 내적 정신세계로 접근하는 철학의 세계를 추적하는 데 더 많은 관심을 갖게 되었다"[43]라고 자신의 입장을 분명히 밝힌 바 있다.

앞에서 언급했듯, 타르콥스키가 영화사상 가장 긴 숏을 구성하면서까지 〈희생〉에서 표현하고자 한 것은 "외적 사건의 흐름"이 아니라, "주인공의 내적 정신세계로 접근하는 철학의 세계"였던 것이다. 이 때문에 〈희생〉은 사건의 흐름과 연관성에서 다소 무리를 보이고 있는 것으로 이해해야만 한다.

---

42 보다 자세한 내용은 1장 〈이반의 어린 시절〉, '포에지―타르콥스키적 화법'을 보라. 영화 작가로서 타르콥스키가 문제 삼았던 것은 언제나 서정성 곧 '시적 감흥'(詩的感興)이다. '시적 감흥'은 화면 구성(Mise-en-scéne)과 장면 연결(Montage)에 있어서 그가 추구하는 가장 중요한 요소였다.
43 안드레이 타르콥스키,『봉인된 시간』, p. 260.

그렇다면 우리는 우리의 시선을 매끄럽지 못한 사건의 흐름과 연관성에 두지 말고 차라리 타르콥스키가 주목한 것, 곧 "주인공의 내적 정신세계로 접근하는 철학의 세계"로 돌리는 것이 이 작품을 이해하는 보다 바람직한 방법일 것이다.

*

"인류를 위한 구원의 마지막 가능성"이라고 스스로 믿는 '인간의 자기희생'을 "모든 이기주의적인 관계에 대한 전면적인 포기" 또는 "물질세계와 물질세계의 법칙의 굴레를 벗어[남]"으로 규정하는 타르콥스키가 주목한 것은 알렉산더가 하는 행위들의 논리적 설득력이 아니라, 그의 행위가 가진 '정신적 측면'이었다.

우리가 지금까지 살펴본 그의 작품들의 해석을 통해 알고 있듯이, 타르콥스키가 그리는 세계는 "세계 저편에 있는 또 다른 세계"다. 그 세계는 무엇보다도 시간과 시간, 장소와 장소 그리고 인간과 인간이 서로 유대를 갖는 세계다. 초현실주의의 입장에서는 이러한 세계가 현실 부정이 매개가 되어 발견되는 '참되고 진정한 현실' 곧 '초현실'이다.[44]

기독교적 관점에서는 그리스도의 사역에 의한 총괄 갱신 recapitulatio[45]이 있은 후 시공을 초월한, 곧 탈시공脫時空한 세계로서

---

44 "초현실주의가 말하는 '초현실'이란 단순히 인간의 무의식 세계가 아니었고, 또한 현실을 초월한 그 어떤 꿈의 세계나 피안(彼岸)도 아니었으며, 오히려 현실 부정이 매개가 되어 발견되는 '참되고 진정한 현실'이었다. 이런 이유에서 초현실주의는 개인 변혁과 세계 변혁이라는 목표를 함께 갖고 있…다"(1장 〈이반의 어린 시절〉, '초현실―타르콥스키적 이상세계').

45 170년경 프랑스 리옹의 감독이었던 이레나이우스(Irenaeus)는 구원을 '레카피툴라티오'(recapitulatio) 또는 '아나케팔라이오시스'(anakephalaiosis)라고 불렀는데, 이 개념의 출처는 에베소서 1:10 "때가 [차면]…하늘에 있는 것이나 땅에 있는 것이 다 그리스도 안에서 통일되게 하려 [함]"이다. '레카피툴라티오'는 때(Kairos)가 차면 이루어질 '총괄 갱신'을 뜻한다. '총괄 갱신'이란 역사를 통해 그리스도로서 구현되는 '인간 구원'과 '세계 구원' 모두를 포함하고 있다.

'새로운 시대'에 다가올 '새 하늘'과 '새 땅' 그리고 '새 인간'들의 세계다. 그것은 "칼을 쳐서 보습을 만들고…창을 쳐서 낫을" 만들고, "이 나라와 저 나라가 다시는 칼을 들고 서로 치지 아니하며 다시는 전쟁을 연습하지 아니하[는]" 세상(이사야 2:4)이며, 가슴이 뛰도록 아름다운 세상, 곧 하나님 나라가 임한 세상이다.

타르콥스키는 그의 작품들에서 주로 꿈이나 환상을 통해 이러한 세계를 부단히 예시해 왔다. 특히 〈솔라리스〉에서 과거가 현전現前하는 시간 곧 '시간의 병치'를 통해 이러한 세계를 보여 주었고, 또한 〈노스탤지어〉에서는 이탈리아 여성 유제니아와 고르챠코프의 아내 마리아가 어우러진 장면과 이탈리아 토스카나 성당과 러시아 시골 고향 집이 나란히 병치되는 '공간의 병치'를 통해 이러한 세계를 보여 주었다.

그러나 이런 세계의 도래는—그리스도의 사역이 그렇듯—언제나 먼저 희생을 요구한다. 우리는 〈희생〉에서 알렉산더의 "미친 짓" 같은 행위들, 주인으로서 하녀와 동침하고 집을 불태우는 행위를 바로 이러한 '희생'이라는 관점에서 이해해야 한다.[46]

세계 저편에 있는 또 다른 세계! 타르콥스키는 그 자신이 언제나 보아 왔고 그 때문에 그의 전 작품을 통해, 특히 그의 마지막 작품을 통해 그리려 했던 그 세계에, 우리가 사는 이 세계에서 볼 때는 "미친 짓"이라고 생각되는 그 세계의 현실에, 관객들을 참여시키고자 했던 것이다. 그것이 죽음을 앞둔 한 천재적 예술가의 간절한

---

46 타르콥스키는 이에 대해 "그녀와 집주인 사이에는 우선 어떤 접근도 가능한 것 같이 보이지 않는다—하녀가 감히 어떻게 주인과 가까워질 수 있겠는가?…당면한 파국을 맞이하여 그는 마치 자신의 모든 운명을 정당화시키는 신의 선물인 양, 이 평범한 여인에게 사랑을 느끼는 것이다. 그가 맞이한 기적은 그를 변화시킨다"라고 설명했다(안드레이 타르콥스키, 『봉인된 시간』, p. 303).

마지막 소망이었다.

타르콥스키는 알렉산더에 대해 다음과 같이 서술했다.

신이 알렉산더의 기도에 응답한다는 사실, 신이 그의 말을 말 그대로 받아들인다는 사실, 바로 거기에 무시무시하고도 고무적인 결과가 있는 것이다. 무시무시한 측면이란 알렉산더가 자신의 맹세를 실천하는 과정에서 자신이 지금까지 속했던 세계로부터 완전히 결별하고 그럼으로써 자기 가족과의 연관을 잃을 뿐만 아니라 — 최소한 그의 주변 사람들의 눈에는 더 나쁘게 보일 수 있는 — 전래의 도덕적 척도로 잴 수 있는 모든 도덕적인 것을 잃는다. 그럼에도 불구하고 또는 바로 그 때문에 알렉산더는 내게는 신에게 선택된 인물이며, 우리들을 위협하고 삶을 파괴하며 구제할 길 없이 멸망으로 이끄는 삶의 메커니즘을 온 세계에 폭로하고 전향을 호소하기 위해 선택된 인물이다 — 인류를 위한 구원의 마지막 가능성을 보여 주는 인물이다.[47]

그렇다면 여기에서 다시 생각해 보자. 알렉산더가 누구인가? 우리는 타르콥스키의 일곱 작품을 차례로 살펴보면서 첫 작품인 〈이반의 어린 시절〉의 소년 이반에서 마지막 작품인 〈희생〉의 노인 알렉산더에 이르기까지, 각각의 작품에 등장하는 주인공이 사실은 하나의 인물인 것, 각각 다른 시간과 공간 그리고 상황 아래에서 다른 이름으로 나타나고 있는 것을 알았다. 그리고 우연하게도 그들은 타르콥스키와 함께 나이 들어 간다는 사실도 드러났다.

그렇다! 타르콥스키가 평생을 바쳐 그려 온 그는 신에게 선택

---

47 같은 책, pp. 305-307.

된 인물이며, 우리들을 위협하고 삶을 파괴하며 구제할 길 없이 멸
망으로 이끄는 삶의 메커니즘을 온 세계에 폭로하고 전향을 호소
하기 위해 선택된 인물이고, 인류 구원의 마지막 가능성을 보여 주
는 인물이다. 우리가 만들어 온 잘못된 세계를 고뇌하고 애통하며
울부짖는 사람이며, 시적 언어Poesie를 통해 아름다운 하나님 나라
의 비전을 전하는 사람이고, 그럼으로써 기존의 현실을 부수고 새
로운 가능성을 환기시키는 사람이다. 바로 브루그만이 규정한 예언
자이자 이 책에서 말하는 파수꾼이다. 그가 곧 타르콥스키 자신인
것이다.

성스러운 바보들

타르콥스키는 이처럼 알렉산더를 – 우체부 오토, 그리고 아들 고센
과 하녀 마리아도 – "신에게 선택된 인물"로 규정하고, 이들의 정신
세계를 고대 러시아의 "성스러운 바보"天癡들에게서 찾을 수 있다고
주장했다.

> 이 인간[성스러운 바보]들은 그들의 순례자의 모습과 누더기를
> 걸친 거지의 모습을 한 외모를 통해서 질서가 잡힌 사회관계 속
> 에서 사는 보통 사람들의 눈길을, 모든 이성적·합리적 법칙성의
> 건너편에 있는, 예언과 희생과 기적에 가득 찬 또 다른 세계로
> 돌려주었던 자들이다.…인간이 믿음을 상실한 그만큼, 현대 문
> 명의 대부분은 기적에 대한 이해 역시 상실하고 말았다 – 오늘날
> 인간들은 외적인 사건의 흐름이나 인지 과정 그리고 의식 과정
> 에서 모든 경험 논리에 모순되며 깜짝 놀랄 만한 분기점을 희망

할 줄 아는 능력을 갖고 있지 못하다. 그리고 그와 같이 설명할 수 없는 변화를 자신의 삶에게 허용하고 그 변화시키는 힘을 신뢰할 준비는 더더구나 되어 있지 않다.[48]

타르콥스키는 현대가 당면하고 있는 모든 절망적 상황은 우리가 "깜짝 놀랄 만한 분기점을 희망할 줄 아는 능력"을 갖고 있지 못하다는 점과, 바로 그 때문에 "설명할 수 없는 변화를 자신의 삶에게 허용하고 그 변화시키는 힘을 신뢰할 준비"가 되어 있지 않다는 점에 기인하고 있다고 주장한다. 따라서 우리는 눈에 보이는 물질적·실용적 세계에만 집착하게 되고, "세계 저편에 있는 또 다른 세계"에는 눈을 돌리지 못한다는 것이다.

그렇다면 어찌할 것인가? 절망인가? 전락인가? 아니면 다른 무슨 희망이 남아 있는가? "그럼에도 불구하고 성경이 말하는 묵시록적인 정적의 전망이 있음에도 불구하고 희망은 있는 것인가?"[49]

우리는 여기에서 〈이반의 어린 시절〉을 살펴보며 1장의 마지막에서 던져졌던 질문도 역시 다시 떠올리게 된다. 그 질문은 다음과 같았다. "무엇 때문에 그는 소녀를 붙잡지 못하고 한갓 죽은 고목을 잡을 수밖에 없었을까? 혹시 소녀와 이반은 달려가 나무에 먼저 손을 대는 사람이 이기는 게임이라도 했던 것일까? 아니면 이상 세계를 향한 이반의 꿈이 결국 부질없었다는 뜻인가? 더 나아가 모든 이상을 향한 인간의 동경이란 단지 헛되다는 뜻인가? 그렇다면 타르콥스키가 말하고자 하는 것은 결국 허무주의였던가? 그래서 이반을 아무 보람 없이 죽게 했는가? 그래서 꿈에서마저 그는 죽은

48 같은 책, p. 307.
49 같은 책, p. 308.

고목만을 붙잡을 수밖에 없는가? 진정 그런 것인가? 아니라면, 만일 그게 아니라면 절망과 허무주의를 극복하고 유토피아를 이룰 수 있는 그 어떤 방법이 그의 작품 안에 있는가?"⁵⁰

타르콥스키는 이렇게 말했다.

이에 대한 대답은 아마도 메말라 시들어 버린 나무에 참을성 있고 짜증 내지 않으며 물을 준다는 오래된 전설, 지금까지 만든 영화 중 내게 가장 중요한 영화 속에 내가 각색하여 삽입한 이 전설이 해 줄 수 있을 것이다. 모든 이성에 반하여 수년간 산으로 물통을 날랐던 수도승은 현혹되지 않고 확실하고 구체적으로 신의 기적을 믿었기 때문에, 어느 날 그에게 그 같은 기적이 나타날 수 있었던 것이다 – 앙상하게 메말랐던 가지들은 하룻밤 사이에 푸른 잎사귀로 뒤덮여 버린 것이다.⁵¹

눈에 보이는 물질적·실용적 세계에 집착하지 말고, 이기주의와 물질 숭배를 극복하고, 모든 이성적·합리적 법칙성에 반하여 수년간 물통을 날랐던 수도승처럼 현혹되지 않고 확실하게 신의 기적을 믿고, 스스로를 자신이 속한 시대와 사회를 위해 희생시킬 자유를 갖는 것! 바로 이것이 이 질문들에 대한 타르콥스키의 대답이다. 그는 24년 동안 만든 작품들을 통해, '이 대답만을, 오직 이 대답만을' 사명처럼 거듭 반복했다. 그리고 덧붙여, 이렇게 말했다.

나의 사명이 무엇인가 말해야 한다면 절대적인 것에 도달하는

---

50   1장 〈이반의 어린 시절〉, '하나의 위대한 질문.'
51   안드레이 타르콥스키, 『봉인된 시간』, pp. 308-309.

것, 내가 성취할 수 있는 것의 수준을 언제나 향상시키고 또 향상시키는 것이라 말하고 싶다.…나는 질의 수준을 유지하고자 한다. 지구를 어깨에 떠받치고 있는 아틀라스처럼. 아틀라스는 피곤에 지쳐 버렸을 때 그것을 던져 버릴 수도 있었을 것이다. 그러나 그는 그렇게 하지 않았다. 어떤 이유에선가 그는 그것을 계속 떠받치고 있었다.

그것이야말로 이 신화의 가장 주목할 만한 대목이다. 그가 그토록 오래 지구를 떠받치고 있었다는 사실이 아니라 그가 환멸에 빠지지 않고 그것을 던져 버리지 않았다는 사실이다.[52]

실로, 타르콥스키는 마치 "지구" 곧 하늘을 어깨에 떠받치고 있는 아틀라스처럼, 자기희생을 통한 '인간 구원'과 '세계 구원'이라는 짐을—어떤 이유에선가—계속 떠받치면서, 숱한 고난 속에서도 포기하지 않고, 이데올로기적 탄압에도 굴하지 않고 상업주의와 타협하지도 않고, 결코 자기 자신에 대한 환멸에 빠지지도 않고, 작품 하나하나를 만들었다. 이것이 우리가 그를 우리 시대의 예언자 또는 파수꾼으로 삼는 이유이자 그에게 존경과 사랑을 바치는 까닭이다!

그렇다면 이제 우리도 스스로에게 물어야 할 때가 되었다.

"눈에 보이는 물질적·실용적 세계에 집착하지 않고, 이기주의와 물질 숭배를 극복하고, 모든 이성적·합리적 법칙성에 반하여, 죽은 나무에 물을 주는 수도사처럼, 성스러운 바보들처럼, 피곤에 지쳤을 때조차 환멸에 빠지지 않는 아틀라스처럼, 낭떠러지에 선 우리 자신과 우리가 사는 세계의 구원을 위해 스스로를 희생시킬 자유를 우리도 가질 것인가?"라고!

---

52 안드레이 타르콥스키, 『타르코프스키의 순교일기』, pp. 189-190.

에리히 프롬
Erich Fromm, 1900-1980

주요 인물 해설

프롬은 1900년 3월 23일에 독일 프랑크푸르트의 유대인 가정에서 태어났다. 12세 때 집안 친구였던 젊은 여성의 자살과 1914년에 발발한 제1차 세계대전을 겪으면서 인간의 비이성적이고 광적인 행동에 깊은 충격을 받고, 정상적 인간이 저지르는 비이성적 행동의 본질과 원천을 탐구하게 되었다고 술회한 적이 있다.

1918년 이래 그는 프랑크푸르트 대학교, 하이델베르크 대학교, 뮌헨 대학교 등에서 심리학, 사회학, 철학을 공부했다. 1922년 하이델베르크 대학교에서 『유대교의 두 종파에 관한 사회심리학적 연구』로 철학박사 학위를 받은 후, 베를린과 뮌헨에서 정통 프로이트식 정신분석학 훈련을 받았다. 1925년부터는 정신분석 상담자로 일했고, 1931년에 프랑크푸르트 사회연구소의 정식 연구원이 되어 마르쿠제, 아도르노, 호르크하이머 등과 함께 이른바 '프랑크푸르트 학파'를 이끌었다.

1933년 나치의 집권으로 인해 박해를 받기 시작하자 1934년 미국으로 망명하여, 베닝턴 대학교 교수 및 윌리엄 앨런슨 화이트 정신연구소 연구원을 거쳐, 1952년부터는 멕시코 국립대학교 교수로 일하면서 미시간 주립대학교, 뉴욕 대학교 등에서 강의했다. 현대 사회심리학 발전에 커다란 공헌을 한 그는 탁월한 저술가이기도 했다. 1980년 스위스 무랄토에서 세상을 떠날 때까지 뛰어난 저서들을 많이 썼으며, 신프로이트학파 및 네오마르크스주의 지도자로 군림했다.

주요 저서로는 『자유로부터의 도피』*Escape from Freedom*, 1941, 『자기를 찾는 인간』*Man for himself*, 1947, 『사랑의 기술』*The Art of Loving*, 1956, 『환상의 사슬을 넘어서』*Beyond the Chains of Illusion*, 1962, 『사회주의적 휴머니즘』*Socialist Humanism*, 1965, 『희망의 혁명』*The Revolution of Hope*, 1968, 『인간의 본성』*The Nature of Man*, 1969, 『정신분석의 위기』*The Crisis of Psychoanalysis*, 1970, 『소유냐 존재냐』*To Have or to Be?*, 1976 등이 있다.

마이스터 에크하르트
Meister Eckhart, 1260?-1327/9

중세 독일의 신학자인 마이스터 에크하르트는 독일 튀링겐 지방의 호크하임에서 태어나, 15세에 에르푸르트에 있는 도미니코 수도회에 들어가 철학과 신학을 공부했다. 도미니코 수도회의 철학, 신학 교육 과정은 보통 8년이었는데, 그중 5년은 철학을 그리고 3년은 신학을 배웠다.

13세기는 아랍 철학자들을 통해 아리스토텔레스의 철학이 유럽에 전해진 때였기 때문에, 특히 도미니코 수도회 사람들은 기존의 신학 곧 플라톤 철학의 영향을 받은 아우구스티누스의 신학을 유지하면서도 그것을 아리스토텔레스의 용어로 재정립하는 데 몰두하였다. 토마스 아퀴나스가 그 대표적 인물이었다.

에크하르트는 플라톤과 아리스토텔레스 철학을 같이 배웠는데, 그는 우수한 학생들이 들어가는 도미니코 수도회의 연구소인 스투디움 제네랄레 studium generale에서 당시 뛰어난 신학자였던 알베르투스 마그누스에게서 배웠다. 공부를 마친 후 짧은 기간 파리에 머물렀고, 1294년에서 1298년까지는 에르푸르트 도미니코 수도회 원장과 튀링겐 도미니코 수도회 대주교로 일했다. 1302년 파리에 있는 도미니코 수도회 신학 교수로 초빙되어 큰 성과를 거둔 결과로 그의 이름에 '큰 선생'이라는 뜻의 '마이스터'Meister가 붙은 것이다.

그러나 말년에는 그의 사상이 도미니코 수도회의 경향이었던 아리스토텔레스의 철학보다는 플라톤주의 또는 신비주의 경향의 신플라톤주의에 치우쳤다. 그것이 화근이 되어 수도회가 개최한 종교재판에 회부되었다. 재판에서 유죄 선고를 받자 에크하르트는 교황에게 상소하였으나, 결말을 보지 못한 채 1327년경에 세상을 떠났다. 2년 후인 1329년에 교황 요하네스 22세가 그의 '28가지 명제'를 이단 내지 위험한 사상이라고 단죄한 까닭에 그의 저작물이 배포되는 길이 막혀, 오늘날 남아 있는 것은 일부에 지나지 않는다.

가톨릭 신학의 입장에서 평가하자면, 에크하르트의 주장은 플로티노스의 신플라톤주의, 위-디오니시우스의 부정 신학에 '지나치게' 가깝다. 에크하르트에 의하면, 하나님은 이성으로도 감각으로도 파악할 수 없는 '무한한 황야'와 같은 분이며 무한 자체이다. 이것은 플로티노스의 일자 一者, to hen와 같다.

따라서 인간은 침묵과 관상觀想을 통해 자기 자신을 무無로 돌리고 하나님의 무와 합일할 때, 비로소 완전한 자유에 도달하며, 최고의 덕을 달성할 수 있다. 이것 역시 "낯설고 세속적인 것들과의 이별" "세속적 쾌락을 초월한 삶" "단독자의 단독자로의 비행"을 통한 '일자와의 합일'을 주장한 플로티노스의 '일자 형이상학'과 구분하기 어렵다. 그래서 교황청으로부터 이단으로 정죄받은 것이다.

그러나 19세기 이후 마이스터 에크하르트에 대한 관심이 점차 높아졌다. 우선 19세기 초에 낭만주의 관념론 철학자 프란츠 파이퍼, 오스트리아의 고문학자 헨리 데니플이 에크하르트의 설교와 논문 그리고 저서를 복원하기 시작했다. 그리고 철학자 쇼펜하우어와 마르틴 하이데거, 정신분석학자 칼 융과 에리히 프롬, 신학자 매슈 폭스, 존 카푸토 등이 에크하르트를 주목하고 그의 주장들을 인용하거나 수용했다. 그러자 1980년에는 독일 발버베르크에서 개최된 도미니코회 총회가 그에 대한 판결을 재심해 줄 것을 교황청에 요청하기로 결정하고, 자료 수집을 위해 마이스터 에크하르트 위원회를 구성했다. 그러나 마이스터 에크하르트의 복권 운동은 아직도 계속되고 있다.

주요 저서로는 그의 설교들을 모은 『지적인 영혼을 위한 낙원』*Paradisus anime intelligentis*과 "하나님 위로의 서" 같은 몇 편의 소논문들 그리고 "요한복음 주석" 같은 성경 주석서들을 묶은 단행본이 간행되었다. 그중에서도 요제프 퀸트가 편집했고, 86편의 설교와 세 편의 소논문이 실려 있는 『마이스터 에크하르트 작품집』*Meister Eckehart*, 1976이 대표적이다.

아타나시우스
Athanasius, 295-373

아타나시우스는 "4세기의 교리사는 곧바로 그의 생애를 연구하는 것과 동일하다"라는 말이 있을 만큼, 4세기 당시 가장 뛰어난 신학자다. 그는 체구가 작았지만 용모가 수려했고 안광이 번쩍여서, 대적하는 사람들마저 그 앞에서 함부로 할 수 없는 위엄이 있었다. 미래를 내다보는 통찰력, 누구에게도 무릎 꿇지 않는 용기, 왕성한 활동력으로 신앙과 교회를 위해 싸워 '위대한 계몽자' '하나님의 모퉁잇돌'이라는 찬사를 받기도 했다.

아타나시우스는 특히 325년 제1차 공의회인 니케아 공의회에서 채택된 '니케아 신경'Nicene Creed에 담긴 사상을 대표하는데, 성부와 성자의 동본질homoousios을 강조하는 그의 주장은 매우 단순하고 명료하다. 그것을 삼단논법으로 정리하면, "아들은 구세주고, 오직 하나님만이 우리를 구원할 수 있다, 그러므로 아들이 곧 하나님이다"가 된다. 요컨대 예수가 신이 아니고야 어떻게 인간과 세계를 구원할 수 있겠느냐는 것이다.

아타나시우스에 의하면, 구원이 새로운 창조라고 해도 그것은 오직 창조주 한 분만이 할 수 있는 일이고, 또 구원이 영원한 생명을 받는 것 – 곧 우리가 상실한 불멸성을 회복하는 것 – 이라고 해도 그것은 오직 불멸자나 영원자인 하나님 한 분만이 줄 수 있다. 그러므로 구세주란 당연히 하나님이어야 한다. 오직 하나님만이 우리를 신성화할 수 있다는 뜻이다. 달리 말하자면, "하나님은 우리가 신이 되도록 하기 위해 인간이 되셨다"라는 것이다. 아타나시우스의 이같은 주장이 이후 '신의 세속화kenosis를 통한 인간의 신성화theosis'라는 동방 정교회 신학의 중추가 되었다.

그러나 아타나시우스는 학문보다는 실천적 목회자로서의 삶에 더 많은 관심과 소질을 보였다. 따라서 그의 사상은 조직적이고 체계적이라기보다는 아리우스 사상에 반대하는 변증적 성격을 띤다. 아타나시우스 사상의 학문적 체계화는 후일 카파도키아의 위대한 세 교부에 의해 이루어졌다.

주요 저서로는 초기 저작이자 그의 사상의 모체인 『이방인에 반대하여』Contra Gentes, 『말씀의 성육신에 관하여』De Incarnatione가 있고, 아리우스주의에 반대하는 저술들과 『안토니우스 전기』Vita Antonii가 있으며, 그 외에도 많은 서신들이 남아 있다.

오리게네스
Origenes, 185/6-254

오리게네스는 알렉산드리아에서 태어나 암모니오스 사카스 밑에서 신플라톤주의를 공부했다. 로마의 탄압으로 알렉산드리아의 클레멘스가 세상을 떠나자 그를 이어 18세 때부터 철학과 문학을 가르치면서 알렉산드리아학파의 거목이 되었다. 그는 "하늘나라를 위해서는 스스로 고자 된 자도 있다"라는 말씀을 문자적으로 받아들여 스스로 자신의 성기를 절단했으며, 금욕적이고 학자적인 삶을 평생 유지하며 방대한 저술을 남겼다. 에피파니우스에 의하면 오리게네스의 저작이 6천여 권이 된다고 하나, 그중 800여 권은 제목만 알려지며 남아 있는 저작은 극히 일부분이다.

오리게네스는 플로티노스의 스승이자 그리스도인이기도 한 암모니오스 사카스의 강의를 들었기 때문에 신플라톤주의의 교설을 누구보다도 잘 이해하고 있었다. 그래서 신플라톤주의 교설에 의해 기독교 사상을 체계적으로 정리했는데, 이것이 후일 삼위일체론 논쟁의 불씨가 되기도 했다. 하지만 최초의 조직신학 저서로 평가되는 그의 『제1원리』 De Principiis 에는 훗날 아우구스티누스가 주장한 대부분의 주요 사상이 이미 정리되어 있다.

남아 있는 그의 저술 중 중요한 것은 『헥사플라』 Hexapla, 『스콜리아』 Scholia, 『설교집』, 『주석집』 등이다. 『헥사플라』는 여러 언어로 된 성경 원문을 총망라해서 대조해 놓은 최초의 서적이고, 『스콜리아』는 성경 본문에 대한 해석집이며, 『설교집』은 그의 교훈들의 모음이고, 『주석집』에는 "마태복음 주석" "요한복음 주석" "로마서 주석" "아가서 주석" 등이 비교적 많이 남아 있다.

그러나 그의 저서들 중 무엇보다도 중요한 것은 220년에 쓰여진 것으로 보이는 『제1원리』인데, 이에 실린 주요 사상은 다음과 같다.

1) 삼위일체론: 오리게네스는 이미 '삼위일체'라는 테르툴리아누스의 용어를 알고 있었고 그의 교설에 자주 사용했으나, 그의 주된 관심사는 신과 로고스 곧 아버지와 아들의 속성과 관계였다. 그는 여기에서 후일 그의 제자들이 대립하게 되는 두 가지 상반되는 입장—곧 아버지와 아들의 '동등성'을 주장하는 입장과 아들의 아버지에 대한 '종속성'을 주장하는 입장—을 모두 취하고 있었다. 이것이 훗날 삼위일체 논쟁의 불씨가 되지만 오리게네스 자신은 이 두 가지 입장의 균형을 유지하고 있었으며, 삼위 trias 는 피조물들에게 각각 다르게 파악

된다고 주장했다. 즉 모든 피조물은 아버지로부터 존재를 부여받고, 아들로부터 합리성을 그리고 성령으로부터 성결함을 부여받는다는 것이다(De Principiis, 1, 3, 7).

2) 그리스도론: 오리게네스는 성육신을 "경탄을 초월하는 것이며, 숙명적인 인간으로서는 이해하거나 느낄 수도 없는 것이다"라고 말하며, 그리스도의 신성과 인성을 모두 인정하되 이들은 너무나 긴밀히 연결되어 있어서 서로에게 영향을 미치게 된다고 했다. 이것은 '속성의 교류'communicatio idiomatum라 불리며 후일 알렉산드리아 신학의 주요 이론이 되었다.

그러나 오리게네스가 말하는 신성은 신의 로고스가 이것을 받아들이는 인간의 혼(또는 타락하지 않은 정신)과 결합함으로써 생긴다(De Principiis, 2, 6, 3-4). 따라서 그리스도는 인간적 육체뿐만 아니라 인간적 정신까지도 가지고 있으며, 로고스와 인간적 육체를 매개한 것이 곧 혼이다. 이것은 사도 요한, 이그나티우스, 유스티노스로 이어져 온 정통 '변화 그리스도론'에서는 먼 것이며 오히려 '양자 그리스도론'에 가깝다고 할 수 있다.

그러나 오리게네스는 이 주장을 근거로 하여, 모든 인간에게 구원의 방법을 제시한다. 즉 모든 인간은 정신(혼)적 존재rationabiles naturae이므로, 구원이란 이 정신(혼)이 로고스를 받아들임으로써 모든 지성이 하나님과 조화를 이루는 본래 상태로 돌아가는 '보편적 회복'apokatastasis이며, 그리스도는 한 모범자이시며 조명자시다. 이러한 주장은 플로티노스의 신플라톤주의 영향을 받은 알렉산드리아의 클레멘스와 오리게네스에서 볼 수 있는데, 따라서 이들에게는 타락이란 신으로부터 자신을 분리하는 것이며, 죄란 로고스를 받아들이지 않는 것에 불과하다.

3) 종말론: 오리게네스의 종말론은 그의 창조론에서 나온다. 그는 창조의 맨 처음은 물질적 세계가 아니고 순수 지성으로 구성되어 있었다고 말했다(De Principiis, 1, 3, 1). 이는 플라톤의 영향이 여실히 드러나는 부분이다. 오리게네스에게 지성은 하나님의 창조 행위를 받아들이는 주된 기관이며, 또한 하나님의 구원 사역의 최종적인 수혜자이기도 하다.

따라서 오리게네스가 말하는 종말이란 그리스도가 육신적으로 구름을 타고 뇌성을 울리며 오시는 것이 아니라, 그리스도의 오심이 믿는 자의 혼에 나타나는 그리스도의 영적 현현이다. 죄의 값인 지옥도 따라서 실재하는 것이 아니고 우리의 양심 안에 있는 절망의 불이다. 그러나 이 절망의 불은 과도기적인 것으로 마지막에는 모든 것이 정화되고 영광스럽게 되며, 물질적 실존은 사라지고 신과 통일되는 '보편적 회복'이 성취된다는 것이 오리게네스의 종말론이다.

이러한 창조론과 종말론의 정신화 spiritualization는 그를 동방 신학의 기초를 정립한 고대 최고의 신학자가 되게 했으나, 그의 이론을 이어받은 신학들이 이단으로 취급되게 하는 결과를 낳았다. 결국 알렉산드리아의 클레멘스와 오리게네스는 오늘날 우리가 말하는 플라톤주의 내지 신플라톤주의라는 그리스 철학을 통해 기독교 사상을 신학으로 정립하였으나, 그로 인한 부작용 역시도 신학에 끌어들인 원조인 셈이다. 오리게네스는 그의 부친인 레오니다스가 그랬던 것처럼, 또 그 자신이 오랫동안 소원했던 대로 254년 두로에서 순교했다.

안드레이 타르콥스키 연보

1932년	4월 4일에 구소련 이바노보주의 유리예베츠키 지구 자브라지예에서 시인이자 번역가인 아버지 아르세니 타르콥스키와 교정자로 일한 어머니 미리아 비시냐코바 사이에서 태어났다.
1937년(5세)	안드레이의 아버지 아르세니가 가족을 버리고 집을 떠나, 1941년에 군대에 자원입대했다. 이후 그는 한쪽 다리에 총상을 입어 레드 스타Red Star 훈장을 받고, 6년 만인 1943년에 집으로 돌아왔다.
1947년(15세)	9월에 미술학교에 입학했으나 11월에 결핵 진단을 받아 병원에 입원했고, 이듬해 봄에 퇴원했다.
1951년(19세)	6월에 미술학교를 졸업하고 8월에 모스크바 동양학 연구소 아랍어과에 입학했다.
1954년(22세)	8월에 러시아 국립 영화학교VGIK 영화연출과에 입학하여 영화감독 미하일 롬의 제자가 되었다.
1956년(24세)	어니스트 헤밍웨이의 동명 단편소설을 각색한 습작 〈킬러스〉를 공동 연출하고 단역으로 연기했다.
1957년(25세)	4월에 국립 영화학교 동급생인 이르마 라우쉬와 결혼했다.
1961년(29세)	3월에 졸업 작품인 〈증기기관차와 바이올린〉으로 국립 영화학교를 최우등 졸업했다. 같은 해 뉴욕 학생 영화제에서 '최우수상'을 받았다.
1962년(30세)	촬영이 중단된 에두아르트 아발로프 감독의 영화를 이어받아 완성한 첫 장편영화 〈이반의 어린 시절〉의 제작을 마쳤다. 이 영화로 1962년 베니스 국제영화제에서 '황금사자상', 같은 해 샌프란시스코 국제영화제에서 '최우수감독상' 등을 수상했다. 9월 30일에 그의 첫째 아들 아르세니 타르콥스키가 태어났다. 영화학교 친구인 안드레이 콘찰롭스키와 〈안드레이 루블료프〉의 시나리오 작업을 시작했다.
1966년(34세)	〈안드레이 루블료프〉의 촬영을 마치고, 12월에 소련 영화인 연맹

	의 화이트홀에서 시사회를 했다. 그러나 소련 당국의 검열로 인해 필름을 여러 번 잘라서 다양한 길이의 여러 버전을 만들어야 했다. 이 영화는 1971년에야 소련에서 컷 버전으로 개봉되었지만, 1969년 칸 국제영화제 'FIPRESCI상', '최우수 해외영화 필트르상'을 비롯해 다수의 국제영화제에서 대상 및 최우수상을 휩쓸었다.
1968년(36세)	시나리오 작가인 알렉산드르 미샤린과 공동 작업으로 〈거울〉의 시나리오 작업을 마쳤다. 10월에는 시나리오 작가인 프리드리히 고렌시타인과 함께 스타니스와프 렘의 소설 『솔라리스』를 각색한 시나리오 작업을 시작했다.
1970년(38세)	영화 〈솔라리스〉의 촬영에 들어갔다. 아내 이르마 라우쉬와 이혼하고, 1965년부터 동거하던 〈안드레이 루블료프〉의 제작 조수였던 라리사 키질로바와 결혼했다. 같은 해 8월 7일에 둘째 아들 안드레이 타르콥스키Andre Junior가 태어났다.
1972년(40세)	〈솔라리스〉의 제작을 마치고, 5월에 칸 국제영화제에 출품해 '심사위원 그랑프리'와 'FIPRESCI상'을 받았다. 이후 다수의 국제영화제에서 대상 및 최우수상을 받았다. 같은 해 7월에는 스위스 로카르노 국제영화제 심사위원장을 맡았다.
1973년(41세)	2월 모스크바에서 〈솔라리스〉의 시사회가 열렸다. 당국으로부터 모스크바 모스필름 거리에 있는 아파트를 받았다. 영화 〈거울〉의 촬영을 시작했다.
1974년(42세)	자신의 어린 시절을 그리며 아버지 아르세니의 시 일부를 내레이션으로 포함시킨 매우 자전적인 영화 〈거울〉의 제작을 마치고, 중앙영화하우스에서 시사회를 열었지만, 2등급으로 분류되어 소련 극장에서 제한적으로 상영되었다. 이후 1979년 이탈노레지오 '국립영화배급사상', 1980년 이탈리아 다비드 디 도나텔로 어워드 '루치노 비스콘티상' 등을 수상했다.
1975년(43세)	스트루가츠키 형제의 소설 『길가의 피크닉』을 각색했다. 1971년에 이들 형제를 처음 만난 이후 1986년에 사망할 때까지 그들과 친밀한 관계를 유지했지만, 이 시나리오를 영화화한 〈잠입자〉는 두 번의 촬영 작업을 거쳐 1979년에야 완성되었다. 이 영화는 1980년에 칸 국제영화제에서 '에큐메니컬 배심원상'을 받는 등,

	이후 다수의 국제영화제에서 수상했다.
1980년(48세)	1월에 러시아인민공화국RSFSR '인민예술가' 칭호를 받았다. 8월에 이탈리아를 방문하고 토니노 게라와 공동으로 영화 〈노스탤지어〉의 시나리오 작업을 했다. 1982년부터 아내와 함께 이탈리아에서 머물며 〈노스탤지어〉 촬영에 들어갔다.
1983년(51세)	영화 〈노스탤지어〉의 제작이 끝나, 5월에 칸 국제영화제에서 '에큐메니컬 배심원상'과 'FIPRESCI상'을 수상했다. 그러나 같은 달에 소련에서는 '합당한 사유 없는 결근'을 이유로 모스필름 스튜디오에서 해고되었다. 11월에 영화 〈희생〉의 시나리오 작업을 시작했다.
1984년(52세)	7월 10일 이탈리아 밀라노에서 기자회견을 열고, 자신은 반체제 인사가 아니고 소련 정부와 갈등도 없지만, 만약 귀국하면 실업자가 될 것이라며 소련으로 돌아가지 않을 것을 발표했다. 영화 〈희생〉의 촬영을 위해 스웨덴을 방문하고, 네덜란드를 여행했다.
1985년(53세)	봄부터 스웨덴에서 〈희생〉의 촬영을 시작했다. 같은 해 겨울에 베를린에서 타르콥스키의 영화 예술론이 담긴 『봉인된 시간』이 출간되었다. 12월 13일에 폐암 진단을 받았다.
1986년(54세)	1월부터 프랑스 파리에서 치료를 시작했다. 이때 소련을 떠나는 것이 마침내 허용된 아들 안드레이가 파리에 도착했다. 5월 9일에 스톡홀름 영화관 아스토리아에서 〈희생〉 시사회가 열렸다. 이 영화는 같은 해 칸 국제영화제에서 '심사위원 그랑프리', 'FIPRESCI상', '에큐메니컬 배심원상', '예술공헌상' 등을 받았고, 이후 다수의 국제영화제에서 수상하는 영예를 받았다.

안드레이 타르콥스키는 1986년 12월 29일 파리 근교 아르트만 클리닉에서 세상을 떠나, 이듬해 1월 3일 파리에 있는 러시아인 묘지에 묻혔다. 1994년에 세워진 그의 묘비에는 "천사를 본 남자에게"라는 아내 라리사의 헌사가 새겨져 있다.

소련에서는 1989년에 안드레이 타르콥스키 기념상Andrei Tarkovsky Memorial Prize이 제정되었으며, 1990년에 최고의 국가적 영예인 '레닌상'이 그에게 수여되었고, 1996년에는 안드레이 타르콥스키 박물관이 그의 고향인 유리예베츠키에 문을 열었다. 또한 세계 각처에서 타르콥스키를 추모하는 영화들이 만들어졌다. 오늘날 타르콥스키는 '영화 역사상 가장 위대하고 영향력 있는 감독' 가운데 한 명으로 널리 알려졌으며, 그에 대한 영화인들의 찬사가 이어졌다.

"나에게 타르콥스키는 인생을 반성으로, 또 꿈으로 포착하는 영화의 본질에 충실한 새로운 언어를 발명한 사람으로 남아 있다. 그는 나에게 가장 위대한 사람이다."

―스웨덴 영화감독 잉마르 베리만 Ingmar Bergman

"타르콥스키의 작품은 나를 육체적인 삶과 완전히 분리시키며, 내가 본 영화 중 가장 영적이다."

―이란 영화감독 아바스 키아로스타미 Abbas Kiarostami

"안드레이 타르콥스키는 최근 몇 년 동안 가장 위대한 감독 중 한 명이었다."

―폴란드 영화감독 크시슈토프 키에슬로프스키 Krzysztof Kieślowski

"그의 남다른 감성은 압도적이고 놀랍다. 거의 병리학적 강도에 다다랐다. 아마도 현재 살아 있는 영화감독들 사이에 필적할 사람은 없을 것이다."

―일본 영화감독 구로사와 아키라 黑澤明

나가는 말 인류를 위한 구원의 마지막 가능성

> 오, 주여! 이 암울한 시대에서 우리를 구하소서.
> 당신을 보지 못하여 믿지 못하는 자들,
> 아직 불행해 본 적이 없어 당신을 영접하지 못하는 자들,
> 미래의 생명력과 희망을 잃은 자들,
> 당신의 뜻에 굴복할 기회를 잃은 사람들,
> 종말이 다가옴을 느끼는 자들,
> 주님이 아니고는 보호받지 못하는 모든 사람들을 구하소서.
> _ 영화 〈희생〉 중에서

서문에서 설정한 이 책의 목표는, 오늘날 우리에게 이미 다가온 묵시록적인 위기─소비주의와 물질주의를 생존 전략으로 삼아 온 후기 자본주의의 폐해, 이미 일상이 되어 버린 코로나19 팬데믹과 언제 다가올지 모르는 또 다른 팬데믹, 인류의 생존 자체마저 위협하며 다가오는 기후 변화, 그리고 러시아-우크라이나 전쟁을 통해 현실화 가능성이 언급되는 핵무기와 생화학무기의 사용 등─에서 벗어나는 길을 찾자는 것이었다. 우리는 애초에 설정한 시급하고도

중요한 이 목표를 마침내 이루었는가?

 타르콥스키는 반세기도 훨씬 전에 인류가 파멸될 위기 앞에 서 있다는 것을 이미 굳게 믿고 있었다. 그가 보기에, 우리가 당면한 파국의 결정적 원인은 "근대 문명의 특징으로서 오늘날 만연하고 있는 물질주의와 그 안에서 독버섯처럼 자라나는 이기주의"다.

 그렇다! 당신도 알다시피, 근대 이후 인류는 무척이나 다양한 정신적 사조들을 실험해 온 것 같지만, 그 공통된 바탕은 오직 하나의 사상, 곧 물질적 만족을 최고의 가치로 삼는 물질주의였다. 동·서양을 막론하고, 또 정치 체제의 구분 없이, 현대인에게는 물질이 가장 큰 우상이며 그것에 대한 숭배가 가장 강력한 이데올로기다. 그리고 바로 그것이 인간을 '무한한 욕망의 노예'로, 사회를 '무한한 생산과 소비의 지옥'으로, 자연을 그에 의해 '강탈당하는 무한한 피해자'로 전락시켜, 인간과 사회와 자연을 돌이킬 수 없는 파국에 이르게 했다.

 그래서 타르콥스키는 혼신의 힘을 다해 만든 일곱 편의 영화에서 우리들의 삶을 파괴하며 구제할 길 없이 멸망으로 이끄는 물질주의와 이기주의라는 삶의 메커니즘을 온 세계에 폭로하고, 인류를 위한 구원의 마지막 가능성을 끈질기게 추적했다. 그리고 마침내 그가 내놓은 해법이 자발적인 자기희생, 곧 "스스로를 자신이 속한 시대와 사회를 위해 희생시킬 자유"였다.

 타르콥스키는 '그리스도의 헌신'을 의미하는 '희생'sacrifice이라는 용어를 "모든 이기주의적인 관계에 대한 전면적인 포기" 또는 "물질세계와 물질세계의 법칙의 굴레에서 벗어[남]"이라는 뜻으로 사용했다. 그리고 그것을 실현하는 인물로서 〈이반의 어린 시절〉에서의 이반, 〈안드레이 루블료프〉에서의 루블료프, 〈잠입자〉에서의 잠입자, 특히 〈노스탤지어〉에서의 고르챠코프와 도메니코, 〈희생〉

에서의 알렉산더 같은 자발적 자기희생자들을 설정해 우리에게 보여 주었다.

이들은 우리 모두가 마땅히 실행해야 할 '과격한 전향'을 스스로 실천한 사람들이다. 그들의 시대에 주어진 그리스도의 사역을 담당하는 자이자 스스로를 자신이 속한 시대와 사회를 위해 희생시킬 자유를 성취한 인간이다. 한마디로 묵시록적 위기 앞에 선 우리가 본받아야 할 인물들이다. 그런데 여기에서 우리가 놓치지 말아야 할 것 ― 하지만 너무나 당연해서 오히려 놓치기 쉬운 것 ― 이 하나 있다.

바로 타르콥스키가 말하는 희생은 말이 아니라 그것을 육화하는 행동을 통해서만 이뤄진다는 사실이 그것이다. 우리가 더불어 상기해야 할 것은, 말씀만으로 천지를 창조하신 하나님도 인간과 세상을 구원하시는 일은 말씀이 아니라 성육신을 통해서 이루셨고, 인간과 세상을 구원하시려고 복음을 전하신 예수께서도 몸소 십자가에 달리셨다는 사실이다.

그렇다면 우리에게 무슨 별다른 수가 있겠는가! 우리 역시 ― 개인적 차원에서뿐 아니라, 사회적·국가적 차원에서 ― 모든 이기주의적인 관계를 전면적으로 포기하는 행위, 물질세계와 물질세계의 법칙의 굴레를 벗어나는 행위, 요컨대 스스로를 자신이 속한 시대와 사회를 위해 희생하는 행위를 통해서만 오늘날 우리가 당면한 파국적 위기에서 벗어날 수 있지 않겠는가?

*

그런데 그것이 우리에게 과연 가능할까? 다시 말해 키르케고르가 『공포와 전율』에서 아브라함의 이삭 번제 사건을 통해 교훈한 '무한한 자기 체념', 투르나이젠이 『도스토옙스키, 지옥으로 추락하는 이들을 위한 신학』에서 "모든 인간적인 확실함의 대지를 박차고 허공으로 몸을 던져야" 한다고 표현한 '프로메테우스적 욕망의 완전한 제압'을 우리가 과연 실현할 수 있을까?

보다 구체적으로 말하자면, 우리의 탐욕적 생활방식이 만들어 낸 소비와 분배의 문제들을 해결하고, 우리 사회의 착취적 경제 체제에 저항하는 일이 과연 가능할까? 재난에 더욱 취약한 사회적 약자들을 보호하기 위한 연대를 형성하여, 점점 더 커지는 빈부격차를 막고, 가난한 이들과 지구를 희생시키면서까지 자기 이득만을 취하는 기업들의 횡포를 저지할 수 있을까? 국제적 공동선보다는 자국 우선주의를 내세워 패권 전쟁을 벌이고, 핵무기로 상대국을 협박하며, 사실상 인류에게 주어진 마지막 기회가 될지도 모르는 '파리 기후 변화 협약'마저 물거품으로 만드는 국가들의 폭력을 우리가 과연 막을 수 있을까?

타르콥스키는 영화 〈희생〉에서 '죽은 나무에 물 주기'라는 우화를 빌려 이 막막한 질문에 답했다. 본문에서 소개했듯이, 그 이야기는 다음과 같다. 어느 수도승이 말라죽은 나무 한 그루를 가져다 산 위에 심고, 제자에게 이 앙상한 나무에 매일 한 동이씩 물을 주라고 일렀다. 물가는 멀리 떨어져 있어서 제자가 저녁때 다시 돌아오기 위해서는 매일 아침 일찍 출발하지 않으면 안 되었다. 그런데 3년이 지나자 죽은 나무에 싹이 나고 열매를 맺기 시작했다.

타르콥스키는 이런 말도 덧붙였다. "끝없이 노력하면 결실을 얻는 법이지.…만일 매일같이 정확히 같은 시간에 같은 일을 반복한다면…늘 꾸준하게 의식과 같이 말이다. 그러면 세상은 변하게 될 거다. 암, 변하고말고! 변할 수밖에 없어! 만약 어떤 사람이 정확히 아침 7시에 일어나 욕실로 가서 물 한 잔을 받은 후, 변기 속에 붓는 일이라도 매일 계속한다면…."

이 기묘한 이야기의 본질은 '불가능성의 가능성' 찾기, 곧 희망의 그루터기 찾기다. 그런데, 아니 바로 그래서 그리스도인으로서 당신과 나에게 주어진 진정한 책무와 실낱같은 희망이 여기에서부터 시작한다. 그리스도인이란 누구인가? 따져 보면, 그리스도인은 불가능성의 가능성을 믿는 사람들이다. 희망이 사라진 곳에서 희망을 키우는 사람들이다. 죽은 나무에 물을 주는 사람들이다. 왜냐하면 그들이 성육신과 부활을 믿는 사람들이기 때문이다.

이것이 타르콥스키가 "스스로를 자신이 속한 시대와 사회를 위해 희생시킬 자유"라는 말로 우리에게 전한 메시지이면서, 이 시대의 그리스도인에게 주어진 소명이다. 또한 우리가 만들어 온 잘못된 세계를 고뇌하고 애통하며 울부짖는 신학, 동시에 가슴이 뛰도록 아름다운 하나님 나라의 비전을 전하는 신학, 그럼으로써 기존의 절망적 현실을 부수고 새로운 희망의 가능성을 구축하는 신학, 이 책에서 '예언자 신학' '파수꾼 신학'이라 이름 붙인 위기의 신학이 나아갈 길이다.

멀고도 고된, 그렇지만 복된 이 길을 지금까지 동행해 준 당신에게 감사하며, 앞으로도 이 길에 함께하길 바란다.

파수꾼 타르콥스키, 구원을 말하다

초판 발행_ 2023년 10월 25일

지은이_ 김용규
펴낸이_ 정모세

펴낸곳_ 한국기독학생회출판부
등록번호_ 제2001-000198호(1978.6.1)
주소_ 04031 서울시 마포구 동교로 156-10
대표 전화_ (02)337-2257 팩스_ (02)337-2258
영업 전화_ (02)338-2282 팩스_ 080-915-1515
홈페이지_ http://www.ivp.co.kr 이메일_ ivp@ivp.co.kr
ISBN 978-89-328-2203-7

ⓒ 김용규 2023

책값은 뒤표지에 있습니다.
무단 전재와 복제를 금합니다.